KB178658

HANGIL
GREAT BOOKS

인류의 위대한 지적유산

HANGIL
GREAT BOOKS
115

사회변동과 사회학

레이몽 부동 | 민문홍 옮김

한길사

HANGIL
GREAT BOOKS
115

Raymond Boudon
La place du désordre

Translated by Min Moon-Hong

알렉시스 드 토크빌(Alexis de Tocqueville, 1805~59)

레이몽 부동에 의하면, 토크빌은 사회과학 발전사에 나오는 중요한 역사적 인물일 뿐만 아니라,
우리가 살고 있는 현대사회의 문제들, 즉 중앙집권화, 민주주의, 사회적 평등 등을
설명하는 데 핵심적인 통찰력을 제공하는 현대 사회과학자이다.

칼 포퍼(Karl Popper, 1902~94)

부동의 이 책은 칼 포퍼의 문제의식을 후기 현대사회의 주요 사회현상에 그대로 응용·확장한 것이다.
즉 포퍼가 기존의 사회변동이론들이 역사나 사회현상의 법칙을 추구하면서 어떻게 역사주의라는
추상적 개념의 함정에 빠져 들어갔는지를 지적했다면, 부동은 1960년대부터 80년대까지 쏟아져 나온
일련의 사회변동이론들이 어떻게 일반 독자들과 그 이론을 만든 사회과학자들에게
전체주의 사회에 대한 환상적 이미지를 불러일으킬 수 있었는지를 보여준다.

레이몽 부동 (Raymond Boudon, 1934~)

마르크스 동상 옆에 서 있는 부동의 모습이다.
부동의 평생 과제는 1968년 5월혁명 이후 프랑스 사회당의 공식 강령이 되고,
세계 지성인들의 우상이 된 네오마르크시즘과 거기에 잘못된 과학관을 빌려준
구조주의를 비판하는 것이었다. 그 대안은 고전사회학 전통에 충실한 과학관 위에
인간의 자율성과 주체성을 새로 해석하는 인문사회학을 재건하는 것이다.
그것이 방법론적 개인주의라는 이름으로 그가 발전시켜 온 인문사회학 방법론이다.

레이몽 아롱(Raymond Aron, 1905~83)

프랑스 자유 지성을 대표하는 레이몽 아롱은 부동의 학위논문 지도교수었다.
아롱은 네오마르크시즘이 지식인 사회의 헤게모니를 장악했던 1960년대 후반 당시
낙후된 프랑스 인문사회학 공동체를 재건하기 위해 부동에게 미국 컬럼비아 대학에서
국비장학생으로 연구할 기회를 마련해주었다.

HANGIL GREAT BOOKS 115

사회변동과 사회학

레이몽 부동 | 민문홍 옮김

한길사

사회변동과 사회학

· 차례

후기 현대사회의 위기와 레이몽 부동의 사회학

민문홍 국제비교사회문화정책연구소 소장 · 사회학이론, 사회사상

1. 서문

유럽의 사회학사를 중심으로 살펴볼 때, 부동의 사회학은 크게 다음의 세 가지 문제적 상황에 대한 지적 성찰을 배경으로 등장했다. 첫째, 사회현상에 대한 이데올로기적 분석에서 벗어나, 고전사회학자들이 그 모범을 보여주는 아카데미 사회학 전통을 회복하는 것이다. 둘째, 20세기 중반 이후의 다양한 이데올로기적 논의가 고전사회학 이후 사회학 공동체가 존중해온 자유주의 전통을 크게 훼손했기 때문에, 자유주의 전통에 입각한 사회학 전통을 다시 살리자는 것이다. 마지막으로, 거시적 사회현상의 미시적 기반을 가진 설명을 제시하는 데서, 특정 현상을 둘러싼 개인행위자들의 다양한 동기를 고려하는 '행위의 사회학'(sociology of action) 전통을 회복하고 발전시키자는 것이다.

부동에 의하면, 1960년대 이후 미국과 유럽에서 반자유주의적 사고가 득세하게 된 가장 큰 배경은 제2차 세계대전이 불러온 커다란 사회적 혼란 때문이었다. 이때부터 자유주의적 사고 전통의 학문은 경제학과 그 영역에만 국한되어 논의되었으며, 반면 '반자유주의적 사고 모형'이 인문사회학[1]의 거의 모든 분야를 점령했다. 이 무렵 등장한 주요

학문분과는 사회과학의 행동주의, 정신분석학 그리고 구조주의적 유형의 다양한 사회과학들이었다. 이 다양한 인문사회학들은 사회현상을 설명하는 데서 사회구조나 체계의 결정론적 성격을 과장하고, 개인의 자율성을 하나의 환상이나 무시해도 좋은 사실로 간주함으로써 1960년대 이후 미국과 유럽의 자유주의를 크게 위협했다.[2] 그런데 이러한 반자유주의적 모델에서 출발한 인문사회학적 분석틀은 1990년대 들어 소련·동유럽권의 몰락과 함께 부분적으로 그 유효성을 상실했다.

그러나 이러한 사고가 생산한 설명 도식은 여전히 학문공동체와 시민사회에서 번창하고 있다. 그 이유는 그런 도식들이 현대사회가 제기하는 다양한 수요—사회정의를 향한 갈망, 상대적 박탈감, 사회에 대한 다양한 불만, 사회적 양극화 등—에 부응하기 때문이다. 부동의 사회학은 이러한 맥락에서 출발하고 진화해왔다. 다음 절에서는 부동 사회학의 이론적 기초인 인식론적 입장을 구체적인 사례와 함께 소개하려 한다.

2. 부동 사회학의 인식론적 기초

1) 방법론적 개인주의

부동은 자신의 사회학 방법론을 '방법론적 개인주의'라고 부른다. 그 핵심적 주장은 모든 사회·역사 현상은 개인들의 기본적 사회행위들의 결합에 의한 구성효과(effect of composition) 또는 결속효과(effect of

---

1) 여기서 인문사회학이란 사회과학을 포함하는 포괄적 개념이다.
2) 미셸 푸코의 세속적 구조주의는 개인을 사회구조의 구성요소로 환원하고 인간을 타율적인 존재로 가정하는 급진적 사고를 제시함으로써 자유주의적 세계관의 쇠퇴에 크게 이바지했다. 한편, 프로이트와 그 학파의 정신분석학도 또 다른 관점에서 개인의 자율성을 하나의 환상 또는 무시해도 좋을 사실로 보는 시각을 제공함으로써 자유주의 철학의 몰락에 크게 기여했다.

aggregation)로 이해되어야 한다는 것이다. 그는 이러한 인식론적 관점에서, 사회생활을 지배하는 법칙이 존재한다는 사실을 믿는 사회변동론이나 역사의 변동과정을 자연법칙과 동일시하는 자연주의적 입장을 비판한다. 왜냐하면 이들은 사회현상을 설명하는 데서 개인을 구조의 종속물로 간주함으로써, 개인행위의 자율성과 그러한 행위들의 결합 그리고 구성효과를 간과하는 커다란 오류를 범하고 있기 때문이다.

사회과학사적 관점에서 볼 때 이러한 오류를 방법론적 개인주의의 원칙에서 충실하게 비판해온 영·미 계통의 사회과학자들로는 슘페터(J. Schumpeter), 하이예크(Friedrich von Hayek) 그리고 칼 포퍼(Karl R. Popper) 등이 있다. 이 인식론과 관련하여 하이예크나 포퍼의 특별한 업적이 있다면, 이들이 19세기 말 막스 베버나 게오르그 짐멜 등을 구성원으로 하는 독일 사회과학에 이미 널리 알려져 있던 사회학적 사고에 '방법론적 개인주의'라는 특정한 이름을 부여했다는 데에 있다. 레이몽 부동이 자신의 인식론과 사회변동론을 논의하면서 칼 포퍼의 역사철학[3]을 중시하는 것은 바로 이러한 맥락에서이다.

부동은 고전사회학자 짐멜의 역사철학을 독해하면서 오늘날 방법론적 개인주의라고 불리는 현대 사회과학 인식론의 기초를 찾아낸다. 이것은 크게 세 가지 원칙으로 이루어져 있다.

첫째, 모든 사회·역사 현상은 개인의 의식 상태, 행위, 동기의 결과이다. 따라서 특정한 사회현상을 설명한다는 것은 곧 이러한 현상을 낳은 사회적 행동과 의식 상태를 다시 찾아보는 것이다. 이 경우 '설명'이라는 개념의 의미는 '실질적 원인의 결정'이라는 뜻으로, 흔히 우리가 자연과학에서 기대하는 것과 마찬가지의 의미를 지닌다.

---

3) Karl Popper, *The Poverty of Historicism*, London, Routlege & Kegan Paul, 1957을 볼 것.

둘째, 방법론적 개인주의 원칙은 어떤 특정한 조건에서만 적용될 수 있다. 즉 이 방법론적 개인주의가 적절히 작동하기 위해서는 거시적 사회현상의 미시적(개인적) 기반과 관련된 충분한 정보가 있어야 한다.

셋째, 방법론적 개인주의 원칙이 적절하게 적용될 수 없을 때 사회과학적 설명은 원래의 실질적 원인을 찾는 연구행위가 될 수 없다는 점이다. 그 대표적 연구 형태가 뒤르케임의 『자살론』(1897)이다. 이 책에서 뒤르케임은 '자살률'과 '집단결속력' 사이의 관계를 상관관계에 입각해 분석하고 있다. 그러나 이러한 형식의 사회학적 설명은 전반적인 자살의 실질적 원인인 개인의 자살 동기를 찾아내려는 사회학적 작업과는 확실히 다른 형태의 설명이다. 이 경우 사회학적 분석은 문제가 되는 사회현상을 개인적 요인들과 관련지어 설명하는 방법론적 개인주의를 취한 것이 아니다.

부동은 게오르그 짐멜의 역사철학을 재검토하면서 현대 사회과학 인식론이 확보한 또 한 가지 중요한 교훈을 끌어낸다. "그것은 역사적으로 연속적으로 일어난 사건들은 어떤 필연적 목적이 있는 것이 아니라, 이 사건들 속에서 인간의 상호작용 행위들이 단지 서로 교차될 뿐"이라는 것이다." 그리고 이러한 복잡한 사건들의 연속적 조직으로 이루어진 현상은 그 복잡성 자체 때문에 우리의 지성에 의해 더 이상 지각될 수 없다고 본다. 이것이 짐멜이 말하는 역사적 삶이다(Das Geschichtliche Leben).

이러한 이유 때문에 인문과학은 어떤 경우에는 이해하고 예측할 수 있는 위치에 있을 수 있으나, 또 다른 경우에는 이해는 할 수 있지만 예측은 하지 못할 수도 있다. 이것을 현대 사회학적 용어로 바꾸면, 우리 주변의 중요한 사회현상을 설명하는 모델(model)로서의 사회변동이론들을 실재론적으로 해석함으로써, 이 이론들이 마치 사회·경제적 실체가 복종하는 법칙을 생산해내는 것인 양 해석해서는 안 된다는 것이다. 부동이 이러한 인식론적 입장을 현대 사회학자들에게도 중요한 인식론적 기초라고 강조하는 이유는, 1980년대 중반 소련이 러시아 제 국으로 해체되고 마르크스-레닌 이론의 독선적 시각이 역사적으로 부 정되었는데도, 여전히 상당수 지식인들과 사회과학자들이 마르크스의 역사적 유물론을 하나의 모델로 보지 않고 뉴턴의 역학이론처럼 역사 의 운동을 간파할 수 있는 이론으로 보려는 경향이 있기 때문이다.

부동의 인식론적 관점에서 보면, 거시적 수준에서 나타나는 경험적 현상의 규칙성은 사회 실체를 변형하거나 구조화하는 법칙이나 규칙의 표현이 아니라 '인간들의 사회적 행위의 산물'이다. 제3세계 지식인들 이 선호하는 종속이론의 경우를 보기로 들어보자. 종속이론가들이 주 장하는 것처럼 어떤 특수한 경우 종속상태와 저개발상태는 서로 밀접 한 관계를 맺고 있는 것이 확실하다. 그러나 종속상태가 저개발상태를 필연적으로 강화한다는 사회변동 법칙은 존재할 수 없다.[4] 그 이유는 사회현상에 대한 보편적(일반적) 법칙을 정립하려는 노력은, 보편적 타당성을 가진 명제를 정립하는 것이 사회과학 지식의 목표라고 믿음 으로써 지식의 본질을 착각하는 오류를 범할 수 있기 때문이다. 그리고 이러한 작업은 사회과학을 하는 것이 아니라 형이상학을 하는 것이기 때문이다.

부동 교수가 사회변동론에 관한 저서를 내면서, 사회변동의 다양한 이론들을 간단히 소개하고 책 제목을 '사회변동론'이라고 붙이는 대신 『무질서의 사회학적 위치』[5]라는 상징적 제목을 선택한 이유도 기존의

---

4) 한국은 종속이론의 예외가 되는 대표적 사례이다. 내가 프랑스에 머무르는 동 안 다양한 분야의 프랑스 중견 사회학자들이 한국의 놀라운 경제성장과 사회 발전 사례에 지대한 관심을 보였다. 파리 고등사회과학연구원의 라베노로 (Rabenoro) 교수는 내가 유네스코 한국위원회에서 일한 경력을 알고는, 외무 성 장학금을 줄 터이니 새마을운동에 관한 박사학위 논문을 쓸 것을 권유하기 도 했다.

사회변동이론들이 사회행위자들의 자율성과 거기에서 비롯되는 구성효과를 무시하는 작업을 하고 있기 때문이다. 즉 일부 사회과학자들은 여전히 종속이론, 역사적 유물론, 네오마르크스주의, 비판이론(프랑크푸르트학파의 이론) 등의 다양한 과학적 이름으로 사회 변동현상을 설명하기 위한 보편적 법칙을 제시하려 함으로써, 사회변동이론이 복잡한 사회 변동현상을 이해하기 위해 그 사회현실을 과감히 단순화시킨 모델이라는 사실을 종종 간과하기 때문이다.

부동이 『사회변동과 사회학』을 쓰면서 염두에 두었던 현대사회학의 학문적 위협은 두 가지였다. 첫째는, 사회현상을 법칙화해서 이해하려 했던 1950 · 1960 · 1970년대 국제 사회과학 공동체의 네오마르크스주의적 이론들의 독선적 사고였다. 둘째는, 위의 학문적 입장에 대한 지나친 반발로 과학적 이론과 동화(童話)도 구분하려 하지 않고 중요한 것은 이야기만 잘 전달하면 된다고까지 극단적인 주장을 펴는 페이어아벤트(Feyerabend)류의 극단적 회의주의자들이었다. 이 두 가지 극단적인 학문적 입장에 대해 부동은 자신의 제3의 입장을 다음과 같이 표현한다. "사회학자는 비록 많은 노력이 필요하다 할지라도 형이상학적인 것(또는 이데올로기적인 것)과 과학적인 것을 구분하려 노력하고 과학적 지식의 한계를 주목하려고 애쓰며, 인간의 지식으로 이해할 수 없는 사회현상의 존재를 인정하고 이러한 현상에 마땅한 자리를 부여해야 한다." 이것이 상대주의라고 일컬어지는 그의 아카데믹 사회학의 관점이다.[6]

---

5) R. Boudon, *La Place du Désordre*, Paris, PUF, 1984(민문홍 옮김, 『무질서의 사회학적 위치』, 교보문고, 1990).

6) 부동은 자신의 제3의 인식론적 입장을 상대주의(relativism)라고 표현한다. 어떤 학자들은 부동의 학문적 입장을 냉소적이고 허무주의적 입장이라고 쉽게 비난할지 모른다. 그러나 그는 보기 드문 가톨릭 사회학자이다. 그는 사회학이 과

이러한 방법론적 개인주의라는 인식론적 기초 위에서 부동은 서유럽의 사회학자들이 헤겔과 마르크스 이래 강조해온 변증법적 사고를 사회학적 인식론에 통합시켜 자신만의 고유한 현대사회학 이론을 만든다. 그 핵심 개념은 '일상생활의 변증법'과 '기대하지 않았던 사악한 결과'이다. 아래에서는 이 개념들을 중심으로 몇 가지 사례를 검토함으로써 부동 사회학의 패러다임을 이해해보기로 한다.

2) 일상생활의 모순(contradiction)과 '사악한 결과'(perverse effect)

부동 사회학 이론의 핵심적 개념이 가장 잘 드러난 논문은 1977년에 출간된 『사악한 결과와 사회질서』[7]라는 책이다. 프랑스에서는 1980년대 초부터 이미 신문기자나 일반 지식인들 사이에서 상식적 사회학 용어로 크게 각광받은 이 개념의 원초적 착상을 부동이 처음 얻은 것은 로버트 머튼(R. Merton)의 작은 논문을 통해서이다. 우리 학계에서는 파슨스의 제자이며 신기능주의자로 알려져 있는 로버트 머튼은 1936년 비코(Vico)와 스피노자(Spinoza)의 역사철학을 인용하면서 「의도된 사회 행위의 기대하지 않았던 결과들」[8]이라는 고전적 논문을 썼다.

구조기능주의를 비판하며 새로운 신기능주의 이론을 탐색하는 과정에서 쓴 이 논문에서 로버트 머튼이 강조하려 한 것은, 개인들의 사회

학의 이름으로 시민종교를 대신하여 예언자적 역할이나 계시적 역할을 하는 것에 반대한다. 왜냐하면 그것은 신앙의 역할이지 과학의 역할이 아니기 때문이다. 사회학은 자신의 학문적 기반과 지식으로 사회현상에 대해 자신이 설명할 수 있는 부분을 단지 겸허하게 설명할 뿐이며, 나머지 부분은 신앙적 삶과 정치적 결단에 맡겨야 한다는 것이다(부동 교수와의 개인적 대화, 1988년 6월).

7) Raymond Boudon, *Effets prevers et ordre social*, Paris, PUF, 1977.
8) Robert K. Merton, "The Unanticipated Consequences of Purposive Social Action," *American Sociological Review*, 1936, No.1, pp.894~904를 볼 것.

적 행위가 집합적으로 결합되었을 때 개인들이 기대했던 것과는 엉뚱한 사회적 결과가 흔히 나타나고, 이것이 사회변동을 위해 뜻밖의 중요성을 지니는 경우가 많다는 사실이었다.

부동은 이 '뜻밖의 의도하지 않았던 사회적 결과의 부정적 측면'에 초점을 맞추어 '사악한 결과'라는 사회학적 개념을 발전시킨다.[9] 그리고 이 개념을 가지고 이제까지 변증법이라는 철학적 개념으로 모호하게 표현되어왔던, 사회적 행위들이 가져오는 집단 수준의 모순된 효과나 결과들을 쉽게 납득할 수 있게 해주는 새로운 사회학 개념을 만들 수 있다고 주장한다.[10] 부동은 수많은 철학자와 사회학자들이 매달렸던 '변증법'이라는 고전적 철학 개념에서 사회학이 한 가지 중요한 사회학적 교훈을 얻을 수 있다고 본다. 그것은 일상적 삶 속에서 어떤 특정한 상호작용체계는 사회적 행위자가 원하지 않았던—또는 경우에 따라서는 그들 행위자들의 관점에서 바람직하지 않은—결과를 가져오는 행위를 하게 만든다는 사실이다.

부동이 헤겔의 『정신현상학』에서 주목하는 현상도 바로 이것이다. 헤겔의 그 유명한 '주인과 노예의 변증법'을 보자. 대등한 두 사람이 상대를 지배하기 위해 싸운다. 그 결과 한쪽이 또 다른 쪽을 이겨서 후자를 노예로 삼는다. 그리고 주인이 된 사람은 상대방인 노예로부터 주인으

---

9) 부동은 이 개념을 괴테의 『파우스트』에 나오는 메피스토펠레스에게서 얻었다고 고백한다.
10) 물론 헤겔과 마르크스의 경우, 변증법이나 모순이라는 개념은 복잡하고 다양한 의미를 지닌다. 이제까지 사회철학에서 이들 개념—변증법·모순—이 중요시되어온 이유는, 이들이 사회현상 분석에 필요한 기본적 통찰력을 가지고 있기 때문이다. 헤겔·마르크스 전통의 변증법이라는 개념이 지닌 통찰력이란, 사회적 행위자들은 어떤 일정한 목적을 추구하는 행위를 할 때 흔히 원래 추구했던 목적과는 다른 결과나 모순된 결과를 불러오는 경우가 있다는 사실을 잘 이해시켜준다는 데 있다.

로서의 지위를 인정받기를 원한다. 그런데 아무것도 아닌 비인격적 존재로부터 주인의 지위를 인정받는 것은 아무 의미도 없다. 따라서 주인은 원래 의도와는 달리 노예의 인간성(humanity)을 인정하게 되고, 이 행위로 말미암아 주인과 노예는 같은 인간으로서 동일시되는 것이다. 그러면 사회철학에서 빌려온 이 '기대하지 않았던 사악한 결과'라는 개념을 부동이 어떤 방식으로 실증적 사회학 개념으로 전환시키는지를 검토해보기로 하자.

40년 전 로버트 머튼이 자신의 논문에서 잘 지적하고 있듯이 '기대하지 않았던 사악한 결과'라는 이 개념은 맨드빌(Mandeville), 애덤 스미스(Adam Smith), 루소(J. J. Rousseau) 같은 고전 철학자들에게서 쉽게 찾아볼 수 있으며, 그 구체적인 사례는 우리의 일상생활 어디에서나 쉽게 발견된다. 사회변동에 관심이 있는 사회학자들이 특별히 이 개념에 주목하는 이유는, 이것이 우리의 일상적 삶 속에서 흔히 사회적 불균형이나 변동을 가져오는 주요한 원인들 중 하나이기 때문이다.

부동이 이 개념의 필요성을 절실히 느낀 것은 동료 사회학자 피에르 부르디외가 불평등 개념을 교육과 문화 개념으로 확장해 기존의 학교제도와 고등교육이 계급 불평등을 재생산한다는 주장을 전개하면서 새로운 교육사회학이론의 스타로 부각되기 시작했을 때였다. 당시 부동은 '사회적 기회의 불평등'이라는 고전적인 주제로 사회이동(social mobility)의 문제를 다루면서, '의도하지 않았던 사악한 결과'라고밖에는 표현할 길이 없는 사회구조의 이상한 측면을 보게 되었다. 그의 연구결과인 저서 『기회의 불평등』[11]을 요약하면 다음과 같다.

제2차 세계대전 이후 교육 기회의 불평등을 해소하기 위한 개인

---

11) Raymond Boudon, *L'Inégalite des chances*, Paris, Armand Colin, 1973.

적·집단적 차원에서 폭발적으로 증가한 고등교육에 대한 수요의 증가는 개인적·집단적 차원에서 서로 엇갈리는 모순된 결과를 가져왔다. 먼저, 개인 수준에서 대학 학력에 대한 수요의 증가는 사회 전체적으로나 개인적으로 생산성의 증가라는 긍정적인 결과를 가져왔다. 그러나 이 결과는 동시에 사회적으로나 개인적으로 의도하지 않았던 부정적인 결과를 가져왔다. 예를 들어 어떤 사회직업별 지위로 구성된 계층 체계를 상정해볼 때, 특정한 수준의 사회적 지위를 얻기 위해 오늘날 우리는 이전보다 더 많은 학비를 투자할 필요가 있다. 사회적 전문직을 얻기 위한 이러한 개인적 비용의 지출 증가는 대체로 기술 진보에 따라 특정 직업과 관련된 자격을 얻기 위해 더 많은 훈련기간이 필요하다는 사실에서 비롯된 것이다.

그러나 이러한 사실은 개인적 수준은 물론 집단적인 차원에서도 반갑지 않은 나쁜 결과를 가져왔다. 왜냐하면 별다른 대책이 강구되지 않는 한, 이 개인적 교육 수요의 증가는 개인 투자비용을 증가시키고, 사회적 차원에서는 국가와 교육기관의 경비 지출을 증가시키기 때문이다. 이 문제가 더욱 심각한 이유는 이러한 개인적 교육 수요의 증가는 중간계층 이하의 사람들로 하여금 교육 투자를 망설이게 만들고, 교육 수준에 따라 직업의 봉급 수준을 달라지게 함으로써 사회성원들 간의 임금 불평등이 커지는 데 기여하는 또 다른 나쁜 결과를 초래할 수 있기 때문이다.

결과적으로 이러한 개인적 교육 수준의 증가와 전문직업을 얻는 데 필요한 훈련기간의 장기화는 일반 시민들이 교육의 민주화에서 당연히 기대할 수 있는 사회이동의 긍정적 효과를 상쇄시키는 역할을 했다. 간단히 요약하면, 프랑스를 중심으로 하는 서유럽 사회에서 제2차 세계대전 이후 실시된 사회불평등을 시정하기 위한 합리적 방법 중 하나로 채택되었던 '교육 기회의 불평등'을 시정하기 위한 여러 가지 노력——대학 무상교육제도, 교육 투자 증대, 단기 과정의 전문 직업대학 증설 등——은 결국 가족 구조의 불평등을 확인하는 결과만을 가져왔다. 즉 각 가족이 애당초 가지고 있는 문화적·경제적 불평등을 시정하지 못하는 한, 고등교육을 받을 수 있는 교육 기회의 균등화만으로 사회적 기회의 평등화를 이룰 수는 없다는 사실을 분명히 보여준 것이다. 위의 교육사회학분야의 경험적 연구가 우리에게 주는 인식론적 교훈은 사회 현상에는 항상 다양한 측면(multiplicity)이 있다는 것, 특정 시점에서 생긴 사회적 효과는 언제나 다양한 방향으로 예측하기 어렵게 발전할 가능성이 있다는 것이다.

3. 부동의 사회변동론

1) 또 한 권의 사회변동론?

이러한 문제의식에서 출발한 부동의 저서 『사회변동과 사회학』은 기존의 사회변동이론들을 폭넓게 검토하는 동시에, 후기 현대사회의 사회변동과 관련된 예리한 통찰력을 보여준다. 내가 한국 독자들에게 부동의 여러 저서 중 이 저서를 가장 먼저 소개하는 이유는 크게 두 가지이다. 첫째, 이 책이 지나치게 철학적이고 전문적인 레이몽 부동의 기존 저서들과 달리, 글의 전개가 명료하고 일반인들도 쉽게 접근할 수 있을 만큼 내용이 평이하다는 점 때문이다. 둘째, 이 책은 21세기 선진화 시대를 맞이하여 후기 현대사회가 필요로 하는 사회가치관과 사회변동관이 정립되지 않아 큰 혼란과 고통을 경험하고 있는 한국 시민들에게 중요한 사회학적 교훈을 줄 수 있다는 점 때문이다.

이 책은 기존의 통상적인 사회변동론 교과서가 '사회변동'의 주제를 다루는 것과는 달리 아주 독창적인 방식으로 '사회변동의 문제'에 접근한다. 이 책은 뒤르케임이 그의 주요 저서들을 쓸 때 사용하던 논리 전개 방식—법정에서 검사가 논증하는 방식—을 그대로 사용한다. 그것은 자신의 고유한 사회변동론을 제시하기 전에 기존의 사회변동이론들을 과감하게 단순화시켜 요약하고, 그 약점들을 보여주며, 마지막으로 그것을 넘어설 수 있는 자신만의 관점을 제시하는 것이다. 부동은 이 책에서 기존의 사회변동이론들 중 가장 인기 있는 이론들의 강점과 약점을 중심으로 기술하면서, 크게 다섯 가지 주제를 중심으로 논의를 전개하고 있다.

부동은 1950년대부터 80년대 초반까지 '역사와 사회변동의 관계'에 관한 수많은 논의가 있어온 사실을 보여준다. 그런데 기존의 사회변동이론들은 개인과 사회의 변화과정을 탐구하면서, '무질서'나 우연 그리고 거기에서 자연스럽게 나타나는 '사회적 혼란'을 사회과학 분석에서 배제하려 한다. 그러나 부동은 바로 이것이 '후기 현대사회의 사회변동이론'의 중심주제가 되어야 한다고 주장한다.

이 책 『사회변동과 사회학』의 핵심주제는 1950년대 초부터 1980년대 초까지 사회과학자들이 생산해낸 사회변동이론들이 독자들에게 잘못된 환상을 제공해왔다는 것이다. 즉 기존의 사회과학자들은 19세기 중반까지 '사회변동'이라는 개념을 통해 옛 철학자들이 발견하려고 애썼던 특정한 역사법칙을 찾으려 했는데, 그 근거는 이들 대부분이 사회현상에 대한 규칙이 존재한다는 것을 증명할 프로그램을 바탕으로 성급하게 사회현상에 관한 일반적 법칙을 발견하려 했으며, 더 나아가 그 법칙에 입각하여 장래에 나타날 사회현상들을 예측·통제하려 했다는 것이다.

일반인들은 물론이고 사회과학자들까지 이러한 사회변동관을 지니고 있었던 이유는 이들이 사회과학의 지위에 대해 혼동된 생각을 하고 있었기 때문이다. 이러한 관점에서 볼 때, 이 책은 1957년 포퍼가 쓴

『역사주의의 문제들』의 문제틀을 후기 현대사회의 주요 사회현상에 그대로 연장해서 적용한 것이다. 이 책은 다음 세 가지 측면에서 포퍼의 주장을 현대사회에 맞게 응용·확장한 것이다.

첫째, 포퍼가 역사주의(historicism)라고 비판한 주요 저작들이 마르크스와 밀(J.S. Mill) 등의 거대이론들이었다면, 부동은 사회과학자들이 일상적으로 생산하는 이론들이 그 소비자들에게 어떻게 환상을 안겨주는가에 주목하고 있다. 둘째, 이 책에서 부동은 포퍼와는 다른 방법론을 사용하고 있다. 즉 포퍼가 기존의 사회변동이론들이 역사나 사회현상의 법칙을 추구하면서 어떻게 역사주의라는 추상적 개념의 함정에 빠져들어갔는가를 지적했다면, 부동은 최근 30여 년간 쏟아져 나온 일련의 사회변동이론들—근대화이론에서 세계체제론까지—을 분석함으로써, 이것들이 일반 독자들과 그 이론을 만든 사회과학자들에게 어떻게 역사주의적 환상을 불러일으킬 수 있었는지를 보여주려고 했다. 셋째, 그러한 사회변동이론들이 현장에서 사용될 때 나타난 인지적 결과(cognitive effect)에 대한 분석을 추가했다는 점이 이 책의 독창적 측면이다. 즉 기존의 사회변동이론들이 역사주의적 환상을 불러온 까닭은, 과학적 기준에서 보았을 때 그것들이 불법적인 사고형태를 사용하기 때문이 아니라 그 이론들의 논리적 지위가 독자들은 물론 그 이론들의 저자들에 의해서도 잘못 인식되는 경향이 있기 때문이다.[12]

부동은 기존 사회변동이론들의 문제점을 다음과 같은 구체적인 사례를 통해 더욱 분명하게 보여준다. 부동은 포퍼가 발전시키고 헴펠(Hempel)이 형식화한 법칙추구적이고 연역적인 모델이 사물들의 상

---

12) 포퍼의 관점에서 보았을 때, 역사주의적 환상은 비과학적인 이론들의 산물이다. 그러나 부동의 사회변동이론들에 관한 사회학적 분석에 의하면, 역사주의적 환상은 과학적 기준에서 볼 때 정당한 이론들—쿤이 말한 정상과학—이 생산한 것이다.

태를 특정 법칙으로 설명하는 것은 아니라는 사실을 인정한다. 그러나 연구현장에서 법칙 추구적, 연역적 모델은 종종 세속적 형태——특정 법칙 아래 사물들의 상태를 일반적으로 설명하는——로 나타난다.

종속이론의 보기를 들어보자. 중심국가와 주변국가 사이의 교환조건은 후자에 불리해지는 경향이 있다. 그런데 사람들은 종종 위의 연구결과를 토대로 다음과 같은 결론을 내린다. 즉 후진국의 경제가 침체되는 이유는 그 나라가 중심국가와 불균형적 성격을 띤 교역을 하기 때문이다. 이 경우 침체라는 개념으로 표현된 사물들의 상태는 종속의 법칙으로 다 설명된다. 결국 이러한 설명도식은 종속을 가능하게 하는 법칙 추구적 모델의 '원래 조건들'을 암시적으로 간과함으로써, 'A이면 B이다'라는 필연적 관계가 반복적으로 관찰될 수 있는 것을 당연시하게 된다.

결국 부동은 다양한 관점의 사회과학자들이 생산한 사회변동이론들의 사회학적 함의를 찾아내기 위해 기존의 사회변동이론을 크게 네 가지 유형으로 나눈다.

첫째 유형은 사회변동에 관한 일반적 추세나 경향을 보여주는 이론들이다. 예컨대 분업이 발달함에 따라 사회가 점점 더 복잡해진다든지 현대사회가 점점 더 관료제화되어간다는 이론들이 이 유형에 속한다.[13]

---

13) 짐멜 시대의 사람들은 이것을 역사적 법칙이라고 표현했다. 이러한 유형에 속하는 변동이론들은 우리 주변에서 여러 가지 모습으로 쉽게 발견할 수 있다. 오귀스트 콩트(A. Comte)의 사회발전 3단계설이나 로스토(W.W. Rostow)의 경제발전 단계설이 이 유형에 속한다. 산업사회가 발전하면서 사회이동과 다른 요인들의 도움으로 계급갈등은 권위와 영향력을 둘러싼 새로운 갈등관계로 변해간다는 다렌도르프(R. Dahrendorf)의 갈등이론도 여기에 속한다. 또 후기산업사회의 갈등은 정보계통에 종사하는 사람들과 산업사회 출신의 지배계급들 사이의 대립이라는 대니엘 벨(Daniel Bell)의 이론도 여기에 속한다. 알렝 투렌(Alain Touraine)이 후기산업사회의 갈등은 이 사회에서 정보와 지식의 중요성이 증대한 반면 이 4차 직종에 종사하는 사람들에게 상대적으로 빈약한 권력이 주어져 있다는 모순된 사실에서 비롯된다고 주장하면

둘째 유형은 조건적 법칙들(conditional laws)을 찾으려는 이론들이다. A가 일어난다면 B가 있을 것이라는 명제나, A가 있다면 자주 B라는 현상이 있을 것이라는 주장을 담은 이론들이 그런 종류이다.[14) 셋째 유형은 사회변동의 내용이 아니라 사회변동의 형식(form)에 관심을 두는 이론들이다.[15) 마지막으로 넷째 유형은 변동의 원인을 다루는 이론

서 1968년 5월혁명은 후기산업사회의 갈등을 미리 알리는 징후라고 표현했을 때, 그도 또한 사회현상에 대한 연속적 법칙을 찾으려 했다.

14) 예를 들어 『앙시앵레짐과 프랑스혁명』(A. de Tocqueville, *L'Ancien Régime et la Révolution*, Paris, Gallimard, 1967)에서 토크빌이 기대했던 것은 정치적 동원(political mobilisation)에 관한 조건적 법칙들을 검토함으로써 프랑스혁명에 관한 새로운 거시적 사회변동이론을 세워보는 것이었다. 이 이론은 나중에 제임스 데이비스(James Davies)에 의해 상대적 박탈이론(relative deprivation theory)을 기반으로 한 혁명이론으로 발전된다. 토크빌의 혁명이론에 의하면, 개인 생활조건의 객관적 향상은 그를 만족스럽게 하고 법이나 제도나 정치권리를 정당한 것으로 여기기가 더 수월할 것이라는 상식적인 견해를 뒤집는 것이었다. 이러한 상식적 견해와는 정반대로, 시민사회의 정치적 자유화는 시민들의 불만과 정치적 반대를 표현하는 것을 더 촉진시킬 수도 있다. 또 다른 예는, 탈콧 파슨스의 가족에 관한 사회변동이론이다. 그의 중심 주장은 산업화가 핵가족을 정상적인 것으로 만드는 효과를 가져온다는 것이다. 이런 유형의 보기는 네오마르크스주의자들에게서도 찾아볼 수 있다. 이들은 특정 조건 아래 반(半)봉건적 생산체계가 지속되는 경향이 있다는 것을 보여줌으로써 사회변동과정에서 생산력과 생산관계 사이의 모순이 미치는 영향을 법칙화하려고 한다.

15) '정상과학 → 인식론적 혁명 → 새로운 정상과학'이라는 도식으로 표현할 수 있는 토머스 쿤(Thomas Kuhn)의 과학철학이 이 범주에 속한다. 이 이론적 도식의 특징은 무엇이 바뀌어가는가를 알리는 데 있는 것이 아니라, 과학적 이론들이 어떤 형태로 바뀌어가는가를 설명해주는 것이다. 부동이 보기에 쿤의 과학철학이론이 성공한 이유는 당시의 사회갈등을 강조하는 사회 분위기와 무관하지 않다. 쿤은 이제까지 관례적으로 과학철학자들이 과학적 사고의 발전을 연속적인 것으로 여겨온 데 대해 문제를 제기하며, 그러한 관점을 대체하기 위한 이론으로 비연속적이고 갈등론적인 과학발전이론을 대립시켰기 때문이다. 이러한 범주에 속하는 또 다른 보기는 미셸 크로지에(Michel Crozier)의 사회이론에서도 찾아볼 수 있다. 크로지에에 의하면, 프랑스의 사

들이다.[16]

부동은 다음의 두 가지 이유 때문에 포퍼가 제기했던 문제들을 30년 이 지난 오늘날 사회학적 시각에서 다시 논의할 생각을 하게 되었다. 첫째 이유는, 그동안 사회변동과 관련된 아주 중요한 이론체계가 발전 되어왔는데, 이 이론들은 포퍼가 비판하는 이론들처럼 통제할 수 없기 때문에 과학적인 대답을 얻을 수 없는 주장을 자주 제기함으로써, 형이 상학적 이론과 과학적 이론을 대립시킨 포퍼의 생각을 수정하도록 요 구하기 때문이다. 둘째 이유는, 이러한 변동이론들에 관한 비판적 분석 은 사회학적 관점에서 포퍼의 진단을 더 세련되고 자세하게 만듦으로 써 사회변동이론에 관한 방법론적 성찰에 도움을 줄 것이기 때문이다.

회변동은 독특한 형식을 취한다. 즉 일단 위기 상황이 발생하면 이 상황은 오 랜 기간 동안의 봉쇄 형식을 불러온다. 또한 프랑스 사람들은 어떤 문제가 조 직 수준에서 나타나면 이 문제를 즉각적으로 자각하고 그것을 문제제기함으 로써 문제 해결을 위해 논의할 생각을 하지 않는다. 대신 이들은 상황에 각자 개인적으로 적응하기 바쁘다가 문제들이 누적되어서 폭발적 상황이 생기고 개인의 적응이 더 이상 불가능해질 때에야 문제를 심각하게 느끼고 해결하려 한다는 것이다.

16) 여기에 속하는 두 가지 보기로 부동은 막스 베버의 『프로테스탄티즘의 윤리 와 자본주의 정신』(Max Weber, *The Protestant Ethic and the Spirit of Capitalism*, trans. by Talcott Parsons, London, George Allen & Unwin Ltd., 1976)과 매클랜드(McClelland)의 『성숙한 사회』(D. McClelland, *The Achieving Society*, Princeton, D. Van Nostrand Co., 1961)를 사례로 들고 있다. 부동은 막스 베버의 『프로테스탄티즘의 윤리와 자본주의 정신』이 학술 저작으로 성공한 것에 대해 독특한 해석을 내린다. 그에 의하면 이 책이 성공 한 것은 그의 이론이 진실이기 때문도 아니고, 또 이 책의 체계가 복잡하기 때 문도 아니다. 이 책이 성공한 이유는 그 책이 방법론적으로 우수하다는 점 말 고도 이 책의 결론이 반유물론적이라는 사실 때문일 것이다. 왜냐하면 이 이 론이 사실이라면 결과적으로 이 이론은 사회적 가치가 생산관계 변동의 원인 이 될 수 있다는 것을 증명할 수 있는 유심론이 되기 때문이다. 그리고 이렇게 받아들여진 사회변동론은 사회발전에 끼치는 정신적 가치의 영향이라는 주제 로 1960년대 이후 엄청나게 많은 경제발전이론을 낳았다.

이런 관점에서 부동은 수많은 관찰자들이 사회변동이론들에 대해 느끼는 실패의 감정을 하나의 '사회적 사실'로 간주하고, 그것의 분석을 통하여 사회변동이론분야에서 더 세련된 변동이론을 찾아내려 한다. 특히 이 작업이 중요한 이유는 꽤 많은 사회변동이론들—예를 들어 발전이론이나 종속이론을 생각해보라—이 실천적 영향력이 있을 뿐만 아니라 과학적 권위를 지니고 있기 때문이다. 여기서 부동이 특히 주목하는 사실은 이 이론들이 "흔히, 정확히 말해서 거짓은 아니지만, 그들이 가지고 있지 못한 과학적 지위를 과시하고, 그렇게 함으로써 그들이 내포하고 있지 않은 해석과 믿음을 불러일으킴으로써 사회에 커다란 혼란을 불러일으킨다"는 점이다.

2) 혼돈 속의 사회변동이론들과 새로운 사회변동이론의 역할

이 책의 첫 번째 목표는 '역사와 사회변동' 사이의 관계를 다루는 기존의 사회변동이론을 두 가지 유형으로 다시 분류하는 것이다. 첫째는 랑케(Leopold Von Ranke)와 같은 역사학자, 니스벳(Robert A. Nisbet)과 같은 사회학자들의 유형으로, 과거 역사를 재구성하기 위해 어떠한 일반화된 관점을 지닌 사회변동이론을 만드는 것도 불가능하며, 과거의 사실을 있는 그대로 기술하는 수밖에 없다는 입장이다. 둘째는 일반 이론적 관점을 채택한 자연과학자나 사회과학자의 입장이다. 이들은 특정 사회의 변동과정을, 살아 있는 고등 유기체가 환경 변화에 어떻게 적응해가며 살아남는가를 일반적 법칙에 입각해 찾고자 한다.

그러나 위의 두 가지 사회변동이론은 각기 다른 치명적 약점을 안고 있다. 첫째 관점은 과거의 역사적 사실을 있는 그대로 재구성하는 것이 사회변동이론의 역할이라는 입장을 지나치게 강조함으로써, 현대 사회과학이론의 방법론적 역할을 너무 과소평가했다. 둘째 관점은, 사회변동을 지배하는 일반적 법칙을 탐구하는 것이 사회변동이론의 역할이라고 주장함으로써, 형이상학과 구분되는 사회과학의 한계를 모르는 너무 순진한 학문적 입장에 집착하고 있다.

부동은 위의 두 가지 입장에 대한 자신의 대안으로서 '형식적 사회변동론'이라 불리는 세 번째 관점을 제시한다. 이것은 상호 연관된 단순한 명제들을 체계적으로 구성하여 나온 결과물을 일반적 모델로 사용하여, 특정한 사회(또는 사회유기체)가 사회 변동과정에서 경험한 것을 사실에 입각해 설명하는 것이다.

부동은 사회과학이 이데올로기적 주장으로 변질되는 것을 피하고 과학적 이론이 되기 위해서는 이 세 번째 관점에서 나온 연구 프로그램의 과학적 조건을 주목할 필요가 있다고 본다. 그것은 사람들이 종종 일반적 타당성을 지닌 것으로 잘못 이해해온 사회변동이론들이 '특정한 상황 속에서만 타당성을 지닌다'는 것을 인정하는 것이다. 이 경우 '과학적 사회변동이론'이란 '분명한 시간과 상황이 주어진 부분적이고도 지엽적인 사회과정에 관한 이론'을 구성하는 경우에만 가능할 뿐이다. 또한 사회변동이론의 논리적 지위를 이해하는 데서 다음과 같은 핵심적 사실, 즉 사회변동이론들에는 과학적 이론과 추측을 하는 이론, 형식적 이론 그리고 실제 이론이 존재하며, 이 모든 것은 서로 구분된다는 사실을 인정하는 것이다.

이 책의 두 번째 목표는 수많은 사회변동이론들이 내포한 구조주의 시각과 그것이 수반하는 존재론적 오류를 비판하는 것이다. 부동에 의하면, '사회구조'란 다양한 역사적 시점의 특정한 물리적·문화적 환경 속에서 수립된 자료를 토대로 도출된 단순한 구성물이다. 따라서 이 개념은 사회변동이론가들이 종종 주장하는 것처럼 과학적 설명을 위한 설득력 있는 개념이 되지 못한다. 게다가 '사회구조'는 그 안에서 수많은 행위자들이 서로 다른 목표와 의미를 추구하며 행동하는 구성물이기 때문에, 사회구조가 갖는 강제력이나 구속력이 반드시 기대했던 방향으로만 전개되는 것은 아니다.

바로 이러한 이유 때문에 사회변동이 자생적이기를 바라는 구조주의 시각의 사회과학자들에게, 부동은 외생적 요인의 상대적 중요성을 강조한다. 또 공동사회와 이익사회, 또는 기계적 연대와 유기적 연대 사이 구분의 통시적 특징을 강조하는 구조주의자들에게, 부동은 이 용어가 가리키는 현상들이 특정 사회에서 동시에 관찰될 수 있다는 점을 가르쳐준다. 그 이유는 '구조주의자'들이 특정 구조를 '보이지는 않지만 실체의 중요한 부분'으로 생각하는 반면, 부동이 보는 '구조'라는 개념은 사회현상을 더 잘 이해할 수 있도록 돕기 위해 사회과학자들이 만든 인위적 구성물이기 때문이다.

특히 일부 학자들이 그러하듯이, 이 구조라는 개념을 사회현상을 지배하는 법칙으로 사물화함으로써 특정 사회의 변동과정에서 특정 요소들—사회적 가치보다 구조를 강조하거나, 외생적 요인보다 내생적 요인을 강조한다—을 강조해서는 안 된다. 사회변동이론의 논리적 관점에서 볼 때 특정 변수에 대한 선호감정은 경험적으로나 이론적으로 정당화될 수 없으며, 이러한 선호적 가치의 선택 행위는 특정 형태의 사회결정론의 설명 능력을 과신하는 비과학적 믿음을 동반하게 된다.

부동의 '사회변동론'이 추구하는 세 번째 목표는, 기존의 사회변동이론들이 이처럼 서로 대조적 모습을 보여주는 이유를 설명하는 것이다. 부동이 보기에 사회과학자들이 서로 다른 사회변동관을 취하고 있는 이유는 크게 두 가지이다. 하나는 그들이 은연중에 자신의 학문보다 우월하다고 생각되는 다른 학문들—생물학·경제학—을 선호하면서 그 분야의 학문 분석 논리를 모방하기 때문이다. 둘째는 이 사회변동이론들이 과학적 논리 외에 자신의 이론들이 발전해온 특수한 정치적 상황을 반영하기 때문이다.

부동에 따르면, 1960년대부터 1980년대 초반까지 수없이 등장한 사회변동이론들은, 근대화라는 이름으로 '의도하지 않았던 사회변동'의 '무질서'(disorder)가 야기한 '사회문제들'에 대한 정치적 목적을 띤 이론적 해결책이었다. 부동이 이 책의 첫 장에서 기존의 '사회변동론에 대한 짧은 역사'를 동시에 쓴 것은, 우리가 이 문제를 다루기 위한 다양한 용어들—역사철학, 근대화론, 사회변동론, 세계체제론 등—에도 불구하고, 사회변동이론가들이 직면하는 과제는 "사회변동이 가져다준 '무질서'의 문제에 대한 정치적 관점을 담은 이론적 답변이기 때문이다."

『사회변동론』의 네 번째 목표는 특정 이론들과 관련된 사실 속에 숨겨진 사회변동 현상의 규칙성과 비규칙성을 동시에 강조하는 것이다. 부동은 사회변동이론을 구성하고 평가할 때, 시간이라는 변수가 갖는 다차원적 중요성을 강조한다. 경험적으로 볼 때 내생적·외생적 요인 또는 구조나 가치의 상대적 중요성은 분석에 사용된 시간의 단위가 무엇인가에 의존한다. 흔히 자생적 사회변동이론가들은 t 시점에서 관찰된 구조가 t+1 시점에서 관찰될 구조적 현상을 만들어낸다고 주장한다.

그러나 사회변동이론가들은 종종 그와는 정반대되는 입장도 받아들여야 할 때가 있다. 게다가 t 시점에서 관찰한 현상이 나타나려면 반드시 t-1 시점에서 특정한 구조가 있어야 한다고 가정하는 것은 사회변동을 관통하는 불변의 특정한 법칙이 있다는 것을 가정하는 형이상학을 하는 것이다.

이 경우 특정 시점의 사회적 사건은 사회행위자에게 행동의 원인만을 제공하는 것이 아니라 기회도 제공하기 때문에, 사회적 환경이 구성원들에게 특정한 해결책을 구조적으로 강요한다고 단정할 수 없다. 왜냐하면 특정 사회환경은 행위자가 행동을 하거나 포기할 수 있는 선택 기회를 제공하므로, 생태학적 변동론의 경우도 다양한 유형의 결정론보다는 시간과 공간이 주어진 특정 사회구조 속에서 사회행위자의 행위와 그것의 집합적 결합에 초점을 맞춘 사회변동에 관한 수많은 경험적 사례의 축적이 필요하기 때문이다.

이 책의 마지막 목표는, 앞에서 논의한 네 가지 주제를 바탕으로 '방법론적 개인주의'가 제대로 작동할 수 있는 필요조건을 기술하는 것이다. 부동은 이 관점만이 사회변동이론들을 과학으로 만들 수 있는 유일한 해결책이라고 본다.

이 경우 '방법론적 개인주의'라는 용어는 복합적 의미를 함축한다. 첫째, 사회과학에서 설명은 문제시되는 사회적 상황에 대한 개인의 반응에 초점이 맞추어져야 한다. 왜냐하면 사회변동은 그 상황에서 상대적 합리성을 지닌 개인의 결정을 수반하기 때문이다. 그리고 이러한 개인의 결정은 그가 직면한 상황의 상대적 구조화뿐만 아니라 행위자들이 유사하다고 생각한 이전의 상황에서 직접적 또는 간접적인 경험을 통해 얻은 지혜에도 의존한다. 둘째, 사회변동이 가져다주는 특정 상황에 대한 개인 선택의 결과는 언제나 문제적이다. 그것들은 집합적으로 구성되어야 한다. 그러나 이러한 개인행위의 집단적 구성이 개인행동들의 단순한 합계여서는 안 된다. 이때 '방법론적 개인주의'에 입각한 사회변동이론은 일반적 모델을 사용해서 특정의 문제된 상황에 대한 구성원들의 적응방식을 서로 연결시켜보는 것이다.

부동은 이러한 작업을 통해 독자들이 다양한 역사적 · 문화적 환경과 관련된 광범위한 문헌들을 비판적으로 독해할 것을 권유한다. 또한 현대의 '경험적 사회학'이 현실뿐만 아니라 그 분석 도구에도 관심을 기울여야 한다는 사실에 주의를 환기시킨다. 부동이 사회학과 인식론을 정치적 영향력이 큰 학문이라고 보는 이유는 바로 여기에 있다.

3) 후기 현대사회의 새로운 사회변동론을 위하여

부동에 의하면 후기 현대사회의 다양한 사회현상을 설명할 때 방법론적 전체주의보다는 방법론적 개인주의가, 전체주의 이데올로기보다

는 자유주의 이데올로기가 우위를 차지한다. 그 이유는 자유주의 이념
은 다른 어느 이념체계보다 탁월하게 사회체계와 사회적 사실의 복잡
성을 잘 인식하고 있으며, 거시적 차원에서 이루어지는 사회현상의 복
잡성을 미시적 차원의 개인의 독자적·선호적 행동과 연결시켜 보여주
는 장점과 설득력이 있기 때문이다. 부동은 방법론적 전체주의의 다양
한 사고유형들—세속적 마르크스주의, 세속적 구조주의 등—이 개인
을 사회구조와 규칙의 단순한 지지물로 간주함으로써, 현대 사회구조
의 복잡성과 융통성과 불확실성을 이해하고 설명하는 데 큰 약점이 있
다고 본다.

이제 나는 후기 현대사회에 적실성이 있는 사회변동이론과 자유주의
사상의 확장과 관련하여 부동의 사회학이 기여한 점을 다음의 몇 가지
영역에서 찾아보려 한다.

4) 현대 사회학이론에 주는 교훈

부동의 사회학이론은 거시적 사회현상의 발현적 속성(emergent
properties)과 불확정성을 개인행위자를 분석단위로 해서 설명하는 것
을 목표로 한다. 그는 이러한 사회학 모델이 기존의 규범적 모델의 사
회학—네오마르크스주의, 세속적 구조주의 등—이 다루지 못했던 다
양한 사회현상을 이해하고 설명하는 데 강점이 있다고 본다. 부동이 하
버마스를 대표로 하는 네오마르크스주의 사회학자들의 이론적 작업을
비판하는 근거는 크게 다음의 세 가지이다.

첫째, 비판이론가들은 기존의 '아카데미 사회학'이 그가 속한 사회에
종속되어 있다고 본다. 그러나 사회학의 궁극적 지향점은 기존 사회의
지배적 가치나 윤리에 종속되는 것을 거부하면서 동시에 이러한 사회
를 개혁하기 위한 참여적 행위에도 '객관적 거리를 둘 줄 아는' '비판
적·합리적 태도'이다.

둘째, 비판이론은 한 가지 중요한 인식론적 전제를 감추고 있다. 그것은 구체적 사실에 대한 전체적 인식과 법칙 발견이 가능하다는 학문적 야심이다. 그러나 이것은 사회현상의 다차원성을 인정하고, 사회현상에 대한 법칙 발견은 이제 더 이상 가능한 작업이 아니라는 현대사회학의 인식론적 기반을 무시하는 것이다.

셋째, 사회현상을 설명할 때 사회구조나 제도가 개인에 대해 갖는 구속성과 사회현상의 복잡성을 무시해서는 안 된다. 이 점에서 비판사회학은 행위 주체로서의 개인에게 적절한 자리를 부여하려고 꾸준히 노력해온 현대사회학의 '사회학적 인간'(*homo sociologicus*) 모형에서 너무 이탈한 것이다.

부동은 특정 사회의 사회문제나 사회구조는 한두 가지 변수로 환원되어 정리될 정도로 단순하지 않은 다차원적인 성격을 띠고 있으며, 이것은 제한된 인간의 이성으로는 전체로서 총체적으로 인식될 수 없다고 본다. 따라서 현대사회학의 역할은 거시적 차원의 사회현상들을 사회행위자인 개인행위자들과 연관시켜 부분적으로 이해하고 설명하는 것이다. 이 경우, 어떤 거시적 사회현상은 이러한 설명이 안 되고, 또 다른 사회현상은 개인행위가 연합한 결과로 이해는 되지만 종종 개인 각자가 추구했던 목적과는 다른 엉뚱한 것인 경우가 많다.

이 '거시적 사회현상의 모순적 측면'을 '변증법'이라는 철학 용어로 직관적으로 이해해보려는 시도들이 헤겔에서 마르크스에 이르는 철학적·사회학적 작업이다. 부동은 이 개념을 좀 더 분명한 사회학적 개념으로 발전시킬 수 있다고 본다. 즉 '기대하지 않았던 사악한 결과'라는 패러다임이 기존의 고전사회학 전통을 살리면서 거시적 사회현상을 개인적 변수와 연결시켜 이해·설명하는 새로운 갈등론적 행위의 패러다임을 구성하는 데에 훌륭한 사회학적 자원이 될 수 있다는 것이다. 이것이 후기 현대사회의 개인의 자율성과 자유주의 정신을 동시에 회복시키는 부동의 사회학이 지향하는 새로운 탐구방식이다.

5) 이데올로기 논쟁의 해결책과 '후기 현대사회의 민주주의'

후기 현대사회의 문화적 특징들을 분석하는 데 여전히 장애가 되는 것은, 마르크스 전통을 따르는 상당수의 학자들이 '이데올로기 현상'을 방법론적 전체주의적 시각에서만 접근할 수 있다고 생각하는 것이다. 이들 세속적 마르크스주의자들은 특정 사회의 이념체계가 지배집단의 이익을 위해 피지배집단에 의식적·무의식적으로 주입되었다고 믿는다. 따라서 레이몽 부동은 이데올로기 현상에 대한 '방법론적 개인주의적 분석'이 후기 현대사회의 민주주의 문제를 풀어나가는 열쇠라고 생각한다.

이 작업을 위한 선행 작업으로 부동은 이데올로기를 마르크스 전통과는 차별되게 정의한다. 그에 의하면 "이데올로기란 과학적 주장에 기반을 두고는 있지만, 사람들이 그것에 대해서 지나치거나 근거 없는 신빙성을 부여하는 교리이다." 이러한 독특한 이데올로기관을 바탕으로 부동이 탐구하려는 주제는, 어째서 후기 현대사회처럼 과학이 발달하고 시민들의 교육수준이 높은 시대에 특정한 사회과학이론에 대한 왜곡된 해석이 가능하고, 또 그것이 상당한 설득력을 가지고 시민들 사이에 널리 퍼져나감으로써, 결국 사회현실에 대한 잘못된 여론과 신념을 형성하는가 하는 문제이다.

이 과정을 분석하면서 부동이 주목하는 사실은, 잘못된 생각들도 과학적 권위에 의존할 수 있으며, 이런 의미에서 과학은 진실된 생각의 확산과 생산에만 기여하는 것이 아니라 거짓된 생각의 긍정과 확산에도 중요한 역할을 한다는 것이다. 우리가 마르크스 이론을 이데올로기라고 볼 수 있는 근거는, 마르크스주의의 과학이론들이 그들이 가진 과학적 타당성의 범위 이상의 영향력과 신빙성을 행사하면서 일반 시민들 사이에 유통되기 때문이다.

부동은 후기 현대사회와 같은 복잡한 사회에서 특정 사회과학이론이 생산자인 사회과학자로부터 중간매개자인 언론기관을 거쳐 일반 소비자에게 전달되는 과정을 특별히 문제시하고 주목할 필요가 있다고 주장한다. 복잡하게 전문화된 현대사회에서 이 과정은 사회현실을 크게 왜곡시키는 결과를 가져올 수 있다. 특히 이 과정에서 우려되는 점은, 매스미디어의 중개를 통해서나 직업의식에 충실하지 못한 사회학자를 매개로 거짓된 생각들이 시민들의 의식 속에 쉽게 정착될 수 있다는 점이다.

부동이 후기 현대사회 이데올로기의 이러한 특징을 크게 강조하는 이유는, 현대의 자유민주주의 사회가 모든 정책이나 중요한 결정을 시민의 여론에 의존하고 있기 때문이다. 또한 후기 현대사회에 진입한 서구민주주의 사회에서 사상의 순환과 지식인들 사이의 경쟁 그리고 개방된 토론만으로 진실된 생각이 한 사회에 정착하고 인정받게 하는 것은 결코 쉬운 일이 아니기 때문이다.

부동은 후기 현대사회의 '새로운 이데올로기 이론'이 능동적 사회행위자를 가정하면서도 다음의 몇 가지 요인을 활용해 '이데올로기 현상'을 다룸으로써 현실 적실성을 높이고 있다고 주장한다. 그것은 행위자가 갖고 있는 정보의 제한, 인식론적 시각의 제한, 의존하고 있는 전문적 지식의 특성, 문화적 차이 그리고 인식 그 자체의 인지적 효과(cognitive effect) 등이다.

이때 이데올로기 논의의 초점은 특정한 사회행위자가 어째서 앞에 열거한 여러 가지 요인 때문에 현실을 왜곡해서 보거나, 또는 자신의 인식이 옳다고 믿고 행동하게 되는가이다. 부동은 이것을 '이데올로기 문제를 다루는 자유주의적 · 다원적 시각'이라고 본다. 이러한 관점은 포스트모던적 요인이 크게 나타남에 따라 더욱 심화되는 현대사회 가치관의 혼란과, 사회학 패러다임의 극단적 상대화 경향에 대한 학문적 대안을 가져다줄 수 있다. 그 핵심은 관련된 국가의 사회과학 공동체의 견실화이다.

4. 현대사회학이 직면한 도전과 자유주의 전통 사회학의 부활

위의 다양한 이론적 관점들을 더욱 체계적으로 발전시키면서 부동은 20세기 후반 자유주의를 위협하는 인문사회학분야의 영향력 있는 사상적 흐름을 다음의 몇 가지로 요약하고 있다.

1) 문화주의와 상대주의의 도전

자유주의를 위협하는 첫 번째 중요한 사상은 문화적 상대주의이다. 예를 들어 국제정치학자이자 문화사회학자로 잘 알려져 있는 새뮤얼 헌팅턴(S. Huntington)[17]은 인류의 보편적 가치의 존재를 부정한다. 그에 의하면 보편성이란 서구가 조작한 개념이며, 문화는 특정 사회 구성원의 행동·태도·믿음을 결정한다. 부동은, 얼핏 설득력이 큰 것처럼 보이는 이러한 상대주의 철학은 자유주의 정신을 크게 위협하는 상당한 정치적 영향력을 행사하는 관점이라고 본다. 왜냐하면 이 입장은 인문사회학의 '객관적 가치'라는 개념 자체를 부정함으로써, 보편성이 서구사회에만 존재하는 특수한 가치라는 주장을 정당화하기 때문이다.

그러나 문화인류학과 사회학을 진지하게 연구해본 전문가라면 이것이 사실이 아니라는 점을 잘 알고 있다. 왜냐하면 이들은 인간을 자율적 의지를 지닌 이성적 존재로 간주하는 대신, 사회문화적 조건이 만들

---

17) Samuel Huntington, *The Clashes of Civilizations and The Remaking of World Order*, New York, 1996.

어낸 부산물로 간주하는 '문화주의적 결정론'적 입장을 채택하고 있기 때문이다.

2) 세속화된 구조주의 이론의 도전

프랑스에서는 탈식민화 시대인 1960년대부터 이른바 '구조주의'라는 문학적 사고방식이 등장했다. 그러나 이러한 시각은 얼마 지나지 않아 문학의 영역을 넘어 국제정치와 국제교역——선진국과 후진국 사이의 무역——문제에까지 적용되었다. 이 입장을 가장 잘 대변하고 있는 세계체제론에 충실한 세계화론에 따르면, 세계화는 경제에 대한 국가의 지배를 무력하게 만들고, 선진국과 후진국 사이의 불평등교역을 통해 이 국가들 사이의 불평등을 심화시킨다. 이들에 의하면 후진국의 낙후나 경제적 침체는 선진국의 착취 때문에 생겨났다(종속이론). 따라서 세계화는 부자 나라를 위한 '제로섬 게임'일 뿐이다(세계체제론에 충실한 세계화론).

3) 극단적인 실용주의와 대학의 대중대학화

부동에 의하면 인문사회학의 원래 목표는 엄격한 방법론적 절차를 거쳐 진리와 관련된 지식을 발전시키고 축적하는 것이다. 그러나 1960년대부터 사회과학 공동체를 흔들어놓는 새로운 주장이 등장했다. 그것은 사회과학의 객관성이란 환상에 불과하고 엄격한 의미의 지식이란 존재하지 않으며, 존재하는 것은 오직 관점뿐이라는 상대주의적·해체주의적 주장이다.[18] 이 입장에 의하면 사실이란 있을 수 없고, 오직 해석만이 존재할 뿐이다. 그리고 이 와중에서 사회과학도들은 진실을 추구하는 이론 대신, 당장 기능적으로 쓸모가 있는 실용적 지식에 과도하

---

18) P. Feyerabend, *Against Method*, London, 1975.

게 집착한다.

특히 1960년대 이후 등장한 '대중대학'[19]은 인문사회학분야의 과학적 진리를 부정하고 실용적 지식의 추구에 몰두함으로써 자유주의 전통의 학문들을 크게 약화시켰다. 이때부터 대학의 고유기능은 검증된 지식을 생산하는 것이라는 생각이 인문학분야뿐 아니라 학문 전체에서 점차 퇴색하기 시작했다. 검증된 확고한 지식을 생산하는 인문사회학의 능력과 사명에 대한 이러한 회의주의적 태도의 확산은, 사람들로 하여금 지식을 종전과는 다른 기준에서 평가하게 만들었다. 이제 사람들은 지식을 '진리'의 기준이 아니라 '실용성'의 기준으로 판단하기 시작한 것이다.

인문사회학이론을 판단하는 기준이 실용성으로 대체되었다는 것은, 특정 이론의 존재근거는 진실성이 아니라, 그것이 특정 집단의 요구에 부합하느냐 그러지 못하느냐에 따라 채택되거나 폐기되는 것을 뜻한다. 이 과정에서 대중적 인기에 영합하는 이론과 지식인들이 크게 부상한다. 19세기 말 귀스타브 르봉의 『군중심리론』[20]이 크게 인기를 얻은 것은 바로 이러한 맥락에서이다.

4) 정통 인문사회학이론의 쇠퇴와 또 다른 의미의 불관용정신의 등장

제2차 세계대전 이후 가속화된 대중대학의 발달은 학문적으로 접근하기 어렵고 습득하는 데 많은 시간이 필요한 지적(知的) 이론들을 점차 학문의 뒷전으로 밀어내고, 중요한 사회이론들을 학문공동체에서 사라지게 만들었다. 그 결과는 대학 교육수준의 하향 평준화였다. 이러한 하향 변화는 학문의 성격에 따라 다르게 진행되었다. 생물학보다는 인문학

---

19) 여기서 대중대학이란, 1960년대 이전까지 엄격한 시험과정을 통해 소수의 엘리트 집단만 받아들이던 엘리트 대학에 비교되는 개념이다.
20) G. Le Bon, *Psychologie des foules*, Paris, PUF, 1985(1895).

이, 인문학분야에서도 전통이 확고한 경제학이나 역사학보다는 비교적 전통이 짧은 사회학이 더 큰 영향을 받았다. 여기에 덧붙여 1960년대부터 지식인 집단 사이에 확산된 파이어아벤트류의 『무엇이든 옳다』(*Anything Goes*)라는 저서로 표현되는 '지식의 극단적 상대화'는 인문사회학과 같은 취약한 분야에 치명적인 타격을 주었다. 나아가 이것은 상아탑으로 존경받던 교육의 지적 환경을 와해시키는 결과를 낳았다.

이러한 사회적 · 지적 분위기에서 일부 인문사회학분야의 교수들은 자신들이 속한 학문공동체에서 암묵적으로 또는 공개적으로 자신의 학문적 입장이 진보적임을 끊임없이 확인시켜야만 살아남을 수 있었다. 다시 말하면 이 '대중교육시대'의 색다른 분위기에서 대학 교수들은 '정치적 올바름'뿐만 아니라 '사회학적 올바름' '인류학적 올바름' '역사학적 올바름'을 강요당하는 이상한 불관용이 지배하는 환경에 놓이게 된 것이다. 이렇게 되면, 대니엘 벨이 말한 대로 이른바 냉전시대의 '전체주의 이데올로기'는 사라졌지만, 후기 현대사회의 과학적 권위를 내세운 새로운 진보관의 득세는 그 입장을 받아들이지 못하는 학자들과 시민들을 시대착오적이라고 단죄하는 또 다른 형태의 불관용 문화를 낳게 된다.

부동은 이러한 지적 풍토가 '자유주의적 사고'의 확산과 유지에 부정적으로 작용한다고 본다. 왜냐하면 자유주의 사고는 정치 · 사회적 현상의 복합적인 성격에 주의를 기울이고, '관용의 정신'과 진지한 분석을 강조하며, 비판정신의 가치를 존중하고, 인문사회학이 유용하고 객관적 지식을 생산할 수 있다는 믿음을 가졌을 때에만 살아남을 수 있기 때문이다.

5) 거짓된 사고의 정착 메커니즘과 현대 민주주의의 위기

부동은 유용하지만 거짓된 사고가 자리를 잡는 과정에는 그러한 사고에 대한 비판을 효과적으로 차단하는 기제가 작동한다고 본다. 대중은 종종 마음에 드는 설명만 인정하는 선입견을 보여주기 때문이다. 대중심리의 이러한 메커니즘 때문에, 세계화가 불러온 '악'을 규탄하는 소리에 귀 기울이는 사람들은 자신도 모르게 마르크스주의의 현대판인 '음모론'에 설득당하고 있다. 대중의 지나치게 단순화된 이러한 인지과정(cognitive process)은 이미 준비되어 있는 손쉬운 설명 도식만 선택적으로 수용하게 함으로써 새로운 지식과 비판을 무력하게 하고, 복잡한 사회현상들을 아주 단순하게 재단해버린다. 그리고 이러한 목적을 이루기 위해 영향력 있는 학자의 주장을 동원하기도 한다.

그런데 이러한 메커니즘의 확산은 현대 민주주의 자체의 생존과 발전에 큰 위협이 된다. 왜냐하면 유용한 것처럼 보이지만 거짓된 사고는 특히 젊은 세대에게 치명적인 영향을 주기 때문이다. 그리고 이러한 사상은 정치가나 정책 결정가에게도 간접적인 영향력을 행사함으로써, 민주주의 체제에 또 다른 치명적 위험을 불러오기 때문이다.

사회학이 이러한 단순한 오류에서 벗어나기 위한 유일한 해결책은 아주 가까운 데에 있다. 그것은 지금까지 현대사회학자들이 무시해온 시민문화 중 상식(common sense)의 중요성을 다시 인정하고 그것을 중심으로 다시 '합의가 가능한 새로운 사회적 가치'를 만들어가는 것이다.

6) 가장 취약한 인문학의 사례: 사회학의 경우

안타깝게도 현대사회학은 초창기 고전사회학자들의 소명의식이 담긴 노력과는 대조적으로, 지난 수십 년 동안 세속적 마르크스주의나 니체주의에서 영감을 얻은 '음모론'의 형식을 빌린 비학문적 거짓된 사고가 자리 잡는 데 선도적인 역할을 해왔다. 고전사회학과 비교해볼 때, 현대사회학 연구들은 사회현상에 대한 몇 가지 독특한 해석이 관심을 끈다는 점 외에는 통찰력이나 학문적 내용의 건실함에서 크게 질이 떨어진다. 그 이유는, 언제부터인가 현대 사회과학이론의 성공 여부가 과학공동체에서의 비판적 논의를 통한 학문적 성과보다는, 대중의 열정과 관심을 앞세운 요구에 크게 의존하고 있기 때문이다.

인문사회학의 이러한 타락은 곧 현대 민주주의의 쇠퇴와도 직접 연결된다. 왜냐하면 시민의식을 고양시켜야 할 사회학이 오히려 시민의식의 타락을 부추김으로써, '의회민주주의'가 자연스럽게 '여론민주주의'에 밀려 위축되고, 자유민주주의 사회의 전망을 어둡게 하는 포퓰리즘이 극성을 부리게 되기 때문이다. 더 심각한 문제는, 이 경우 중요한 사회문제에 대한 진단과 처방이 전문가에 의해서 이루어지기보다는 여론재판의 영향을 더 크게 받는다는 점이다.

시민의식이 이렇게 하향지향적으로 바뀔 때, 시민들은 엄격한 학문공동체의 토론을 통과한 높은 수준의 '창의적 사회학이론'보다는 울리히 벡의『위험사회론』[21]과 같은 대중적 욕구에 호소하는 에세이들에 더 열광적으로 반응한다. 이제 우리는 더 이상 현대사회학 공동체에서 뒤르케임 · 짐멜 등과 같은 고전사회학의 창시자들이 이룩한 과학적 성과와 야심을 계승하려는 사회학자들을 찾아보기 힘들어졌다.

이러한 분위기에 휩쓸려, '대중대학'의 새로운 구성원이 된 교수와 학생들도 학문적 엄격성을 소홀히 한 채 사회과학이론을 진지하지 않은 태도로 대하게 된다. 그 결과 "악화가 양화를 구축한다"는 그레셤의 법칙이 고등교육분야와 사회과학 공동체에 자연스럽게 확산되는 것이다. 이것은 특정 사회의 '시민의식의 타락'과 '포퓰리즘'을 막을 수 있는 마지막 보루를 스스로 포기한 셈이 된다.

---

21) Ulrich Beck, *Risk Society: Towards a New Modernity*, trans. by Mark Ritter, Sage Publications, 1992.

7) 인문사회학분야의 지적 순응주의(intellectual conformism)가 제기하는 위협

인문사회학 공동체의 직업윤리적 해이(解弛)와 시민사회의 혼돈된 가치관을 특징으로 하는 지적 분위기에서, 이제 특정 학문적 사조가 이 분야 학자들에게 추종을 강요한다. 그것은 세속적 마르크스주의, 세속적 구조주의, 상대주의, 아방가르드적 사고 등이다. 이들 사상의 궁극적인 목표는 학문공동체에서의 학문적 성과가 아니라, 시류를 적당히 따르면서 탈현대적이고 전위적인 포장을 통해 자기 분야에서—예술이든 인문사회학이든—진보적이라는 인정을 받는 데 있다.

이러한 지적 맥락에서 일부 지식인들은 '칸트의 비판정신'을 살리기보다는 유행에 따라 한 분야의 '순응주의'에서 다른 분야의 순응주의로, 예컨대 마르크스주의에서 세속적 구조주의 또는 해체주의[22]로 쉽게 변신한다. 이러한 비정상적인 지적 환경에서 자유주의 신념을 가진 사회과학자가 자신의 학문적 입장을 공개적으로 밝히고 거기에 일관된 지적 실천을 하려면 아주 큰 용기와 신중한 자세가 필요하다.

8) '공정한 사회' 또는 '프로그램화된 산업사회론'의 유혹

부동은 일반 시민들이나 낙관적 견해를 가진 사회학자들의 생각과는 달리, 현대사회는 더 복잡해지면서 정보 통제의 사회나 계획된 사회

---

22) 해체주의(deconstruction)는 종래의 로고스(logos) 중심주의적인 철학을 근원적으로 비판하는 프랑스 철학자 자크 데리다(Jacques Derrida, 1930~2004)의 철학을 가리킨다. 이 철학의 특징은 이제까지 칸트와 신칸트주의가 지배해온 서유럽의 전통적 형이상학을 철저하게 비판하고, 그 사상의 축이 되었던 것을 모두 상대화함으로써 새로운 사상을 구축하려 했다는 데 있다. 이 철학은 롤랑 바르트(R. Barthes, 1915~1980)나 미셸 푸코(Michel Foucault, 1926~1984)에 의하여 이루어진 서구 사상에 대한 상대화의 시도를 계승한 것이다.

(programmed society)의 이상에서 점점 더 멀어지고 있다고 본다. 부동은 유럽의 사회민주주의자들과 비슷한 사고를 하는 존 롤스(John Rawls)의 『정의론』(*Theory of Justice*)을 공박하면서 이러한 생각을 다시 상세하게 보여준다.[23]

부동은 존 롤스의 『정의론』이 '계획된 사회'에 관한 대표적 사회이론이라고 본다. 부동에 의하면, 존 롤스의 『정의론』은 기존의 순진한 '프로그램화된 산업사회론'에 비교할 경우, 그 지적 성실성이나 동원된 자료들을 고려할 때 이론적 수준이 다른 중요한 저서이다. 그러나 존 롤스의 『정의론』의 결정적인 약점은 사회변동과정에서 '기대하지 않았던 사악한 결과'의 역할을 극소화한다는 점이다. 롤스는 서구 산업사회가 사회제도 그리고 개인의 자유와 자율성을 인정하는 한 그 안에 필연적으로 '사악한 결과'를 내포할 수밖에 없다는 사실을 간파하지 못하고 있다.

존 롤스의 '산업사회 정의론'이 '사악한 결과'를 보지 못하는 이유는, 그가 사회조직과 사회 자체를 은연중에 동일시하기 때문이다. 그는 특정 조직 내에서 관찰될 수 있는 모든 행동은 어느 정도 규제된 역할 수행이라는 것만 의식하지, 이 조직들을 포괄하는 전체 집단으로서의 사회에서는 수많은 유형의 행동이 개인의 자유로운 선택과 관련되어 이루어진다는 사실을 보지 못한다. 즉 롤스는 산업사회를 혼란스럽게 하는 '사악한 결과들'은 흔히 사회 안의 개인들의 자유로운 선택행위들이 거시적 차원에서 연합되어 나타난 것이라는 사실을 간파하지 못하는 것이다.

---

23) 부동은 존 롤스의 이론을 크게 초기 사회민주주의적 시각과 후기 자유주의적 시각으로 구분한다. 일반 보수주의자들의 비판과 달리, 부동은 존 롤스의 후기 입장이 넓은 의미에서 자유주의 패러다임에 속한다고 본다. 여기서 부동이 비판하는 롤스의 시작은 초기 사회민주주의적 관점이다.

이러한 문제점을 고려할 때, 존 롤스의『정의론』은 그 안에 중요한 정치사회학적 함의를 가지고 있다. 그것은 그가 말하는 '분배적 정의'를 자신의 프로그램과 함께 사회 전반적 차원에서 국가정책으로 집행할 때, 그것이 필연적으로 '개인 자유의 제한'이라는 엄청난 비용을 치를 것을 요구한다는 사실을 깨닫지 못한다는 것이다. 왜냐하면 미시적 차원에서 개인들의 사회적 행위의 연합은 흔히 거시적 수준에서 너무 복잡한 결과를 가져오기 때문에 완전히 예측되기 어렵고, 이것은 다시 이데올로기적 갈등이나 정치적 갈등에 큰 자리를 부여할 정도로 모호한 성격을 띠고 있다는 사실을 그는 간과하고 있기 때문이다.

존 롤스의『정의론』은 사회계층을 설명하는 구조기능주의 이론가들처럼 다음과 같은 몇 가지 이론적 모순을 담고 있다.[24] 첫째, 분업화된 산업사회에서 사회지위 체계는 능력에 따라 분화되어 있으며, 사회적 부·위세·권력의 계층화는 필연적이다. 둘째, 불평등하게 계층화된 이러한 사회체제는 개인들의 노력 투자를 유도하기 위해 개인 투자에 비례하는 보상 체계를 갖추고 있어야 하고, 그것은 그 개인들 각자의 이익에 도움이 되어야 한다. 셋째, 각기 다른 사회적 지위와 관련된 불평등적 보상을 위한 선발과정은 당연히 사회 성원 개개인의 완벽한 기회의 평등을 보장할 수 있는 적정 수준으로 이루어질 수 있다는 것이다.

그러나 부동에 의하면, 롤스의 '사회정의론'이 함축하고 있는 기능주의 모델로는 사회 전반적 수준에서 나타나는 불평등을 설명할 수 없다. 왜냐하면 롤스의 정의론은 덜 복잡한 조직 차원에서나 가능한 사고를 복잡한 거시적 사회 차원에 적용하고 있기 때문이다. 롤스는 특정의 단순한 조직 차원에서는 볼 수 없는 예측할 수 없는 사회적 현상들이, 개

---

24) 장-자크 루소의『사회계약론』과 비교한 롤스 이론의 자세한 논의에 관해서는 나의 책『현대사회학과 한국사회학의 위기』, 앞의 책, 86~95쪽을 볼 것.

인행위자들의 자유로운 선택적 행위와 연합에 의해 사회 전반적 차원에서는 자주 나타난다는 사실을 간파하지 못하기 때문이다.

따라서 사회를 복잡한 사회조직 정도로 이해하는 사회관을 지닌 사회학자들은 사회적 전반적인 거시적 차원에서 기대하지 않았던 사악한 현상들이 생길 때, 그들 사고의 논리적 결과로, 그 책임을 흔히 사회제도나 특정 집단의 탓으로 돌린다. 그러나 일반적으로 사회제도들은 롤스가 제시한 두 가지 목적——기회의 평등과 불평등의 적정화——을 동시에 달성하는 것이 불가능하다. 왜냐하면 롤스가 정의한 정당한 기본적 사회제도들은 긴 안목에서, 또 거시적 차원에서 정당하지 못한 불평등한 결과를 낳을 수도 있기 때문이다.

앞에서도 언급했듯이 서구 산업국가들은 교육 기회의 불평등을 줄이고 계급적 차이 때문에 고등교육을 받지 못하는 사회 성원들의 불이익을 없애기 위해서 여러 가지 정책을 실행했다. 의무교육을 초등교육에서 중등교육으로 연장함으로써 교육 기회의 평등화를 확장하려고 노력했다. 또한 유럽의 대다수 대학들은 고등교육까지 무상으로 받게 했다. 그러나 모든 계급의 모든 자녀들이 똑같은 햇수 동안 똑같은 학업을 배우는 이상적 사회체제를 제외하고는, 사회체제의 기본적 유지를 위한 분업체계 때문에 어느 정도 위계질서화된 교육체계와 그것을 통한 사회 성원들의 선발 과정이 필요하다. 그런데 이러한 선발과정은 사회계급과 학업을 지속하는 것의 전략적 유용성 사이의 상관관계가 낳는 불평등효과를 더 많이 가져오게 된다. 바로 이런 이유로 교육의 평등화를 위해 지난 10년간 광범위한 제도적 개혁을 시행해온 미국에서조차 상층계급의 자녀들이 대학 졸업장을 얻을 확률이 중산층 이하의 자녀들보다 10배나 더 높은 것이다.

만약 학업을 지속하는 것의 비용과 이익이 그 자녀가 속한 가족의 사회적 지위와 밀접한 상관관계가 있으며, 교육체제의 제도적 개혁이 사회계층 체계의 불평등효과를 중화시킬 수 없다면, 어떠한 계층 체계건 필연적으로 상당한 정도의 교육 불평등을 가져오는 것은 논리적으로 당연하다. 그런데 이것은 모든 직업과 기능에 대한 기회의 평등이 이루어지는 한, 직업과 기능에 관련된 불평등이 정당화된다는 논리와 모순된다.

따라서 이러한 '정의론'을 지지하는 논리적 틀 안에서 기회의 평등을 이루는 방식은 한 가지 방식밖에 없다. 그 방식이란 국가가 권위주의적 방식으로 상층계급 자녀들이 고등교육을 받는 것을 제한하는 것이다. 이렇게 보면 존 롤스의 『정의론』은 그의 이론적 야심과는 달리 사회를 너무 단순하게 보는 것이다. 그는 특정 사회체계가 낳은 정의 또는 부정의의 느낌이, 사회제도들이 낳은 복잡한 사회적 구성효과에서 비롯되었다고 보는 대신 그 제도들의 명시적 목적 때문에 생겼다고 본다.

결국 부동은 롤스가 암묵적으로 사용하는 기능주의 모델이 사회의 기본적 제도나 구조들의 모순적 성격을(또는 헤겔적 의미의 변증법적 성격을) 이해하는 것을 방해한다고 본다. 다시 말해서 우리는 사회적 불평등이 한편으로는 어떤 일차적 생산품의 생산을 증가시키는 효과가 있는 동시에 또 한편으로는 무시할 수 없는 기회의 불평등을 낳는 이중적 효과를 가져오는 것을 막을 길이 없다는 것이다. 이 말이 의미하는 바는 산업사회의 기본 구조는 결코 롤스식의 재화 분배를 보장하지 않는다는 사실이다.

물론 지난 몇십 년 동안 대부분의 산업사회에서 수입 배분의 문제는, 롤스가 바라는 방식대로, 어려운 사회성원들의 상황이 점차적으로 개선되는 방향으로 이루어졌다. 그러나 여기에서 우리가 주목해야 할 중요한 사실은 모든 경제적 불평등을 기능적으로 설명하기는 어렵다는 사실이다. 오히려 대부분의 산업사회에서 지난 수십 년간 경제적 불평등이 강화되고 또 그런 현상이 안정된 경향을 보인 것은 롤스식의 기능적 분석과는 거리가 먼 메커니즘들에 의해 더 잘 설명될 수 있다.

그 대표적 메커니즘이 사회성원들에게 어느 선을 넘어서는 세금을 부과하기가 어렵다는 사실이다. 이 문제를 해결하기 위해 대부분의 국가들이 간접세를 사용한다는 사실은, 산업사회의 불평등 문제를 소득에 대한 누진세의 적용으로 해결하려는 롤스식의 기능적 모델이 어떠한 한계를 안고 있으며, 또 왜 조세제도가 수입에서 불평등의 문제를 체계적으로 또 효과적으로 해결해줄 수 없는가를 보여준다. 위의 사실이 보여주는 것은 사회란 롤스가 구상한 정의사회의 원칙대로 진화해온 것이 아니라는 점이다.

부동은 계획화된 정의로운 산업사회를 꿈꾸는 존 롤스의 이론을 두가지 시각에서 비판한다. 첫째는 그의 이론이 사회현상들 사이의 변증법적 관계를 제대로 이해하지 못한다는 점이다. 둘째는, 롤스의 연역적 정의론은 특정 사회 내에서 개인행위들의 연합에 의한 결과는 그들 사회성원들이 기대했던 것과는 달리 엉뚱한 방향으로 발전할 수 있다는 거시적 사회현상과 미시적 개인행위들 사이의 관계를 잘 간파하지 못하고 있다는 점이다. 올슨(M. Olson)의 표현을 빌린다면 롤스는 사회를 구성하는 집합행동의 하위 체계들이 얼마나 복잡한가를 보지 못하고 있는 것이다.

롤스의 '프로그램화된 산업사회론'을 정의하면서 부동은 산업사회의 분석을 위한 대안적 사회학적 패러다임으로 기능주의도 아니고 사이버네틱 모델도 아닌 '제한된 의미의 변증법'(dialectic in a restricted form)을 고려한 행위이론을 사용해야 한다고 주장한다. 그 이유는 현대사회에서 사회현상의 복잡성은 그 예측을 어렵게 만들고, 따라서 이러한 이유 때문에 이데올로기적 갈등이나 정치적 갈등이 사회문제를 해결하고 이해하는 데서 과학적 분석만큼이나 중요한 위치를 차지하기 때문이다.

5. 결론을 대신하여

1) 후기 현대사회의 진단과 개혁에 주는 함의

부동의 사회학은 대체로 비정치적이면서 순수 학문적 논의에 초점을 맞추고 있다. 그렇지만 그의 사회이론을 후기 현대사회의 자유주의 이념의 확장이라는 분석틀에 초점을 맞출 때, 나는 그의 사회학적 시각이 다음과 같은 몇 가지 점에서 한국 사회의 문제 진단과 개혁에 도움이 된다고 본다.

첫째, 부동의 사회학은 사회학이 시민사회적 가치관의 확립과 새로운 공동체적 질서 확립에 기여하려면 무엇보다도 견실한 인문사회학적 공동체가 확립되어야 한다고 강조한다. 그는 학문적 토론의 장에서 학자의 학문적 발견과 이데올로기적 주장이 구분되고, 언론을 통해 일반 시민과 학생들에게 쓰일 사회과학이론이 우선적으로 학문공동체에서 체계적으로 엄격하게 검증받아야 한다는 주장을 끊임없이 제기하고 있다.

둘째, 현대사회에서 국가와 정부의 역할에 대한 입장의 재확인이다. 부동은 애덤 스미스, 토크빌, 뒤르케임의 전통을 따라 국가가 공정한 게임 규칙을 세우고 집행하며, 가능하면 개인의 자율성과 창의성에 바탕을 두고, 개인이 사회개혁에 능동적으로 적극 참여하도록 유도하는 제도적 개혁을 통한 사회제도의 효율성 증진을 강조한다. 그리고 이 과정에서 무엇보다도 제도에 대한 국민의 신뢰 형성을 강조한다. 이 작업을 위해 필수적인 것은 정부의 정책 입안과 정책 집행과정에 전문적 직업의식에 투철한 전문가가 참여하는 것이다.[25]

---

25) 그러나 현대사회의 복잡하고 전문적으로 분화된 성격 때문에 몇 가지 원칙을 중심으로 하는 정치적 기획은 가능해도 세밀한 개혁 청사진 구상은 불가능하다는 것이 자유주의적 정책과 사회개혁을 지지하는 그의 입장이다. 따라서 자유주의 국가는 정책 입안능력과 집행능력의 개선을 위해서 여러 분야 전문가

셋째, 부동의 사회학은 사회학이 종교적 예언자 역할을 하는 것을 거부한다. 이것은 기존의 시민종교가 해야 할 일이다. 따라서 물질주의와 향락주의, 타락한 연고주의로 물들어 있는 시민사회의 도덕관습을 순화시키는 데서 기존의 제도종교들은 시민종교의 역할을 위해 새롭게 변화할 필요가 있다. 사회학의 역할은 바로 이 사실을 가르쳐주는 것이다.

넷째, 후기 현대사회의 복잡성이 야기하는 위기와 혼란에 대한 마지막 보루는 사회지도층의 엘리트 정신(noblesse oblige)과 전문직 종사자들의 장인정신(professionalism)이다. 그 이유는 이들만이 후기 현대사회의 산업조직에 어울리는 목표와 비전을 새로 창조할 줄 알고, 일반 시민들과 작업현장에서 일하는 근로자들의 가치관 변화를 고려할 줄 아는 지도자들이기 때문이다. 이것을 다시 표현하면, 후기 현대사회에서는 전문성과 지도력·도덕성을 겸비한 사회지도자의 역할이 중요하다는 것이다.

다섯째, 부동의 사회학은 현대사회처럼 복잡하고 전문화된 사회에서 지식의 중개자로서 언론의 중요성을 강조한다. 그리고 특정 진실이 언론매체를 통해 왜곡되는 맥루한(H. Marshall McLuhan, 1911~80) 현상에 크게 주목한다.

여섯째, 부동의 사회학은 시민사회에 대한 토크빌적 시민사회론을 견지한다. 토크빌은 경제적 자유주의를 지지하면서도, 그것이 공동체의 도덕적·정치적 필요성에 종속되어야 한다고 주장한다. 그 의미는 후기 현대사회의 민주주의가 제대로 작동하려면, 도덕적 힘을 상식적 이해관계와 결합시킬 줄 아는 계몽된 자기 이익의 원리를 강조하는 시민 교육이 필요하고, 그러한 시민의식으로 무장한 도덕성과 전문성을

들의 경험과 전문지식, 지혜를 결집해 정부의 행정능력에 걸맞은 정책입안을 구성하고 토론하는 것 외에는 다른 대안이 없다.

갖춘 시민단체의 활성화가 중요하다는 것이다.

마지막으로 부동의 사회학은, 자유주의적 시민사회적 관점에서 21세기의 사회 변화를 읽고 계몽된 시각에서 진단한다. 그가 구상한 개혁은 느린 것 같지만 꾸준하고 구체적인 효과가 있는 개혁과정에 의식 계몽을 통해 국민들을 참여시키는 것이다. 이것은 지방자치단체와 지역사회 자원단체들에게 시민교육을 함으로써 이들의 마음속에 공공의식을 뿌리내리는 것을 중요시한다는 점에서 정치적이다. 그리고 시민사회에 사랑과 관용의 정신을 정착시킴으로써 개인의 자율성과 함께 시민들이 자유 그 자체를 선호하게 만드는 '마음의 습관'(habits of the heart)을 갖게 만든다는 점에서 문화적 작업이기도 하다. 동시에 함께 시장경제의 원칙에 충실하면서도 개인의 이익보다 공동체의 이익을 우선적으로 염두에 두는 시민생활을 습관화한다는 점에서 도덕적이다.

2) 자유주의의 확장과 인문사회학의 발전을 위하여

부동은 후기 현대사회의 사회적 분위기 속에서 자유주의의 확장과 인문사회학의 발전을 가져오기 위하여 자유주의는 자신의 이념이 진화해온 과정에 대해 진지하게 비판적으로 성찰해볼 필요가 있다고 제안한다.[26]

---

26) 부동에 의하면, 자유주의적 사고가 전체주의적 사고나 비판이론들보다 학생들과 지식인들에게 매력적으로 느껴지지 못하는 이유는, 종교나 전체주의적 사고와 달리 자유주의는 사회에 대한 부분적 이해만을 제공하기 때문이다. 부동은 자유주의 전통의 사회이론이 세계에 대한 총체적 전망을 제시하지 못하기 때문에, 세속적 마르크스주의나 비판이론처럼 대중에게 매력을 주는 이념이나 세속적 종교가 되지 못한다고 주장한다. 비판이론과 달리, 자유주의는 현 사회에서 고통받는 사람들에게 최종적 희망을 주는 종말론적 비전을 제시하지 못한다. 자유주의 이론이 말할 수 있는 것은 단지 "우리의 사고는 합리

후기 현대사회와 자유주의 이념의 재확인

자유주의는 개인의 자율성과 행복을 강력히 주장한다. 인문사회학이 이러한 이념에 충실하기 위해서는, 인문사회학의 주목표가 정치·경제·사회 현상에 대한 통찰력 있는 설명을 바탕으로 구축한 지식의 생산이 되어야 한다. 이 작업이 중요한 이유는 현실사회에서 인문학은 지식의 중개자(언론·교사들)와 정치가의 행동을 구조화하는 사상의 실험실이기 때문이다.

인문사회학자들이 자유주의 이념에 충실한 원래 인문학의 목표에 충실하려면 다음의 몇 가지 작업이 필요하다. 첫째, 1968년 5월혁명 이후 미국과 유럽에서 크게 자리 잡은 교육기관의 불평등을 비판한 지식인들의 작업이 오히려 교육체제의 퇴보(문맹 양산, 학교폭력의 조장)에 기여했다는 사실을 깨달아야 한다. 둘째, 자유주의적 인문학이 앞장서서 기존의 교육체제를 개선하고, 학교와 시민사회에 진정한 비판정신을 부활시켜야 한다. 셋째, 후기 현대사회의 또 다른 이데올로기인 '유사 니체주의'와 '해체주의적 사고'에 학문적 대안을 제시할 수 있어야 하다. 즉 임의적으로 요약되어서 해석되어 온 니체 사상의 등장 배경과 그 이론적 논의를 전체로서 가르치며, 해체주의의 "무엇이든 옳다"는 주장이 인문학을 피폐하게 만들었음을 깨닫고 그 사실을 널리 알리는 것이다.

적 선택의 과정에 충실해야 하고, 진보의 개념이 핵심이 되어야 한다고 믿는다"일 뿐이다. 이때 자유주의가 강조하는 '진보의 의미'는 제도에 대한 시민의 신뢰 수준을 높일 수 있는 규범과 시민의식을 정착시키고 교육하는 것이다. 또한 이 제도의 불완전성을 잘 인식하고 있는 자유주의 사회의 규범은 다음의 몇 가지 특징을 강조한다. 즉 특정 공동체사회가 제대로 작동하려면 사회의 부패가 없어야 하고, 중요한 사회문제에 대한 집단적 결정과정의 투명성이 강조되어야 하며, 그러한 결정을 내릴 때는 그 결과를 수용해야 하는 당사자들의 이익을 충분히 고려해야 한다는 것이다. 또한 이 과정에서 현대사회의 거역할 수 없는 두 가지 열정, 즉 자유와 평등 가운데 평등에 대한 시민 정서를 헤아릴 줄 아는 것이다.

그리고 이러한 바탕 위에서, 학교에는 '해석'만 있는 것이 아니라 사실도 있음을 가르치는 것이다. 이것이 학교 교육의 중요한 기초이다.

해체주의적 사고 모형의 위험성

부동은 후기 현대사회의 자유주의를 위협하는 두 가지 사고양식을 네오마르크스주의와 해체주의라고 본다. 전자는 동유럽의 몰락과 같은 다양한 세계사적 흐름과 관련하여 크게 쇠퇴하고 있다. 그러나 후자인 해체주의는 후기 현대사회의 상대주의적·반자유주의적 분위기에 편승하여 아직도 그 영향력이 무척 크다.

특히 심각한 것은 파이어아벤트류의 "무엇이든 옳다"는 인식론적 입장이 여전히 지식인 집단에 큰 영향력을 행사함으로써 학문공동체와 진리 탐구정신을 붕괴시키고 있다는 점이다. 이 해체주의는 지난 수십년 동안 세계적인 여러 명문 대학에서 높은 인기를 누렸다. 그러나 "사실은 존재하지 않고 오직 해석만이 존재한다"는 주장을 앞세운 이 '극단적 상대주의'는 시민사회와 지식인 집단 사이에 또 다른 형태의 불관용 정신(intolerance)을 조용히 배태시켰다. 왜냐하면, 상대주의 원칙에 따르면, 서로 다른 의견 사이의 학문적 교환은 쓸모없는 일이고, 기껏해야 오락 정도의 기능을 하기 때문이다.

'행위의 사회학' 전통에 기반을 둔 새로운 패러다임을 찾아서

부동은 막스 베버를 읽으며 한 가지 중요한 방법론적 원칙을 환기시킨다. 그것은 "특정 패러다임에 의존하지 않는 과학은 존재하지 않는다"는 것이다. 그런데 사회과학은 여러 가지 패러다임을 사용하고 있으며, 이것이 종종 그들 사이의 의사소통을 어렵게 한다. 이런 점에서 방법론적 개인주의도 하나의 패러다임을 정의하고 있다. 이 패러다임에 따르면, 모든 사회현상들의 원인은 개인행동에 있다. 그리고 개인행동은, 우리가 원칙적으로 그 실체를 증명할 수 있는 개인적·비개인적 이유들에서 비롯된다. 그리고 개인이 특정 행동을 할 때 앞의 두 가지 유형—개인적·비개인적 이유들—을 어떤 방식으로 혼합해서 사용하는가는 그가 처한 상황에 의해 매개된다. 부동이『사회변동과 사회학』에서 제시한 다양한 사례는 이 패러다임이 여러 가지 유형의 사회현상을 과학적으로 설명할 수 있음을 보여준다.

첫째는 사회변동의 추세를 보여주는 현상들이다. 현대사회에서 개인의 권리와 자유가 증가하고 현대인들의 도덕적 감수성에 대한 요구 수준이 더 엄격해지는 것, 정통 종교적 신앙의 세속화 현상, 민주주의 원칙의 신성화, 그리고 개인 권리에 대한 숭배현상의 정착이 그것들이다.

둘째는 특정한 '구조주의적' 현상들이다. 그것들은 학교에서의 기회의 불평등 현상, 주술적 의례의 효과에 대한 믿음 현상, 미국 종교의 예외적 성격, 사회문제를 집단 가두시위를 통해 해결하려는 프랑스 사회의 독특한 현상, 민주주의 사회가 소수가 권력을 독점하는 사회로 변해가는 현상, 집단의지가 결정한 규칙에 입각해 문제를 해결해야 한다는 것에 대한 시민들의 합의가 그것들이다.

셋째는 상황적 요인들에 의해 나타나는 현상들이다. 미국 레이건 정부와의 우주전쟁이라는 치킨 게임에 의해 몰락한 소련 제국의 급격한 해체, 부동산을 쉽게 구입하기 위한 미국 행정부의 연속적 노력에 의해 야기된 2008년의 경제위기가 그것들이다.

이 경우 위의 모든 유형의 사회현상들은, 개인이 모르는 거시적 차원의 법칙이나 체계 대신 개인의 합리적 행동들의 결합에 의해 형성된 집단적 차원의 효과(또는 결과)로 간주되어야 한다. 그리고 이 결과들은 긍정적일 수도 있고 부정적이거나 중립적일 수도 있다. 또한 원했던 것이거나 원하지 않았던 것일 수도 있다.

레이몽 부동이 기존의 다양한 사회변동이론들을 비판적으로 분석한 뒤에 내리는 결론은, 사회현상의 거시적 변화 추세를 이해하고 설명하는 데서 구조적 접근방법 대신 방법론적 개인주의 원칙이 더 큰 적실성을 지니고 있다는 것이다. 그리고 1980년대 이후 표류하고 있는 '현대 사회학'을 구하기 위해서도 사회학은 사회현상이나 구조에 대한 거시적 법칙을 찾으려는 작업을 중단하고, 고전사회학 전통[27]에 충실한 '행위의 사회학 전통'으로 되돌아갈 필요가 있다는 것이다.

이러한 관점에서 보았을 때, 구조주의를 지향하는 사회과학자들이 일반적 타당성을 지닌 것처럼 주장하던 사회변동이론은 오히려 특정한 사례의 과정 분석에만 적용될 수 있는 이념형적(또는 모델적) 성격을 지닌 형식적 이론일 뿐이다. 그리고 부동이 자신의 『사회변동과 사회학』에서 제시한 네 가지 유형의 사회변동이론을 다른 용어로 표현하면 추측의 이론, 가능성을 진술하는 이론, 직접적으로 경험적 영역에 적용될 수 없는 형식적 이론(formal theory) 그리고 과학적 이론[28]으로 나누어볼 수 있다.

부동이 『사회변동과 사회학』에서 강조하고자 한 것은, 기존의 이론들이 '사회변동 현상'을 자연법칙처럼 간주하고 사회변동을 지배하는 보편적 법칙을 찾아왔다는 것이다. 그러나 이것은 앞에서 언급한 다양한 이론의 종류(genre)에 대한 혼동에서 비롯된 것으로, 사회과학을 하는 것이 아니라 19세기 역사철학을 하는 것이다. 게다가 사회변동 현상에 관한 법칙 추구적 관점이 불가능한 이유는, 거시적 수준에서 나타나는 사회현상은 그 자체가 그것을 둘러싼 다양한 개인행위들의 결합의 결과이기 때문에 법칙으로 표현되기에는 항상 불안정할 수밖에 없기 때문이다. 바로 이러한 이유 때문에 부동은 이 책의 사회학 원전의 제목

---

27) 이 경우 부동이 가장 자주 인용하는 고전사회학자는 베버와 짐멜이다.
28) 이때 과학적 이론이란, 엄격한 의미의 이론 구성을 위한 방향을 제시하는 이론을 가리킨다.

을 『무질서의 위치』라고 명명한 것이다.

그리고 부동은 사회변동이론이 과학적 객관성[29]을 주장하기 위해서는 사회변동 현상을 설명함할 때 개인적 행위들의 결합에서 자연스럽게 나타나는 '우연'(Le hasrd)과 '무질서'와 '주관성'에 그 정당한 위치를 부여해야 한다는 점을 강조한다. 이것을 다른 용어로 표현하면, 사회과학자들은 고전사회학자들의 인식론에 충실하게 '사회실재론'의 함정에서 빠져나와야 하며, 연구자가 임의로 구성한 '이해를 위한 틀'로서의 모델과 실제 현실 그 자체를 엄격히 구분해야 한다는 것이다. 사회과학이론을 통한 현실 인식의 이러한 어려운 점 때문에 짐멜은 이 점을 '형식사회학'이라는 주제로, 그리고 베버는 '이념형의 문제'라는 주제로 체계적 논의를 하고 있는 것이다.

마지막으로, 부동에게 거시적 사회현상에 대한 방법론적 개인주의에 입각한 설명은 자연과학에서의 설명과 같은 과학적인 것이다. 그러나 이러한 사회학적 설명 방식은 물질적 원인들에 입각해서만 과학적 설명을 해야 한다는 사회과학의 특정 패러다임—그 대표적인 예가 구조주의적 마르크스주의이다—의 원칙과 크게 충돌한다. 그런데 이들처럼 사회학이 과학적 견고함을 확보하기 위해 유물론자이기를 원했을 때, 사회학은 항상 막다른 골목에 몰렸다. 마르크스주의와 구조주의 그리고 그와 유사한 프로그램의 사회학이 실패한 이유는, 이들이 인간을 자신도 모르는 힘에 종속되어 있는 것처럼 다루기 때문이다. 그러나 방법론적 개인주의에 입각한 설명은 시간과 공간이 명확하게 주어진 엄격히 한정된 사회현상을 설명하면서, 개인행동 동기들에 대한 이해를 통해 더 높은 수준의 거시적 사회현상을 설명함으로써 구조주의적 패

---

29) 이때 사회과학의 객관성이란, 칸트의 교훈에 따르면, 대답이 있을 수 없는 질문을 확인하거나 포기하는 것을 뜻한다. 이러한 인식론적 입장을 가장 잘 체득한 고전사회학자가 바로 막스 베버와 게오르그 짐멜이다.

러다임이 가지고 있는 딜레마—거시적 사회현상의 미시적 기반을 설명 못한다—를 해결할 수 있었다. 그 대표적 사례가 막스 베버의 『프로테스탄티즘의 윤리와 자본주의 정신』 그리고 토크빌의 『앙시앵레짐과 프랑스혁명』이다.

잃어버린 사회학의 소명의식을 찾아서

1990년대의 사회학은 면접이나 참여관찰 같은 조사방법을 사용하는 작은 규모의 경험적 연구를 양산하는 데 열중한 나머지 앞에서 언급한 고전사회학의 중요한 이론적 질문들을 포기해왔다. 특히 1970년대 미국에서 태어난 민속학적 방법론의 부분적인 영향을 받은 작은 규모의 경험적 연구들은 이제 사회학 공동체에서 거의 성스러운 모델의 위치를 점유하게 되었다. 그리고 이러한 연구 풍토의 변화는, 사상사적 관점에서 볼 때 마르크스주의와 구조주의가 심어놓은 환상의 쇠퇴와 함께 새로운 학문적 대안으로 나타났다. 그러나 사회학 연구방향의 이러한 변화과정—이론적 문제의식 없는 경험적 연구의 활성화—은 장래 사회학 공동체의 진정한 발전을 위해 바람직한 모습이 아니다.

사회학자의 수적 증가, 연구주제의 세분화와 함께 진행된 이론사회학의 쇠퇴는 결국 사회학 공동체의 파편화를 동반했다. 왜냐하면 어떤 과학이든 기초이론적 연구와 경험적 응용연구를 병행해야만 연구방향을 잃지 않고 발전할 수 있기 때문이다. 여기에 덧붙여 엘리트 대학의 쇠퇴와 대중대학의 등장은 이러한 현상을 더욱 강화시켰다. 이때부터 수많은 사회학자들이 이미 파산상태가 된 과학공동체보다는 언론에 관심을 기울이기 시작했다. 바야흐로 폴리페서의 시대가 도래한 것이다.

지식시장의 이러한 왜곡된 구조화는 사회과학의 생산에 부정적으로 큰 영향을 끼쳤다. 이제부터 사회학 공동체에서 사람들의 잘못된 집단적 믿음('사람들은 왜 자신의 의도와는 달리 전체주의적 함의를 갖는 거대 이념에 매혹되는가?' 등의 질문)의 존재이유를 설명하는 것과 같은 중요한 학문적·이론적 질문들이 포기된 것이다. 이러한 진지한 이론적 사유가 사라진 공간에서 포스트모더니즘 이론이라는 이름으로 울리히 벡의『위험사회』라든가 바우만의『유동성 사회』같은 문학적 평론들이 후기 현대사회의 침울한 모습을 그려내고 있다. 그러나 사회학사를 되돌아볼 때, 이것은 아주 통탄할 만한 일이다. 왜냐하면 우리는 이러한 접근방식만으로는 후기 현대사회가 직면한 심각한 문제들을 엄격한 방법론과 경험적 사실들로써 제대로 진단하고 그 처방을 제시할 수 없기 때문이다.

따라서 이제부터라도 사회학은 고전사회학 이래 소중히 간직되어왔던 이론적 문제의식과 방법론—로버트 머튼적 의미의 중범위 이론과 방법론적 개인주의—으로 다시 무장해 우리를 혼란스럽게 하는 거시적 사회현상들(시민들의 왜곡된 믿음, 상대주의적 가치관, 잘못된 평등관 등)을 과학적으로 올바르게 진단하고, 거기에 적합한 정책적 처방을 준비할 필요가 있다. 그런데 현 사회학 공동체와 시민사회의 가치관 현황을 고려할 때, 우리는 사회혼란의 원인을 지배계급이나 사회구조에서 찾는 대신 해당 사회에서 자율성을 가지고 살아가는 시민 개개인의 신념과 태도·의식에서 찾으려고 노력해야 하며, 이것들을 합리적으로 재구성함으로써 거시적 사회현상을 설명하기 위해 꾸준히 노력할 필요가 있다. 또한 이 과정에서 가장 시급한 일은 특정 사회의 본질적인 현상을 거시적 관점에서 정의하고, 사회학의 이름으로 시민들이 자기도 모르게 지니고 있는 잘못되거나 거짓된 신념을 규명함으로써 이들을 왜곡된 신념과 이데올로기에서 해방시킬 수 있는 올바른 길을 제시하는 것이다.

부동은 1973년에 처음 간행한『기회의 불평등』을 시작으로 그 이후의 다양한 작업을 통해 후기 현대사회에서도 마르크스주의가 이름을 바꾸어(문화적 마르크스주의, 네오마르크스주의) 여전히 가공할 모습으로 살아남은 것을 확인했다. 그것은 중산층 이하 자녀들의 학업 실패와 사회 진출 실패를 무작정 사회구조나 지배계급 탓으로 돌리는 구조주의적 마르크스주의——그 대표적인 인물이 피에르 부르디외이다——의 과학으로 위장된 이데올로기적 주장이었다.

이때부터 부동은 사회과학 공동체 내의 학문적·이데올로기적 편견을 대상으로 외로운 싸움을 하기로 결심했다. 왜냐하면 사회학자의 이러한 노력 없이 민주주의는 요원해지기 때문이다. 즉 20세기 후반의 관점에서 볼 때 사회주의 이데올로기는 누더기로 전락했지만, 그것이 꾸준히 주장해온 사고방식은 우리의 일상적인 삶 속에 살아남아 있다는 것이다. 마르크스의 계급투쟁식 사고방식은 지배계급과 피지배계급이라는 이분법적 도식 속에 움츠리고 있으며, 프랑스 정치인들과 언론인들은 왜곡된 기사를 만들어 자기들 마음대로 시민의식을 조작할 수 있다고 생각하는 어이없는 일이 눈앞에서 벌어지고 있는 것이다. 거대 이데올로기들이 사라진 후기 현대사회에서 다양한 모습을 한 의심스러운 작은 이데올로기들——문화적 마르크스주의, 평등과 형평의 혼동, 사회조직과 사회구조의 혼동, 과학적 인식론에 대한 잘못된 생각 등——이 우리의 일상생활에 다양한 형태로 숨 쉬고 있는 것을 찾아내고 그 대안을 제시하는 데서 사회학은 잃어버린 소명의식을 찾을 수 있는 것이다.

자유민주주의 원칙과 철학에 충실한 정치사회학을 위하여

부동의 다양한 이론적·방법론적 논의들은 그의 연구 후반기에 이르러 '현대 민주주의의 위기'라는 정치사회학 주제에 대한 체계적 성찰을 하게 만들었다. 그 내용을 나는 결론을 대신하여 다음의 10가지로 요약해보았다.[30]

첫째, 방법론적 개인주의와 관련하여 앞서 이루어진 다양한 논의들은 순수한 이론적·방법론적인 논의이지만 이것은 중요한 정치사회학적 함의를 지닌다. 즉 이러한 방법론을 거시적 사회현상에 적용할 때 우리는 대부분의 거시적 정치현상을 그것과 관련된 개인들의 이해할 수 있는 행동의 결합, 즉 방법론적 개인주의로 설명할 수 있다.

둘째, 이러한 접근방법을 가장 모범적으로 보여주는 것이 토크빌의 『미국의 민주주의』인데, 그 저작의 주된 논지 가운데 하나인 '다수의 횡포'는 더 이상 21세기 서구 민주주의 사회가 직면한 중요한 문제가 되지 못한다. 오히려 프랑스를 중심으로 하는 유럽 국가들이 직면한 민주주의의 또 다른 위기는, 소수의 엘리트[31]들—정치·언론·문화 엘리트들—이 여러 가지 사회문제에 대해 일반 여론(또는 공익)과 크게 다른 자신들만의 특수이익을 추구하는 방향으로 주도적·사회적인 영향력을 행사하고 있다는 데 있다. 즉 21세기 현대 민주주의의 가장 심각한 주제는 이제 더 이상 토크빌이 말한 '다수의 횡포'가 아니라, 소수의 영향력 있는 조직된 세력들(노동조합, 교원노조, 특수 이익집단들)이 행사하는 공익과 동떨어진 집단적 특수이익의 집요한 추구행위이다.

셋째, 이러한 문제 현상에 대한 가장 효과적 처방책은 행정부에 지나치게 종속되어 있는 의회[32]의 독립된 위상을 다시 찾아주는 것이다. 즉 정치적 자유주의의 기본 원리인 삼권분립의 원칙을 엄격히 적용함으로써 의회에 대한 불신을 해소하고, 의회에 특정 주제들에 대한 전문적·성찰적 기회를 제공함으로써 정부가 이익집단들과 정면으로 대치하는

---

30) R. Boudon, *Sociologie comme science*, Paris, Découverte, 2010, chapitre 4 참조.
31) 부동은 여기서 영향력 있는 적극적 활동을 하는 소수 집단(minorité active)이라는 표현을 쓴다.
32) 이 점은 내각제 국가를 제외하고, 대통령 중심제 국가(프랑스처럼 이원집정부제를 실시하는 나라조차 예외가 아니다)에서 주로 일어나는 일이다.

상황을 예방할 필요가 있다. 이것은 일부 시민들이 대부분의 중요한 문제를 거리의 시위를 통해 해결하려는 상황을 미리 방지하고, 정치권력이 행정부와 소수 영향력 있는 집단들에 의해 영속적으로 지배되는 악순환의 고리를 끊을 수 있다.

넷째, 21세기 현대 민주주의의 문제를 다시 성찰해볼 필요가 있다. 즉 이제 민주주의는 프랑스 엘리트들이 생각하는 것처럼 신성한 종교적 교리로서의 '국민주권론'이 아니라, 일반 시민들이 통치자와 함께 영속적으로 주목해야 할 프로그램으로 바라볼 필요가 있다는 점이다. 바로 이러한 경직된 민주주의관에서 탈피해야 우리는 무기력한 정치관으로부터 벗어날 수 있다. 특히 한때 다른 나라들의 선망의 대상이었던 프랑스 의회민주주의가, 서유럽의 다른 나라들보다 프랑스에서 더 위기를 경험하는 것은 바로 위의 이유 때문이다.

다섯째, 기존의 대의민주주의 제도를 대체할 새로운 우월한 민주주의제도가 있을 것이라는 환상에서 벗어날 필요가 있다. 우리는 흔히 기존의 민주주의 제도가 만족스럽지 못할 때, 참여민주주의를 대안으로 내세우거나 삼권분립의 원리를 더 명확히 하고 대통령의 권위를 축소시키기 위한 다양한 조치[33]들을 도입하려는 생각을 한다. 그러나 여기서 문제 해결의 핵심은 의회와 정부의 '성찰적 노력의 과정'을 통해 최선의 '공공이익'(루소가 말한 의미의 일반의지)을 찾아내는 것이지, 새로운 제도를 형식적으로 도입하는 것이 아니다. 다시 말해 공익을 대표하는 여론과 괴리된 소수 집단들이 일방적으로 주도하는 정치를 보면서, 대의민주주의 제도를 쉽게 부정하고 그 대안으로 환상적인 또 다른 우월한 민주주의 제도를 찾으려 해서는 안 된다. 이 경우 정치사회학자들과 시민들의 과제는 대의민주주의 제도를 또 다른 우수한 제도로 바

---

33) 한 예로 프랑스의 이원집정부제도를 들 수 있다.

꾸는 것이 아니라 그것을 더 나은 제도로 개선하는 것이다.

여섯째, 오늘날 현대사회는 세계화의 영향과 함께 후기 현대사회로 진입하면서 점점 더 복잡하고 전문화된 사회로 변화해가고 있다. 따라서 오늘날 우리가 채택한 민주주의 제도가 현대 세계의 이러한 복잡성과 불확실성에 가장 훌륭한 처방을 내리기 위해서는 입법부·사법부·행정부 3권의 분립만으로는 충분하지 않다. 오히려 이것을 넘어서, 관료·자문기구·경제계·노동조합·언론·지식인들 사이의 견제와 균형의 원칙도 함께 적용되고 활성화될 필요가 있다.

프랑스혁명 이후 민주주의의 선두주자처럼 보였던 프랑스가 계속 공화주의 제도의 이름만 바꾸어가면서, 실제로는 이념적으로 경직된 소수 영향력 있는 집단들에 의해 정치권력이 좌지우지되는 것은 바로 이러한 이유에서이다. 또한 기존 민주주의의 이러한 무기력한 문제에 대한 해결책이, 특정 시점의 여론을 맹신하는 여론민주주의(doxacratie)로 끝나서는 안 된다. 즉 대의민주주의 제도가 결함이 없는 것은 아니지만, 이 제도가 오랜 역사적 과정을 통한 나름대로의 합리화과정을 거치면서 이제 우리가 거부할 수 없는 모범적 통치원리로 자리 잡았다는 사실을 인정해야만 한다. 따라서 세계화된 지구촌의 복잡성과 대의민주주의 제도의 부분적 결함 때문에 이 제도가 더 이상 존재가치가 없다고 생각해서는 안 된다. 근대 이후 사회철학자들에서 현대 사회과학자들에게 이르기까지의 논의를 종합해볼 때, 아직까지 우리는 대의민주주의 제도를 거부할 충분한 과학적·철학적 근거를 찾을 수 없기 때문이다.

계몽철학시대부터 현대에 이르기까지 사회과학사를 검토해보면, 우리는 대의민주주의에 대한 또 다른 적극적 비전을 보여주는 정치사회학이론을 찾아볼 수 있다. 즉 의회민주주의는 그것이 다른 제도들보다 좋은 결과를 가져올 확률이 높다는 사실이 역사적으로 검증되었으며,

또 그것이 기초하고 있는 원칙에 입각해볼 때 이 제도는 공동체 사회의 구성원 누구에게나 대등한 도덕적 존엄성을 부여하기 때문에 그 자체로 좋은 것이다. 지나간 다양한 역사적 실험들을 통해 우리는 '국민이 권력의 실질적 소유자'라는 주권재민 사상이 유토피아적인 것이 아니라는 점을 다시 확인할 수 있었던 것이다.

일곱째, 현대 정치사회학자들의 주관심사인 '민주주의의 위기' 문제에 대한 건설적 해결책을 찾기 위해서, 자유민주주의와 시장경제제도의 이론적 기초를 제공한 애덤 스미스의 기본 개념을 다시 한 번 검토해볼 필요가 있다. 애덤 스미스는 『도덕감정론』(1759)[34]에서, 인간 본성에 대한 탐구를 바탕으로 보통의 시민이 특정 상황을 객관적으로 판단하는 것을 가능하게 하는 척도로서의 '공정한 관찰자'(impartial spectator)라는 핵심 개념을 도입한다. 애덤 스미스는 '공정한 관찰자'라는 개념을 통해, 의회민주주의 제도의 이론적 기초뿐만 아니라 일반 시민이 자신의 열정이나 이해관계로부터 자유롭게 특정 상황을 객관적으로 판단할 수 있는 학문적 근거를 제시하고 있다.[35]

그에 의하면, 자유민주주의와 시장경제제도 그리고 대의민주주의 제

---

34) Adam Smith, *The Theory of Moral Sentiments*, Indianapolis, Liberty Classics, 1969(1759).

35) 이 개념은 아주 중요한 것으로 흄, 칸트, 롤스, 왈처(M. Walzer), 하버마스 등 여러 학자들에 의해 다양한 형태로 사용되어왔다. 그러나 이 개념이 구체적 사회현상과 민주주의의 원칙을 이해하기 위해 명료하게 정리된 형태로 나타난 것은 애덤 스미스의 저서 『도덕감정론』에서이다. 여기서 애덤 스미스가 말한 '공정한 관찰자'란 특정 문제를 생각하면서 자신의 열정과 이해관계로부터 자유롭게 행동할 수 있다고 생각되는 시민을 말한다. 이 경우 그의 객관적 평가는 자신의 양식(良識)에서 나온다. 만약 그렇게 판단할 확고한 이유들이 존재한다고 생각하고 그 일을 해야 할 소명이 자신에게 있다고 지각한다면, 그는 특정 명제를 받아들일 것이다. 그에 의하면, 인간을 서로 연결해주는 공감은 두 측면—지적인 측면과 감정적인 측면—을 가지고 있다.

도가 제대로 작동할 수밖에 없는 이유는 인간 본성에 내재하는 '공정한 관찰자'의 입장 때문이다. 즉 개인의 열정이나 이해관계가 크게 연루되는 특정 상황이 아닌 한, 보통의 시민은 일상생활에서 공정한 관찰자 처지에 서서 행동하게 된다. 또한 그는 대부분의 경우 중요한 사회문제에 대해 양식(良識, bon sens)[36]에 입각한 대답을 할 것이다. 따라서 대의민주주의 제도에서 개별 국회의원은 '공정한 관찰자'[37]의 시선 아래 놓이게 되므로, 이들의 판단을 예상하고 존중해야 할 의무가 있다. 마찬가지로 일상적 삶 속에서 우리가 사회제도나 도덕에 대해 거스를 수 없는 신성한 권위를 느끼는 것은, 우리가 자신도 모르게 자신의 본성에 잠재하는 '공정한 관찰자'를 묵인하고 있기 때문이다.

여덟째, 소수의 영향력 있는 집단들이 국정을 함부로 농단하는 문제를 해결하려면 정치적 자유주의의 기본적 원칙들을 엄격히 적용하는 수밖에 없다. 우선 삼권분립 원칙을 엄격히 적용해야 한다. 의회가 행정부에서 독립되어 있지 않을 때 이것은 입법부에 대한 불신으로 이어지고, 정부가 소수 영향력 있는 집단과 직면하는 상황을 만든다. 따라서 이 문제를 해결하기 위해 가장 중요한 과제는 일반 시민들이 국회의

---

36) '공정한 관찰자' 역할을 가능하게 하는 인간의 기본적 양식이란, 자신의 신념이 일련의 합리적 근거를 가지고 있는 것처럼 보이기 때문에 그것을 스스로 원하는 것으로 받아들이는 것을 말한다. 부동이 보기에 이 경우 양식(bon sens)과 인지적 합리성(rationalité cognitive)은 하나이다.

37) '공정한 관찰자'라는 생각은 정치이론의 중심사상이다. 장-자크 루소의 정치이론의 경우, 일반의지는 항상 옳다는 그의 주장은 다음 사실을 가정한다. 즉 특정 개인의 열정과 이해관계를 끌어들이지 않은 주제에 대해, 그 개인은 자신이 그렇게 판단할 강력한 이유들이 있을 때, 특정 제도나 사물의 상태가 좋은지 나쁜지, 정당한지 아닌지 판단하는 경향이 있다. 이 말은 실천상황에서 여러 사람들의 열정과 이해관계가 그들의 양식과 서로 겹치게 된다는 뜻이다. 이 경우 구체적 시민들이 표현한 의사는 전체의사로, 일반의지와는 다를 수 있다. 그러나 수많은 시민들이 공정한 관찰자 입장에서 표현하는 주제들의 경우, 전체의지는 일반의지와 일치한다.

중요성을 재인식하는 것이다. 이러한 시민의식의 각성만이 의회가 소수 적극적인 집단(minorité active)의 포로가 되는 문제를 해결할 수 있다. 시민들이 '공정한 관찰자'의 입장을 회복할 때, 각 정당은 시민들의 '공정한 관찰자'의 입장을 염두에 두고 의회가 채택한 정치적 대안을 정치적으로 선택할 수 있다. 그리고 국회의원도 '공정한 관찰자'가 지켜보는 것을 의식하고 자신의 이미지를 실추시킬 행동을 자제할 것이며, 사법부도 진정한 권력기관으로 거듭날 수 있다.

아홉째, 향후 이러한 소수 적극적인 집단이 여론과 분리되어 일방적으로 국정을 농단하고, 집단적 특수이익을 집요하게 추구하는 것을 막기 위해 시민의식을 각성시킬 수 있는 몇 가지 사회적 장치를 찾아볼 필요가 있다. 그 장치로는 인터넷의 역할, 신문·방송에 의한 전문가들 토론의 교육효과 그리고 잘못된 정책들이 긴 안목에서 시민들에게 가르쳐주는 교육효과 등을 들 수 있다.

마지막으로, 현대사회의 주요한 이념논쟁과 갈등을 잠재우고 일반대중의 자유민주주의 제도에 대한 잠재적 회의주의를 불식시키기 위해, 우리는 자유민주주의의 기본적 원칙이라고 할 수 있는 올바른 지적 기준을 재확립해야 한다. 그것은 몽테스키외, 애덤 스미스 그리고 토크빌 등의 위대한 사회과학자들이 주장해온 정치적 기준들을 애덤 스미스가 표현한 '공정한 관찰자' 개념을 중심으로 재정립하는 것이다. 이러한 작업의 토대가 마련되면 표류하는 현실정치는 자신만의 이정표를 가지고 안전한 여행을 할 수 있을 것이다. 결국 세계화와 후기 현대사회의 진입으로 한층 더 복잡해진 정치공학과 정책논의도 대의민주주의를 뒷받침하는 원칙들의 견고한 재확립 위에서 그것을 더 심화시킬 때에만 의미 있는 결과들을 가져올 수 있을 것이다.

구조주의에 대한 비판: 행위의 사회학적 관점에서

• 2011년 한국어판 서문

먼저, 나는 『사회변동과 사회학』 한국판을 위한 새로운 서문을 쓰게 된 것을 아주 기쁘게 생각한다.

1984년 내가 이 책을 처음 썼을 때, 구조주의는 프랑스 사회과학을 지배하고 있었다. 그 당시 나는 구조주의 혁명이라는 말을 믿지 않았다. 나는 다양한 사회현상에 관해 구조주의가 제시한 설명의 효율성에 의문을 품고 있었으며, 그것을 『사회구조 개념을 어디에 쓸 것인가?』[1] 라는 나의 책에서 표명했다. 게다가 나는 구조주의의 실천적·정치적 귀결을 두려워하고 있었다. 왜냐하면 구조주의는 **사회구조**를 물리적 현상을 지배하는 힘과 대등한 힘으로까지 승격시켰기 때문이다. 그러나 이것은 결국 인간의 자율성을 무시하고, 과거가 현재를 그리고 현재가 미래를 결정한다는 사실을 과장하기 때문이다. 이것이 『사회변동과 사회학』의 핵심 주제이다.

그러면 사회과학이 인간의 자율성을 이렇게 지속적으로 무시하게 된 이유는 무엇일까. 아마도 그것은 다음의 주된 원인에서 비롯되었을 것

---

1) Raymond Boudon, *A quoi sert la notion du "structure?"*, Paris, Gallimard, 1968.

이다. 자연과학은 각 분야마다 차례로 **궁극적인 원인들**―경우에 따라서는 신이나 심령의 행위들―로 자신과 관련된 분야의 현상을 설명하기를 포기하고, 그것들을 물질적 원인들의 산물로 설명함으로써 과학의 지위를 획득했다. 우선 물리학이 그러했고, 그다음에는 화학이 그러했으며, 나중에는 생물학이 그러한 과정을 겪었다. 즉 자연과학의 경우 **주술적 세계관으로부터의 해방**은 과학의 지위를 얻기 위한 조건이었다.

사회학자들은 자연과학의 이러한 발전과정에서 한 가지 생각을 끌어냈다. 그것은 사회학을 진정한 과학으로 만들기 위해서는 사회현상 속에서 물질적 원인들의 효과를 보아야 한다는 것이다. 다른 말로 표현하면, 사회행위자들의 정신의 개입을 벗어나는 원인들로 설명해야 사회학이 과학의 지위를 얻을 수 있다는 것이다. 사회학자들은 이러한 관찰방식에서 정신분석학과 마르크스주의에 의해 크게 고무되었다. 전자에 의하면, 인간 행동의 심오한 원인은 무의식이다. 후자에 의하면, 인간 행동은 사회적 조건의 결과이다.

사회학자들은 **유물론적** 입장을 부당하게 인문사회학에 일반화함으로써 그들의 목표를 바꾸지 않았다. 그런데 그들의 이러한 작업은 또 다른 학문의 입장인 **사실주의**와 모순을 일으키게 된다. 이 입장에 의하면, 과학적 활동의 진정한 목표는 현실을 있는 그대로 기술하려고 노력하는 것이다. 그러지 못하면 과학적 활동은 모든 의미를 잃게 된다. 그런데 인문학, 특히 사회과학이 인간의 자율성을 무시하게 되면 결국 사실주의와 정면으로 충돌하게 되는 것이다. 왜냐하면 이러한 인간의 자율성은, 우리가 그 존재를 무시할 수 없는 사실이기 때문이다. 한마디로 표현하면, 기계공학이 중력을 무시할 수 없는 것처럼 사회학은 인간의 자율성을 무시할 수 없는 것이다.

자연과학이 사실주의적이기를 원한다면, 결국 이 학문은 유물론적일 수밖에 없다. 그런데 사회과학이 사실적이기 위해서는 유물론적 입장을 취하지 않는다는 조건에서만 가능하다. 즉 사회현상들은 인간행위의 산물이며, 문제시되는 행위는 그 원인이 인간으로 하여금 그것을 달성하도록 만드는 이유들에 있다는 점을 인정해야만 한다. 정신분석학과 마르크스주의의 과도기적이면서도 모호한 성공만으로는, 인간의 행동이 인간 정신을 벗어나는 원인들에 복종한다는 생각을 지지하기에 충분하지 않다. 게다가 오늘날에도 우리는 정신분석학과 마르크스주의의 쇠퇴를 쉽게 관찰하기가 힘들다. 그러나 우리가 살고 있는 시대는 더 이상 정신분석학이 심리학을 지배하고, 사회과학자들이 마르크스주의를 학문적 영감의 주된 원천으로 생각하는 시대가 아니다.

나는 이미 다른 책에서, 특별히 『과학으로서의 사회학』[2]이라는 책에서 다음과 같은 사실을 보여주려고 노력했다. 즉 막스 베버, 뒤르케임, 토크빌 같은 위대한 사회학자들은 사회학이 다른 학문들처럼 과학이 될 수 있으며, 그러기 위해서는 사람들로 하여금 특정 행위를 하도록 영감을 부여한 이유들을 원인으로 간주하고, 인간의 행위를 분석해야만 한다는 것이다. 매우 다양한 주제들에 관한 사회과학자들의 분석이 이제 거역할 수 없는 것으로 우리에게 강요된 이유는, 그들이 다음의 원칙에 입각해서 사회현상을 설명하고 있기 때문이다. 즉 사회현상은 인간행위의 산물이며, 인간행위의 원인은 그들로 하여금 그렇게 행동하도록 또는 그러한 믿음을 갖도록 부추긴 이유들에 있다는 것이다.

위대한 사회학자들은 다들 이러한 단순한 원칙 아래 사회학을 했다. 뒤르케임은 이러한 원칙에 따라 자살률과 관련된 사실들이라든가, 오스트레일리아 원주민들이 기우제의 효율성을 믿는 것을 설득력 있게 설명하는 데 성공했다. 토크빌도 이 원칙에 충실함으로써 미국 종교의

---

2) R. Boudon, *La sociologie comme science*, La Découverte, collection *Repères*, Paris, 2010.

예외적인 성격을 설명했다. 또한 막스 베버도 바리새인들은 인간 영혼의 불멸성을 믿는데, 어째서 사두개인들은 그것을 믿지 않는가를 설명했다. 고전이나 현대 사회학자들에게서 이러한 성격의 사례를 끌어내 그 다양한 유형을 보여주는 것은 쉬운 일이다.

우리의 생각을 분명히 정리하자면, 사회현상의 원인은 충분한 이유를 가지고 행동하는 개인들의 행위에 있다는 생각에서 출발한다. 우리는 이러한 입장의 사회학을 종종 행위의 사회학이라고 일컫는다. 행위의 사회학이라는 패러다임은, 인간의 행위가 일종의 사회적 진공상태에서 행해진다고 주장하지 않는다는 점을 분명히 한다. 오히려 행위의 사회학은 인간의 행동이 사회행위자의 인지적·물질적 자원에 의해 매개되고, 모든 종류의 규범에 의해 제한된다고 생각한다. 그러나 이 경우 인간의 행동은 매개되는 것이지 결정되는 것이 아니다. 이 두 가지가 구조주의 지향의 사회학이 빠뜨리고 있는 중요한 점이다.

여기서 잠깐 여담이지만, 우리는 여러 가지 유사한 용어들이 행위의 사회학이라는 이름으로 서로 경쟁하고 있다는 데 주목할 필요가 있다. 시대와 특수한 지적 상황에 따라 사람들은 베버나 슘페터처럼 **방법론적 개인주의**에 충실한 사회학에 관하여 논의해왔다. 그런데 이 개념은 종종 잘못 이해되어왔다. 왜냐하면 이들은 이 개념을 오해하여, 자신들의 분석틀에서 사회학적 인간(*homo sociologicus*)을 공리주의적 인간으로 가정하고 있었기 때문이다. 그리고 오늘날 사람들은 이 개념 대신 **분석적 사회학** 또는 **설명적 사회학**이라는 개념을 사용한다.

그러나 이들 개념 중 어느 하나도 만족스러운 것이 없다. 그 이유는 이 모든 개념이 인간과 사회의 관계에 대하여 지나치게 환원적인 입장을 취하기 때문이다. 행위의 사회학을 이해하는 데 가장 본질적인 내용은, 거기에서 사용되는 모든 개념이 다음의 특정 패러다임을 가리킨다는 것이다. 그에 의하면 사회현상은 그 자체로서 설명이 가능한 개인들의 행동이나 믿음의 결과로 설명되어야 한다는 것이다. 그런데 이 개인들은 자신들이 처한 상황적 맥락의 영향을 받는 합리적인 이유들을 자신의 것으로 받아들여 행동한다. 이러한 이유에서, 뒤르케임이 연구한 오스트레일리아의 토착 원주민들은 현대 인간이 지니고 있는 것과 같은 지식을 소유하고 있지 않다.

과학은 물질적 원인으로 사회현상을 설명하는 것이라는 잘못된 과학관의 영향 때문에, 행위 사회학 발상의 영향을 받은 사회학은 항상 **구조주의적 발상**의 사회학과 경합을 벌여왔다. 이때 구조주의적 발상의 사회학이란 모든 사회현상의 기원을 어느 정도 유령 같은 사회구조 속에서 보는 입장을 가리킨다.

이제 우리의 주된 논지를 전개하기 전에, 사회학사에 관한 한 가지 의문에 대해 몇 가지 논평을 하기로 하자. 구조주의적 패러다임은 사회과학에 잠재적인 형태로 늘 존재해왔다. 그러나 이 관점은 1950년대부터 30~40년 동안 크게 주목할 만한 성공을 거두었다. 우리는 이것을 어떻게 설명할 것인가.

이 구조주의 패러다임의 놀라운 성공은 오랫동안 나에게 일종의 불가사의로 남아 있었다. 나는 이제 그 문제의 핵심을 발견했다고 생각하고, 그것을 한국 독자들에게 전달하고자 한다. 이 작업을 위해 나는 내가 올해 발간한 저서 『과학으로서의 사회학』(*La sociologie comme science*)의 한 구절 가운데 핵심을 다시 반복해 언급하려 한다.

1950년대 구조주의의 폭발적인 인기는 언어학, 특히 구조주의 음운론의 성공에 기원을 두고 있다. 이 학문의 목표는 특정 언어의 음소(音素)*를 기본적인 음성의 체계로 분석하는 것이다. 그리고 이 음성은 서로 충분히 분화되어 있어서 모든 메시지를 신뢰할 수 있게 전하는 것을

---

* 음소는 소리의 단위를 뜻한다.

가능하게 할 뿐만 아니라 가능한 한 효율적인 수의 단위요소들로 구성되어 있다.

우리는 왜 구조주의적 음운론이 수많은 인문학자들에 의해 큰길을 여는 사건으로 인식되었는지 그 이유를 이해할 수 있다. 이 학문분과는 언어와 같은 인간 현상을 다룰 때 그것이 마치 자연적인 사물인 것처럼 접근한다. 그리고 이 학문은 마치 결정학(結晶學)을 연구하는 학자가 결정체를 연구하는 것처럼 음운체계를 다룬다. 그 이유는 이 학문분과가 다른 선택 대안이 없기 때문이다. 즉 이 경우 그러한 결정체*가 탄생하게 된 기원에 관한 정보가 없어서, 음운체계를 인간의 의도와 연결시켜보는 것이 불가능하기 때문이다. 문자가 없던 시기 특정 사회의 규범체계나 신화에 관한 연구도 마찬가지이다. 따라서 인류학자들은 구조주의 음운론에서 장래를 약속하는 펑계를 몰래 끌어내었다. 구조주의적 방법론은 이러한 이유들 때문에 다음과 같은 서로 다른 대상들—음운체계, 규범체계, 문자가 없는 사회의 신화 등—에 적용될 수 있는 것으로 지각되었다.

인류학의 경우 구조주의의 희망은 레비-스트로스의 저작들 속에서 구체화되었다. 친족체계와 신화에 관한 그의 연구는 중요한 학문적 사건으로 받아들여졌다. 왜냐하면 그의 저서들은 발생론적 설명에 접근하기 어려운 현상들을 구조적으로 설명하는 방식을 제안했기 때문이다. 그 이후 구조주의 사상은 다양한 분야, 즉 사회사상사(푸코), 사회학(부르디외, 보들로[Baudelot]와 에스타블레[Establet]) 그리고 문학비평(바르트[R. Barthes])에 적용되었다.

최종적으로, 구조주의는 인문사회학 전체에 어떤 혁명을 불러일으켰다는 인상을 주었다. 이 패러다임 덕분에 인문사회학은 결국 과학의 이

---

* 그 대표적인 물질이 수정이다.

름을 얻을 자격이 있는 것처럼 받아들여졌다. 푸코는 자신의 저서 『말과 사물』(Les mots et les choses)에서 인간의 사고는 무의식적 정신구조에 의해 지배된다는 것을 보여주려고 했다. 이성의 세대가 자기가 사는 시대를 모르는 일이 일어나게 된 것이다. 다음 시대의 도래는 오직 푸코만이 볼 수 있는 것이었다. 다양한 언어들에 적합한 음성체계를 찾아낸 구조주의 음운학 모델의 기반 위에서 푸코는 각 시대에 적합한 사상체계를 결정하는 작업을 시작하여, 이 구조를 에피스템(épistème)*이라고 명명했다.

그러나 음성학자들이나 선사시대를 연구하는 인류학자들의 경우, 그들이 음성이나 고대 신화의 기원에 접근하는 것이 불가능하다고 주장한 것은 정당한 일이었지만, 사상사의 경우는 그렇지 않다. 그럼에도 언어구조주의와 인류학적 구조주의의 위세에 힘입어 푸코는 자신의 저서 『지식의 계보학』(Archéologie du savoir)이 사상사 분야에서 결정적인 진보를 가져온 것처럼 일반 사람들이 믿게 만들었다. 그와 함께 언어학과 레비-스트로스의 **방법론적** 구조주의는 **형이상학적** 선회를 하게 된다. 이제 인간은 더 이상 존재하지 않는다. 단지 구조들만이 실제로 존재할 뿐이었다. 이때 구조란 보이는 것을 설명해주는 보이지 않는 것을 표상한다. 의식 아래 무의식이 웅크리고 앉아 있는 것이다.

구조주의 사회학은 사회운동을 지지했다. 이 사회학은 사회구조가 모든 사회현상을 그 분야에 상관없이 설명할 소명이 있다고 주장했다. 이제부터 사회구조는 인간의 취향, 의견 그리고 인간 행동 전체를 설명할 것이다. 이 모든 것이 사회구조의 행동을 반영하는 것이다. 이렇게 되면 사람들은 인간의 주관성을 무시하든가, 아니면 그것을 사회구조

---

* 에피스템은 철학용어로, 실천적 지식(프로네시스)과 비교되는 의미의 이론적 지식, 또는 감성에 바탕을 둔 억견(臆見, doxa)과 상대되는 참된 지식을 말한다. 푸코는 이것을 특정 시대를 지배하는 인식체계라는 의미로 사용한다.

가 만든 환상의 본거지로 다루게 된다.

행위의 사회학과 구조주의 사회학 사이의 대립은 철학자들에게나 흥미로울 것이다. 그러나 이러한 대립은 실천적 중요성을 지닌다. 오늘날 우리가 의무적으로 받아들이는 사회현상에 관한 설명방식은 일반적으로 행위의 사회학 패러다임에 관한 것이지 구조주의 사회학 패러다임과 관계된 것이 아니다.

또 한편 구조주의의 결정론적 관점은 그들로 하여금 사회과학의 예측능력을 과장하게 만들었다. 마르크스주의의 예측능력을 보기로 들면, 그것은 대체로 현실에 의해 거짓임이 드러났다. 인간 자율성의 중요성을 인정하기 때문에, 행위의 사회학은 구조주의 사회학과는 반대로 사회현상이 대체로 예측 불가능하다는 사실에 놀랄 이유가 없다. 1990년 소련 제국의 몰락이 새로운 세계를 낳음으로써 국민국가들 사이의 중요성과 영향력을 재배분할 것이고, 유럽과 미국에 견주어 아시아의 중요성이 그렇게 급격하게 커질 것이라고 감히 누가 예측할 수 있었겠는가. 이러한 모든 현상은 구조주의적 분석틀보다는 행위의 사회학 사고틀 안에서 훨씬 더 쉽게 이해될 수 있다.

2010년 11월 11일
파리에서 레이몽 부동

74

2004년 문고판(Quadridge) 서문

이 책에서 나는 우선 사회변동의 분석을 위해 '방법론적 개인주의'라 불리는 관점이 중요하다는 사실을 저명한 연구사례들을 통해 보여주고 있다. 이 사례들은 여러 가지 이론을 담고 있는데, 이것은 우리 독자들을 일본·브라질·콜롬비아·미국 그리고 현대 프랑스와 18세기 프랑스로 안내할 것이다.

여기에서 내가 분석한 아주 다양한 주제의 이론들은 독자들에게 그 설명방식이 확고할 뿐만 아니라 내용이 새롭다는 느낌을 줄 것이다. 이 분석은 우리가 의심스럽게 여기던 사회현상들을 아주 설득력 있게 설명한다는 느낌을 준다.

내가 이 책에서 분석한 사회변동이론들이 설득력 있는 설명을 하는 이유는, 그것들이 이른바 '방법론적 개인주의'라는 관점을 사용하기 때문이다. 그런데 이 관점에 의하면, 모든 사회현상의 궁극적 원인은 개인의 행위와 믿음 또는 태도에 있다. 그리고 이 믿음과 행위의 원인은 개인의 행동을 하게 된 이유와 동기에 있다. 다시 말하자면, 특정 개인의 믿음과 행동의 원인은 그들이 그 행위에 대해 부여하는 의미와 일치한다.

화이트(Lesile White)가 특정 기술 혁신에 의해 야기된 사회변동을 설명하기 위한 영감을 얻었던 것은 바로 이 원칙이다. 마찬가지로 금속보습쟁기의 도입은 큰 파장을 지닌 인구이동을 가져왔다. 이것은 농부들로 하여금 메마른 땅에서 습기가 있는 땅으로 이주하도록 자극을 주었다. 그런데 땅을 깊게 파기 위해 금속 보습쟁기는 에너지를 필요로 했다. 그리고 이제 이것을 사용하기 위해 농부는 한 쌍의 황소가 필요했다. 또 이것을 구입하기 위해 농부는 자금을 빌릴 필요가 있었다. 그 결과 농업은 생산성이 더 커졌으며, 잉여가치가 생산되고 또 상업화되었다. 이것은 농업의 합리화를 가져왔다. 즉 자급자족경제에서 교환경제로의 변화를 가져온 것이다. 은행제도는 확산되었고, 재산은 집중되었으며, 도시는 발달되었다.

이 거시적 현상들은 복잡하며 시간이 지남에 따라 전개된 것이었다. 이 현상들은 진정한 사회변화를 가져왔다. 이것들은 인구형태, 경제, 정치, 중세에 관한 사회 연구에까지 영향을 끼쳤다. 이 연구 사례에서 화이트는 '방법론적 개인주의' 원칙을 적용함으로써 이 연쇄반응을 분석한다. 그는 자신의 연구에서 특정한 이념형적 농부를 설정했는데, 그는 자신이 처해 있는 사회적 맥락이 기술혁신에 의해 바뀔 때 자신의 행동을 바꾼다. 마찬가지로, 농업의 근대화와 기술혁신에 의해 유도된 변화는 주어진 시간과 공간에 존재하는 합리적 개인행동들의 연계에 의해 설명된다. 이 책에서 분석된 모든 설득력 있는 연구는 동일한 접근방식을 따르고 있다.

'방법론적 개인주의'의 관점을 채택하는 사회학은 모든 과학의 원칙을 따를 뿐이다. 모든 과학적 연구는 결국 특정 현상의 궁극적 원인을 찾는 것이 그 목표이다. 생물학자들은 그것을 잘 알고 있다. 어떤 식이요법의 확산과 특정한 병 사이의 상관관계는, 사람들이 그러한 상관관계에 책임이 있는 기본적 메커니즘을 발견할 때까지 단지 가설적 상태의 인과관계였다.

사회학의 경우도 마찬가지이다. 위기의 시기에 자살률이 낮아진다는 사실을 발견한 후, 뒤르케임은 이 상관관계가 다음과 같은 사실 때문이라고 본다. 즉 자살할 가능성이 있는 사람은 사회적 또는 정치적 혼란 상황이 올 때 보통 자신의 개인적 문제들에서 관심을 돌린다는 것이다. 일단 이러한 기본적 메커니즘이 밝혀졌을 때, 자살률과 위기 사이에 관찰된 상관관계는 투명해진다. 왜냐하면 이 경우 자살률은 그 책임이 있는 궁극적 원인들로 귀결되기 때문이다. 따라서 방법론적 개인주의는 모든 과학——인문과학이건 자연과학이건 상관없이——에 적용되는 특정한 방법론을 사회과학에서 채택한 특정한 이름일 뿐이다. 사회학의 경우, 이 궁극적 원인은 개인의 행위와 믿음 속에서 구체적으로 위치가 정해져야 할 뿐이다.

과학적이기를 원하는 사회학은 경험적 증거를 존중해야만 한다. 그런데 이 증거들 가운에 하나는 인간이 합리적인 이유들과 동기에 복종한다는 것이다. 그런데 우리의 일상생활의 경험이 확인해주듯이, 그러한 합리적인 이유와 동기를 재발견하는 것은 종종 아주 쉽다. '방법론적 개인주의'는 이러한 경험을 극단적으로 만든 것이다. 즉 이 입장은 우리가 일상생활 속에서 관찰할 수 있는 모든 행동과 믿음——거기에는 가장 이상한 행동과 믿음들도 포함된다——은 개인들이 지니고 있는 합리적 이유와 동기에서 비롯된다는 것이다.

그런데 이것들은 최소한 우리가 그들을 둘러싸고 있는 상황에 대한 충분한 정보를 얻는 순간부터 그러한 동기와 이유들을 재구성하는 것이 가능하다. 이러한 가설적 관점은 근거가 있다. 이 책에서 내가 분석한 인도 벵골 지방에 관한 연구는 그 사례에서 다음과 같은 사실을 보여준다. 즉 얼핏 보면 아무리 이상하게 보일지라도, 특정한 사회계층은 자신들이 어쩔 수 없이 속해 있는 반농노제도의 조건을 받아들일 납득할 만한 이유가 있다는 것이다.

오늘날 '방법론적 개인주의'는 비록 종종 퇴보하기는 하지만, 사회과학자들에 의해 충분히 일반화되어 실천되고 받아들여지는 추세이다. 왜냐하면 그것은 마르크스주의나 구조주의처럼 20세기 후반 사회과학에 상당한 영향력을 행사했던 사상적 흐름에 대항하는 불가피한 선택이기 때문이다.

이 책에서 나는 방법론 외에 또 다른 중요한 생각을 알리려고 노력했다. 그것은 만약 사회변동이 **설명 가능한** 것이라면 그것은 또한 대체로 **예측 불가능한** 것이라는 사실을 우리가 알아야 한다는 것이다. 내가 이러한 주장을 하는 데에는 몇 가지 합리적인 이유가 있다.

첫째는 개인의 자율성 때문이다. 게임 이론*이 그것을 증명해준다. 특정한 상호작용구조에서 사회행위자는 다양한 전략들 중 자기가 어떤 것을 선택해야 할지 망설일 수밖에 없다. 서로 대립하는 두 사람이 '치킨게임'** 상태에 있을 때, 이들의 대립으로부터 어떤 결과가 나올 수 있는지를 미리 예측하는 것은 일반적으로 불가능하다. 그러나 두 사람이 서로 협력하는 상황이나 그들이 '죄수의 딜레마*** 상황'에 있다면

---

* 한 집단, 특히 기업에서 어떤 행동의 결과가 게임(놀이)에서처럼 참여자 자신의 행동에 의해서만 결정되는 것이 아니라 동시에 다른 참여자의 행동에 의해서도 결정되는 상황에서, 자기 자신에게 최대의 이익이 되도록 행동하는 것을 분석하는 수리적(數理的) 접근법이다.

** 어느 한쪽이 양보하지 않을 경우 양쪽이 모두 파국으로 치닫게 되는 극단적인 게임 이론. 즉 어느 한쪽도 양보하지 않고 극단적으로 치닫는 게임이 바로 치킨게임이다. 이 용어가 1950~70년대 미국과 소련 사이의 극심한 군비경쟁을 꼬집는 용어로 차용되면서 국제정치학 용어로 굳어졌다. 그러나 오늘날에는 정치학뿐 아니라 여러 극단적인 경쟁으로 치닫는 상황을 가리킬 때도 인용된다. 정치학자들은 1950~80년대의 남북한 군비경쟁, 1990년대 말 이후 계속되고 있는 미국과 북한 사이의 핵문제를 둘러싼 대립 등도 치킨게임의 대표적인 예로 언급하고 있다.

*** 두 공범 죄수의 사례를 들어 각 개인이 자신의 이익만을 생각하여 의사결정을 할 때 사회 전체에 손실을 끼칠 수 있다는 것을 설명한 이론. 이들은 서로

결과는 달라질 것이다.

사회변동의 예측 불가능성을 말할 수 있는 두 번째 이유는 **진정한 혁신**이 불러오는 역할 때문이다. 이때 '진정한 혁신'이란 그 결과가 완벽하게 예측 가능하지 않은 혁신을 뜻한다. 이 혁신은 경우에 따라서는 특정한 수요의 요구에 응답하는 것일 수도 있다. 이때 그것은 대체로 쉽게 현실 속에 동화되며 그 내용은 예측될 수 없다.

이제 나는 이 책에서 내가 인용했던 **진정한 혁신**의 사례에, 나의 다른 책[1]에서 발전시킨 또 다른 연구 사례를 추가로 언급하고자 한다. 이 사례는 이 책에서 내가 주장한 여러 가지 생각을 종합하고 있다. 그것은 다음과 같은 생각들이다. ① '방법론적 개인주의'가 중요하다. 아주 거시적 수준——경우에 따라서는 지구적 차원——의 특정 상황에 있는 사회현상을 설명할 때도 방법론적 개인주의가 중요하다. ② 상황의 구조가 변화함에 따라 사회행위자들의 자율성도 다양하게 변화한다. ③ 사회행위자들은 진정한 혁신에 의해 나타난 구조적 속박을 벗어날 수 있는 능력을 가지고 있다.

냉전 시대에 미국과 소련은 끊임없는 군비경쟁을 시작했다. 그 경쟁은 게임 이론의 '죄수의 딜레마'와 같은 구조를 취하고 있었다. 두 정부는 매 순간마다 두 가지 가능한 전략을 가지고 있었다. 그들의 핵무기를 증강하거나 현 상태를 유지하는 것이다. 그런데 이들은 첫째 전략을 선택하는 것 말고는 다른 출구가 없었다. 그것은 장차 자신보다 우위에 있을 적을 만들지 않는 것을 보장하는 프로그램을 제때에 사용하지 못할 때 생길 위험을 제거하는 것이다. 이러한 상황은 미국과 소련

협력하여 최소형을 받을 수 있지만, 상대방을 믿지 못해 경우에 따라서는 자신이 모든 죄를 뒤집어쓸 수 있다는 불확실성이 존재하기 때문에 자백을 함으로써 서로 아주 불리한 형을 받을 수밖에 없다는 설명이 그 핵심이다.

1) Raymond Boudon, *Raison, bonnes raisons*, Paris, PUF, 2003.

두 나라로 하여금 방어적 가치밖에 없는 상당한 규모의 쓸모없는 군비 지출을 하게 만들었다.

레이건 대통령과 그 참모들은 이러한 딜레마를 정확히 보는 시각을 가졌다. 이들은 냉전을 종결시킬 수 있는 유일한 방법은 게임 규칙을 깨는 것이라고 보았다. 이제 그러한 목표를 달성하기 위해 필요한 수단을 생각하는 것만 남았다. 그것은 **우주전쟁**이라는 허풍을 치는 것이었다. 만약 소련이 계속 이러한 게임을 지속한다면, 더 이상 감당하지 못할 경제적인 난관에 직면할 것이었다. 그 무렵 벌써 흔들거리던 정치·사회 질서는 아주 위험할 정도로 위협받고 있었다. 따라서 소련 정부는 이 게임을 포기할 수밖에 없었다.

이때부터 소련은 오직 군사력에만 의존하고 있던 **강대국**으로서의 자신의 지위를 포기했다. 그와 함께 소련이 자유주의 세계에 대한 대안체제가 될 수 있다는 생각도 함께 붕괴했다. 물론 소련이 무너진 또 다른 이유는, 이 제국이 인권도 경제적 법칙도 존중하지 않았기 때문이다. 그렇지만 소련은 70년 동안 자신의 체제가 자유민주주의 체제에 대한 대안이 될 수 있음을 온 세상 사람들이 믿게 하는 데 성공했다. 따라서 소련이 20년 전이나 20년 후가 아닌, 1991년에 해체된 것을 설명할 수 있는 것은 앞에서 언급한 일반적 원인들이 아니다.

'방법론적 개인주의'는 여기서도 그 효력을 보여준다. 그것은 공산주의 내부 붕괴의 직접적 원인을 확인하는 것을 가능하게 한다. 그리고 그 극렬한 특징과 그 붕괴의 **시점**을 설명해준다. '죄수의 딜레마' 구조는 냉전체제를 지지해준다. 이것은 냉전체제를 피할 수 없게 만들었다. 그리고 이것은 세계를 두 블록으로 만드는 것을 더 강화시켰다. 그런데 이 냉전체제는, 사악한 상호작용 체계의 굴레를 부수고 두 진영으로 나누어진 세계를 다시 하나로 만든, **진정한 혁신**이라는 모범적 사례에 의해 급격히 붕괴되었다.

이렇게 보면, 행위자의 자율성과 진정한 혁신의 예측 불가능성은 사회변동에 대한 예측을 어렵게 만드는 여러 요인 중 두 가지이다. 나는 이 책의 원래 제목인 무질서의 **사회학적 위치**로 이러한 생각의 중요성을 알리고 싶었다. 과학과 예측은 서로 불가분의 관계에 있다는 것을 믿고 싶어 하는 일반인들의 선입견과는 반대로, 사회변동을 과학적으로 분석하기 위해서 우리는 그것이 대체로 예측되기 어렵다는 사실을 인정해야만 한다.

사회변동을 특징짓는 비결정론의 세 번째 본질적 내용은 진정한 우연—이것은 주관적 우연과는 대조되는 객관적 우연으로, 인간 지식의 유한함에서 비롯된 것이 아니다—의 존재에 있다. 쿠르노(Augustin Cournot)는 처음으로 이 개념에 분석적 의미를 부여했으며, 자연현상의 분석에서 이것을 고려하는 것이 필수적이라는 사실을 강조했다. 우리는 사회변동의 경우에도 이러한 우연의 역할을 고려해야만 한다. 내가 이 책에서 인용한 다양한 사례가 보여주듯이 사회변동은 일련의 서로 독립된 인과관계의 결합으로도 나타날 수 있다.

그런데 이러한 '무질서의 위치'가 언제나 인정받는 것은 아니다. 그 이유는, 이러한 자료들은 종종 과학을 구성하는 학문적 입장으로 간주되는 결정주의적 입장과 양립할 수 없는 것처럼 보이기 때문이다. 이러한 편견—사회행위를 목표로 장래의 불확실성을 축소시키려는 시도—의 불가피성은 사회변동에 대한 지나치게 단순화된 표상을 낳았다. 그런데 내가 보기에 이 왜곡된 표상 속에서 결정론과 '사회구조'는 너무 큰 자리를 차지하고 있으며, '무질서'는 충분한 자리를 차지하지 못하고 있다. 내가 인용한 연구 사례들은, 사람들이 너무나 쉽게 사회적 추세(또는 경향)—그러나 현실은 종종 그것을 부수어버리는 역할을 한다—에 대한 추론적 사고를 함으로써, 너무 쉽게 '구조적' 요인을 지나치게 강조하거나 사회변동의 메커니즘을 극단적으로 단순화시키는 경향이 있음을 보여준다. 예컨대 오늘날 사람들이 '세계화'와 그 결과가 일반적으로 표현하는 단순화된 이미지들에 지나친 중요성을 부여하는 사실을 생각해보라.

어째서 사회변동에 관한 이러한 극단적으로 단순화된 표현들이 가능할까? 이 질문은 나로 하여금 이 책에서 내가 주장한 여러 생각들 중 또 다른 한 가지 생각을 하게 만들었다. 즉 이러한 잘못되거나 때때로 위험한 표상들을 우리가 믿게 되는 까닭은, 그것들이 종종 완벽하게 지지될 수는 있지만, 거기에서 사람들이 종종 부당하게 과장된 결론을 끌어내는 과학적 분석과 결합되어 있기 때문이다.

예를 들어보자. 모든 사람들이 빈곤의 악순환 이론을 이해할 수 있다. 그것은 단순하고 겉으로 보기에는 완벽한 이론이다. 가난한 나라는 저축을 할 능력이 없다. 따라서 투자할 능력이 없다. 따라서 그 나라는 자신의 생산성도 생활수준도 높일 수가 없다. 그러므로 이 나라의 발전은 외부의 도움을 통해서만 이루어질 수 있다. 이 이론은 생산성의 증가가 반드시 비용이 많이 드는 것은 아니라는 점을 생각하지 못하고 있다. 그리고 가난한 나라의 사람들이 누구나 다 가난한 것은 아니다. 특정 국가는 무역을 통한 흑자 수지 덕분에 생산성의 증가를 얻을 수 있다.

그러나 이러한 비판은 종종 잘못 이해된 형태로 전달된다. 사람들이 외부의 경제원조, 또는 같은 말이지만, 외부 채무의 소멸이 항상 경제발전을 가져오는 것은 아니라는 점을 항상 이해하는 것은 아니다. 이러한 방법들은, 무엇보다도 부패나 잘못된 통치를 부추길 수도 있다. 아시아의 용들(한국·대만·싱가포르·홍콩)과 중국의 발전과 같은 놀라운 사실들은 구조주의자들의 운명론을 반박하는 데 충분하지는 못했던 것이 명백하다. 이러한 비판도 세계화의 효과에 대한 예언자적 시각*을 약화시키는 데에는 더더욱 성공하지 못했다.

사회변동의 분석에서 과학적으로 엄격하다는 것은, 사회과학자가 종교인에게나 가능한 예언하고 예측하는 야심을 포기하고 과학적으로 설명하는 야심에 만족한다는 것을 가정한 것이다. 이 두 가지 야심은 비록 서로 보완적인 것은 아니지만, 종종 서로 양립하기 어렵다. 하나의 야심은 또 다른 야심의 희생 위에서 살아간다. 개인의 자율성, 진정한 혁신을 상상할 수 있는 그들의 능력 그리고 객관적 우연의 존재, 이 셋의 결합은 사회과학으로 하여금 다음과 같은 결과를 수용하게 만든다. 즉 사회과학적 분석이 종교적 의미의 예측을 만들어내려면 마지막 손질이 필요한데, 이것은 너무나 위험한 작업이지만, 일상적 삶 속에서 우리는 이것을 눈치채지 못하고 넘어갈 수 있다는 점이다.

사회변동이론에서 사회과학자의 예측과 관련된 지위를 종교적 예언자와 혼동하는 이러한 일탈이 발생하는 근본적인 이유는 다음과 같은 사실 때문이다. 즉 사회과학자들이 제시하는 모델은 사회현상을 이해하기 위한 필요한 도구에 불과한데도, 일반인들이 그 모델과 그것이 보여주는 현실과의 차이를 평가하는 것이 항상 쉬운 일은 아니기 때문이다. 바로 이러한 이유 때문에 모델은 지식 생산에 중요한 기여를 하지만, 동시에 현실에 관한 환상적 표상을 불러일으키고 사회운동을 자극하는 이데올로기의 생산을 부추길 수 있는 것이다.

이 책의 본문에 실린 내용은 1984년 판과 똑같다는 점을 알린다.

2003년 7월
보빌에서 레이몽 부동

---

*사회과학이론의 예측 범위를 넘어, 기독교의 예언자적 위치를 주장하는 시각이다.

머리말

1950년에서 1980년 사이에 사회과학자들, 특히 사회학자·경제학자·정치학자들은 꽤 많은 수의 '사회변동이론'을 만들어냈다. 그러나 이 사회변동이론들은 하나의 동질적인 특징을 지닌 집합이 아니다. 내가 이 책에서 첫 번째로 제기하고 싶은 문제는 이 사회변동이론들의 목표를 확인하고 분명히 해보며, 그 이론들을 몇 가지 주된 형태로 분류해보자는 것이다.

오늘날 기존의 사회변동이론들에 관한 지배적이고도 일반적인 견해는 그 이론들이 실패작이라는 점이다. 전문가들뿐만 아니라 많은 일반인들도 이 점을 지적하고 있다. 사람들이 사회변동이론들에서 끌어낸 이런저런 예측은 현실에 의해 반박당한 것으로 판명되었다. 기존의 사회변동이론들은 사회체계에 관한 단순화한 표상들——그것은 정당한 것이다——을 낳았을 뿐 아니라, 현실을 지나치게 단순화한 표현을 담고 있었다. 즉 기존의 사회변동이론들이 일반적 타당성을 가졌다고 주장했던 대부분의 거시적 규칙들은 지엽적 타당성만을 지니는 것이 명백해졌다.

이런 맥락에서 보면, 우리는 기존의 이 사회변동이론들이 왜 회의주의적인 반발에 부딪치게 되었는지를 이해할 수 있다. 그러나 이러한 회의주의는 널리 퍼져 있긴 하지만, 사회학자들의 일반적인 지지를 받지는 못하고 있다. 그리고 사회학자들은 여전히 계속해서 일반적인 주장을 담은 사회변동이론, 발전이론, 근대화이론 그리고 종속이론을 만들어내고 있다.

이런 시각에서 보면, '빈곤의 악순환'이라는 옛 법칙은 한동안 추방되었다가 최근에 갤브레이스(Galbraith)의 손을 빌려 신선하고 새로운 형태로 나타났다.[1] 또 예를 들어 토크빌(Tocqueville)과 마셜(T.H. Marshall)에 의해 주장된 하나의 명제를 지나치게 일반화함으로써, 사람들은 '사회의 진화는 점점 더 많은 시민들이 정치생활에 참여하는 것'을 뜻하는 것이라고 흔히들 믿고 있다. 그러나 이러한 정치생활에 대한 참여의 확대는 전체주의의 확산과도 함께 갈 수 있는 것이라는 점을 우리는 보지 못하고 있다. 또 어떤 학자들은, '후기산업'사회의 사회 갈등은 역사적 변화의 통제를 위해 경쟁상태에 있는 행위자들에 의한 분명한 계급적 대립으로 나타날 수밖에 없다는 것을 보여주려고 노력한다. 그리고 마지막으로 또 다른 보기를 든다면, 상당한 수의 역사학자, 사회학자 그리고 경제학자들은 제3세계는 종속되어 있기 때문에 저발전할 수밖에 없을 것이라는 거짓된 명제의 정당성에 오늘날에도 설득당하고 있다.

바로 이러한 이유 때문에 나는 기존의 사회변동이론들을 비판적으로 검토할 때가 왔다고 본다. 즉 사회변동이론들이 해결하고자 했던 문제들의 성격을 명확히 해보고, 이 질문들이 어떤 조건에서 타당성을 지닌 답을 얻을 수 있는지를 질문할 때가 온 것이다.

---

1) J.K. Galbraith, *Théorie de la pauvreté de masse*, Paris, Gallimard, 1980 (*The Nature of Mass Poverty*, Cambridge, Mass., and London, Harvard University Press, 1979). "모든 수입의 증가는 그것을 무효로 만드는 힘들을 낳고, 그 힘들은 그 이전의 빈곤상태를 회복시킨다."

『역사주의의 빈곤』[2]에서 칼 포퍼(Karl Popper)는 내가 이 책에서 보여주려고 하는 프로그램과 유사한 계획을 가지고 있었다. 『역사주의의 빈곤』은 엄격히 칸트적 의미에서 방법론적 비판서이다. 포퍼가 이 책에서 보여주려고 하는 주장은 다음과 같다. 즉 기존의 사회변동에 관한 어떤 명제나 이론은 과학적인 것으로 받아들여져야 하지만, 또 다른 명제들은 형이상학적이다. 또 어떤 질문들은 대답을 얻을 수 없는 형태를 띠고 있지만 또 다른 질문들은 그 타당성이 엄격히 통제될 수 있는 대답들을 가능하게 한다. 칸트에게서 철학적 영감을 받은 것이 분명한 포퍼의 이러한 문제제기 방식은 그 표현 방식에서도 자연스럽게 드러난다. 즉 포퍼도 칸트처럼 실제로는 어떤 예도 들지 않으면서 그의 논지를 전개하고 있는 것이다.

나는 다음의 두 가지 이유 때문에 포퍼가 제기했던 문제들을 오늘 다시 논의할 생각을 하게 되었다. 첫째 이유는, 그동안 사회변동과 관련된 아주 중요한 이론체계가 발전되어왔는데, 이 이론들은 포퍼가 비판하는 이론들처럼, 통제할 수 있는 대답을 얻을 수 없는 주장을 자주 제기하기 때문이다. 둘째 이유는, 이러한 변동이론들에 관한 비판적 분석은 사회학적 관점에서 포퍼의 진단을 더 세련되고 자세하게 만들어줄 것이기 때문이다. 특히 이러한 분석은 형이상학적 이론과 과학적 이론을 대립시킨 포퍼의 생각을 수정하게 만들 것이다.

어떤 사람들은 '전문적 사회학자'가 사회과학의 철학분야에 속하는 성찰을 하는 것을 보고 놀랄지도 모른다. 그러나 나는 사회학 방법론 분야의 비판적 성찰이 과학적 진보의 중요한 방법이라고 믿는다. 수많은 관찰자들이 사회변동이론들에 대해 느끼는 실패의 감정은 하나의 사회

---

2) K. Popper, *Misère de l'historicisme*, Paris, Plon, 1956(*The Poverty of Historicism*, London, Routledge and Kegan Paul, 1957).

적 **사실**이며, 그것의 분석은 성찰적 관심 이상의 것을 지닌다. 단순한 회의적 태도에 만족하지 않고 위의 이론들이 실패한 이유를 더 분명히 이해해보려고 하는 것은, 지식이 목표로 하는 대상을 더 잘 이해할 수 있는 위치를 확보하는 것이다. 교통사고 분석 같은 사소한 것이 교통 순환의 조건들을 더 잘 이해하게 하는 것처럼, 과학에서의 실패를 분석하는 것은 지식의 진보에 기여할 수 있다.

따라서 그러한 분석을 과학철학이라는 표지로 분류할 수도 있지만, 또 역시 '사회과학방법론'이라는 표지로 분류할 수도 있을 것이다. 내가 보기에 여기에서 내가 다루는 **철학적** 문제들은 중요하다. 이것은 철학적·과학적 관점에서뿐만 아니라 **정치적** 관점에서도 그러하다. 상당히 많은 사회변동이론들이 실천적 영향력을 가졌다. 예를 들어 발전이론이나 종속이론을 생각해보라. 그리고 이 이론들이 그러한 영향력을 행사했던 이유는 그들이 과학적 권위를 지니고 있었거나 또는 현재 지니고 있기 때문이다. 그런데 이 이론들은 흔히, 정확히 말해서 거짓은 아니지만, 그들이 가지고 있지 못한 과학적 지위를 과시하고, 그렇게 함으로써 그들이 내포하지 않은 해석과 믿음을 불러일으킨다. 위의 사회변동이론들에 관한 비판을 하는 것이 중요한 것은 바로 이러한 이유 때문이다.

마지막으로, 나는 더 일반적인 수준의 논의를 하고 싶다. 과학철학들은 거의 사회과학에 관심을 기울이지 않는다. 그렇지만 사회과학도—물리학이나 생물학과 같은 자격으로—지식 추구의 길을 가는 데서 우리를 인도할 수 있다. 사회과학분야의 토론에서 분명한 합의가 이루어지기 어렵다는 사실, 그리고 사회과학이 제기하는 문제들이 더 '공공연한 것'이라는 사실은 지식철학의 관점에서 보았을 때 유리한 점일 수 있다.

독자들이 이미 이해했듯이, 내가 이 책을 쓴 목적은 사회변동이론에 관한 대차대조표를 작성하거나 목록을 만드는 것이 아니다. 나의 목적은 차라리 방법론과 지식철학의 요점들을 분명히 드러나게 하는 것이다.

이 책에서 전개되는 논의들은 1979년 만하임(Mannheim) 대학, 1979년 제네바(Genève) 대학, 1982년 런던 경제대학(London School of Economics) 그리고 1983년 뉴욕의 컬럼비아 대학 (Columbia University)에서 있었던 학술회의의 예비발표 주제가 되었던 것들이다.

제1장 사회변동이론

몇 년 전 오래된 논쟁의 하나가 다시 시작되었다. 사회과학사가 로버트 니스벳(Robert Nisbet)은 『사회변동과 역사』(*Social Change and History*)[1]라는 제목의 책을 출간했다. 이 제목에서 접속사 '그리고'(and)는 사실 '반대의'(against)라는 의미가 있다. 더 정확한 제목은 아마도 '사회변동이론에 대항하는 역사학' 또는 '역사는 좋지만 사회변동은 반대하는'이었을 것이다. 니스벳 교수의 주된 논지를 단순화한 형태로 요약해본다면, 우리가 보통 역사학이라는 단어로 표현하는 지적 활동과 분명히 구분될 수 있는 사회변동에 관한 성찰이나 이론 또는 연구는 있을 수 없다는 것이다.

니스벳의 논지는 매우 큰 논란을 불러일으켰다. 이런저런 사회과학이 존재해온 이래(이 말은 제도적인 의미에서라는 뜻이다. 왜냐하면 지성사적으로 말한다면 사회과학은 항상은 아니지만 아주 오래전부터 존재해왔기 때문이다) 사회과학은 사회변동을 중요한 주제들 가운데 하나로 생각해왔다. 물론 이 주제는 시대에 따라 다른 용어들로 표현되어

---

1) R. Nisbet, *Social Change and History*, New York, Oxford University, 1969.

왔다. 오늘날 사회과학 입문서들 중 사회변동에 관한 장이 없는 책을 생각하기는 어려운데, 이것은 마치 고전적 분포에 관한 장이 없는 통계 입문서를 생각하기 어려운 것과 마찬가지 논리이다. 사회변동의 개념은 사회과학의 전문분야는 아니지만, 적어도 특정한 연구 활동과 연구의 오리엔테이션 그리고 중요한 성찰을 가리키는 표현이 되었다. 당연할 뿐만 아니라 기본적인 이러한 활동은 수많은 결실을 가져왔다. 우리가 '사회변동의 이론'이라는 자격을 부여할 수 있는 하나의 중요한 체계적인 산물들이 존재한다.

그런데 니스벳은 위의 활동을 부당한 것이라고 주장한다. 그는 몇몇 저명한 학자들을 공격하는데, 그중에서도 특히 파슨스(T. Parsons)를 비판한다. 그러나 그가 궁극적으로 비판하려는 것은 이 학자들 전체의 연구방향이다. 니스벳에 따르면 사회학자·정치학자·경제학자·인구학자가 제시한 사회변동이론들은—그는 어떤 특정의 학문집단을 여느 학문집단과는 다른, 비판에서 제외될 대상으로 고려하지 않는다—결국 두 가지 범주로 나뉜다. 첫째 범주의 이론들은 거짓이거나 받아들일 수 없는 이론들이다. 둘째 범주의 이론들은 만약 우리가 그것을 고집한다면 사회변동이론이라고 일컬을 수 있는데, 이것은 역사학자들의 연구작업과 구분이 되지 않는다. 사회변동이론들과 사회변동이라는 개념 자체는 역사학과 비교해볼 때 이 연구의 오리엔테이션과 독창적 성찰의 존재를 확인시켜준다. 니스벳은 이러한 사회변동이론들의 시도가 정당화될 수 없는 야망이라고 주장한다. 그에 의하면, 정당한 학문분과로서의 역사학은 존재한다. 그러나 사회변동이론은 존재하지 않는다.

여기에서 나는 이 점에 대한 논의를 니스벳이 자신의 주장을 뒷받침하기 위해 열거한 항목까지 언급하면서 자세히 논의하지는 않겠다. 독자들은 이 책의 다른 부분에서 그런 주제를 다시 찾아서, 명시적으로나 묵시적으로 다시금 논의되는 것을 볼 기회가 있을 것이다.

물론 니스벳의 이러한 입장은 학계의 항의를 불러일으켰다. 예를 들어 렌스키(Lenski)[2]는 미국 사회학 잡지 중 가장 권위가 있다는 잡지에 니스벳의 책 제목을 뒤집어놓은 '역사와 사회변동'이라는 제목의 논문을 썼다. 그는 이 논문에서 몇 가지 자명한 사실을 재확인했다. 즉 역사의 소동과 광란을 넘어서서, 그리고 (단수명사로서) 사회변동의 복잡성을 넘어서서 어떤 일정한 방향으로 끊임없이 움직이고 있는 (복수명사로서) 사회변동들을 확인하는 것은 어렵지 않다. 예를 들어 우리는 정말로 지식의 축적, 기술의 진보, 인구의 성장, 도시화의 진전을 믿지 않을 수 있는가? 렌스키의 견해를 요약해본다면, 그는 **사회변동**이라는 개념의 정당성을 재확인할 뿐만 아니라 어느 정도 오래된 개념이라고 볼 수 있는 '진화'의 개념을, 그 옛날의 귀하던 모습대로 다시 살려놓으려고 시도하고 있다. 콩트(Comte)에서 뒤르케임(Durkheim)까지, 그리고 스펜서(Spencer)에서 홉하우스(Hobhouse)까지, 이 개념은 사회과학에서 중요한 자리를 차지하고 있다.[3] 그리고 그 뒤에 이 개념은 심각한 불신을 받게 된다.

그럼에도 1960년대 초에 인류학자 살린스(Sahlins)와 서비스(Service)[4]는 이 개념에 새로운 활력을 불어넣었는데, 그것은 단선적 진화와 다선적 진화라는 두 개의 진화 개념을 구분함으로써 가능했다. 이들에 따르면, 오직 첫 번째 진화 개념만이 몰락한 것이다. 인류의 역

---

2) G. Lenski, "History and Social Change," *America Journal of Sociology*, LXXXII, 3, 1976, pp.548~564.
3) H. Spencer, *Essais sur le progrès*, Paris, Alcan, 1885, in *Essais de morale, de science et d'esthétique*, 1re partie("Progress; Its Law and Causes," in H. Spencer, *Essays*, vol. I, London, Williams and Norgate, 1868); L.T. Hobhouse, *Social Evolution and Political Theory*, New York, Columbia University Press, 1911, Washington, Kennikat Press, 1968.
4) M. Sahlins and E. Service(red.), *Evolution and Culture*, Ann Arbor, University of Michigan Press, 1960.

사가 필연적으로 일종의 종말을 향해 가고 있다는 시각은 분명히 받아들일 수 없는 시각이다. 모든 개별적 사회가 역사의 일반적인 흐름에 동조해야 한다는 생각 또한 받아들일 수 없는 것이다. 진화의 서로 다른 구성요인들이 서로 보조를 맞추어 나아가야 한다는 원칙도 받아들이기 어려운 입장이다. 예를 들어 기술문화는, 과학문화가 같은 보조로 발전하지 않는다고 해도 발전할 수 있다. 또 산업화가 정치권력의 민주적 조직화의 발전을 필연적으로 가져오는 것은 아니다. 위의 모든 이유 때문에, 살린스와 서비스에 따르면 단선적 진화론—이 개념과 실질적으로 구분하기 어려운 개념은 덜 과학적이고 더 대중적인 용어로, 19세기 사람들이 진보(progrès)라고 일컬었던 용어이다—은 지지받기 어려운 입장이다.

이 두 인류학자들에 따르면, 진화가 다선적 유형이라는 것을 명시할 때 진화의 개념은 오히려 유용하다. 즉 진화의 길은 다양하고, 목표는 분명히 정해지지 않았다. 그러나 비록 대중의 위치를 지적할 수는 없겠지만, 그 방향은 파악할 수 있다. 다선론적 진화이론을 원용하고 부분적 지향성을 가진 사회변동들의 부정할 수 없는 존재에 근거를 두면서, 렌스키는 니스벳과 반대로 역사학과는 구분되는 사회변동이론의 정당성을 지지한다. 이 입장에 따르면, 니스벳의 의견과는 정반대로, 사회변동이론가들이 보여주는 법칙 추구를 위한 야심 또는 법칙지향적인(nomothétique) 야심은—이것은 피아제(Piaget)의 유명한 표현을 빌린 것이다[5]—근거가 있는 것이다.

---

5) J. Piaget, "La situation des sciences de l'homme et le système des sciences," in Unesco, *Tendances principales de la recherche dans les sciences sociales et humaines*, Paris, La Haye, Mouton, 1970~1978, 3 vol., vol. 1, *Sciences sociales*, pp.1~65(*Main Trends in Interdisciplinary Research*, London, George Allen and Unwin, 1973).

니스벳과 렌스키는 비록 그들 두 사람이 다 중요한 저작을 쓴 사회학자들이기는 하지만, 우리가 사회과학의 커다란 논쟁을 상기할 때 곧바로 기억 속에 떠올리는 사람들은 아니다. 니스벳이 쓴 『사회학적 전통』[6]은 비록 몇몇 부분에 논란의 여지가 있긴 하지만, 사회과학사에 관해 지금 우리가 참조할 수 있는 훌륭한 책들 가운데 하나인 것은 틀림없다. 렌스키의 『권력과 위세』[7]도 사회계층이론과 사회계층의 역사분야에서 고전으로 여겨지는 저작이다.

니스벳이 모든 형태의 진화론에 대해 논의를 삼가고 있다는 사실은 그의 저서 『사회학적 전통』에서도 쉽게 지각할 수 있다. 그에 따르면, 사회학은 콩트가 믿었던 것처럼 과학 중의 가장 마지막 과학이고 가장 복잡한 과학도 아니요, 그것의 도래가 역사적 진화의 발전된 단계에서만 가능했을 그러한 학문이 아니다. 사회학은 그 자신이 역사적 혼란과 연결되어 있는 사상사적 운동 속에서 탄생했다. 니스벳에 따르면, 사실 사회학은 프랑스혁명에 대한 낭만주의적·전통적 반발 속에서 태어났는데, 이 혁명은 계몽철학과 밀접한 관련을 맺고 있었다. 진화주의에 대한 똑같은 거부는 『사회변동과 역사』에서뿐만 아니라 『진보의 이념』 (*The Idea of Progress*)[8]에도 나타나며, 여기에서 진보란 시대와 상황에 따라서 좌우되는 것이다.

반면 『권력과 위세』를 쓴 렌스키는 단호한 진화론자처럼 보인다. 이 책에서 그는 사회계층의 역사가 어떤 방향을 향해 가고 있다는 생각을 펼친다. 또한 이 책에서, 진화라는 개념뿐만 아니라 사회변동이라는 개념의 정당성까지도 비난하는 책을 그가 공격하고자 하는 것은 놀라운

6) R. Nisbet, *The Sociological Tradition*, New York, Basic Books, 1966.
7) G. Lenski, *Power and Privilege. A Theory of Social Stratification*, New York, McGraw Hill, 1966.
8) R. Nisbet, *History of the Idea of Progress*, New York, Basic Books, 1980.

일이 아니다.

비록 사회 변동과 진화를 지지하거나 반대하는 그들의 결론들이 분명한 논리 전개에 기반을 두고 있기는 하지만, 우리는 위의 니스벳과 렌스키의 입장들 속에서 어떤 철학적 태도와 일정한 세계관을 확인할 수 있다. 이것은 우리가 어느 한 학자의 견해를 따르는 결론을 내릴 수 없다는 뜻일까?

내가 렌스키와 니스벳의 논쟁을 다시 상기시킴으로써 이 책이 기여할 만한 토론을 소개한 이유는, 그 논쟁이 ─ 내가 알기로는 ─ 반복되는 논쟁 중 가장 최근의 표현이기 때문이다. 현재의 사회과학 상황에 맞는 표현을 써서 더 상세히 말한다면, 이 토론은 하나의 중요한 인식론적 문제를 제기한다. 즉 사회변동에서 규칙성의 존재에 관한 문제를 제기하고 있는 것이다.

똑같은 질문이 니스벳과 렌스키 이전에도 반복적으로 제기되었다. 예를 들어 그의 책 『경제학적 분석의 역사』(*History of Economic Analysis*)에서 슘페터(Schumpeter)는 **역사사회학**(la sociologie historique)[9]의 기여를 논의하고 있다. 슘페터는 이 책에서 역사사회학이라는 명칭을 그보다 더 오래된 개념인 역사철학이라는 개념과 동의어로 간주한다고 명료하게 주장한다. 그러나 역사사회학이라는 개념이 그와 동시대 사람들의 귀에는 더 받아들이기 쉬운 개념일지라도, 그는 그 개념이 역사철학의 개념과 똑같은 인식론적인 문제들을 제기한다는 것을 은연중에 암시하고 있다. 비록 콩도르세(Condorcet)에 대한 그의 엄격한 태도, 몽테스키외(Montesquieu)와 비코(Vico)에 대

---

9) J. Schumpeter, *History of Economic Analysis*, London, Oxford University Press, 1954, 1972, p.135 이하를 볼 것.

한 찬사가 그가 선호하는 방향을 아주 분명하게 보여주지만, 슘페터는 이 문제들을 드러나게 다루지는 않고 있다. 그러나 그는 똑같은 문제들이 다양한 방식으로 나타날 수 있다는 사실에 주의를 환기시켰다는 중요한 장점을 지니고 있다.

슘페터의 가르침을 따라서, **사회변동**이라는 개념이 이전 시기에 번영했던 역사사회학이나 역사철학의 개념들과 똑같은 문제를 다른 제목으로 제기하는 것이 아닌가라는 질문을 던져볼 수 있다. 한 가지 관찰이 이 질문에 긍정적인 답을 갖도록 나에게 강요한다. 20세기 초반 게오르그 짐멜(Georg Simmel)이 그의 책 『역사철학의 문제들』(*Die Probleme der Geschichtsphilosophie*)[10]에서 역사철학의 영역에 속한다고 생각되는 인식론적인 문제들을 논의할 때, 그는 다른 언어로 표현되기는 했지만 그 논지들 가운데 일부가 니스벳의 저작에 다시 나타나는 그러한 주장을 펼쳤다. 그러나 짐멜이 랑케(Ranke)의 **사실주의**(réalisme)에 강경하게 반대한 반면, 니스벳은 사실주의를 원용하면서 그것에 사회과학자들이 귀 기울일 것을 주장했다. 독자들은 이 사실주의에 대한 논의를 이 책의 제7장에서 다시 보게 될 것이다.

이렇게 본다면 **사회변동**이라는 개념은 옛날의 역사철학자들이 추구하던 역사(Histoire)의 현대판 변신에 불과하다. 사회변동이론들도 마찬가지로 역사철학의 현대판 변신에 불과하다. 옛 사상이 재생할 진지한 기회를 갖기 위해 필요한 사회적인 조건은, 그 사상이 충분히 새로운 방식으로 표현되어서 사상적인 연관관계를 확인하기 어려울 정도가 되어야 한다고 파레토(Pareto)가 이미 주장하지 않았던가?

---

10) G. Simmel, *Die Probleme der Geschichtsphilosophie*, Munich, Duncker und Humblot, 3e édition 1907, 5e édition 1923(*The Problems of the Philosophy of History*, New York, The Free Press, 1977); R. Aron, *La philosophie critique de l'histoire*, Paris, Vrin, 1964, 1969.

앞으로 전개될 논의에서 나는 이 사상들 사이에 있을지도 모르는 연관관계에 대한 논의는 하지 않겠다. 다만 나는 개인적으로 역사철학(예를 들어 짐멜의 용어를 사용한다면)과, 역사사회학(슘페터의 용어)과 사회변동이론들(니스벳의 용어) 사이에 연관관계가 있을 법하다고 생각한다. 이제부터의 논의에서 나는 시야를 사회변동이론에만 한정시키겠다. 또는 독자들이 원한다면 현대 사회과학, 특히 현대 사회학에서 사회변동의 분석에만 제한하려 한다. 그러나 내가 강조하고자 했던 것은 철학적인 문제들, 더 자세히 말하자면 사람들이 제기할 수 있는 인식론적인 문제들 그리고 렌스키와 니스벳이 사회변동의 개념과 사회변동의 이론들에 대해 자기들 방식대로 불러일으킨 문제들은, 아마도 예를 들어 20세기 초 게오르그 짐멜 같은 사람이 '역사철학'에 관해 제기한 문제들과 관계가 없지 않다는 점이다.

하나의 프로그램: 사회변동의 이론들

과학철학자 이므르 라카토스(Imre Lakatos)는 연구작업을 하는 데서 소규모 과학공동체들을 지도하는 일반적인 오리엔테이션을 프로그램이라는 개념으로 지칭했다.[11] 데카르트적 형이상학, 즉 우주를 거대한 시계(그리고 하나의 소용돌이 체계와 같은)로 생각할 수 있다는 기계론적 우주론은 프로그램의 한 예이다. 경제행위계급들을 그들의 기능에 따라 구분하는 고전경제학은 노동에서 가치의 근거를 보며, 분석의 기본적인 목표로 경제성장 현상을 보는데, 이것도 프로그램의 또 다

---

11) I. Lakatos, "Falsification and the Methodology of Scientific Research Programs," in I. Lakatos and A. Musgrave(red.), *Criticism and the Growth of Knowledge*, Cambridge, Cambridge University Press, 1970, pp.91~196.

른 한 예이다. 고전경제학은 신고전경제학의 프로그램에 반대하는데, 이 후자의 입장은 경제행위자들을 분화되지 않은 것으로 보고 효용성을 가치의 원칙으로 삼으며, 무엇보다 먼저 경제적 평형을 이해하는 데 관심을 갖는다. 마찬가지로 사회변동이론들도 어떤 프로그램을 구성하거나 아니면 프로그램의 존재를 함축하는 것인데, 이 프로그램을 렌스키 같은 학자는 지지하고 니스벳 같은 학자는 인정하지 않는 것이다.

가장 일반적인 수준에서 생각해볼 때, 이 프로그램은 다음과 같은 가정에 기반을 두고 있다. 즉 사회변동에 관한, 흥미롭고 검증할 수 있는 동시에 **법칙지향적인** 명제들을 구성하는 것이 가능하다는 생각이다. 다른 말로 하면, 그 타당성이 어떤 한정된 공간·시간적 맥락에 제한받지 않고 더 일반적인 적용능력이 있는 명제들을 정립하는 것이 가능하다는 생각이다.

그러한 정의는 너무 추상적이기 때문에 유용성을 지니기가 어렵다. 또 데카르트적 형이상학이나 고전경제학의 프로그램을 몇 구절로 상기시키는 것만큼이나 사회변동이론들의 프로그램을 몇 구절로 정의하는 것 또한 어려운 일이다. 어떤 **프로그램**처럼 복잡한 정신적 대상을 정의하는 문제를 해결하는 데서 더 적절하고 더 유용한 것은 몇몇 사회변동이론을 견본으로 뽑아서 이 유사견본의 구성요소들이 가진 목표와 그들이 사용하는 원칙을 질문해보는 방법이다.

나는 이러한 형식의 분석이 사회변동이론을 네 가지나 다섯 가지로 구분하게 할 것이라고 믿는다. 내가 네다섯 가지라고 말한 이유는, 독자들이 곧 보겠지만, 한 가지 형태가 두 가지 변이형(variante)을 가지고 있기 때문이다. 모든 경우에 프로그램의 목적은 규칙성을 나타나게 하거나 규칙성의 존재를 증명하는 것이다. 그리고 이러한 규칙성의 형식과 성질은 형태마다 다양하다. 몇 가지 예에 기반을 둔 이 네 가지 또는 다섯 가지 형태의 이론에 관한 간략한 묘사는 우리로 하여금 사회변동이론에 공통으로 암시되어 있는 프로그램의 가장 두드러진 특징들을 분명히 찾아내게 할 것이다.

이 이론들 중 어떤 것(첫 번째 유형)은 어느 정도 일반적이고 돌이킬 수 없는 경향이나 추세의 존재를 강조하고 증명하는 것이 그 목적이다. 예를 들어 분업은 끊임없이 더 복잡해지는 것으로 여겨진다. 또 현대사회는 점점 더 관료제화할 운명인 것으로 생각된다. 현대사회에서 개인들 사이의 관계는 점점 더 비인격적인 것이 될 수밖에 없다는 주장 등이 그것이다. 이러한 형태에 속하는 명제들의 수많은 예는 어렵지 않게 생각해낼 수 있다.

오늘날 우리는 그러한 명제들을 영어 단어 추세(trend)의 관례적인 프랑스어 번역 용어인 경향(tendance)이라는 단어로 일컫는다. 이전에는, 즉 짐멜이 『역사철학의 문제들』을 저술했을 때나 포퍼가 『역사주의의 빈곤』[12]을 출판했을 때까지도 사람들은 차라리 역사의 법칙이라는 표현을 썼을 것이다. 통계학의 점점 더 커지는 영향력에 힘입어 사회과학에서 추세라는 개념은 오늘날 전문기술적인 개념이 되었는데, 원래 이 개념은 연대적 사건들을 기술하기 위한 것으로 이전의 낡은 개념에 새로운 옷을 입힌 것이다. 통계적으로 말해 연대기적 사건들에서 모든 길이의 순환주기를 제거하면 하나의 경향 또는 추세가 남는다. 예를 들어 수입량을 묘사하는 연대기표에서 몇 년 동안의 파동과, 해마다 그리고 계절마다의 변동을 제거한다면, 하나의 경향이 남는다. 예컨대 증가나 감소 또는 수입량의 일정함이 그것이다.

그러나 수입의 증가와 감소 경향을 경험적으로 확인하는 것과, 현대사회의 기본적인 변화추세는 비인격적 유형의 인간관계로 점차 바뀌어간다든지, 파슨스의 용어를 빌린다면 **보편적** 유형의 인간관계가 **특수적**

---

12) K. Popper, *op. cit.*

유형의 인간관계를 대체하는 경향이 있다고 주장하는 것은 별개의 문제이다. 수입량과 관련된 경향을 확인하는 것은 단순하고 상대적으로 신뢰도가 높은 방법으로써 가능하다. 그러나 두 번째 명제는 반대로 분명히 정의되지 못한 자료에 기반을 둔 인상들에 대한 직관적 해석과 통제하기 어려운 해석에 기반을 두고 있다. 이 두 가지 극단적인 경우들 사이에 모든 중간적 단계의 경우를 고려해볼 수 있다. 이 고찰은 아주 중요한 하나의 결론을 내포한다. 즉 어떤 개념(예를 들어 **추세**라는 개념)의 기술적 정밀성과 그 개념이 적용되는 자료들의 정밀성은 구분되어야 한다는 사실이다.

이 첫 번째 형태의 사회변동이론에 사회발전단계의 존재를 주장하는 명제들을 추가해야 한다. 콩트는 이것을 어떤 질서 속에 나타날 수밖에 없는 단계라고 표현했다. 물론 콩트의 3단계 법칙은 이와 관련하여 금방 생각나는 예이다. 오늘날 이러한 명제를 인정하지 않는 것이 상식이지만, 최근 로스토(Rostow)가 경제성장이 필연적으로 몇 단계, 즉 성장에 관한 잘 알려진 단계들(성장의 단계들)[13]을 거쳐야 한다는 것을 보여주려 했던 점을 상기할 필요가 있다. 더 최근에 인구변동이론[14]은 현대사회의 인구체제가 3단계의 연속적인 변형과정을 밟는 것으로 여겨진다고 주장했다.

첫째로, 출산율이 감소하지 않고 사망률이 감소한다. 둘째로, 사망률이 안정되고 출산율의 감소가 감속된 증가체제에 도달한다. 셋째로, 인구증가의 안정화이다. 계급과 계급갈등에 관한 그의 책[15]에서 다렌도

---

13) W.W. Rostow, *Les étapes de la croissance économique*, Paris, Le Seuil, 1970(*The Stages of Economic Growth*, Cambridge, Cambridge University Press, 제2판, 1971).

14) 예를 들어 다음의 논문을 볼 것. D. Loschky and W. Wilcox, "Demographic Transition: A Forcing Model," *Demography*, XI, 1974, pp.215~225.

15) R. Dahrendorf, *Classes et conflits de classe dans la société industrielle,*

르프(Dahrendorf)는 1960년대 초반 산업사회의 사회갈등은 계급갈등적 성격을 점점 덜 띠게 될 것이라고 주장했다. 사회이동과 다른 요인들의 도움을 받아 계급갈등은 그 중요성을 잃을 수밖에 없고 새로운 형태의 갈등에 그 자리를 내주게 되는데, 이 갈등의 목표는 권위와 영향력의 나눔이다. 그 얼마 후에 밀스(C. Wright Mills)[16]는 경제성장과 사회이동의 증가단계에 사회이동의 안정화단계가 계승되면서 계급갈등이 새로 나타날 것이며, 그와 함께 계급위치에 입각한 정치적 동조행위가 강화될 것이라고 주장했다. 만약 그들의 결론을 종합해서 받아들인다면, 다렌도르프와 밀스의 분석은 3단계에서 출발한 정사각형의 원점으로 되돌아가게 되는 일종의 3단계 법칙을 구성하게 된다.

'고고학적'(미셸 푸코[Michel Foucault]가 부여하는 의미의) 연구와 같은 그밖의 이론들은 확실히 콩트에서 생시몽(Saint-Simon)까지 거슬러 올라가 사회를 운영해나가는 데 여러 가지 연속적 집단들의 지배집단으로서의 자격을 돋보이게 할 것이다. 즉 노동자들 다음에는 기술자들이 사회를 지배할 것이며, 자본 소유자들 다음에는 지식의 보유자들이 사회를 지배할 것이다. 또 어떤 학자들은 산업사회에서의 갈등이 노동자들을 '자본의 관리자들'과 대립시키듯이 후기 산업사회는 정보의 관리자들, 또는 대니얼 벨(Daniel Bell)의 표현을 빌리면 4차산업 종사자들을 산업사회 출신의 지배계급과 대립시킨다고 생각하고 있다. 이것이 알랭 투렌(Alain Touraine)이 보는 1968년 5월운동의 의미이다. 후기 산업사회의 전조(signe avant-coureur)라고 볼 수 있는 1968년 5월운동은 후기산업사회에서 정보와 지식의 중요성과 4차산업 종사

Paris/La Haye, Mouton, 1972(*Class and Class Conflict in Industrial Society*, London, Routledge and Kegan Paul, 1959).

16) S.M. Lipset, "The Limits of Social Science," *Public Opinion*, October-November, 1981, pp.2~9.

자들에게 주어진 빈약한 권력 사이의 기본적인 모순을 반영한다. 독자들이 보듯이 이 연속법칙의 예들을 여러 가지 형태로 보여주기는 쉽다. 물론 3단계의 법칙은 이제 더 이상 많은 사람들을 설득하지 못한다. 그러나 그런 사실 때문에 변동의 단계를 찾는 작업이 여전히 널리 확산된 작업으로 남아 있는 것이 방해받지는 못한다.

두 번째 유형의 이론은 사람들이 일반적으로 조건적 법칙이라고 일컫는 형태를 띠고 있다. 즉 이 명제들은 "A라면 B이다" 또는 그 명제들이 확률적 형태를 띠고 있을 때는 "A이면 흔히 B이다"라는 모양을 하고 있다. 토크빌은 『앙시앵레짐과 프랑스혁명』[17]의 머리말 첫 번째 구절부터 프랑스혁명에 관한 역사를 쓰고자 했던 것이 아니라, 차라리 혁명에 관한 연구를 할 계획이었다고 쓰고 있다. 그의 말을 들어보자. "내가 지금 출간하는 책은 결코 프랑스혁명사가 아니다. …… 그것은 프랑스혁명에 관한 한 연구이다."

겉으로 나타나는 '연구'라는 겸손함 속에는 한 가지 계획과 야심이 숨어 있다. 즉 프랑스혁명이라는 시대가 정해져 있고 상황이 주어져 있는 과정에 관한 연구에서, 일반적인 적용 가능성과 타당성이 더 큰 명제들을 분명히 보여주는 것이다. 현대적인 용어를 쓴다면 토크빌의 야망은 프랑스혁명에 관한 보충적 해석을 제안하는 것이 아니라, 사회변동이론을 정립해보는 것이다. 토크빌의 학문적 야심은 복잡하고 다양한 형태로 나타난다. 여기에서 이 문제를 폭넓게 분석하는 것은 나의 연구목적이 아니다. 그러나 한편으로 토크빌의 계획은 조건적 법칙들을 정립하려는 노력 속에 강하게 드러나 있다는 사실을 주목할 필요가 있다. 그 책에서 논의되었던 유명한 법칙들 가운데 하나는 아마도 정치

---

17) A. de Toquevillle, *L'Ancien Régime et La Révolution*, Paris, Gallimard, 1952, t. II, vol. 1, p.69.

적 동원에 관한 토크빌 법칙이라고 일컬어질 수 있을 것이다.

불평하지 않고 …… 가장 견딜 수 없는 법들을 감당해온 국민이 그
억압이 경감되자마자 그 법들을 내던져버리는 것은 흔히 볼 수 있는
일이다.[18]

여기에서 독자는 "A이면 흔히 B이다"라는 형태의 명제를 보게 된다.
이 법칙이 갖는 학문적 흥미에 관해 여기에서 논의할 필요는 없다. 이
법칙의 매력은 그것의 모순적인 성격에 있다. 상식적으로 우리는 다음
과 같이 생각하는 경향이 있다. 즉 한 개인이 처한 상황의 객관적 향상
은 그를 더욱 만족스럽게 만들고, 따라서 그로 하여금 법률과 제도와
정치권력을 더욱 정당한 것으로 받아들이게 하리라는 점이다. 그러나
토크빌이 그의 책에서 주장하는 바는 반대이다. 즉 대부분의 경우 정치
사회의 자유화는 비록 국민이나 최소한 국민 가운데 중요한 일부 계층
의 소망에 부합되는 것이기는 하지만, 무엇보다 불만과 반대의 표현을
쉽게 만드는 결과를 가져올 수 있다는 것이다.

조건적 법칙의 구성은 확실히 사회변동이론들이 추구하는 묵시적 프
로그램의 중요한 부분을 보여준다. 토크빌의 정치적 동원이론은 그것
의 수많은 예들을 보여주는데, 이것들은 자주 인용되는 제임스 데이비
스(James Davies)[19]의 논문에서 상세히 열거되고 소개되며 또 논의되
고 있다. 어떤 학자들은 정치적 동원, 더 자세히 말해서 집단폭력은 지

---

18) A. de Tocqueville, *ibid.*, pp.222~223.
19) J. Davies, "Vers une théorie de la révolution," in P. Birnbaum et F.
Chazel(reds.), *Sociologie politique*, Paris, A. Colin, 1971, 2 vol., vol. II,
pp.254~284(J. Davies, "Towards a Theory of Revolution," *American
Sociological Review*, 27, 1962, pp.5~19).

속적인 경제적 조건의 향상기간이 갑자기 일시적 휴지기 또는 쇠퇴기로 이어질 때 특히 일어난다고 주장한다. 이 경우의 묵시적 또는 명시적 가설은, 규칙적 성장이 기대를 낳고 쇠퇴기가 갑자기 나타날 때 이 기대감은 갑자기 실망감으로 변한다는 것이다. 다른 학자들은 또 각자의 생활조건이 갑자기 상대적으로 개선될 때 나타날 가능성이 더 크다고 주장한다. 이 개선은 실제로 항의를 더 쉽게 만들 수 있다. 이것이 토크빌이 생각했던 경우이다. 또 그러한 개선은 사회체계가 제공할 수 있는 실현 가능성에 견주어 지나친 기대감을 심어줄 수 있다. 그것이 뒤르케임[20]이 생각한 가설이다. 또 어떤 학자들은 집단폭력이 단순히 생존조건의 황폐화와 밀접한 관계가 있다고 주장한다. 개인들은 그들의 기대감을 실현 가능성에 적용시킨다. 그러나 그들은 상황의 어떠한 훼손에도 특히 민감하게 반응을 보일 준비가 되어 있다. 어떤 학자들은 또 생활조건의 타락이 그들을 동원시키기보다는 그들의 사기를 저하시키고 실질적으로 무관심한 태도를 가져오게 할 수 있다고 주장한다.[21]
여기에서 제기되는 질문은 이러한 법칙들이 어떤 방식으로 서로 조화될 수 있으며, 보완적이고—또는 파이어아벤트(Feyerabend)의 표현을 빌린다면—어떤 점에서 이들이 공통분모[22]를 취할 수 있느냐 하는 점이다. 그러나 나는 이 문제를 잠시 접어두고자 한다. 이 문제는 나중에 다시 다룰 기회가 있을 것이다.

물론 조건적 법칙에 관한 연구가 정치적 동원의 영역에만 한정된 것

20) E. Durkheim, *Le Suicide*, Paris, Presses Universitaires de France, nouvelle édition, 1960, p.277.
21) M. Jahoda, P. Lazarsfeld, H. Zeisel, *Marienthal, The Sociography of An Unemployed Community*, Chicago, Aldine, 1971.
22) P. Feyerabend, *Contre la méthode: Esquisse d'une théorie anarchiste de la connaissance*, Paris, Le Seuil, 1979(*Against Method, Outline of An Anarchistic Theory of Knowledge*, London, JLB, 1975).

은 아니다. 이러한 연구는 오히려 '사회변동이론'의 프로그램이 지니는 중요한 오리엔테이션을 보여준다. 예를 들어 파슨스[23]에게서 비롯된 유명한 '법칙'에 따르면 산업화는 부부와 자녀만으로 구성된 '핵'가족을 '정상적'이거나 전형적인 가족형태로 만드는 결과를 가져온다. 이러한 진화는, 산업화는 분업체계와 사회적 지위를 획득하는 과정에 영향을 끼친다는 결과에서 생긴다. '전통사회'에서 지위는 일반적으로 상속되는 반면 '현대사회'에서 지위는 노력에 따라 얻어진다. 따라서 많은 전통사회에서 농부의 아들은 소량의 농토를 상속해서 개척하고, 그의 직업훈련은 가족 안에서 행해진다. 반면 전문기술자의 아들은 자신의 지위를 노력해서 **얻어야** 하는데, 그것은 먼저 학교가 제공하는 학위를 획득하고, 경우에 따라서는 그의 출생지에서 멀리 떨어져 있는 직업을 찾음으로써 가능하다.

파슨스에 따르면, 전체적으로 종합해볼 때 이 부분적 메커니즘들은 집중효과(convergent effect), 즉 확대가족의 파괴와 핵가족 모형의 발달을 낳는다. 이 분석은 따라서 어떤 조건적 법칙(산업화과정이 나타나면, 그것은 핵가족화의 효과가 있는 경향을 띤다)으로 결론을 맺는데, 그 법칙의 타당성은 어떤 특정 영역에만 적용되는 것이 아니라고 생각된다. 왜냐하면 비록 파슨스가 하나의 고유한 사회인 미국사회를 분석함으로써 그의 유명한 '법칙'을 생각해냈지만 그의 분석의 논리적 구조는 그 이론이 고안된 특정 환경을 넘어서는 타당성을 함축하기 때문이다. 마찬가지로 토크빌의 정치적 동원에 관한 법칙도, 비록 그것이 기간과 상황이 분명히 정해진 과정에 대한 분석에서 영감을 받기는 했지만, 그의 분석의 논리적 성격 때문에 일반화하고자 하는 야심을 품고

---

23) T. Parsons, "Some Considerations on the Theory of Social Change," in S.N. Eisenstadt(red.), *Readings in Social Evolution and Development*, Oxford, Pergamon, 1970, pp.95~139.

있다. 그 이론의 타당성 공간이라고 할 수 있는 것은 그에게 영감을 준 기간과 상황이 정확히 주어진 과정의 틀을 넘어선다는 것이다.

'조건적 법칙에 관한 연구'의 하위 프로그램은 중요한 변이형을 포함하는데, 지금 그것에 관해 논의하는 것이 적합할 듯하다. 어떤 경우에 우리는 조건적 법칙보다는 '구조적 법칙'이라는 표현을 쓸 수 있다. 즉 "A이면 B이다" 또는 "A이면 흔히 B이다"라는 명제에서 A라는 요인이 한 가지 조건이나 한 가지 변수—이 유일한 변수는 경우에 따라서는 산업화의 경우와 마찬가지로 혼합적인 성격을 띨 수 있다. 즉 기본적인 여러 변수의 결합에서 나올 수 있는 것이다—를 기술하는 것이 아니라 여러 변수의 한 체계를 가리킬 수도 있다. 조건적 법칙과 구조적 법칙의 구분이 항상 완벽하게 엄격한 기준을 가지고 다루어질 수 있는 것은 아니지만, 이 두 가지 범주 사이의 법칙에 중간범주의 경우가 있는 것은 확실하다. 그러나 그럼에도 불구하고 이 구분은 유용하다.

한 가지 예를 생각해보기로 하자. 사회변동에 관한 네오마르크스주의적 사회변동이론들은 전통적으로 어떤 생산관계체계의 안정성 또는 불안정성에 관심을 갖는다. 따라서 일반적으로 그 이론들은 반봉건적인 생산체계는 안정되는 경향이 있다는 주장을 전개한다. 이러한 형태의 사회체계에서는 소작인이 법적으로는 자유롭게 그의 노동력을 팔 수 있지만, 실질적으로는 끊임없이 지주에게 빚을 지게 된다. 그리고 지주는 토지나 노동력의 생산성을 증가시킬 수 있는 기술혁신을 도입하는 문제에 흔히 유보적인 태도를 취한다.[24]

사실 생산성의 증가는 소작인의 수입 증가를 가져오게 할 것이며, 결과적으로 경우에 따라서는 그의 빚을 줄이는 결과를 가져올 것이다. 따라서 지주는 생산성의 증가에서 비롯된 수입의 증가가 고리대에서 얻

---

24) 이 책의 제4장을 볼 것.

는 이익의 감소를 보상하지 못할까 두려워한다. 여기에서 하나의 결론이 나온다. 즉 반봉건적인 생산체계에서는 기술혁신이 거부당할 가능성이 아주 크다. 그것의 당연한 귀결은, 생산력과 생산체계가 어떤 사건이나 **외부적** 요인에 따라 영향을 받지 않는 한 이러한 형태의 체계를 어느 정도 유지하게 될 것이라는 점이다.

이 이론의 신빙성 문제는 잠시 접어두기로 하자. 그 점에 대해서는 다시 논의할 기회가 있을 것이다. 여기에서는 단지 위의 결론이 "A이면 B이다"라는 형태의 논리구조를 갖는다는 점만 주목하기로 하자. 앞에서 언급한 경우들과 비교해보았을 때의 차이점은 A가 여기에서는 변수가 아니라 변수나 성격의 체계라는 점이다. 또한 여기에서 체계란 '반(半)봉건적인 유형의 생산관계들'을 표현한 것이다.

'조건적 법칙들(그리고 구조적 법칙들)의 탐구'를 목적으로 하는 프로그램은 특정한 문제나 관심영역에 한정된 것이 아니라 오히려 아주 큰 일반성을 지닌 것으로 생각된다는 점을 나는 이미 앞에서 지적했다. 나는 정치적 동원과 관련된 몇 가지 예를 보여주었다. 반면 위의 예는 전통적 마르크스주의적 오리엔테이션을 가진 연구이고, 경제발전에 관한 사회학분야에 속하는 연구이다. 이러한 전통에 속한 상당 부분의 연구들은 생산관계와 생산력의 구조가 사회체계의 변동에 미치는 영향력의 의미를 찾는 것이라고 말할 수 있다. 그러나 이러한 관심이 마르크스주의적 전통에 속한, 슘페터가 말하는 '역사사회학'에만 한정된 사실이라고 믿는 것은 정확하지 못하다. 모든 경제발전이론(그리고 똑같이 모든 '정치발전이론')의 목표는 그 사상사적 전통이—마르크스주의이건 비마르크스주의이건—어떠하든지 간에 '사회구조들'의 역동적인 관계들을 찾는 것이다.

사회발전이론은 아주 흔히 다음과 같은 형태의 질문에 대답하는 것을 목표로 삼는다. 즉 어느 순간 t에 어느 사회체계가 St의 구조적 성격을 띠고 있을 때 t+1의 시점에서 그 사회체계의 상태는 무엇이 되겠는 가 하는 것이다. 방금 간략히 언급된 이론은 바로 이러한 유형의 질문에 대한 하나의 대답이다. 이 이론은 다음과 같은 분석에 도달한다. t의 순간에 사회구조가 반봉건적이라면 (경우에 따라 있을 수 있는) 기술 혁신은 (아주 흔히) t+1의 시점에서 거부될 것이다. 또 사회구조는 재생산될 것이며, 생산력과 생산관계는 t+1의 순간에도 t의 순간과 같은 상태로 남아 있을 것이다. 마찬가지로 넉시(Nurkse)의 '빈곤의 악순환' 이론도 1960년대에 한창 명성을 떨칠 때 다음과 같은 주장을 했다. t의 순간에 가난한 나라는 외부의 충격을 받는 경우를 제외하고는 t+1의 순간에 그대로 있을 가능성이 아주 크다. 왜냐하면 가난은 빈약한 저축과 투자 능력을 가져오고 따라서 생산성 증가를 확보하는 것이 거의 불가능하기 때문이다. 생산성이 증가될 수 없으므로 가난이 지속될 수밖에 없다.

앞의 경우와 마찬가지로 나는 여기에서 그러한 이론의 신빙성이나 타당성을 논하지 않겠다. 여기에서는 단지 그 변동이론들이 담고 있는 지향점과 지적 전통이 무엇이든지 간에 경제발전이론들(정치발전이론도 마찬가지이다)은 일반적으로 구조적 법칙을 추구하는 형태를 띤다는 사실에 주목하는 것이 중요하다.

여담으로, 첫 번째 유형의 두 가지 이론이 항상 각기 독립적인 것은 아니라는 사실에 주목하자. 더 정확히 말하자면, 경향을 나타내는 명제들은 흔히 어느 정도 명시적인 **조건적 법칙들**에 기반을 두고 있다. 따라서 역전될 수 없는 관료화의 증대 추세는 일반적으로 "A이면 B이다"라는 형태의 조건적 법칙에 대한 믿음에 기반을 두고 있는데, 여기에서 B는 산업화(A)의 결과이다.

첫 번째 유형의 두 가지 이론은 경험적 —그 연구들이 정말로 **경험적** 시각에서 근거가 있는지를 아는 문제는 아직 열려져 있는 문제이다—

이라고 일컬을 수 있는 결론이나 진단을 내리는 특징들을 지니고 있다. 왜냐하면 그것들은 어떤 사회적 상태의 등장을 예측하고 있기 때문이다. 즉 반봉건적 사회체계에서 기술혁신은 거부될 가능성이 아주 크다. 또 산업화의 과정이 진전되면 확대가족은 핵가족 형태에 자리를 내주며 사라지는 경향이 있다. 그리고 사회이동이 더 이상 증가하지 않을 때, 사회갈등은 흔히 계급갈등의 성격을 띠는 경향이 있다는 이론 등이 위의 유형에 속하는 이론들이다.

이와 대조적으로, 세 번째 유형의 변동이론은 변동의 내용에 관한 것이 아니라 변동의 형식에 관한 것이다. 나는 이 장에서 몇 가지 간단한 예를 드는 것으로 만족하고자 한다.

철학자이자 과학사가인 토머스 쿤(Thomas Kuhn)[25]은 그의 책 『과학적 혁명의 구조』에서 과학적 발전은 일반적으로 3단계의 과정을 따른다고 주장하고 있다. 첫 번째 단계는 정상과학의 단계로, 여기에서는 하나의 패러다임—즉 어느 정도 일관성이 있는 이론적 오리엔테이션의 전체—이 어떤 학문이나 과학 활동의 한 부서에 협조하는 연구자들의 공동체에 준거틀로서 기능한다. 어느 정도 시간이 지나면 곤란한 점들 또는 쿤의 용어를 빌리면 '비정상적인 것들'이 나타난다. 이렇게 되면 관찰자료들이 수집되어서 과학공동체에 따라 지배적인 패러다임의 틀로써 해석하기 어려운 것으로 여겨진다. 좀 더 분명하게 말하면, 그 자료들은 기존 패러다임의 틀 속에서 구성된 한 가지 이론 또는 여러 이론과 모순되게 된다.

그러나 문제의 이론들과 그것들이 기반을 두고 있는 패러다임은 갑작스러운 형태로 포기되지는 않는다. 왜냐하면 새로운 패러다임을 구

---

25) T. Kuhn, *La structure des révolutions scientifiques*, Paris, Flammarion, 1970(*The Structure of Scientific Revolutions*, Chicago, University of Chicago Press, 1970).

상하고 명백히 하며 학계에 내놓는 데에는 시간이 걸리기 때문이다. 게다가 옛 패러다임을 그대로 유지시키는 데에 이해관계가 있는 연구자들은 기존 이론들을 다듬어서 새로운 사실들과 조화를 이루게 하고 그 이론들로 하여금 '불규칙 현상들'을 흡수할 수 있도록 시도할 수 있다. 그러나 동시에 이 불규칙 현상들은 더 축적될 위험이 있다. 숨을 헐떡거리는 오래된 모터처럼 기존의 패러다임은 그와 경쟁되는 입장에 있는 또 다른 패러다임이나 패러다임들에 자리를 내주면서 몰락하고, 이 패러다임들은 번영할 기회와 기쁨을 갖게 된다. 쿤은 전통적인 단선적 과학발전과 관련된 생각에 정상과학 → 혁명 → 새로운 정상과학이라는 도식을 대립시키는데, 이러한 생각은 삼단논법과 '모순'이 사회변동에 가장 중요한 것이라는 헤겔·마르크스주의적 개념을 떠올리게 한다.

쿤이 발전시키고 있는 과학에 관한 3단계의 표현은 전통적·단선적 표현보다 더 받아들일 만한 것일까? 이 점에 대해서는 의심을 품어볼 수 있다. 그러나 그것은 지금 우리가 관심을 가지고 있는 문제가 아니다. 여기에서 주목할 중요한 점은 쿤이 내린 결론의 **형식적** 성격이다. 그의 책의 결론은 무엇이 바뀔 것인가를 예고하지 않는다. 그의 결론은 **어떻게, 어떤 형태로, 어떤 방식으로** 사회변동이 이루어지는가를 알려준다. 우리가 위에서 헤겔과 마르크스의 변증법을 참조한 것은 사회변동의 형식을 찾는 탐구가 오래된 활동이라는 사실을 강조하기 위해서이다. 반면 쿤의 분석들은 '변증법'이 가지고 있는 것처럼 보이는(잠정적으로?) 불신에도 불구하고, 변증법이 대답할 것을 주장했던 기획이 여전히 살아남아 있다는 것을 보여준다.

부수적으로 다음 사실을 주목하고 넘어가기로 하자. 쿤이 성공한 이유는 그가 전통적인 연속적 과학발전관에 비연속적이고 갈등적인 과학발전관을 대립시키기 때문인 것처럼, 헤겔이 성공한 이유도 대체로 그가 어떤 계몽철학자들, 특히 콩도르세 같은 사람들이 제안한 연속적 사회변동관에 비연속적 사회변동관을 대립시켰기 때문이다.

쿤의 예는 유일한 것이 아니다. 다른 분야에서 그리고 다른 주제에 대해서도 비슷한 예를 들 수 있다. 미셸 크로지에(Michel Crozier)[26] 는 프랑스에서 사회변동은 필연적으로 오랜 기간의 봉쇄 형태를 띠다가 곧 위기의 시기가 다가오는 형태를 띤다는 주장을 폈다. 이러한 결론이 기반을 두고 있는 분석은, 비록 그것이 쿤에게서는 거기에 대등한 것을 찾기 힘든 문화적 가설에 기반을 두고 있기는 하지만, 우리로 하여금 쿤의 결론을 반드시 생각하게 만든다.

크로지에에 따르면 프랑스 사람의 문화적 관습은, 어떤 문제가 조직 내에 나타날 때 그 문제를 각자 다른 조직 구성원들과 의논하려 하지 않고, 각자가 자기 자신만을 위해 그 상황에 적응하려 한다는 것이다. 사실을 말한다면 '문제'는 그 즉시 '문제'로서 제기되지 않는다. 쿤의 '비정상적인 것들'은 그것을 흡수하기 위한 노력이 집단 차원에서 쓸모 없는 것으로 여겨질 때 '비정상적인 것'으로서의 지위를 당연히 얻듯이, 조직의 작동에 따라 제기되는 문제들도 그것들이 축적되어 상황을 폭발적으로 만들고 개인들의 적응이 더 이상 어려우며 조직의 '환경'이 영향을 받았을 때에야 비로소 문제로 부각된다. 그러나 중요한 점은 크로지에도 쿤처럼 여기에서 어떤 변동과정의 **형식**을 다루는 하나의 이론을 제시한다는 사실이다.

(어떤 영역에서) 사회변동은 연속적 · 비연속적 · 직선적 · 순환적 성격을 띠는가? 이 질문들은 분명히 사회변동에 관한 성찰만큼이나 오래된 것이다. 경험주의와 현대성을 향한 관심 때문에, 사회과학자들은 일반적으로 **역사철학**이 이 문제들에 주어온 **공식들**(formulations)을 거부했다. 예를 들어 어떤 조직사회학자, 어떤 과학사가 또는 어떤 정치학자

---

26) M. Crozier, *La société bloquée*, Paris, Le Seuil, 1970.

가 헤겔의 '변증법'을 경멸함 없이 생각하겠는가? 그러나 이들이 비록 헤겔 변증법의 문제제기 방식을 비판하는 것은 사실이지만, 역사철학 자체가 제기하는 문제들 자체를 부정하는 것은 아니다. 바로 이러한 이유 때문에 모순이 비정상적인 것과, 그리고 변증법적 3단계가 쿤의 3단계 과학발전과 맺고 있는 밀접한 연관관계를 주목하는 것이 중요하다.

네 번째 유형의 사회변동이론들은 변동의 원인이나 요인(facteur)을 다룬다. 순환적 인과성이라는 과정의 존재 때문에, 원인이라는 개념은 사회변동의 분석에 사용되었을 때 아주 흔히 모호한데, 다음의 간단한 보기들만으로 그 점을 보여주기에 충분하다. 정부가 A라는 정책을 택한다. 그리고 그 정책은 B라는 반발을 불러일으킨다. 그것은 다시 정부로 하여금 A라는 정책을 수정하게 하고, A 대신 A´ 라는 정책을 택하게 만든다. 이러한 평범한 순환적 인과성의 경우, A´ 라는 정책의 원인을 찾는 것이 부당한 것은 아니다. 그러나 그러한 경우 조건이 있다. 즉 우리는 A´ 를 유일한 요인의 결과로 보아서는 안 된다는 것이다. 왜냐하면 정부와 그가 불러일으킨 반발은 연대적으로 그리고 공동으로 A´ 의 원인들이기 때문이다.

다른 경우 인과관계적 귀속은 분명히 불가능하다. 예를 들어 정부가 어떤 정치문제를 기술적 유형의 정책으로 해결할 수 있다고 믿는다고 하자. 그 정책은 집행되었고 모든 기술적 유형의 정책들은 실패로 돌아갔다. 그러나 점진적으로 정부는 해결책이 기술적인 것이 아니라 사회적인 것이라는 사실을 알게 되었다. 이 경우 새로운 정책의 원인은 무엇일까? "해결책은 사회적이다"라는 명제로 요약될 수 있는 것일까? 아니면 앞의 패러다임이 실패했기 때문일까? 이 실패를 가져온 것은 사회현실일까? 이러한 형식으로 질문을 제기하는 것은 결국 터무니없는 일이다. 새로운 정책은 한 가지 원인이나 일련의 원인의 결과라기보다는 차라리 행위와 반작용 또는 그것에 대한 또 다른 반작용이 쇠사슬처럼 엮여서 일어나는 과정의 결과이다. 그것은 전체의 과정이 합쳐서 일어난 결과이다. 또한 이 새로운 정책이 나오게 된 이유를 전체 과정의 요인들 중 하나나 몇 가지 탓으로 돌릴 수는 없다.

이 논의는 우리로 하여금 어려운 인식론적인 문제들을 어렴풋이 예상하게 한다. 나는 이 문제들을 나중에 다룰 것이다. "A가 B의 원인이다"라는 명제는 물론 어떤 경우에는 타당하고, 모호한 구석이 없다. 나는 별다른 위험 없이 다음과 같은 주장을 펼 수 있다. "나쁜 날씨가 나쁜 수확의 원인이었으며, 나쁜 수확이 농산물 가격이 오른 원인이다." 그러나 또 다른 경우 "A가 B의 원인이다"라는 유형의 명제는 모호함을 지니고 있다. 이 모호함의 위험에서 다음과 같은 구분의 문제가 생긴다. 즉 어떤 조건에서 "A가 B의 원인이다"라는 명제가 분명한 것으로 받아들여질 수 있는가?

당분간 나는 다음과 같은 사실을 지적하는 것으로 만족하고자 한다. 이러한 구분의 문제가 존재함에도 불구하고, 사회변동의 원인과 요인을 찾는 것은 지금까지 항상, 그리고 지금도 '사회변동이론' 프로그램의 목표들 가운데 하나이다. 막스 베버(Max Weber)[27]의 『프로테스탄티즘의 윤리와 자본주의 정신』은 확실히 커다란 중요성을 지니는 걸작이다. 그러나 비록 그 저서가 가장 잘 알려져 있고 가장 대중적인 인기를 누리고 있다 할지라도, 그것이 막스 베버의 가장 완성되고 가장 비난할 곳이 없는 저작은 아니다. 그의 책이 성공한 이유는 그의 이론이 진리이기 때문도 아니고—오늘날 우리는 그의 이론이 진지하게 다시 검토되고 수정되어야 한다는 것을 알고 있다—또 그 이론이 복잡하기 때문도 아니

---

27) M. Weber, *L'Ethique protestante et l'esprit du capitalisme*, Paris, Plon, 1964. 특히 제5장을 볼 것(M. Weber, *The Protestant Ethic and the Spirit of Capitalism*, London, George Allen and Unwin, 1976; 『프로테스탄티즘의 윤리와 자본주의 정신』, 김덕영 옮김, 도서출판 길, 2010).

다. 그의 책이 성공한 이유는 확실히 그의 이론이 반유물론적인 결론을 포함하고 있다는 데에 있다. 즉 만약 그 이론이 진실이라면 사회적 가치가 생산관계 변화의 원인이 될 수 있으며, 그것은 마르크스가 이 두 변수 사이에 확립했다고 주장한 관계를 뒤집어놓는 것이다.

만약 그러한 토론들이 그 앞에 주어진다면, 오늘날의 '전문적' 사회학자는 여전히 그러한 문제를 멀리하는 것이 좋다고 판단할 것이다. 물론 그는 철학적 문제들을 해결할 것이다. 사실 대부분의 사회과학자들은 다른 이야기들을 하고 있지 않다. 1960년대, 그리고 그 이후 꽤 많은 수의 경제발전이론가들은 사회발전에 미치는 가치의 영향에 대해 질문을 던졌다. 1960년대와 70년대에 사회체계의 작동은 사회화라는 기본 축에 기반을 둔 것으로 분석되었다. 이 사회화는 한 세대에서 다음 세대로 가치를 전수할 뿐만 아니라 사회구조의 '재생산' 또는 사회구조, 즉 계급구조의 영속화를 보장할 것이다. 마찬가지로 이 기간 동안 정치발전이론가들은 정치체제나 사회체제의 유지와 변동에서 가치와 사회화 메커니즘의 역할에 관심을 쏟았다.

이 점과 관련해 잘 알려진 연구는 매클랜드(McClelland)[28]의 책 『성숙한 사회』(*The Achieving Society*)였다. 이 책의 주된 논지는 한 사회가 열심히 일하면서 혁신적일 때 그 성원들은 성취에 커다란 중요성이나 가치를 부여하는 경향이 있다는 것이다. 즉 사회적으로 정당하다고 생각되는 목표를 실현하는 것이다. 또한 자기성취는 그러한 사회에서 항상 지배적인 가치이다. 확실히 매클랜드의 책은 오늘날 우리에게 낡은 것처럼 보인다. 그리고 성취라는 개념은 거의 틀림없이 1950년대의 젊고 역동적이며 자신만만한 기업 간부를 연상시킨다. 그러나 그가 사

---

28) D. McClelland, *The Achieving Society*, Princeton, D. van Nostrand Co., 1961; New York, The Free Press, 1967.

용하는 설명들은 만약 그 내용을 생략해버린다면 오늘날의 상당수 사회과학자들이 쓰는 틀 바로 그것이다. 이 설명 도식은 한 가지 가정에 의존하는데, 그 가정에 따르면 모든 사회과정은 '궁극적으로는' 사회화 기간 중 개인들에 의해 내면화한 이념이나 가치에 의해 영향을 받은 개인행위들의 결과이다.

다른 전통에 속하는 어떤 사회학자들은 사회변동(또는 변동이 일어나지 않는 것)이 구조의 산물이라고 믿고 있다. 이 경우 물론 이들이 '구조'라고 일컫는 것이 무엇을 의미하는지 알 필요가 있다. 이 점에 관해서는 여러 가지 선택이 가능하다. 최근에 아주 분석적으로 정리된 책에서 코헨(Cohen)[29]은 생산력이 마르크스 역사이론의 첫째 원동력으로 생각되어야 한다는 것을 증명하고자 시도했다. 마찬가지로 최근 린 화이트(Lynn White)[30]도 비슷한 가설을 제기했다. 그 주장에 따르면 기술혁신이 사회변동의 주된 원인이라는 것이다. 게다가 화이트는 기술혁신이 우호적인 조건을 만나야만 받아들여질 수 있다는 사실을 인정했다. 쇠쟁기는 끌기가 무겁지만 땅을 깊이 판다. 그러나 좋은 조건이라고 해봐야 농부가 허약한 황소 한 마리밖에 없는 상태에다가 또 널리 흩어져 있는 주거형태에서는 나무쟁기를 대신할 수 없다. 어떤 학자들에게는 생산력이 첫째 원동력이다. 그러나 다른 학자들에게는 생산관계가 첫째 원동력이다. 또 다른 학자들에게는 기술발전이 여전히 첫째 원동력이다. 물론 이러한 목록은 제한되어 있지 않다.

이 점과 관련해 내가 간략하게 상기시킬 수밖에 없는 모든 논의는 하

29) G.A. Cohen, *Karl Marx's Theory of Society. A Defence*, Oxford, Clarendon Press, 1978.

30) L. White, *Technologie médiévale et transformations sociales*, Paris, Mouton, 1969(L. White, *Medieval Technology and Social Change*, Oxford, Clarendon Press, 1962); *The Science of Culture*, New York, Grove, 1949.

정 의		보 기
첫째 유형	추세의 탐구	• 파슨스: 보편주의 경향 • 콩트: 3단계 • 로스토: 성장단계들
둘째 유형	a. 조건적 법칙 b. 구조적 법칙	• 파슨스: 산업화 → 핵가족 • 다렌도르프: 산업화 → 계급갈등의 해소 • 넉시: 빈곤의 악순환 • 바두리: 반봉건 생산관계의 재생산적 성격
셋째 유형	변동의 형태	• 헤겔식 3단계 변증법 • 쿤: 과학혁명들
넷째 유형	변동의 원인	• 베버: 프로테스탄트 윤리 • 매클랜드: 성숙한 사회

나의 고전적 질문에 대한 대답들이다. 간단히 요약해보면, 그 고전적 질문이란 사회변동의 요인을 찾아야만 하는 실제영역을 결정하는 것이다. 구조인가 제도인가?[31] 구조인가 아니면 이념인가? 이념인가 신화인가? 이러한 구조적 변수들인가 아니면 다른 변수들인가? 생산력인가 아니면 생산관계인가? 이러한 질문이 개방적이면서도 꾸밈없이 제기된 경우는 드물다. 그러나 이 질문은 많은 논쟁과 토론 속에 묵시적으로 들어가 있다. 더 상세히 말한다면, 많은 사회변동이론가들은 사회변동을 분석하기 위해 고려하는 것이 이론적으로 가능한 전체 변수들 가운데 어떤 일련의 변수들이 일반적으로 다른 변수들보다 더 적실성이 있는 듯이 보이는 것을 당연하게 여긴다. 이러한 종류의 질문이 어떤 의미를 지니는가? 그것이 내가 검토하려는 점들 가운데 하나이다.

---

31) 다음 책에서 국가의 '자율성'에 관한 논의를 볼 것. B. Badie et P. Birnbaum, *Sociologie de L'Etat*, Paris, Grasset, 1979(『국가사회학』, 차남희 옮김, 학문과사상사, 1987).

앞의 〈표 1〉은 독자의 편의를 위해 사회변동이론의 프로그램이 갖는 네 가지 유형의 연구를 요약해놓았다. 나는 이 점을 명시할 기회가 없었다. 그러나 그것은 당연한 것이다. 물론 이 네 가지 유형의 연구는 상호 의존적인 것으로 생각되어야 한다. 마르크스의 저작과 같은 책은 변동의 원인이나 형식에 관한 질문에 대한 입장뿐만 아니라 조건적 또는 구조적 법칙의 형태를 취하는 명제들을 포함한다. 또 다른 저자들은 더 축소된 프로그램을 가지고 있다. 어떤 저자들은 조건적 또는 구조적 법칙들을 탐구하는 데에 만족한다. 그러나 이 경우 그러한 법칙들은 흔히 넷째 유형의 질문들에 대해 입장을 취하는 것을 의미한다.

내가 보기에 〈표 1〉의 도식들은 사회변동이론에 관한 **역사**를 써보려는 사람에게 유용할 것이다. 나 자신이 여기에서 이런 작업을 하지는 않겠다. 내가 분명히 해보려는 문제는 역사적이라기보다는 차라리 인식론적이고, 더 자세히 말한다면 **비판적**이다. 물론 이 두 측면은 서로 연결되어 있다.

하나의 환상?

방금 정의된 사회변동이론들의 프로그램에 관해서 쿤의 용어를 빌려 말한다면, 그 프로그램이 **비정상적인** 것으로 가득 차 있다. 우리가 발견했다고 믿었던 **경향들**은 사실들에 따라 부정되는 것으로 드러났다. 사람들이 주장했던 많은 조건적 법칙들이 연구의 발전에 따라 반박되었다. 하나의 사례 연구가 "A이면 B이다"라는 명제를 가져왔다면, "A이면 B가 아니다"라는 명제는 또 다른 연구를 필요로 한다. 구조적 법칙들에 관해서도 마찬가지로 같은 진단을 내릴 수 있다. 사회변동(또는 경우에 따라서는 변동이 일어나지 않는 것)의 원인과 요인에 관한 질문에 대답하는 것은 오랜 시간을 필요로 할 것이다.

사람들은 산업화가 부부와 어린아이들과 미성년자로만 구성된 핵가족하고만 조화될 것이라고 설명했다. 이 이론이 **일부의 진실을** 담고 있다는 것은 사실이다. 농업사회에서 작업도구와 사회적 지위는 흔히 아버지에게서 자식에게로 전수된다. 반면 교사나 의사의 지위는 전수되는 것이 아니라 노력에 따라 얻어진다. 거기에서 개인의 출신 가족으로부터의 자율화라는 결과가 나온다. 그러나 이러한 구분을 하는 것과, 거기에서 "A(산업화)이면 B(핵가족)이다"라는 조건적 법칙을 끌어내는 것은 별개의 일이다. 그것이 **당연히 그렇게 되지 않는다는** 증거는 단순히 다음과 같은 사실 속에 있다. 즉 일본과 같은 **어떤** 사회에서는 산업화가 대가족을 변화시키기는커녕 최소한 아주 오랜 기간 동안 확대가족을 강화하면서 이루어졌다는 것이다.

어떤 학자들은 가난한 나라는 그 상태로 남아 있을 수밖에 없다고 설명했다.[32] 즉 생산성의 증가 없이 발전은 없다. 또 투자 없이 생산성의 증대는 없고, 저축 없이 투자는 없으며, 가난한 상태에서 저축은 없으며, 그러므로 외부의 도움 없이 발전은 없다는 것이다. 또다시 이들 각각의 명제는 분명히 일면의 진실을 포함하고 있다. 생산성의 증대는 물론 부의 원천이다. 투자는 사실 어떤 경제행위자들이 그들이 보유하고 있는 모든 자원을 즉각적으로 소비하지 않는 능력을 가지는 것을 전제로 한다. 따라서 이 이론은 여러 명제로 구성되어 있기는 하지만, 그 명제들 가운데 그 어느 것도 그 자체로서는 눈에 거슬리지 않는다. 그러나 전체로서의 그 명제들은 곤란한 결과를 가져온다. 왜냐하면 이 이론이 옳았다면, 일본은 어쨌든 간에 그 나라가 역사적으로 발전했던 방식으로는 발전하지 말았어야 했기 때문이다.

---

32) R. Nurkse, *Les problèmes de la formation du capital dans les pays sous-développés*, Paris, Institut pour le Développement Economique, 1963.

어떤 학자들은 예고하기를 한 나라의 산업인구는 점점 더 방대하고 관료화한 조직들 속에 강제로 편입될 것이라고 했다. 그런데 20세기 초반 이래로 프랑스나 이탈리아 기업의 규모는 거의 변하지 않은 것 같다.[33] 관료제의 필연적 확장에 관한 이론은 몇 가지 명제에 기반을 두고 있는데, 그것들은 개별적으로 고려해볼 때는 조금도 어색한 점이 없지만, 전체로서 고려될 때는 의심스러운 결론에 도달하게 된다.

어떤 학자들은 근대화가 세속화를 함축한다고 주장했다. 그 후 어떤 학자들은 21세기가 종교적일 것이라고 설명했다. 또한 막스 베버는 19세기의 미국의 급격한 산업화가 개신교의 몰락을 가져오기는커녕 개신교의 부활을 가져왔다는 사실을 이미 주목하고 있었다.

어떤 학자들은 우리에게 설명하기를, 혁명은 성장기간이 갑자기 쇠퇴기로 연결되거나, 반대로 침체기가 성장기로 이어질 때 발생할 가능성이 크다고 했다. 또 어떤 학자들은 마찬가지로 주장하기를, 혁명의 발생은 경제적 지표들과는 어떠한 관계도 맺을 수 없다고 했다.

어떤 학자들은 법적 권리의 획득과 확장은 같은 순서로 정치적 권리와 사회적 권리[34]의 획득과 확장을 가져올 것이라고 주장했다. 그러나 오늘날 불행하게도 사회적 권리가 정치적 권리를 희생시키면서까지도 확장될 수 있다는 사실을 우리는 인정해야만 한다. 내가 보기에 토크빌은 이 점을 얼핏 내다보았다.

인구변동이론에서는 사망률의 감소가 출산율의 일반적 감소와 연결될 것이고, 따라서 우리는 인구증가의 단계에 들어설 것이라고 예측했다.

---

33) M. Piore and S. Berger, *Dualism and Discontinuity in Industrial Societies*, Cambridge, Cambridge University Press, 1980.
34) T.H. Marschall, *Citizenship and Social Class and Other Essays*, Cambridge, Cambridge University Press, 1950.

어떤 학자들은 사회갈등과 정치적 선택이 계급분열과 점점 더 관련을 맺게 될 것이라고 예고했다. 또 어떤 학자들은 장차 계급갈등이 다시 있게 될 것이라고 예측했다. 이 명제들 가운데 어느 것도 결정적인 확증을 얻은 것은 없다.

간단히 요약하면, 사회과학자들이 제안한 많은, 그리고 아마도 대부분의 경향이나 조건적 법칙은 그 타당성이 의심스러운 것으로 드러났다. 어떤 법칙은 사실에 따라 명백히 부정되었다. 또 어떤 법칙은 우리가 믿었던 것보다 못한 일반적 적용 가능성을 지니고 있었다.

물론 내가 여기에서 언급한 보기들은 결코 전형적인 표본은 아니다. 그러나 그것들은 각각 당대에 사람들의 주목을 받았고 간혹 지지자들이나 열성적 동조자들을 얻었던 유명한 보기들이다.

위의 비난을 계속하기는 아주 쉽다. 나는 여기에서 한 가지 연구를 더 언급함으로써 멈추려 하는데, 내가 생각하기에 이 연구의 결론들은 흥미로운 질문들을 제기하고 있다.

1929년 로버트 린드(Robet Lynd)와 헬렌 린드(Helen Lynd)는 어느 유명한 사회조사의 연구결과를 출간했다. 그 제목은 『미들타운: 미국 문화에 관한 한 연구』[35]였다. 이 연구는 고전적인 연구로 인정받고 있다. 왜냐하면 그것은 방법론적인 측면에서 첫째가는 것이었기 때문이다. 미들타운은 평범하고 조그마한 도시였다. 그 도시는 실제로 존재하는 도시일 뿐만 아니라, 전체적인 기준에서 볼 때 로버트와 헬렌 린드에게는 미국의 전형적인 도시로 여겨졌다. 그들은 이 독특한 지역을 토대로 미국 사회를 전체로서 파악하는 것이 가능하다고 생각했다. 따라서 그들은 거기에서 여러 가지 형태의 현지조사를 하고 다양한 형태

---

35) H. and R. Lynd, *Middletown: A Study in American Culture*, New York, Harcourt Brace, 1930.

의 관찰을 하면서 그들이 관찰할 수 있는 모든 것을 관찰하고자 했다. 몇 년 뒤 그들은 현지로 돌아가서 그들의 관찰을 반복했다. 이 새로운 연구조사의 결과는 1937년 『변화하는 미들타운: 문화적 갈등에 관한 한 연구』[36]라는 제목으로 출간되었다.

린드 부부의 첫 번째 연구가 있은 지 50년 뒤 시어도어 캐플로 (Theodor Caplow)와 그의 동료들은 미들타운으로 돌아가서 그전의 연구들에서 관찰했던 것들(여기에는 작은 차이밖에 없었다)을 반복했다. 캐플로의 목적은 제한되어 있지만 **전형적인 현장연구**를 통해서 사회변동 이론가들의 가설들을 '검증하는' 것이었다. 그러나 그는 반세기가 지난 후 미들타운이 바뀌기는 했지만, 애초의 이론가들이 예측한 방향대로 바뀌지는 않았다는 사실을 발견했다. 이 결론의 중요성이 크기 때문에, 나는 캐플로의 문헌이 상세히 인용될 가치가 있다고 생각한다.

여러 가지 다양한 사회변동이론이 우리로 하여금 기대하게 했던 것과는 반대로, 우리는 평등화, 세속화, 관료화, 사회이동의 증대 그리고 자아상실화 등이 같은 방향으로 집중되는 추세를 관찰하지 못했다. 평등화로 나아가는 지배적인 경향 대신 우리가 수집한 자료들이 밝혀준 것은 학력수준의 평준화, 소득 불평등의 심화, 이제 막 인지될 수 있을 정도의 사회 전문직 지위의 평등화였다. 이 자료들은 1921년부터 1937년까지를 포함하는 것이었다. 세속화 추세와 관련된 것으로, 우리는 교회 출석, 종교적인 행사 보조, 교회 수, 일인당 액수에서나 절대적인 액수에서 종교기관을 지원하기 위한 가계 수입 지출 비율의 현저한 증가 그리고 동시에 교회의 영향력과 위세의 현

---

36) R. and H. Lynd, *Middletowon in Transition*, New York, Harcourt Brace and World, 1937.

저한 증가를 목격했다. 또 한편으로 우리가 주목할 수 있었던 것은 성경 읽기의 회피, 교리에 대한 더 큰 회의, 종교의식의 간소화, 종교교육에 대한 흥미 감소였다. 또 그 밖에 관찰할 수 있었던 것은 교인들끼리의 결혼 감소, 종교결혼의 증가, 종교적 관용의 증가, 종교조직들의 정치활동 증가이다. 단순한 관료화를 향한 추세 대신 우리가 관찰했던 것은 지역 노동력이 아주 작은 규모의 단위로 여러 곳에 확산되어 있다는 것이었다. 동시에, 1924년에는 존재하지 않았던 연방국가에 종속된 관청의 부서들이 1977년에는 거리마다 번창했다.

관찰자료들이 드러낸 것은 사회이동의 증가 대신 노동자 가족의 지역이동 감소였다. 그 외의 경우에는 거의 변화가 없었으며, 이주활동과 직업을 가지고 있는 기간 중 직업 상승이동이 감소하고, 세대간 직업 상승이동은 증가했다. 자아상실화의 경우, 우리가 미들타운에서 관찰한 것은 1924년보다는 1977년에 가족관계가 더 밀접해졌다는 사실이다. 또한 사람들은 집이나 정치모임보다는 시민모임에서 더 잘 모이고, 지역 명사들을 그전보다 덜 알아보게 되었다. 이 연구결과에서 유일하게 일관성 있는 추세는 부분적 추세들의 비일관성이었다.[37]

즉 비일관성으로의 추세가 위의 연구결과들에서 유일하게 일관성을 지난 추세였던 것이다.

세 가지 대답

앞의 캐플로의 연구에서 이루어진 확인과 논의에 대해 먼저 그 결과

---

37) Th. Caplow, "La Répétition des enquêtes: une méthode de recherche sociologique," *L'Année Sociologique*, 1982, 32, pp.9~22.

를 부정하는 태도를 볼 수 있다. 어쩌면 가족구조와 산업화의 상관관계에 관한 파슨스의 이론은 거짓일 수도 있다. 또 혁명의 발생에 관한 토크빌의 이론이 틀렸을 수도 있다. 그러나 이 한정된 목록의 거짓된 법칙들에서 옳은 법칙들을 정립하는 것이 불가능하다는 결론을 끌어낼 수 있는 것은 아니다.

둘째로, 미들타운이 적절한 연구대상이 아니라는 이유로 캐플로에게 반대할 수 있다. 확실히 거기에서 우리는 관료화로 나아가는 어떠한 뚜렷한 추세도 관찰하지 못했다. 또한 산업활동인구는 1920년대 초보다는 1970년대 말에 더 많은 수의 행동단위로, 그리고 대체로 더 작은 수를 단위로 해서 널리 퍼져 있었다. 그러나 이것이 우연에서 생길 수는 없는 것일까? 특정 도시의 사회경제적 활동구조는 특정 방향으로 바뀔 수 있으며, 다른 차원, 예를 들어 국가적 차원에서 관찰된 똑같은 구조가 반대되는 방향으로 바뀔 수 있다. 이것은 진실이다. 미들타운은 확실히 독자적 체계로 간주될 수 없는 것이다. 그러나 캐플로가 미들타운에서 확인한 관찰과 사회변동이론에서 끌어낸 가설들 사이의 불일치는 다른 차원과 다른 맥락에서도 관찰되었다.

캐플로와 앞에서 언급된 사례들이 제기하는 문제점들을 제거하려면, 불확실하고 거짓된 명제들의 목록 외에, 비록 간단하더라도 논란의 여지가 없는 명제들의 목록을 제시할 수 있어야만 할 것이다.

물론 겉으로 드러난 것은 틀렸다거나, 본질적인 것을 비본질적인 것과 구분해야 한다고 주장하는 저자들은 항상 있어왔고, 지금도 있으며, 또 앞으로도 있을 것이다. 연구결과에 의하면 민주주의가 선진 사회 정치조직의 필연적인 형태는 아니라는 것을 알려준다. 결과는 아마도 기다려보는 것만으로 충분할 것이다. 또 다른 연구결과에 의하면, 사회주의가 필연적으로 개인의 권리를 확장하는 것은 아니다. 그러나 진정한 사회주의가 아직 발견되지 못했을 수도 있다. 관찰된 사실들은 사회가

'일관성이 없게' 바뀐다(캐플로)는 것을 알려준다.

　그러나 더 예리한 눈을 가진 사람은 겉으로 드러나는 사회변동의 모습 속에 있는 구조의 영속성을 어려움 없이 알아낼 것이다. 일본은 외부와의 접촉이 거의 없는 상태에서 사회 발전을 이루었다. 그러나 일본의 발전이 비전형적(atypique)인 것이라면 영국의 발전은 전형적인 것이다. 비록 사회변동이론의 몇 가지 명제만 보여주는 것도 쉽지 않지만, 사회변동이론이 존재할 수 있다는 것을 증명하기 위해서 모든 수사적(rhétorique) 방법이 동원될 수 있다는 것은 놀라운 일도 주목할 만한 일도 아니다. 여기에서 주목할 것은, 사회변동이론의 첫 번째 명제조차도 구성하기 어려운 상태에서 사람들이 지속적으로 그리고 일반적으로 사회변동이론의 가능성을 믿고 있다는 사실이다.

　두 번째 태도는 회의적 태도이다. 그것은 내가 이 책의 머리말에서 언급한 저서에서 볼 수 있는 로버트 니스벳의 태도이다. 사회변동의 개념은 어떤 계획을 지칭한다. 즉 변동의 규칙성을 찾아내고 사회체계의 진화법칙을 밝히며 전형적인 변동과정을 분리시키는 것이다. 그러나 니스벳에 따르면 사회변동이론가들은 불가능한 계획을 세우는 경향이 있다고 한다. 그들은 사회변동이 내생적이고 필연적이기를 바란다. 즉 t순간의 사회체계의 구조가 t+1순간의 사회구조의 상태를 결정할 수 있게 되기를 바란다. 이 내생적 발전모형은 마르크스에게서 발견할 수 있을 뿐만 아니라(봉건체제나 자본주의체제의 발전법칙이 존재한다), 니스벳에 따르면 파슨스에게서도 발견할 수 있다. 더 일반적으로 말해서 우리는 사회변동이라는 표현을 쓰는 모든 사람들에게서 이러한 모델의 존재를 확인할 수 있다.

　니스벳은 사회변동이라는 개념 자체가, 그가 보기에는 틀린 내생적인 발전관을 실제적으로 함축하고 있다고 주장한다. 사회변동이 항상 내생적인 것은 아니라는 점을 보여주는 데서 그는 당연히 어떠한 어려움도 가지고 있지 않다. 잉카 제국의 몰락은 퇴화과정의 결과라기보다는 에스파냐가 정복한 결과이다. 그러나 단숨에 모든 문헌을 비난하는 것은 어쩌면 짧은 시간에 너무 많은 일을 해치우는 것인지도 모른다. 우리가 이미 보았듯이, 토크빌은 프랑스혁명사를 쓸 의도가 있었던 것이 아니라 프랑스혁명에 관한 연구를 하고자 했다는 사실을 분명히 하고 있다. 그것을 오늘날 방식으로 표현한다면 그는 사회변동에 관한 사회학적 연구를 하고 싶었던 것이다. 그가 이 책에서 행하는 이러한 구분을 사소한 것으로 여겨야 할까? 그렇지 않으면 『앙시앵레짐과 프랑스혁명』을 중요성 없는 저서로 보아야 할까? 마르크스의 『자본』은 역사학자의 저작은 아니다. 그렇다고 그 작품을 실수투성이의 단순한 작품으로 보아야 할까? (『자본』에 어느 정도 논쟁의 여지를 불러올 수 있는 명제들이 있다는 것은 또 다른 문제이다.)

또 다른 형태의 회의적 태도는 다른 분야에서와 마찬가지로 사회변동 영역에서의 지식의 실패가 사회적 복잡성 때문이라는 사실을 확인하는 것에 만족한다. 이 명제는 1970년대에 우선 미국에서 복잡성이라는 개념에 내용을 부여하고 '복잡성의 이론'(Theory of Complexity)[38]을 구성하기 위한 어떤 저자들의 노력에도 불구하고 어떤 면에서는 근거가 있지만 또 한편으로는 내용이 텅 빈 것이다. 그러나 그것이 비록 복잡성과 같은 개념일지라도, 지식을 추구하는 과정에서 만나는 어려움들을 하나의 단순한 개념으로써 설명하고자 시도하는 것은 환상적으로 보인다. 왜냐하면 원의 개념이 둥글지 않은 것과 마찬가지로, 복잡성의 개념은 복잡하지 않기 때문이다.

---

38) H. Simon, "The Architecture of Complexity," *General Systems*, I, 1965, pp.63~76 in R. Todd La Porte(red.), *Organized Social Complexity*, Princeton, Princeton University Press, 1975; E. Morin, *La Méthode*, t.1, *La nature de la nature*, Paris, Le Seuil, 1977.

나는 세 번째 태도를 **상대주의적** 또는 **비판적**이라고 일컫고자 한다. 여기에서 비판적이라는 뜻은 고전적인 칸트적 의미에서이다. 이 입장은 사회변동이론이라는 표현에 따라 요약된 프로그램의 실현 가능한 조건들을 조사하고 있다. 분명히 이 프로그램에 따라 만들어진 명제들은 낡아빠진 것으로 드러났다. 그것을 토대로 프로그램 그 자체가 의미 없다든지 사회변동이론은 그 연구대상인 사회변동과 관련해 우리에게 가르쳐줄 것이 하나도 없다고 말할 수 있을까? 그들의 일반성—또는 피아제의 표현을 빌리면 법칙 추구를 위한 야심—주장이 완전히 학문적 근거가 없다고 할 수 있을까? 바꾸어 말하면, 사회변동에 관한 받아들일 만하고 정당하거나 타당성을 지닌 명제는 반드시 정확한 기간과 상황을 명시하고 있어야만 할까? 많은 사회변동이론의 경험적 명제들이 사실에 따라 반박된 것으로 드러나거나 연구의 발전에 따라 낡은 것임이 드러났을 때 사회변동이론들에서 남는 것은 무엇일까? 왜 사회변동과 관련된 많은 경험적 명제들은 쓸모가 없는 것으로 드러났을까?

앞으로 할 논의에서 나는 선험적[39] 분석을 하지는 않으려 한다. 여러 가지 차이를 고려할 때 나는, 위에서 제기된 질문에 관한 대답이 구체적인 자료에 대한 조사를 통해서만 나올 수 있다고 믿는다. 우리가 사회변동 분석이라는 표제로 분류할 수 있는 수많은 이론 중에서 어떤 것은 깨어지기 쉽고(우리는 이미 그 보기들을 보았다), 또 어떤 것은 포퍼의 표현을 빌리면, 가장 까다로운 합리적 비판에도 완벽하게 견디어낸다. 비판적 작업은 그 본질상, 어떤 이론이 왜 반박될 수밖에 없거나 또는 견고한 저항성을 지니는가 등의 이유를 분명히 해명해보거나 찾아보는 것이며, 이러한 연구에서 더욱 일반적인 명제들을 끌어내는 것이다.

---

39) R. Boudon, "Théories, théorie et Théorie," in *La crise de la sociologie*, Genève, Droz, 1971("Theories, theory and Theory," in *The Crisis in Sociology*, London, Macmillan, 1980, pp.149~194).

간략히 요약하면 내가 이 책에서 전개하려는 주된 논지는 다음과 같다. 우리가 만약 '행위의 사회학'이라는 사회학적 전통의 원칙들을 진지하게 고려한다면, 그리고 그 원칙들에 그들이 당연히 받을 가치가 있는 중요성을 부여한다면—비록 그 원칙들이 흔히 오해와 비난을 받는다 할지라도—거기에서 우리는 다음과 같은 몇 가지 주목할 만한 결론을 끌어낼 수 있다는 것이다.

첫째, 사회변동에 관한 조건적 법칙관계를 정립하려고 시도하는 것은 무모한 짓이다. 예를 들어 집단폭력이 **일반적으로** 더 잘 일어난다든지 경제발전이 더 잘 이루어질 조건들을 찾아보려고 시도하는 것은 쓸모없는 짓이다.

둘째, 마찬가지로 '구조적' 자료들에서 역학적 결론들을 끌어내려고 시도하는 것은 대부분의 경우 위험한 일이다. 따라서 마르크스 전통에 따라 제기된 문제를 다시 제기해보자면, 어떤 사회체제가 '생산조건'[40]의 어떤 '구조적' 특징을 지니고 있다는 사실은 그 체제의 장래에 대해 일반적으로 대단한 것을 이야기해주지 못한다.

셋째, 사회변동의 원인을 찾는 것은 대부분의 경우 논리적으로나 사회학적으로 근거가 없다. 따라서 "어떤 변동은—마지막 분석에 따르면—기술혁신(또는 문화적 '변동'에 기인한다) 때문이다"라는 명제들은 일반적으로 의미가 없다.

넷째, 이러한 유보조건에도 불구하고 사회변동은 특히 자연과학에서 사용되는 합리적 비판의 원칙을 따르는 과학적 분석의 대상이 될 수 있다. 이러한 논평은 우리가 여기에서 주로 관심을 기울이는 거시적 차원—사회 전반적 차원—에서 관찰할 수 있는 사회변동들에만 적용되

---

40) 'Produktionsverhältnisse'의 번역어로는 생산조건이라는 용어가 생산관계라는 용어보다 덜 관행적이기는 하지만 더 정확하다.

는 것이 아니라, 조직 차원과 같은 더 작은 규모에 속하는 사회현상의 변화에도 적용될 수 있다.

다섯째, 사회변동에 대한 일반적 타당성을 지니는 경험적 명제들을 정립하려고 시도하는 것이 비록 무모한 일이기는 하지만, '사회변동이론'이라는 개념은 위의 맥락에서 이론 개념의 의미를 잘 인식한다는 조건 아래에서는 의미가 없지 않을 뿐만 아니라 중요한 지적 활동을 가리키는 것이다.

제2장 개인행위, 집합효과 그리고 사회변동

'행위의 사회학'의 기본원칙은 사회변동이 개인행동의 집합의 결과로서 분석되어야만 한다는 것이다. 여기에서 '행위의 사회학'이란 독일의 고전적 전통(베버·짐멜), 이탈리아의 고전적 전통(파레토·모스카), 미국 사회학의 중요한 흐름들(파슨스·머튼)의 주요한 부분을 포함한다. 행위의 사회학자들은 공통의 나무 밑동에서 나온 하나의 가지로 생각될 수 있다. 이 가지들 중 하나가 경제학이다. 고전경제학은 신고전경제학과 마찬가지로 공통적인 원칙을 지니고 있는데, 그것에 따르면 경제현상은 어떠한 종류이든 간에 그것을 구성하는 기본적인 개인행동으로 돌아가 분석하지 않고서는 분석될 수 없다는 것이다.

이 다양한 가지들은 18세기의 스코틀랜드 철학과 계몽철학에서 나왔다. 그것들은 특정한 패러다임으로 생각될 수 있는데, 각기 나름대로 그 자신의 고유한 목표와 특정한 원칙에 따라서, 더 일반적 패러다임인 행위의 패러다임을 실현하고 있다. 이 패러다임은 사회과학자들에게 아주 큰 중요성이 있다. 그리고 여기에서 중요한 인식론적 문제는 어떤 점에서 그것이 사회변동이론들에 따라 추구되어온 프로그램과 양립될 수 있는가 하는 점이다.

행위의 패러다임이 애덤 스미스(Adam Smith) 이래 일반적으로 받아들여져온 경제학에만 한정되는 것이 아니라 모든 사회과학에 적용할 수 있다는 것을 맨 처음 파악한 학자는 막스 베버였다. 행위의 패러다임의 보편성에 대한 증명은—비록 그 중요성을 모든 사람들이 인정하는 것은 아니지만, 이것은 현대 사회과학의 중요한 발견 가운데 하나임이 틀림없다—베버에 의해 행해졌는데, 이론적인 면에서는 특히 그의 저서『경제와 사회』에서 그리고 실천적인 면에서는 그의 경험적 연구들 전체에서 행해졌다.

우리는 이 패러다임을 다음과 같이 요약할 수 있다. 우리가 설명하려는 사회적 현상이나 경제적 현상을 M이라 하자. M은 개인행위들(mi) 전체의 함수 M(mi)로 해석되어야 한다. 개인행위들 mi 그 자체는, 어떤 조건에서 분명히, 사회행위자들이 있는 상황의 구조 Si의 함수 mi(Si)로, 이것은 행위자 i가 주어진 상황 Si에 적응하는 함수로 해석될 수 있어야 한다. 베버는 행위 mi가 이해될 수 있어야 한다고 말했을 것이다. 반면 구조 Si는 M이라는 현상이 일어나는 거시사회적 수준이나 최소한 체계의 수준에서 정의된 자료들의 전체인 M′의 함수 Si(M′)이다.

Mi를 설명하는 것은, 이 일반적 패러다임에 따르면 간단히 말해서 M=M{m〔S(M′)〕}라는 표현을 풀어 이해하는 것이다. 이 표현은 더 단순히 M=MmSM′라고 쓸 수 있다. 요약하면 M이라는 현상은 행위들 m의 함수이다. 이 행위들은 행위자의 상황 S에 의존한다. 그리고 이 상황 자체는 M′라는 거시사회적 요인들에 따라 영향을 받는다. 이 기본적인 인식론적 명제는 거시적 사회현상 M의 논리적 성격이 무엇이든지 간에 옳다. 특히 M이 변화나 변화 없음을 기술할 때 그리고 일반적으로 M이 한 체계의 진화과정—Mt, M$t+1$, …… M$t+k$—과 관련된 부분적인 정보나 전반적인 정보를 기술할 때, 위의 명제는 진실이다.

행위의 사회학자들을 안내하는 일반적 패러다임을 요약한 공식은 진부한 것처럼 보일 수도 있다. 여기에서는 단지 다음과 같은 사실만 지적하기로 하자. 즉 그 공식이 누구에게나 진부한 것은 아니고, 반대로 그 공식은 흔히 비난을 받으며 서로 다른 패러다임들이 어려움 없이 언급될 수 있다는 점이다.

예를 들어 학계에는 **실증주의적** 또는 **자연주의적** 오리엔테이션을 가진 패러다임들을 위한 넓은 시장이 있다. 이 패러다임들에 따르면 사회과학은 자연과학, 또는 더 정확히 말해서 사회과학자들이 본 자연과학을 엄밀히 본받아야 한다. '따라서' 자연세계에 그만한 대등물이 없는 행위의 개념은—그러한 패러다임들을 주장하는 사람에 따르면—과학적 야심을 가진 분석에 끼어들어서는 안 된다. 실증주의 또는 자연주의적 유형의 패러다임들은, 지금의 실천 관행들처럼 사회과학사에서 큰 역할을 하고 있으며 중요한 지위를 차지하고 있다.

따라서 상당히 많은 정치, 경제 또는 사회 변동이론들은 집합적 변수들 사이의 공변이(共變異, variations concomitantes) 변수 분석의 형태를 띤다. 예를 들어 그 이론들 중 어떤 것은 성장(개인들 수준에서가 아니라 전체로서의 사회수준에서 정의된 집합적 변수)이 교육수준의 발전과 같은 집합적 변수들에 종속되어 있지는 않은가 하는 점을 알려고 한다. 상관관계 값이 어느 정도 높아짐에 따라, 그리고 다른 변수들이 통제되었을 때 그 값이 안정되면 사람들은 그것으로부터 결론을 내리기를, 두 번째 변수가 첫 번째 변수에 대해 어느 정도 뚜렷한 영향을 끼친다고 본다. 이러한 형태의 분석에서는 어느 순간도 개인들의 행위 또는 개인행위와 상황 사이의 관계는 문제가 되지 않는다.

다른 패러다임들은 행위들 $mi(Si)$가 적응적 기능을 할 것이라는 원칙을 거부한다. 그들은 그 논리적 결과로 이해에 관한 베버적 개념을 거부한다. 베버에게서, 개인행위를 이해하는 것은 행위를 가져오게 한 동기를 분석하는 데 충분한 정보를 얻기 위한 수단을 가지고 있는 것이다. 관찰자는 자신이 다음과 같이 결론을 내릴 수 있을 때 피관찰자의 행위를 이해한다. 즉 "똑같은 상황이었다면, 틀림없이 나도 마찬가지로 행동했을 것이다"라는 결론이 그것이다. 따라서 베버의 이해는 즉각적인 자료가 아니다. 그것이 다른 사람을 분명한 상태로 이해할 수 있다는 것을 의미하지는 않는다. 오히려 만약 관찰자가 피관찰자의 동기들을 이해하고자 한다면, 일반적으로 피관찰자의 상황에 관해 정보를 얻으려는 노력을 해야만 한다. 그러나 많은 사람들은 행위자의 동기들이 분석대상이 될 수 있다는 생각을 거부한다.

즉 동기들은 파악하기 어렵고, 행위자 자신의 의식에도 드러나지 않을 수 있으며, 행위자는 그의 동기들에 관해 왜곡된 이해를 하고 있을 수도 있다(마르크스의 '허위의식' 개념 참조). 만약 그러한 경우의 존재를 인정한다면, 우리는 분석언어에서 동기라는 개념 자체를 제외해버려야 하는 것은 아닐까? 많은 학자들이 그렇게 할 준비가 되어 있다. 예를 들어 어떤 행태주의자들처럼 마르크스주의자들과 뒤르케임주의자들은 모두—다양한 논지들에 기반을 두면서, 그러나 항상 과학의 이름으로—이 거북한 개념을 없애버릴 것을 주장했다.

문제는 개인의 동기는 관찰하기 어렵고 경우에 따라서는 '거짓'일 수도 있다는 핑계로, 만약 개인행위들이 동기를 바탕으로 해석될 수 없다면, 어떻게 개인행위들을 설명할 수 있을 것인가이다. 그렇다고 실증주의적 편견과는 반대로 행위자들의 주관성을 배제함으로써, 우리가 개인들의 행동과 그러한 행동의 연합에서 생겨나는 **사회적 사실들**을 더 잘 설명할 수 있게 되는 것은 아님이 분명하다.

또 다른 패러다임들은 규모의 논지라고 일컬을 수 있는 주장을 전개하고 있다. 이 논지에 따르면, 우리는 미시적 차원에서의 과정을 분석할 때에만 개인행위들을 분명하게 고려할 수 있다. 우리가 조금 더 규모가 큰 차원에 서자마자, 개인행위들을 고려하는 것은 실질적으로 불가능해진다. 우리는 관련된 개인행위들을 고려하지 않고서는 이혼과정을 분석할 수 없다. 반대로, 예를 들어 이 과정에 관련된 개인들의 행위와 동기들을 찾아보면서 경제성장이나 정치발전 과정을 분석할 수는 없을 것이다. 그러나 우리는 다음 장들에서 여러 가지 사례를 열거해가며 이 논지의 취약점을 검증할 기회를 가질 것이다. 그리고 '개인주의적' 방법의 도움을 받아서 **거시적 사회변동**을 분석하는 것이 가능할 뿐만 아니라, 그것이 권고할 만하다는 점이 확인될 것이다.

어떤 사람들은 행위의 패러다임 사용에 반대하면서 개인은 정확히 말해 **개인주의적** 사회에만 존재하며, 이 패러다임에 포함되어 있는 개인주의적 방법은 결국 특정한 유형의 사회에만 적용될 수 있을 것이라고 주장한다. 그러나 우리는 아래의 논의에서, 이러한 방법론이 '현대'사회뿐만 아니라 전통사회에도 적용된다는 것을 보게 될 것이다.

따라서 우리는 위의 논의를 의문시하게 할 여러 가지 주장이 있는 것을 보게 될 텐데, 나는 이제부터 이것을 행위에 관한 베버식 패러다임이라고 표현하고자 한다. 이 주장들 중 어떤 것은 기술적이고(예를 들어 행위자의 동기를 분명히 찾아내는 것은 어렵다), 또 어떤 것은 인식론적인 성격을 띤다(예를 들어 행위나 동기의 개념들은 **과학적** 주장 속에 고려될 수 없다).

이러한 패러다임들에 따라 제기된 의문은 대안이 될 수 있는 패러다임을 분명히 정의해준다. 그것들 중 어떤 것은 방금 전에 간단하게 언급되었다. 이 의문들은 충분히 지속적이어서 기존의 전통과 구분되는 진정한 경계선을 구성할 수 있다. 뒤르케임이 베버나 짐멜의 저작에 주목하기보다는 적대감을 품었던 것처럼 보이는 이유는 부분적으로 그가 판단하기에 동기와 행위라는 개념들은 **받아들일 수 없는** 것들이었기 때문이다. 아마 베버 쪽에서도 마르크스에 대해 그가 당연히 받아야 할 관심을 기울이지 않았는데, 그 이유는 베버에게 '허위의식'과 같은 개념이 이해의 개념과는 양립하기 어려운 것으로 보였기 때문이다.

베버식 패러다임

행위에 관한 베버식 패러다임의 원칙들은 수많은 보기와 함께 구체적인 방식으로 해석될 수 있다. 그 보기들의 고유한 관심보다는 차라리 교육적 가치 때문에, 우리는 사회적 확산과정의 분석에서 빌려온 보기들을 선택하고자 한다. 이 보기들은 특수한 성격에도 불구하고 이 장의 마지막 네 절에서 다룰, 베버식 패러다임의 원칙들과 그것의 적절성을 논의하기 위한 편리한 거점을 제공해줄 것이다.

이 절에서 우리는 의료계에서의 새로운 의약품의 확산에 관한 고전적 연구로부터 시작할 것이며, 그 내용을 자세히 검토할 것이다. 그다음에 우리는, 분석의 원칙들이 이데올로기의 확산이라는 주제와 같은 아주 다양한 주제들에까지 어려움 없이 적용될 수 있으며, 더 일반적으로는 사회변동과정을 설명하기 위한 모든 분석에까지 확장될 수 있다는 것을 보게 될 것이다.

새로운 의약품의 확산에 관한 콜먼(Coleman)과 그의 동료들[1]의 연구는 흥미로운 결과를 보여준다. 병원에서 일하는 의사집단을 생각해볼 때 의약품의 확산과정은 특별한 형태를 띤다. 그것은 처음에는 아주 느리다. 즉 새로운 의약품을 선택하는 의사들의 수는 아주 천천히 증가한다. 시간이 지남에 따라 그 과정은 빨라진다. 즉 새로운 의약품을 선택한 의사들의 수가 점점 빠르게 증가하는 것이다. 두 명의 의사 중 한 명꼴로 새 제품을 쓰게 되었을 때 그 과정의 속도는 최대가 된다. 이때부터 개종과정의 리듬은 규칙적으로 느려져서, 거의 모든 의사들이 새 의약품을 쓰게 되었을 때는 다시 아주 느려진다. 시간을 가로좌표로 하

1) J. Coleman, E. Katz and H. Menzel, *Medical Innovation. A Diffusion Study*, New York, Bobbs-Merrill, 1966.

고 개종한 의사들의 누적된 수를 시간단위로 해서 세로좌표로 하면, 확산과정은 시그마의 형태를 띤다. 즉 그 과정은 S곡선의 형태를 띤다. 왜 그럴까? 집합적 수준에서, 즉 전체 인구 수준에서 보았을 때, 그 확산과정이 왜 'S곡선' 형태를 띠는 구조를 갖는 것일까? 앞의 상징체계에 따르면, 이 특별한 구조는 설명해야 할 집합적 현상 M을 표현한다. 콜먼이 제시한 M에 대한 설명은 곧 우리가 보게 되듯이, $M = M\{m[S(M')]\}$, 즉 $M = MmSM'$라는 표현을 풀어 해석한 것이다.

물론 누구나 다 설명이 즉각적이지 않다는 사실을 확인할 수 있을 것이다. 그러면 왜 이러한 시그마적 구조를 지니는 것일까? 병원에서 일하는 의사들이라는 특징을 지닌 이 구조가 개인 클리닉에서 개업한 의사들에게는 적용되지 않는다는 사실을 알게 되면 의문은 더 커진다. 이 마지막 경우, 새로운 의약품을 선택하는 의사들의 수는 우선 아주 빠른 속도로 증가한다. 그리고 다른 의사들이 이러한 신제품을 선택하는 속도는 규칙적으로 감소한다. 새로운 의사들이 이 제품을 선택함에 따라 그 속도는 점점 더 늦어지고, 거의 모든 의사들이 그 제품을 선택하게 되면 속도는 제로를 향해 간다. 이 과정을 분명한 도표로 표현해보면, 즉 다시 시간을 가로좌표로 하고 각 연속적 순간에 개종된 수치를 세로좌표로 하면, 우리는 'S'곡선을 얻는 것이 아니라 '아치형' 곡선을 얻게 된다.[2]

이 두 경우 모두 우리는 어떤 특징을 가진 구조를 보게 된다. 그러나 이 확산과정의 구조는 두 가지 유형의 의사들에게 각각 다르다. 그 차이를 설명하는 것은, 베버식 패러다임에 따르면, 어떤 점에서 행위들 mi(기술혁신을 선택하느냐, 선택하지 않느냐)가 두 모집단을 특징짓는 상황 Si의 구조 차이에 따라 영향을 받는가를 설명하는 것이다.

---

2) 모델의 풀이가 지수형태를 띠고 있으므로, 그것을 표현하는 변수는 음수이다.

m(S)라는 표현(상황구조에 대한 결정의 종속성)을 분명히 하기 위해서는 새로운 의약품의 등장에 맞선 의사의 반응에 관한 분석, 또는 사람들이 원한다면 현상학적 유형의 분석을 시도해야 한다. 우선 병원에서 일하는 의사의 경우를 생각해보자. 그는 새로운 약품 사용을 위한 처방을 할까, 하지 않을까? 아직 다른 사람의 몸에 사용해보지 않았고 그 효과를 잘 모르는 물질을 투입하는 것에 책임을 지는 것은 분명히 중요한 결정이다. 개인적인 경험이 없는 상황에서 의사는 어떠한 정보를 가지고 있을까? 그가 가진 정보들은 제약회사의 광고, 해설문, 경우에 따라서는 생산자들에게서 독립된 기관들에 의한 평가, 그리고 행정당국의 요청에 따른 실험실들에 의한 평가들이 대표적인 예일 것이다.

이 정보들은 분명히 유용하다. 그러나 의사가 직면한 결정이 지니는 고유의 심각성을 생각해볼 때, 의사는 이러한 정보들이 불충분하다고 생각할 가능성이 크다. 그러한 상황에서 의사는 경우에 따라 두 가지 상황에 처할 수 있다. 즉 그가 아는 약품들 대신 새로운 의약품을 사용하는 문제가 긴급히 생기는 상황에 있지 않거나 아니면 그러한 상황에 있을 수도 있다.

첫 번째 경우, 그는 직업적 '관행'에 집착할 가능성이 크다. 이 경우 문제는 생기지 않는다. 즉 치료할 환자의 성격을 염두에 둘 때, 그 효과가 잘 알려져 있지는 않지만 위험이 클 때, 새로운 물질을 사용할 때의 장점들은 고려 대상이 되지 못한다. 그러나 새로운 약품이 주목할 가치가 있는(잠정적 장점이 있는) 것으로 드러나는 경우 어떤 일이 생길 것인가? 이 경우 의사는 그의 불확실함을 줄이려고 노력할 것이고, 따라서 보충적 정보들을 찾으려고 할 것이다. 그는 자신이 보기에 행정당국에 종속된 사무실이나 제약회사가 제시하는 익명의 정보보다 더 신빙성이 큰 정보원을 향해 정보를 찾게 된다. 그 정보의 원천은 그의 동료들이다. 그는 일상생활 속에서 그들과 접촉한다. 그는 뒤랑(Durand)

씨보다는 뒤퐁(Dupond) 씨를 더 믿을 수 있다는 사실을 안다. 그는 불리한 상황에 있지 않더라도 동료들에게 문의할 수 있다는 사실을 알고 있다.[3] 결정을 내리기 전에, 물론 그는 뒤퐁 씨의 견해를 듣는다. 문제는 당연히 뒤퐁 씨 자신이 새로운 약품을 이미 써본 적이 있는가를 아는 것이다. 그리고 만약 뒤퐁 씨의 견해가 그것에 호의적이라면, 그는 위의 의사 선생을 새로운 약품 사용자로 만들 가능성이 아주 크다.

이 '현상학적' 기술은 의사의 상황 Si의 특징을 드러나게 해준다. 그는 어느 순간 다음과 같은 상황들에 있을 가능성이 크다. 새로운 약이 치료에 도움이 된다[1]. 그러나 알려지지 않은 위험이 있다[2]. 익명의 소식통을 거쳐서 얻게 된 즉각적인 정보는 믿음직하지 못하다[3]. 그러나 그의 동료들이 쉽게 접근할 수 있는 또 다른 정보통이 된다(정보비용은 아주 싸다)[4]. 그는 이 정보의 신빙성을 평가할 수 있다고 생각한다[5]. 문제는 물론 뒤퐁 씨가 상담해주던 순간에 의사가 찾던 정보를 가지고 있었는지를 아는 것이다[6].

이러한 묘사는 그 자체로는 아무 독창성도 없다. 그것은 수단이지 목적이 아니다. 그러나 그러한 묘사는 행위와 상황 사이의 관계인 $m(S)$를 상세히 설명해준다. 분석의 목적은 $M[m(S)]$를 설명하는 것, 즉 확산과정이 시그마 형태를 띠는 것을 설명하는 것이다. 그러한 작업을 위해서는 개인행위자들의 행동을 '집합시켜야' 한다.

때때로 집합적으로 모으는 이 작업은 단순하다. 여기에서 이 작업은 잠시 성찰을 필요로 한다. 우리의 의사 선생은 뒤퐁 씨와 상담한다. 만약 뒤퐁 씨가 새로운 약품을 벌써 시도해보았고 그것에 호의적인 견해를 가지고 있으면, 그 상담 결과는 또 한 사람의 약품 사용자를 만들 것

---

3) 정보를 발견하는 비용이 사회적으로 비싸다는 사례에 관한 더 복잡한 예로는 호먼스의 다음의 고전적 연구를 볼 것. G.C. Homans, "Social Behavior as Exchange," *American Journal of Sociology*, LXIII, 6, 1958, pp.597~606.

이다. 확산과정 초기, 약품이 이제 막 소개되었을 때 뒤퐁 씨는 거기에 어떠한 의견도 가지고 있지 못할 것이다. 만약 그가 주변의 거의 반 정도의 의사들이 벌써 새 의약품을 쓰고 있는 동안 상담을 했다면, 그리고 그 의약품이 실제로 치료능력이 있다면, 뒤퐁 씨 자신이 이 의약품을 쓸 50퍼센트의 확률을 가지고 있을 것이다. 그리고 의사 선생 자신도 뒤퐁 씨에 의해 개종될 확률이 50퍼센트일 것이다. 우리가 i라고 부를 수 있는 의사 선생과 관련된 모든 명제뿐만 아니라 다른 모든 의사 $j \cdot k$ 등과 관련된 명제 역시 모두 진실이다. 따라서 어느 순간에 $i \cdot j \cdot k$ 처럼 그 동료들에게 의견을 물을 수 있는 의사들이 많을수록, 그리고 뒤퐁 씨처럼 새로운 의약품을 선택한 의사들이 많을수록[2], 새로운 개종자는 더욱 늘어날 것이다[1].

초창기에는 의견을 묻는 사람들이 많을 것이다. 그러나 거기에 대답할 수 있는 의사들의 수는 적을 것이다. 개종을 향한 진보속도는 늦을 것이다. 그리고 그 속도는 더 빨라져서 굴절점이 생길 것이다. 따라서 더 많은 의사들이 개종됨에 따라 정보를 묻는 수는 줄어들 것이다. 그러므로 확산과정이 최대속도에 이르는 것은 그들의 견해를 남에게 전달할 수 있는 의사들의 수가 이 견해를 물을 수 있는 의사들의 수만큼이나 많을 때이다. 이 점을 넘어서면, 확산과정의 속도는 다시 느려진다. 거의 대부분의 사람들이 새로운 약품을 선택했을 때 의견을 묻는 일은 희귀해진다. 따라서 새로운 개종도 점점 더 드물어진다.[4]

요약하면, 개종한 사람들의 수의 증가는 느리다가, 신제품과 관련된 의견을 묻는 사람들의 수가 의견을 내놓는 사람들의 수와 거의 같아질 때까지 점점 더 빨라진다. 이때부터 새로운 개종자들의 수는 점점 더

---

4) 새로운 약을 쓰기로 결정한 사람들의 수가 전체 수와 비슷해질 때, 그 과정의 순간속도는 결국 제로를 향하게 된다.

천천히 증가한다. 거의 모든 사람이 개종했을 때, 뒤늦게 개종하는 사람들의 증가속도는 점점 더 느려진다. 개인행동들을 '결합시킴으로써' m(S), 우리는 결과적으로 집합적 구조 M[m(S)]를 얻는다. 이 경우 시그마곡선은 시간이 흐름에 따라 개종한 사람들의 누적된 수를 보여주는 것이다. 반대로, 상황 S의 구조는 경험적으로 관찰된 시그마곡선의 형세를 설명해준다.

베버식 패러다임을 묘사하는 기본적 공식에서 상황 S의 구조는, 거시사회학적 자료들 또는 최소한 $S = S(M')$라는 분석에서 고려된 사회체계의 수준에서 정의된 자료들에 종속되는 것으로 나타난다. 위의 경우가 바로 그렇다. 병원의 구조는 의사에게 거의 비용이 들지 않고 비인격적 정보원에 따라 주어진 정보보다 더 신빙성이 높은 정보에 접근할 수 있는 기회를 부여하는 결과를 가져온다. 그 인격적 정보원이 그의 동료들의 견해이다. 게다가 이것은 병원의 구조와 그것이 허용하는 상호 의사소통망에서 비롯된다. 따라서 의사는 어느 정도 높은 신뢰성이 있는 동료들의 의견에 영향을 끼칠 수 있다고 자신을 평가한다.[5]

개업을 하고 있는 의사의 상황은 구조가 다르다. 새로운 약이 시장에 나오면, 의사는 역시 그것을 즉각적으로 사용하지 않을 수 있다. 병원에 근무하는 그의 동료처럼, 그는 위험을 의식한다. 물론 그는 어느 정도의 유보적인 태도로 비인격적 정보원에서 온 정보들을 고려할 것이다. 그러나 그 역시 새로운 약이 이론상으로 적절한 치료효과를 가져올 수 있는 상황에 처할 수 있다. 즉 평가하기 어려운 가설에 따라서, 위험

---

5) 행위자가 비인격적 메시지에 부여하는 신뢰성에서, 개인 상호간 영향력의 결정적인 역할에 관해서는 아래의 고전적 연구를 참조할 것. E. Katz and P. Lazarsfeld, *Personal Influence. The Part Played by People in the Flow of Mass Communication*, New York, The Free Press/London, Collier Macmillan, 각각 1955, 1956.

(있을 수 있는 불리함)이 유리함을 넘어서지 않는 상황에 처할 수 있는 것이다. 지금까지 우리는 두 가지 유형의 의료행위 상황의 차이점에는 유의하지 않았다. 그러나 개업의가 추가정보를 얻게 됨에 따라 하나의 대조적인 차이점이 나타난다.

사실 종합병원의 의사는 쉽게 얻을 수 있는 정보원을 동원할 수 있는 반면, 고립된 개업의에게는 그러한 수단이 없다. 물론 그는 동료의 도움을 얻을 수 있다. 그러나 그의 관계망은 종합병원에 있는 동료의 관계망보다 일반적으로 더 제한되어 있다. 게다가 친구들을 일상적으로 만날 수 없기 때문에, 그는 동료들이 일하는 방식을 평가할 능력을 덜 가지고 있다. 따라서 그는 관찰에 근거한 신뢰성의 상관계수로써 동료들에게 영향을 끼치기가 더욱 어렵다. 순서로는 끝이지만 결코 가벼이 볼 수 없는 사실은, 그가 동료들과 경쟁하는 관계에 있다는 점이다. 간단히 말해서 그는 정보에 접근하기가 더 힘들다. 게다가 그가 정보의 질을 평가하기는 더욱 어렵다. 끝으로 그 정보는 비용이 더 든다. 따라서 그는 병원에 근무하는 그의 동료보다 더 크게 비개인적 정보원천들에 의존할 가능성이 크다. 그가 처해 있는 상황의 구조(S)는 다르다. 따라서 그의 행동 m(S)도 다르다.

그러면 그것으로부터 집합적 차원에서 어떤 결과가 생기는가? 처음에 의사는 잘 알려지지 않은 의약품을 선택하기를 주저할 것이다. 시간이 지남에 따라 공식기관에서 얻은 정보의 양은 늘어날 것이다. 새로운 약의 질, 효과 그리고 부작용을 다루는 논문들이 출간될 것이다. 이러한 주제에 관한 집단적 의견이 형성될 것이다.

새로운 약이 효과적인 치료결과를 나타낸다고 가정하자. 각 순간에 새로운 약품을 쓰기를 선택한 개업의들의 수의 증가는, 아직 그러한 시도를 하지 않은 의사들의 수가 클수록 더 커질 것이다. 반면 병원 의사의 경우 병원 구조에 따라 가능해진, 개인들 사이의 영향을 주고받는 현상 때문에, 각 순간에 새로운 약을 쓰는 시도의 증가는 그런 시도를 하지 않은 의사들이 많고 또 새로운 시도를 한 의사들이 많을수록 더 늘어난다. 고립된 개업의들의 경우, 이 개인적 영향력을 주고받는 현상은 더 간단하다. 이미 새 약을 써보았기 때문에 그들의 의견을 동료에게 줄 수 있는 사람들의 수는, 그들의 의견이 요청되는 경우가 거의 없기 때문에 고려대상이 되지 않는다. 이것이 각 순간에 새로운 시도를 하는 의사의 수가 이제까지 이러한 시도를 하지 않은 사람들의 수에 비례해서 증가하는 이유이다.

이런 분석을 바탕으로 M이라는 구조를 분명히 해볼 수 있다. 어떤 순간의 성장속도는 이 순간의 개종된 수에 의존하듯이, 그리고 그 수는 감소할 수밖에 없듯이, 속도 자체는 새로운 의사들이 새 약을 선택함에 따라 감소한다. 따라서 개종자들의 수를 시간의 함수로 그린 데카르트식 도표에서, 그 과정을 묘사하는 곡선은 아치 형태를 띤다. 처음에는 빠른 속도로 증가하다가 후반부에는 감속하는 것처럼 나타나는, 앞에서 언급된 곡선의 특징과는 달리 두 번째 확산과정에 해당하는 곡선은 일정하게 감속한다.

두 가지 유형의 의사들이 처한 특징적 상황은 공통점(불확실성, 결정의 중요성)과 차별적 특징(한편에서는 접근할 수 있는 정보, 비용이 들지 않음, 신용도가 높음, 또 다른 한편에서는 정보를 얻기가 어려움, 비용이 비쌈, 불확실함)을 가지고 있다. 따라서 개인적 영향력은 첫 번째 경우에서는 중요한 역할을 하지만, 두 번째 경우에서는 그 역할이 부수적이다. **집합적 수준에서는** 위의 결과로부터, 시간에 따라 늘어나는 개종자의 수를 그린 곡선은 각기 다른 구조를 지닌 두 곡선과 일치한다.

설명구조의 경우 그 구조는 분명히 예상된 형태를 가지고 있다. 상황구조 $S(M')$는 집합적 변수들인 M'에 의존한다. 병원 환경과 고립된 개업의를 둘러싼 환경은 각각의 범주의 의사들이 정보에 접근할 수 있는 능력에 영향을 준다. 이러한 차이 때문에 m(S)는 경우에 따라 다르다. 즉 한쪽은 동원할 수 있는 개인연결망에 의존하고, 한쪽은 공식적인 정보원천에 따라 생산된 정보에 의존한다. m과 관련된 차이는 구조 M(m)의 수준까지 영향을 끼친다. 여기에서 M(m)은 시간에 따라 개종된 수를 묘사하는 함수로 정의된다. 전체의 분석은 M=MmSM′라는 형태를 갖는다.

이 보기는 몇 가지 흥미로운 인식론적 결론들을 분명히 드러내준다. 분석은 어떤 '현상학적' 순간에 새로운 의약품의 등장을 본 의사의 그것에 대한 반응을 단순화된 형태로 묘사한 것이다. 그의 주관성은 상황에 관한 자료들로부터 재구성되었다. 이것은 관찰자나 분석가가 비록 의사와는 다른 상황에 있지만, 그럼에도 그가 의사의 '역할' 정의와 그 역할 행사의 조건에 관한 최소한의 정보를 얻는 순간부터 의사의 심리상태를 상상해볼 수 있다는 사실을 가정한다. 게다가 재구성된 m(S)가 경험적으로 검증되는 것을 방해하는 것은 없다. 상대적으로 실시하기 쉬운 간단한 조사——이 조사는 연구의 저자들에 의해 실제로 수행되었다——도 가설 m(S)가 단순한 허구가 아니며, 행위자들 자신에 의해서도 더 자세히 받아들여질 수 있다는 점을 검증하게 해줄 것이다.

그러나 분석이 어느 정도 선험적으로 행해질 수도 있다는 사실을 주목하는 것도 중요하다. 이것이 뜻하는 바는 다른 사람의 상황에 대해 충분한 정보가 있다는 전제 아래, 관찰자는 어떤 한계 내에서 피관찰자의 반응을 예측할 수 있거나, 아니면 그가 위의 반응들을 관찰했을 때 베버적 의미에서 그 반응들을 이해할 수 있다는 것이다. 따라서 m(S)의 고안은 S의 특징들과 관련된 정보와 S에 선험적인 **심리학**을 적용한 결과이다. 경우에 따라 m(S)는 행위자들의 판단에 종속될 수도 있다. 그러나 어느 경우에나, m(S)의 구성은 관찰자와 피관찰자 사이에 이해의 관계가 정립되어 있다는 것을 가정한다.

두 번째 강조할 점은 '현상학적' 묘사인 m(S)는 구조 M을 설명하는 데에 반드시 필요한 순간이라는 점이다. 그리고 M은 내가 든 보기의 경우 수학적 형태를 띤다. 따라서 현상학과 '계량적' 분석은 서로 대립되기는커녕 유기적으로 연결되어 있다. 새로운 의약품 발명에 접한 의사의 머리 속에서 일어나는 일을 이해하지 못한다면, 우리는 첫 번째 곡선의 시그마 구조를 설명할 수 없다. 결론적으로 말하면, (구조의) 설명과 (피관찰자의 행위) 이해는 서로 분리시킬 수 없는 분석의 측면들이다. 게다가 이 명제들은 일반적이다. 즉 M의 형태가 수학적이건 통계적이건 아니면 사실적이건, 그 설명은 현상학적 순간의 M(m)을 함축한다.

앞의 예는 세 번째 점을 한 번 더 강조하게 해준다. 즉 분석의 검증은 두 가지 수준에서 이루어질 수 있다. m의 수준, 즉 이해의 수준에서 우리는 가능하다면 상황 S의 주된 자료들을 정보로 하는, 관찰자에 따라 가정된 심리적 메커니즘이 현실과 부합되는지를 검증하려고 시도해볼 것이다. M의 수준에서 우리는 미시사회학적 가설들(m)의 집합적 수준의 결과들이 경험적으로 관찰된 자료들과 부합되는 것을 검증할 것이다.[6]

M=MmSM′라는 베버식 모형이 보편화될 수 있다는 것, 더 정확히 말하면 그 모형은 M의 논리적 성질이 무엇이든지 간에 모든 현상 M을 설명하는 구조를 묘사한다는 것을 보여주기는 어렵지 않다. 앞의 분석에서 우리가 설명하려는 집합적 현상 M은 통계학적 의미에서 하나의 '법칙'이다. 즉 알려진 분명한 모양의 곡선으로 도표를 그린 수학적 함수이다. 그러나 M은 어떠한 형태의 논리적 성격도 지닐 수 있다. 나는

---

6) 이것이 포퍼의 용어를 빌리면, 사실에 비추어 반박(또는 거짓임을 입증)하는 것이다.

여기에서 이미 다른 곳[7]에서 소개할 기회가 있었던 몇몇 보기를 다시 소개하는 것으로 만족하고자 한다.

좀바르트(Sombart)는 자신의 고전적 연구에서 20세기 초반 왜 미국에는 사회주의가 없는가[8]라는 질문을 던진다. 여기에서 M이라는 질문은 어떤 특이성에 관한 것이다. 왜, 의회제도를 갖춘 산업화한 국가들 중에서 오직 미국만이 중요한 사회주의운동을 만나보지 못한 유일한 나라일까? 좀바르트의 대답은 미국은 변경국가(M')라는 것이다. M'의 결과에 따르면, 그의 조건에 만족하지 못하는 개인은 재산을 다른 곳에서 찾든지 아니면 찾을 수 있다고 믿을 수 있다. 허시먼(Hirschman)이 말하는 탈출(exit)의 전략이 그에게는 가능하다. 이 구조적 자료 $S(M')$는 가장 중요하다. S의 결과로, 개인은 본질상 개인의 이익보다는 사회계급의 이익을 증진시키려는 저항운동에 참여할 흥미를 느끼지 못한다. 결국 이 집단적 전략은 확실성이 없어지고 그 효과가 나타나기는 어렵다. 따라서 개인은 집단적 항의의 전략보다는 개인적 탈출의 전략을 선택할 것이다: $m(S)$.

일단 합쳐지기만 하면, 개인행동들 $m(S)$는 하나의 결과를 가져온다. 개인들은 집단항의의 전략보다는 개인적 이탈의 전략에 더 매력을 느끼기 때문에, 집단저항운동에 참여할 잠정적 고객들은 줄어들 것이다. 그런데 좀바르트에 따르면, 사회주의는 본질적으로 그러한 사회운동들에 의사객관적(pseudo-objectif) 기반을 부여하는 이데올로기이다. 사회주의는 그것을 추종할 관심이 있는 고객들만 유혹할 수 있다. 이 고객들의 폭이 좁기 때문에 사회주의 청중은 아주 빈약한 것처럼 보인

---

7) R. Boudon, *La logique du social*, Paris, Hachette, 1979(*The Logic of Sociological Explanation*, Harmondsworth, Penguin, 1974)를 볼 것.

8) W. Sombart, *Why Is There No Socialism in the United States?*, London, Macmillan, 1976.

다: M(m). 이 이론이 신빙성이 있는가 없는가의 문제는 접어두기로 하자. 여기에서 강조해야 할 중요한 점은, 그 이론이 제안하는 설명구조가 M = MmSM′의 형태를 띠고 있다는 점이다.

좀바르트의 이론은 어떤 **독특한 현상**의 존재이유들을 밝히는 것을 목표로 한다. 다른 표현으로 바꾸면, 거기에서 M은 고유한 사실의 형태, 즉 이 경우에는 19세기 말 미국에서 사회주의의 빈약한 영향력이다. 이른바 **비교분석**에서 M이라는 질문들은 **차이점**에 관한 것들이다. 따라서 『앙시앵레짐과 프랑스혁명』[9]에서 토크빌은 18세기 말부터 19세기 초반 사이에 그에 의해 확인된 영국과 프랑스의 차이점이 존재하는 원인을 알려고 했다.

어째서 18세기 말에 프랑스 농업은 영국 농업보다 낙후되었는가(M)? 왜냐하면 프랑스 행정의 중앙집권화(M′)가 어떤 일련의 결과들을 가져왔고, 특정 사회계급의 사람들이 행동하는 조건들을 영국과는 다르게 만들어놓았기 때문이다. 따라서 도시에 거주하는 프랑스의 토지 소유주는, 도시의 부르주아들이 중앙권력의 영향력에 대항해서 확보할 줄 알았던 특권들 덕분에 인두세를 피할 수 있는 장점을 가지고 있었다: m(S). 게다가 중앙집권화는 관직의 수를 많게 하고, 국가기관에 종사하는 것에 더 큰 위세를 갖게 했으며, 이 위세는 영국보다 프랑스에서 더 존중되었다: S(M′). 따라서 프랑스의 토지 소유주는 영국의 토지 소유주보다 관직을 탐낼 만한 훨씬 더 충분한 이유가 있는 것이다: m(S).

그러면 그것으로부터 집단적인 수준에서 어떤 일이 생겨날까? 프랑스 지주들은 영국 지주들보다 더 자주 그들의 농토를 떠난다. 그들은 농토에 소작인들을 정착시킨다. 소작인들은 농토의 생산성을 증가시키

---

9) A. de Tocqueville, *op. cit.*, chap. IX, pp.149~151 ; chap. XII, pp.179~180.

는 것을 가능하게 할 기술에는 별로 관심이 없다. 왜냐하면 농토는 그들 것이 아니기 때문이다. 소작인들은 투자할 동기도 능력도 없다. 한편 지주들의 생각은 다른 데에 있다. 중농주의자들의 위세와 그들의 교리를 듣기 위해 살롱에는 열심히 출입하지만, 농사짓는 법은 여전히 전통적인 채로 남아 있다. 그 결과, 영국 농업은 현대화된 반면 프랑스 농업은 침체된 상태로 있다: M(m). 그러한 구조들 때문에 사람들은 농사기술을 현대화할 동기도 능력도 거의 가질 수 없게 된다. 중농주의자들은 장관과 주지사 그리고 지식인들을 유혹한다. 그러나 국가는 지주들을 유혹해 농토에 대한 그들의 관심을 돌려놓는다.

토크빌과 좀바르트의 '질적' 분석들은 그들의 추상적 구조에서, 이 토론의 출발점으로 사용되었던 확산과정에 대한 '계량적'이고 수학적인 분석과 구분이 되지 않는다. 그 모든 경우에 이 구조는 내가 베버식 모델이라고 불렀던 것으로 쉽게 환원된다.

따라서 우리 분석의 출발점이 되는 집합적 또는 거시사회학적 자료 M은 어떤 성격이든 드러낼 수 있는 것이다. 간혹(첫 번째 예를 보라) M은 수학적 또는 **통계적 구조**를 가진다. 이따금(두 번째 예를 보라), M은 어떤 **고유한 특성**이다. 때때로(세 번째 예를 보라) M은 어떤 **차이**이다. 즉 여기는 농업이 낙후되었고, 거기는 농업이 발전되었다. 다른 경우 M은 일련의 통시적 자료들에 관한 명제이다. 예를 들어 우리는 어떤 나라가 왜 경제적으로 침체되어 있는지를 묻는다. 이것은 다시, 왜 t, t＋1, ……, t+k의 기간에 우리가 국민총생산이나 생산업체 등과 같은 어떤 자료나 일련의 자료들의 근소한 변화를 보게 되는지를 분석하게 한다. 가끔 M은 다음과 같은 질문처럼 통시적 성격과 공시적 성격을 동시에 띤다. 왜 일본은 고립에도 불구하고, 19세기에 급속한 발전을 이룩할 수 있었을까?

이 사례들이 분명히 보여주는 것은, 분석대상이 되는 집단적 특징 또는 거시사회학적 특징은 어느 정도 복잡한 형태를 띨 수 있다는 것이다 (그리고 이 복잡성은 측정하기 쉽지 않은 것이 명백하다). M의 복잡성이 어떠하든지 간에, M=MmSM′라는 공식으로 요약되는 베버식 모델은 권위를 인정받은 대부분의 사회학 연구들 속에서 찾아낼 수 있다. 우리는 당연히 이 명제가 학설의 성격을 띠고 있다는 것을 인정해야 한다. 우리는 그 명제가 흥미롭다는 것을 주장할 수 있지만, 그 명제를 증명할 수는 없다. 왜냐하면 그러한 증명은 수가 많을 뿐만 아니라 연구하기에는 무한정한 모집단의 모든 요인을 검토하는 것을 의미하기 때문이다.

어쨌든 위의 몇 가지 사례는 베버식 모델이 다양한 성격과 유형의 연구들에 적용될 뿐만 아니라 M이 아주 다른 모양들을 취할 수 있다는 사실을 가르쳐준다. 특히 M은 시간에 따라 분류된 자료들에 관한 명제 또는 일련의 명제들일 수도 있다: Mt. 이 경우 우리는 사회변동의 영역에 있다. 앞의 예들이 보여준 것처럼, 베버의 패러다임이 다른 영역에서와 마찬가지로 이 영역에서 효과적이지 않아야 할 이유는 없다. 즉 토크빌은 프랑스 농업의 낙후 문제를 다루었고, 좀바르트는 19세기 미국에서 사회주의가 확산되지 않은 이유를 다루었다. 첫 번째 연구는 기술혁신의 확산을 다루었다. 이 모든 질문은 시간과 관련된 지수를 전제한다.

여기에서 중요한 질문은 베버의 패러다임과 사회변동이론들의 프로그램 사이의 양립 가능성 문제이다.

다시 한 번 다음과 같은 사실을 주목해보자. 앞의 논의들에서 M은 아주 폭넓게 정의되었다. 즉 사회학자, 인구학자 또는 경제학자에게 흥미를 주는 모든 주제가 M이다. 모든 주제란 그 설명이 관찰자에게 즉각 드러나지 않는, 관찰의 모든 배합이다. 사회과학의 질문들의 일반적인 형태는 따라서 "왜 M인가?"라는 유형을 띤다. 왜 그러한 확산과정이 시그마곡선으로 나타나는가? 왜 영국의 농업이 발전하는 순간에 프랑스의 농업은 발전하지 않았는가? 왜 19세기에 미국에서는 사회주의가 없었는가? 왜 일본은 그 나라가 외부와 접촉이 없었던 시대에 발전했는가? 나는 이러한 모든 질문 그리고 일반적으로 모든 사회과학의 질문들이 이러한 형태를 띠고 있다고 믿는다: "왜 M인가?" 여기에서 M이란 호기심의 감정을 불러일으키는 관찰의 결합이다. 이 무한한 질문들 전체가 사회과학의 연구대상이다.

내가 생각하기에는, 사람들이 때때로 지리학자처럼 현실세계를 몇 가지 대륙으로 쪼개어 사회학, 경제학 또는 인구학의 권위 아래 두려고 하는데 그것은 잘못되었다. 이 학문들 각각은, 전통에 따라 어떤 특정한 유형의 현상을 다룬다. 그러나 그들 학문을 구분하는 경계선은 아주 불안정하다. 사회학자는 인구학자만큼이나 가족에게 관심을 기울인다. 사회학자뿐 아니라 경제학자도 범죄나 이혼에 관심이 있다. 각 학문분야의 독자성은 차라리 어떠한 사고습관의 수준에 있다. 그러나 "왜 M인가?"라는 질문의 일반적 형태는 그들에게 공통적이다. 우리가 사회학의 연구대상과 그 연구대상의 구성에 관한 어떠한 논의들을 이해하는 데에 어느 정도 어려움을 느끼는 것은 바로 위의 이유 때문이다.

물론 이 연구대상은 바다에서 한 통의 물을 긷듯이 현실세계에서 선택된 것이 아니다. 왜냐하면 지식의 목적은 항상 어떤 질문에 대답하는 것이고, 질문은 그 질문을 제기하는 주체가 없이는 존재하지 않기 때문이다. 사회과학의 연구대상들은 질문이기 때문에 필연적으로 '구성'되어야만 한다. 포퍼의 표현을 빌린다면, 과학의 연구대상들은 제3의 세계[10]에 속한다. 그 말의 뜻은, 우리가 연구대상을 구성하는 데서 규칙과

---

10) K. Popper, *La connaissance objective*, Paris, Presses Universitaires de France, 1978(*Objective Knowledge*, Oxford, Clarendon Press, 1972).

규범을 생각하기가 어렵기 때문이다. 토크빌이 자신이 제기한 문제가—관찰하기 쉬운 차이에 대한 단순한 확인—학문적으로 흥미롭다는 것을 증명해 보인 것은, 프랑스 농업의 저발전 문제에 대해 내놓은 그의 대답(그것은 누구나 얻을 수 있는 것이 아니다)에 의해서였다.

베버식 모델에서 M은 어떤 형태든지 취할 수 있다. 즉 M이 한 사건, 독특한 사실, 일련의 차이, 한 가지 분포 또는 단일변수 분포, 다변수 분포 또는 다른 형태를 취할 수 있다는 사실은 상당한 인식론적 중요성을 지닌다. 예를 들어 여기에서 베버와 뒤르케임 사이의 대조점을 주목하는 것이 중요하다. 뒤르케임은 그 법칙들이 경향적이건 관계적이건 간에 사회학은 그 목표로서 경험적 규칙성을 찾아야 일반성을 주장할 수 있다고 보았다. 반면, 베버식 모델에서 이 규칙성들은—그것들이 관찰 가능할 때—다른 여러 가지 연구대상 가운데 한 가지 유형의 연구대상이다. 바꾸어 말하면 이 모델은 사회과학을 규범과학으로 정의하는 것을 거부하는 것인데, 베버에 따르면 이러한 정의는 임의적으로 연구대상을 제한하는 성격을 띠고 있다.

베버식 모델이 보편적 타당성을 지닌 것으로 생각될 수 있다는 것을 확인했으므로—아니면 최소한 이 책의 나머지 부분에서 보완될 앞의 보기들에 따라 제안되었으므로—, 우리는 지금부터 그 모델의 원칙과 그것이 흔히 불러일으키는 오해를 검토하고자 한다.

사회과학에 관한 심리학

오귀스트 콩트는 확률론과 마찬가지로 심리학도 과학의 지위를 주장할 수 없다고 선언했다. 많은 지나친 주장처럼, 이 주장은 어떤 사실에 기반을 두고 있다. 즉 모든 개인행동의 설명은, 그 행동이 아무리 평범한 것일지라도 무한한 복잡성을 띠게 된다는 것이다. 아무리 세밀한 성찰이라 해도 예술적 취미나 미각적 취미를 이해하는 데에는 어려움이 있다. 반면, 우리는 별다른 어려움 없이 취미(또는 모든 다른 심리학적 변수)와 사회학적 변수, 즉 사회계급, 종교, 연령 또는 주거지역 사이의 상관관계(가장 빈약한 것이기는 하지만)를 확인할 수 있다. 위의 논의를 바탕으로 우리는 심리적 현상들은 그것들이 '사회결정론'에 종속되어야만 과학적으로 파악될 수 있고 흥미를 끌 수 있다고 어느 정도 성급하게 결론을 내릴 위험이 있다.

바로 이러한 두 가지 분명한 자료를 의심스럽게 병렬시킴으로써 모든 형태의 사회학주의가 발전하는 것인데, 그 첫째가 콩트의 사회학주의이고, 둘째가 뒤르케임의 사회학주의이다. 동기는 이해하기 어려운 것이고, 반면 행동은 행위자의 사회적 특성들과 함께 단순히 변화한다. 그것으로부터 사회학적 연구는 동기는 포기하고 사회적 특징과 개인행동 사이의 공변이 분석에 관한 연구에 한정해야 한다는 결론이 나오지는 않았을까? 그러나 그러한 결론은 명백히 베버식 모델과 양립할 수 없다. 왜냐하면 베버식 모델은 행위자들의 주관성을 재구성한 것을 전제로 하기 때문이다: $m(S)$. 어떻게 이러한 개인의 주관적 동기의 재구성이 동기의 복잡성과 조화될 수 있을까?

사회과학은 본래 개인행동의 복잡성을 설명하는 데에는 결코 관심을 갖지 않는다. 개인은 그 자체로서 사회과학의 연구대상이 아니다. 경제학자는 A라는 사람이 어떤 생산품을 왜 좋아하는지를 분명히 알 수 있다고 주장하지는 않는다. 그것은 일반적으로 아주 어려운 문제이다. 반면에, 만약 A가 P의 가격이 조금 오르자마자 문제의 P상품 대신 그것의 대체품 Q를 사는 것을 경제학자가 확인한다면, 그는 P에 대한 A의 **선호도**는 그렇게 크지 않다고 결론을 내릴 것이다. 또 어떤 다른 사람이 P의 값이 Q의 두 배 이상으로 올라갔을 때에야 비로소 Q를 P의 대체품으로 사용한다면, 경제학자는 P상품에 대한 다른 사람의 선호도는 A

의 선호도보다 더 뚜렷하다고 결론을 내릴 것이다.

이 명제들은 A와 또 다른 사람의 주관적 상태에 관한 것이다. 그러나 그 명제들은 왜 A가 P에 대해 선호도가 낮은가를 설명하고자 하지 않는다. 마찬가지로 "A가 뛰는 이유는 그가 길모퉁이에서 버스를 발견했고, 그것을 놓치고 싶지 않기 때문이다"라는 명제는 어떤 행동의 존재이유에 관한 명제이다. 그리고 그것은 완전한 설명이 될 수 없다. A가 버스를 따라잡아서 타려는 것은 그가 늦어서일까? 아니면 그가 오랫동안 기다리는 것을 싫어하기 때문일까? 두 번째 가설은, 그 행동의 참을성 없는 기질을 보여준다. 그렇게 평범한 행동의 '심리학적' 설명조차 이렇게 매우 복잡한 일이다.

다행히도 사회학자, 경제학자 또는 인구학자는, 내가 여기에서 쓰는 의미에서의 '심리학적' 설명을 실제로 할 필요가 없다. 마찬가지로 토크빌이 18세기의 프랑스 지주들은 도시 부르주아들이 혜택을 받고 있는 세금 면제와 관직을 얻는 일에 무척 관심이 많았다고 주장했을 때, 그는 지주들의 행동에 관한 '심리적' 분석에 몰두하지 않았다. 그는 관찰된 거시사회학적 현상이 생기게 된 충분한 이유들을 미시사회학적 수준에서 서술하는 데에만 만족했다. 또 한 예를 들어서, 만약 내가 한 무리의 군중이 프랭스(Princes) 공원으로 몰려가는 것을 본다면, 나는 그들이 어떤 경기를 보러 가는 것이라고 결론을 내릴 것이다. 물론 그러한 명제는 한 군중에 속해 있는 개인들의 주관적 상태를 다룬다. 그러나 그러한 명제가 그들의 '심리학'에 관한 명제로 생각될 수는 없다. 그것은 차라리 각 개인의 머리 속에서 생긴 일을 다룬다는 의미에서 그리고 내가 존재이유를 찾는, 군중이 뛰고 있다는 **집합적** 현상에 관한 설명을 해준다는 의미에서 미시사회학적 진술이다.

'심리학적' 명제와 '미시사회학적' 명제를 구분하지 않음으로써, 우리는 빠져나올 수 없는 혼란에 빠지게 된다. 심리학적 명제들은 관찰된 행동과 개인의 인성 사이의 관계를 다루는데, 일반적으로 미시사회학 이론들은 이러한 관계에 관심을 기울이지 않는다.

미시사회학적 명제들 m은 M이라는 문제의 성격에 따라 지배된다. 그렇기 때문에 **일반적인** 미시사회학적 모델은 존재할 수 없다. 분명히 말해서, 일반적인 타당성을 지닌 **사회학적 인간** 또는 **경제학적 인간**의 모델은 없다. 사실 이 명제를 부정하는 것은 m이 M에 의해 지배를 받는다는 명제와 모순된다. 바꾸어 말하면 m이라는 명제들은 사회학자나 경제학자들이 사용할 수 있도록 단순화된 심리학에서 인용된 것들이 아니다. 따라서 계산적이고 합리적인 인간의 모형은 경제학자들이 사용하는 '심리학'을 간혹 유용하게 요약해준다. 그리고 그것은 흔히 사회학자들이 생각하는 것보다 훨씬 더 유용함이 틀림없다.

그러나 그 말이 위의 모형이 일반적이라는 뜻은 아니다. 마찬가지로 어떤 학자들이 경제학자들의 '공리주의적' 모형과 경쟁적으로 사용하는 '인지적' 모델은 간혹 흥미를 불러일으킬 수 있다.[11] 예를 들어 피관찰자가 어떤 상징의 소유자라는 사실을 알지 못하면, 어떤 행동들은 이해하기 어렵다는 사실을 누가 부정하겠는가? 그러나 그 모형 역시 때때로 쓸모가 없다. 어떤 종교적인 행동을 '공리주의적' 모형으로 설명하기를 원하는 것은 분명 터무니없는 일이다. 그러나 어떤 행동은 이해관계에 따라 설명된다는 것을 보지 못하는 것 또한 어리석은 일이다. 공리주의적 모델이나 인지적 모델, 경제학적 인간과 사회학적 인간의 모델을 비교해 타당성을 검토하는 것은, 핀셋과 집게의 장점을 비교하는 일반적인 논의와 거의 똑같은 적절성이 있다.

미시사회학적 모델의 타당성은 오직 한 가지 기준에 따라서만 평가

---

11) W. Doise, *L'explication en psychologie sociale*, Paris, Presses Universitaires de France, 1982.

될 수 있다. 그 모델이 M이라는 현상을 설명하는가가 그것이다. 사회학자들이 다루는 문제의 경우, 경제학적 인간의 모델이 그가 믿는 것[12]보다 때때로 더 유용하며, 이러한 모델의 거부는 일면 형이상학적 기원을 가지고 있다는 사실에 사회학자의 주의를 환기시키는 일은 확실히 유용하다. 인간을 영국 식료잡화상인의 특징들로 묘사하는 것은 절망적이지 않은가? 그러나 이 모델(또는 모든 다른 모델)이 보편적 타당성을 가지고 있다고 주장하는 것은 정당하지 못하다. 그것이 정당하지 못한 이유는, 어떤 미시사회학적 모델의 타당성은 M이라는 하나의 질문에 대답하는 그의 능력(어떤 기준들에 따라 평가할)에 종속되어 있고, 미시사회학적 모델 m은 M의 성질의 함수라는 사실과 그 주장이 모순되기 때문이다. 토크빌이 어떤 납세자들은 세금을 면제받을 수 있다는 사실에 민감하다는 가설을 가졌다는 이유로, 그가 이 세상에 관한 공리주의적 '관점'을 지녔다고 비난하는 것은 확실히 터무니없는 일이다.

합리성의 개념에 대하여

흔히 어떤 행동이 설명되는 이유는 피관찰자가 어떤 목적을 이루려고 하며, 따라서 그가 어떤 수단을 사용한다고 주장할 수 있기 때문이다. 그 말은 모든 행동이 수단과 목적의 설명도식에 복종한다는 뜻, 그러니까 좀 더 엄밀하게 말하면 이 도식으로 설명될 수 있다는 뜻일까?

분명히 고전적·합리적 모델이 적용되는 경우들이 있다. 즉 행위자가 목표를 세우고, 그 목표에 도달할 수 있는 가능한 모든 방법을 찾아볼 수 있으며, 이들 수단 중에서 가장 유리하거나 아니면 그가 선호하

---

12) 다음 책을 참조할 것. R. Boudon, *Effets pervers et ordre social*, Paris, Presses Universitaires de France, 1977, 1979(*The Unintended Consequences of Social Action*, London, Macmillan, 1982).

는 수단을 선택할 수 있을 때가 바로 그러한 경우이다. 그러나 아주 흔히 합리성은 오히려 '제한된'[13] 것으로 생각되어야 한다.

'제한된 합리성'과 관련된 상황에서 동원될 수 있는 수단의 목록을 빠짐없이 만드는 것은 불가능한 임무, 즉 비용이 너무 많이 드는 일[14]이다. 접근하기 어려운 정보를 찾는 데 너무 많은 시간을 보내는 것은 '비합리적'이다. 목적 실현을 위한 탐구는 어떤 문턱에서 멈출 가능성이 크고, 그 한계는 일반적으로 엄격하게 정의될 수 없다. 만약 이상적으로 이 한계가 이제까지 찾지 못했던 정보의 가치와 그 획득비용 사이의 비교에 따라 결정될 수 있다면, 그 가치는 대부분의 경우 평가하기 어렵다. 그 이유는 그것이 우리가 그 성질을 모르는 정보일 수도 있기 때문이다. 실질적으로 이 한계는 충동에 따라서, 직관에 대한 믿음으로 또는 권태 때문에 어느 정도 임의적으로 정해질 수 있다.

합리성 개념의 고전적인 의미에서, 합리적 결정이 가능한 행동상황이나 결정을 상상해보는 것이 어렵지는 않다. 그러나 다른 상황에서는 합리성과 비합리성의 경계가 없어져버리는 경향이 있다.

전략적 차원을 포함하는 상황에 대해서도 같은 지적을 할 수 있다. 즉 상황의 구조에 따라서 합리성은 확정적일 수도 있고 막연할 수도 있다. 두 사람의 참가자가 있는 **협동**을 요구하는 게임의 경우, 협동 개념의 성격상 거기에는 항상 **지배적인** 전략이 있다. 즉 각각의 게임 참가자에게는 게임을 하는 것이 합리적이다. 그러나 각자가 하나의 **지배적인 전략**(즉 다른 사람들의 전략이 무엇이건 간에 각 행위자는 그 전략을 선택할 이해관계가 있다)이 있는 상황과, 그 전략을 선택함으로써 행위자들

---

13) H. Simon, "Rationality and Administrative Decision Making," in *Models of Man*, New York, Wiley, 1957, Part IV, p.196부터 끝까지 볼 것.

14) L. Lévy-Garboua, "L'économique et le rationnel," *L'Année Sociologique*, 31, 1981, pp.19~47.

이 별로 유리하지 못한 결과를 가져오게 하는 상황이 존재한다.[15]

군비경쟁은 이 형태의 상황을 해설해준다. 두 국가 중 어느 국가도 상대 국가에서 비무장을 할 단호한 의지가 있다는 것을 보장하지 못하는 한, 적대상태에 있는 각각의 국가는 무장을 하지 않는 것보다는 무장을 하는 편이 더욱 낫다. 그러나 그로 말미암아 엄청난 액수의 무장비용이 드는데, 그것은 서로 무장해제를 함으로써 피할 수 있는 것이다. 이와 같은 경우 합리성의 개념은 잘못 정의되었다. '합리적으로' 행동하면서 두 적대국가는 서로 어떤 불리한 결과를 가져오는 데 기여하게 되는데, 그것은 그들이 '비합리적으로' 행동했다면 얻었을지도 모르는 결과보다 덜 유리한 것이다.

논리적 행위와 비논리적 행위에 대한 유명한 구분으로 잘 알려져 있는 파레토는 분명히 이러한 **모호한** 경우의 존재를 이해하고 있었다. 파레토는 비록 '합리적' 고려에 기반을 두고 있기는 하지만, 찾던 결과와는 다른 결과를 낳는 행위를 비논리적 행위에 포함시키고 있다.[16] A라는 기업가는 경쟁상황에 있기 때문에 다른 고객들의 주의를 끌기 위해 그의 제품가격을 내린다. 다른 기업가도 상황의 구조에 따라 똑같은 행위를 하도록 자극을 받으므로, A기업가의 전략은 실패한다. A와 B 기업가는 결국 소비자들을 위해서 싸우는 결과만 불러왔을 뿐이다. 분명히 A는 B의 반발을 예측할 수 있었다. 그러나 비록 이 반발을 내다보기는 했어도, 그는 제품가격을 내렸어야만 했다. 그렇지 않다면 B는 A의 고객들을 유혹하는 위치에 있었을 것이다. 따라서 A의 행동은 합리적이다. 왜냐하면 그 행동은 B의 예상되는 공격으로부터 그를 보호해줄 것

---

15) 게임 이론의 용어를 쓰면, 그것은 최적상태의 균형에 이르지 못하는 전략적 게임이다.

16) V. Pareto, *Traité de sociologie générale*, Lausanne/Paris, Payot, 1917. 재판은 Genève, Droz, vol. XII, 1968, §159를 볼 것.

이기 때문이다. 그러나 그 행동은 동시에 비합리적이다. 왜냐하면 A는 손해를 볼 것이기 때문이다.

A와 B 사이의 협조는 물론 이 모든 어려움을 해결할 것이다. 그러나 그 협조를 위해서는, A와 B가 시장을 점유하고 있는 유일한 기업가들이거나, 그 협조를 시도하기 위한 주동자들의 수가 아주 적어야 한다. 반대의 경우, 결국 협조는 너무 비싼 비용을 물게 하는 결과를 가져올 위험이 있다. 따라서 각 기업자가 처한 **상황의 구조**는 파레토[17]가 강조하듯이 협동에 참여하는 사람들의 수에 따라 변한다. 그들의 수가 아주 **적으면** 협조는 가능하다. 따라서 각자의 행위는 합리적이거나 아니면 '논리적'일 수 있다. 참가자의 수가 **많으면**, 각자는 함정에 빠지는 상황에 있게 될 것이다.

따라서 합리성의 개념은 특정한 상황에서만 정의될 수 있다. 바꾸어 말하면, 그 개념에 정확한 정의를 내릴 수 있는 가능성은 우리가 고려하는 **상황의 구조**에 달려 있다. 이것은 파레토가 아주 잘 간파하여 매우 정확히 말한 것이다. 내가 보기에 이 논의는 '비논리적 행위'[18]의 개념에 대해 간혹 주어지는 간단하고 흔한 해석——그 이유는 아마도 그 해석이 간단하기 때문일 것이다——을 불신하게 만들기에 충분하다. 파레토가 비논리적 행동을 주장한 것이 결코 우리가 그의 저작을, 인간의 행동은 맹목적 충동(동물적 인간)이나 또는 현실로부터 단절된 상상력(천사적 인간[l'homme-ange])에 따라 주도되는 것이라는 통속적인 형이상학적 '관점'으로 환원시키도록 만드는 것은 아니다. 게다가 오해의 정도를 측정하기 위해서는 행위에 관한 파레토식 유형론과 베버식 유형론을 비교해보는 것만으로도 충분하다. 그래서 파레토에 의해 '비논리

---

17) *Ibid.*

18) 파레토에게서는 수단과 목적의 틀을 벗어나거나 목적-수단의 관계가 부적합한 모든 행위가 '무논리적' 행위이다.

적'으로 분류된 어떤 유형의 행동들은 베버에 의해 '합리적인 것'—경우에 따라서는 '가치합리적인', 그러나 또한 '목표에 관해서도 합리적인'—으로 다루어진다는 사실을 주목해야 한다.

때때로 사람들은 합리성의 개념에 반대하면서 다음과 같이 지적한다. 즉 인간의 행동은 가끔 어느 정도 확고한 기반을 가진 표상(représentation)에 따라 지배된다는 것이다. 다리를 건설하는 기술자는 과학적으로 중력의 효과에 기반을 둔 어떤 '표상'을 비판한다. 하나의 행동방침을 선택하는 정치가도 역시 어떤 '표상'을 가지고 있다. 그러나 이 표상은 대부분의 경우 기술자의 표상보다 기반이 덜 확고하다. 경우에 따라 정치에 관한 '표상'은 '신화'의 성격을 띤다. 위의 사실을 토대로, 예외적인 경우를 제외하고는 사회적 행위자들의 행동도 '비합리적인 것'으로 간주되어야 한다는 결론을 내려야 할까?

여기에서 단어들의 의미를 이해하는 것이 중요하다. 위의 표현들이 사회적 행위자는 항상 환각상태와 착란상태에 있다는 것을 뜻한다면, 그 명제는 불필요하고 불명확한 것이다. 만약 위의 표현들이 어떤 **상황**에서, 특히 아주 불확실한 상황에서 행위자는 어느 정도 확고한 기반을 가진 표상들에 의존한다는 것을 뜻한다면, 우리는 확실히 그의 행동이 **비합리적**이라고 평가할 수 있다. 그러나 만약 합리성은 상황의 불확실성에 의해 제한된 것이고, 따라서 우리가 사용하는 합리성 개념은 합리성의 개념에 대한 **고전적** 정의와는 거리가 있다는 사실을 전제한다면, 우리는 위의 행동을 역시 **합리적인** 행동이라고 일컬을 수 있다.

대통령선거에서 어떤 후보에게 투표하는 것을 예로 들어보자. 나는 여러 후보자들의 선거공약을 듣는다. 나는 그 공약들이 실현될지, 또 어떤 방식으로 실현될지 모른다. 그것들이 실현될 것이라고 가정해보자. 나는 그것들이 바람직하지 않은 결과를 가져오지 않을지 알 수 없다. 그러면 무엇을 할 것인가? 기권할 것인가? 기권을 못할 이유는 없을 것이다. 왜냐하면 내 표는 실질적으로 큰 비중을 차지하지 못하기 때문이다.[19] 그러면 가장 성실해 보이는 사람에게 표를 던질 것인가? 아니면 내 원칙에 가장 근접한 원칙을 내세우는 후보자에게 표를 던질 것인가? 아니면 내가 속한 집단의 이익을 옹호하기로 결정한 것처럼 보이는 후보에게 투표할 것인가? 그렇게 하면 안 되나?

이 모든 행동은 어느 것이나 마찬가지로 합리적이다.[20] 더 정확히 말해서, 이 가능한 행동들을 하나의 합리성의 범주로 분류하기는 힘들다. 그리고 앞의 목록에서 언급되지 않은, 목록에서 언급한 행동들보다 **명백히** 더 합리적인 행동을 상상하기는 어려울 것이다. 만약 합리성의 개념을 넓은 의미로 생각하면, **상황의 구조 때문에** 이 모든 행동은 이른바 합리적이라고 불릴 수 있다.

선택의 문제에 직면해서 행위자는, 중력법칙과 같은 엄격함이 있지도 않고 있을 수도 없으면서 그에게 그럴듯하게 보이는 이유들에 기반을 둔 선택을 하고자 한다. 상황에 따라서 행위는 어느 정도 결정적인 이유나 강제적인 이유에 기반을 두고 이루어질 수 있다. 그러나 우리는 어떤 상황에서 **결정적 이유들**이 존재할 수 있다는 것을 상상할 수 없다. 따라서 비결정적 이유들에 입각하여 행동하는 행위자가 그렇다고 해서 비합리적이라고 불리지는 않는다. 반면 그가 다른 어떤 선택보다는 이러한 선택을 하게 될 **결정적 이유들**을 찾기를 기대할 수 없는 상황에 있다는 것을 모르는 사람은 그 행동을 '비합리적'이라고 부를 수 있을 것이다. 이 점은 실천적 중요성이 있다. 따라서 사회적 특징과 행동 사이의 상관관계가 적은 것으로 드러날 때, 그것은 흔히 이 행동이 명백한

---

19) 예를 들어 다음 글을 볼 것. Y. Barzel and E. Silberberg, "Is the Act of Voting Rational?," *Public Choice*, XVI, Autumn 1973, pp.51~58.

20) A. Downs, *An Economic Theory of Democracy*, New York, Harper, 1957.

이유를 가지고 결정을 할 수 없는 상황에 대한 반응들이기 때문이다. 상관관계의 빈약함은 소음이 아니라 신호이다. 그것은 엔트로피(entropie)*가 아니라 상황구조에 대한 정보이다.

한편 사회적 행위자가 전통(예를 들어 베버의 '전통적' 행위들)[21]들에 종속되어 있기 때문에 나타나는 행위들을 비합리적이라고 부를 수는 없는 것일까? '사회변동에 대한 (비합리적) 저항'의 경우를 지적함으로써, 그 표현이 지닌 편견과 그것이 드러내는 가장 혐오할 만한 권위주의적인 표현들 중 하나를 사용하고 있는 것은 아닐까?

그러나 아주 흔히, 어떤 관찰자가 행위자의 전통에 대한 충성이나 복종 상태를 보고 놀랄 때, 여기에서 우리가 검토할 것은 차라리 관찰자가 놀랐다는 사실이다. 핵가족이 규칙이요 규범인 나라들에서 온 서양의 관찰자들은 제3세계의 농촌 가족들이 많은 수의 자녀를 계속 갖는 것을 보고 놀랐다. 인구폭발은 집단적으로 불행한 결과를 낳고, 이것이 농촌 사람들을 계속 궁핍한 상태에 있게 하는 데 기여한다는 사실은 확실하다. 유럽과 미국 등의 발전된 국가에서는 가족 크기의 축소가 개인에게 유리한 기회를 가져다주고, 모든 것이 같다면 개인들에게 우수한 삶의 수준을 보장해준다는 것은 확실한 듯하다. 그러나 위의 두 명제에서 특정한 출산율이 항상 전통에 대한 강제적 순종을 나타낸다는 결론이 나오는 것은 아니다.

몇 가지 단순한 보기들이 이 점을 해설해줄 것이다. 인도의 어떤 지역에서 관개(灌漑)는 농민들의 사탕수수 재배를 허용했는데, 이것은

---

* 열역학의 제2법칙을 수량적으로 나타내기 위해 1865년 클라우지우스(R.J.E. Clausius)가 도입한 함수이다. 그리스어의 entrope(변화)에서 따온 말이다.

21) M. Weber, *Economie et Société*, 1re partie, Chap. 1, "Les concepts fondamentaux de sociologie," Paris, Plon, 1971(*Economy and Society*, Part I, Chapter 1, "Sociology and the Definition of Social Action," New York, Bedminster Press, 1968).

전통적 경작보다 수익률이 더 높았다.[22] 과잉생산을 피하기 위해서, 농부들의 사탕수수를 구입해주는 행정당국은 계약에 따라 각 농부에게 사줄 수 있는 최대량을 정하였다. 따라서 각각의 농업경영가는 자식 중 한 명 또는 두 명을 독립된 작은 농토에 빠른 속도로 정착하게 할 충분한 이유가 있었다. 어쨌든 농업소득이 빈약하므로 만약 농가 가족에서 한 아들이나 두 아이들이 이웃 도시에 직장을 잡고 있으면 더 안락한 수입을 얻을 것이었다. 물론 그들의 월급은 대부분 많지 않은 것이었다. 그러나 그것은 농사 수입을 보완해주는 그런 것이었다. 반면 도시에서 고용된 자식들은 농토에 남아 있는 가족 구성원들에게서 이런저런 도움을 받을 것이며, 거기에서 얻는 도움은 그들의 빈약한 월급을 보완해줄 것이다. 네 명의 아들을 거느리면(따라서 평균은 8명의 아이이다) 가족 단위는 그들 시각에서 보았을 때 아들 두 명을 거느리는 것보다는 상황에 더 잘 적응하는 것이다. 따라서 출산율을 낮출 것을 강조하는 주장은 이와 같은 유형의 사회 맥락에서는 항상 효율성이 확실하지는 않다.[23]

상황의 구조는 전통적인 대가족 모델을 강화한다. 거기에서 확실히 집단적으로 그리고 개인적으로 부정적인 결과들이 생긴다. 그러나 이러한 종류의 상황에서 핵가족[24] 모델을 선택하는 것이 개인의 이익은 분명 아니다. 그러므로 여기에서 '변화에 대한 저항'이나 행위자가 전통

22) S. Epstein, *Economic Development and Social Change in South India*, Manchester, Manchester University Press, 1962.

23) P. Berger, *Les mystificateurs du progrès. Vers de nouvelles pyramides du sacrifice*, Paris, Presses Universitaires de France, 1978(*Pyramids of Sacrifice: Political Ethics and Social Change*, New York, Doubleday, 1974).

24) 이것은 하딘이 잘 묘사하고 있는 모순의 의미이다. G. Hardin, "The Tragedy of Commons," in G. Hardin and J. Baden(reds.), *Managing the Commons*, San Francisco, W.H. Freeman, 1977.

에 대해 '비합리적' · 순종적이라는 진단을 하는 연구 관찰자는 그의 무지함만을 드러내 보이는 것이다.

마찬가지로, 그들의 학위 덕분에 사회적 지위를 얻은 교육사회학자들은 어려운 계급의 아이들이 그들의 '하위문화'나 '계급윤리'[25]에 대한 '비합리적인' 복종 때문에 학업의욕이 낮다고 흔히 생각한다. 그러나 이 행동은 관찰자 상황에서 보았을 때에만 비합리적이다. 즉 어떤 행동의 '합리성'은 **행위자** 자신의 상황에 관련지어서만 분명히 평가될 수 있다. 물론 관찰자와 행위자의 상황이 분간하기 어려울 때는 예외이다. 그러나 이 경우에는 그렇지가 않다(즉 사회계급을 존재하지 않는 것으로 생각하는 경우는 예외이다).

이 보기들에서 비합리성이라고 비난하는 것은 관찰자 쪽에서 자기중심적이거나 사회중심적인 태도를 취하는 것을 전제로 한다. 관찰자인 나는, 행위자가 자신의 이익을 위해서 해야 하는 일을 행위자보다 더 잘 본다는 것을 전제로 한다. 행위자는 그 행동을 하지 않는다. 그러므로 그는 '비합리적이다'. 그런데 어떻게 한 행위자가 이 점에서 그 자신의 이익을 위해 행동하는 데 무지할 수 있는가?[26] 어떻게 한 외부인이 당사자 자신보다 그의 이해관계를 더 잘 볼 수 있다는 말인가? 그것은 우연한 경우라고 치자. 그럴 수도 있다. 그러나 인도 농민 전체나 또는 그 농민계급 구성원들 전체가 자신의 이해관계를 보지 못하는 일이 정말 가능할 수 있을까?

물론 이 질문에 대한 세련된 대답을 상상해볼 수 있다. 그리고 소외,

---

25) A. Degenne, "Une méthodologie douce en sociologie," in *L'Année Sociologique*, 31, 1981, pp.97~124. 이 논문은 계급윤리의 관점에서 학습동기를 해석하는 대신 행위자의 상황에 따라 결정된 전략적 자원을 고려하는 해석이 더 유용할 수 있다는 점을 지적한다.

26) 아니면 그의 선호에 관해서, 일반적으로 "내가 Y보다 X를 선호한다"는 명제는 관찰자에 의해 분명히 반박될 수 있는 것은 아니다.

전통의 비중, 변화에 대한 저항 또는 허위의식의 결과들을 환기시킬 수도 있다. 그러나 그러한 완곡한 표현들을 찾아 모으고 그렇게 서로 혼돈된 개념들에만 의존하는 대신, 다음과 같은 사실을 인정하는 것이 더 간단하지 않을까? 즉 관찰자는 비록 자격은 있어도 편견을 품을 수 있고, 행위자의 상황에 대해 항상 행위자만큼 정보를 갖고 있지는 못하며, 단순히 말해 관찰자도 틀릴 수 있다는 것이다. 한편 전통의 경우, 행위자가 그것을 받아들일 때 일반적으로 그 전통은 행위자에게 특정한 의미가 있다. 즉 전통은 적응적 기능을 한다. 그 말은, 전통은 넓은 의미에서 합리적이거나 베버적 의미에서 이해할 수 있는 것이라는 뜻이다.

어떤 사회학적 분석의 미시사회학적 순간 m(S)는, 특정 상황과 관련된 어떤 행동이나 행동유형의 적응적 특징을 드러나게 한다. 이러한 사회학적 분석은 관찰자에게 상황 판단과 냉정한 판단을 위한 노력을 요구한다. 이것이 의미하는 바는, 관찰자가 상황 S를 구성하는 요인들에 관한 정보를 얻고, 그것을 외부적 대상으로 다룬다는 것이다. 그러한 작업을 했을 때에만, 그는 행위자의 행동을 '이해할' 수 있을 것이다.

우리가 보게 되듯이, 베버적 의미(내가 여기에서 복원시켰다고 생각한 의미)에서 이해는 관찰자가 행위자의 위치에 있을 수 있는 것을 전제한다. 그러나 그것은 결코 행위자의 주관성이 관찰자에게 즉각적으로 명백히 드러난다는 것을 의미하지는 않는다. 어떤 사람이 다른 사람의 처지로 들어가볼 수 있다는 것은, 그 두 사람을 시간적·공간적으로 분리시키는 거리가 무엇이든지 간에, 두 사람 사이에 존재할 수 있는 어떤 관계(공감)를 나타내 보이는 것이다. 인간과 앵무새 사이에는 존재하지 않는—또는 어쨌든 같은 정도로는 존재하지 않는—이 관계는 인간 본성이라는 개념에 의미를 부여하기에 충분하다. 그러나 이 관계는 의식들이 용해되어 우발적으로 생긴 산물이 아니라, 반대로 냉정한 판단을 내리려는 조직적인 노력의 산물이다.

사실 베버의 이해 개념은 논리학 교과서들이 '탐정식 추리'라는 표현으로 일컫는 것과 아주 유사한 접근방식을 가리킨다. 그리고 이 방법은 사실을 재배치하는 방법을 통해 직접 접근할 수 없는 개인 동기들을 재구성해보는 것이다.

'개인주의'의 개념에 대하여

이 개념 역시 혼란의 원천이다. 이 점에 대해서 베버는 여전히 분명한 입장을 취하고 있다. "사회학 역시 엄격히 개인주의적 방법을 채택해야만 한다."[27] 개인행동의 결합에서 생기고, 이 행동들 자체가 '이해되어야만' 설명될 수 있는 모든 현상 M을 이해하기 위해서는 관찰자가 행위자의 입장에 들어가볼 수 있어야 한다. 그러나 이 마지막 문장은 개인 행위자들에 관해서만 의미를 지닌다.

사실 우리는 개인들에 관해서만 어떤 행동의 심리적 상태에 대한 책임을 돌릴 수 있다. 비개인적 '주체'의 의지, 의식 또는 그것에 대한 심리학과 같은 개념을 사용할 수 있는 것은 오직 비유로만 가능하다. 계급의식과 같은 개념은 만약 그 단어에 개인주의적 의미를 부여한다면, 즉 그 개념을 어떤 개인이 자신이 속한 계급에 대해 가지고 있는 다양한 정도의 감정을 묘사하는 것으로 해석한다면 전적으로 받아들일 수 있

---

27) 막스 베버가 리프만(R. Liefmann)에게 보내는 편지(1920). 이 편지는 막스 베버가 그 무렵 널리 알려져 있던 한계효용학파의 어떤 경제학자에게 띄운 것이다. 이 편지의 문장 중 '역시'라는 말은 경제학과 마찬가지라는 뜻이다. 여기서 우리는 방법론적 개인주의가 하이에크(Hayek)와 더불어 시작된 것이 아니라는 점을 베버가 지적한 사실에 주목할 필요가 있다. 정말로 방법론적 개인주의는 19세기 말 오스트리아와 독일의 모든 사회과학분야에 큰 영향을 끼쳤다. 내가 보기에, 쿤의 견해와는 크게 다르게, 이 패러다임을 덜 중요한 것으로 만든 것은 아마도 제1차 세계대전이었다.

는 것이다. **집합적 가치의식**(conscience collective) 개념은 더욱 불확실하다. **군중의 심리** 같은 표현은 거추장스럽고 형이상학적인 부담을 지는 개념인데, 그것 자체가 또한 의심스러운 표현법에 기반을 두고 있다. 군중(la foule) 속에서, 개인은 용해될 것이다. 그러므로 집단적 행동의 주체는 집단일 수밖에 없다.

군중 속에서 개인은 즉각적으로 다른 사람의 통제 아래에 있고, 개인의 자율성은 잠정적으로 제한되어 있다는 것은 거의 의심할 여지가 없다. '군중 속에 있는 것'과 '어떤 응접실에 있는 것'은 분명히 다른 두 상황이다. 그리고 같은 개인일지라도 그 상황에서 다르게 행동할 가능성이 있다. 위의 사실을 토대로 첫 번째의 경우 개인은 그의 자율성과 개성 그리고 주관성을 잃으며, '그렇게 됨으로써' 주관성이, 상급기관인 군중(la Foule)에게로 이전되어야 한다고 결론을 내려야만 하는가?

다른 개념(변화에 대한 저항, 전통의 비중 등)들과 마찬가지로, **군중심리**라는 개념의 실상은 관찰자의 환상과 근심과 정신상태에서 나오는 것이다. 이 개념들은 관찰자가 연구하려는 대상에 관해서라기보다는 관찰자의 주관성에 관한 정보들을 준다. 예컨대 군인들은 '한 사람이 걷는 것처럼' 행동한다. 따라서 그들은 그들의 결정권, 자율성, 더불어 그들의 개성을 집단에 양도했다. 그들은 최면상태에 있다. 그리고 신기하게도 그 최면상태는 해산명령이 주어지자마자 당장 멈출 것이다.[28]

물론 여기에서 영향력, 권위 또는 카리스마와 같은 현상들을 부정할 생각은 없다. 그러나 이러한 현상들이 행위자의 수동성이라든가 아니면 조작을 당하게 되는 행위자의 기본적 능력의 표시로 여겨져서는 안

---

28) 이것이 르봉(G.Le Bon)의 해석이다. G. Le Bon, *La psychologie des foules*(민문홍 · 강영숙 옮김, 『군중의 심리』, 학문과사상사, 1988). 이 해석은 모스코비치에 의해 다시 계승되었다. S. Moscovici, *L'âge des foules*, Paris, Fayard, 1981.

된다. 오히려 영향력과 같은 현상은 행위자가 의도를 가질 수 있는 주체로 여겨야만 이해될 수 있다. 예를 들어 앞에서 언급한 의사는 자기 동료의 영향력을 받아들이기를 동의한다. 왜냐하면 그는 자기 동료가, 그가 처한 어떤 결정상황에서 자신을 위해 중요한 정보를 소유하고 있다는 것을 알기 때문이다. 따라서 제한된 경우를 제외하고는, 영향력과 권위는 암시나 최면과는 별 관계가 없는 현상이다. 이 현상들에 관한 '최면적' 해석은 단지 관찰자의 편견만을 보여줄 뿐이다.

마찬가지로 인도의 농부들이 가족의 수를 줄이거나, 어려운 계급의 자녀들이 학업과 관련된 의욕을 증진시킬 것을 애타게 바라보고 있는 관찰자는, 이들의 의식이 전통의 억누름이나 계급윤리에 따라 변질되었다고 주장할 것이다. 그러나 그들 개념들의 기반이 관찰자의 사회중심적(sociocentrique) 환상에 근거하고 있다는 사실을 손쉽게 간파하기 위해서는, 베버가 논의하는 집합적 개념(Kollektivbegriffe)[29]을 대충 이해하는 것만으로도 충분할 것이다.

여기에서 중요한 여담 하나를 소개할 필요가 있다. 방법론적 개인주의의 개념이 흔히 마주치는 오해는 대체로 고전적 개념인 공동사회(Gemeinschaft) 개념에서 간혹 빌려오는 과장된 결과로부터 비롯된다. 공동사회와 이익사회(Gesellschaft)를 구분함으로써 퇴니스(Tönnies)는 한 가지 자명한 사실에 주의를 환기시키려 했다.[30] 즉 개인들 간의 상호 의존이 더 밀접한 사회적 맥락이 있고, 그렇지 못한 사회적 맥락이 존재한다는 것이다. 예를 들어 우리는 대도시보다는 시골 마을에서 다른 사람들의 시선이나 감시를 더 많이 받게 된다는 것이다.

---

29) 리프만에게 보내는 편지(1920).
30) F. Tönnies, *Communauté et société*, Paris, Retz, 1963.

그 구분은 뒤르케임에 의해 다시 받아들여졌고, 레드필드(Redfield)와 다른 학자들에 의해 여전히 받아들여지고 있다.[31] 이 구분은 점차 사회학 교과서들에서, 초보 기하학 교과서에서 피타고라스의 공리가 차지하는 것과 같은 지위를 얻게 되었다.

그러나 퇴니스의 예는 유감스러운 결과들을 낳았다. 즉 공동사회에서 개인은 용해되어 있고, 그 자체로서의 개인은 존재하지 않을 것이며, 개인 안에서 표현되는 것은 집단이라는 것이다. 촌락**공동체사회**를 지배하는 만장일치나 합의에 관한 생각이 그 증거이다. 따라서 개인은 즉각적으로 얻을 수 있는 자료가 아니라 어떤 특정한 사회형태, 정확하게 공동사회의 개념에 대립되는 이익사회와 관련된 개념이다. 한편 개인주의는 이익사회를 특징짓는 이데올로기라는 것이다.

이 모든 논리적 결론은 정확히 말해서 그 어느 것이건 반박되기 쉬운 것들이다. 시골 마을에서 개인이 감시상태에 있다는 사실은 그의 개성이 공동체에 용해되어 있다는 것을 의미하지는 않는다. 아시아의 어떤 마을에서 마을 사람들이 만장일치로 결론을 내린다는 사실이 반드시 합의를 전제하는 것은 아니다. 그것은 반대로 불신의 표시일 수도 있다. 그리고 이 불신은 상호 의존의 결과이다.

이 해석이 하나도 모순되는 점이 없다는 것을 알기 위해서는 만장일치 규칙의 의미를 성찰해보는 것만으로도 충분할 것이다. 사실 만장일치에 따른 집단적 결정을 내리는 데 찬성하는 것은, 그 자신과 또 그 대신 타인에게도 거부권을 요구하는 데에 의견의 일치를 보았다는 것을 의미한다. 그러므로 여기에서 거부권은 집단결정에서 개인의 비중을 극소화하는 것이 아니라 **극대화**하는 것이다. 왜냐하면 거부권은 각 개

---

31) R. Redfield, "The Folk Society," *American Journal of Sociology*, LII, 4, 1947, pp.293~308.

인에게 다른 모든 사람들이 바라는 결정을 멈추게 할 권한을 부여하기 때문이다. 따라서 만장일치를 요구하는 것이 반드시 합의를 논증하는 것은 아니다. 이것은 마치 만장일치는 오랜 '협의'를 통해서만 이루어 질 수 있다는 사실이 가르쳐주는 것과 마찬가지이다.

한편 공통적 가치에 엄격하게 동의하는 것이 이른바 개인적 의견을 무시하는 것은 아니다. 오히려 그것은 사회통제의 효율성과 집단성원 들 사이의 높은 정도의 상호 의존성을 보여준다. 마찬가지로 전통주의 와 전통적 촌락공동체의 빈약한 기술혁신 능력이 반드시 그 사회성원 들이 특정한 집합적 모델에 강제로 애착을 느끼고 있는 표시인 것만은 아니다. 오히려 우리는 거기에서 대부분의 경우 개인 사이의 높은 정도 의 상호 의존성의 결과를 보아야 할 것이다. 아주 단단한 상호 의존 체 계에서 결국 모든 사회적 혁신은 외부적 결과, 즉 경우에 따라서는 타 인에게 해로울 수 있는 결과를 가져올 가능성이 있다. 그와 마찬가지로 이미 베트남 촌락들의 경우를 특별한 예로 들어 언급했듯이, A농부 밭 의 수확의 증가는 다른 농부의 이삭줍기를 통해 얻을 수 있는 수확을 감소시킬 수 있다.[32] 여기에서부터—이것은 우리로 하여금 앞의 예를 다시 돌아보게 한다—집단결정체제에 참여하는 각자는 거부권에 관 심을 갖게 되는 것이다.[33]

퇴니스의 구분에서 얻는 필연적 결론들은 의심스럽고 위험하다. 왜 냐하면 그 결론들은 공동사회와 따뜻하고 조화로운 낭만적 전통의 공 동체 사이에 혼동을 주기 때문이다. 상호 의존의 정도 또는 사회통제의 효율성과 엄격성이 어떤 사회형태에서 또 다른 사회형태로 바뀜에 따

---

32) S. Popkin, *The Rational Peasant*, Berkeley, University of California Press, 1979.

33) J. Buchanan and G. Tullock, *The Calculus of Consent*, Ann Arbor, University of Michigan Press, 1962, 1965.

라 변할 수는 있다. 그러나 개인들이 공동사회의 열기 속에 용해되고, 개인 자격으로는 이익사회에서만 존재한다는 것은 별개의 문제이다. 첫 번째 명제는 받아들일 수 있고 분명하며 사실이 뒷받침된 구분이다. 그리고 그 명제는 인식을 위한 가치가 있다. 두 번째 명제는 현실사회들에 유토피아적 시각을 투사한 것이다. 즉 그 명제는 지식에 봉사한다기보다는 지식의 발전을 저해한다.

따라서 우리가 흥미를 느끼는 사회형태가 무엇이든 간에, 우리는 베버가 논의하는 집합적 개념을 추방하고, 우리가 설명하려는 집합적 현상들을, 그것을 구성하는 개인행동들에까지 학문적으로 가져가볼 필요가 있다. 그것이 마르크스주의적 전통이 소중히 여기는 '아시아 촌락들'에서 엄격히 적용되고 있는 집단결정을 분석하건, 프랑스혁명 이전의 농업의 저개발을 분석하건, 산업사회들에서 사회이동을 다루건 아니면 또 다른 주제를 다루건 간에, 이 명제는 타당한 것이다.

또 한편, 시간과 공간에서 관찰자와 행위자를 나누어놓는 거리가 어떠하든 간에, 만약 관찰자가 행위자의 사회적 환경을 특징짓는 조건들에 관한 충분한 정보만 있다면 그는 행위자를 항상 이해할 수 있을 것이다. 여기에서 한 가지 사실을 반복할 필요가 있다. 이해한다는 것은 행위자의 감정과 비슷한 감정을 체험하려고 애쓰는 것이 아니다. 그러한 작업은 미리 실패할 것이 자명하며, 어찌됐든 입증할 수 없는 일이다. 베버적 의미에서 이해한다는 것은 행위자의 상황과 그의 동기와 행위들 사이에 관계를 세우는 것이다. 그것은 관찰자가 자기도 같은 상황에 있었다면, 틀림없이 행위자처럼 행동했을 것이라고 결론을 내릴 수 있는 것—그리고 그의 독자가 결론을 내리도록 설득할 수 있는 것—을 의미한다.

수입을 늘리기 위해 이삭줍기를 하는 촌락 사람은, 가능한 한 빠짐없이 수확물을 거두려는 이웃의 행위가 자신에게 가져올지도 모르는 외적 효과를 피하기를 원할 것이며, 따라서 거부권 행사를 정당한 것으로 여기는 것을 우리는 이해한다. 새로운 약품 사용의 위험들을 의식하고 자기가 신뢰하는 동료들에게서 정보를 얻으려고 노력하는 우리 이웃에 사는 의사의 행동처럼, 우리는 공간적으로 그리고 '문화적으로' 멀리 떨어진 위의 촌락 사람의 행동도 이해할 수 있는 것이다.

한 사람은 공동사회에 속하고 또 다른 사람은 이익사회에 속한다는 사실은 관찰자의 이해능력에 **아무런 영향력**도 미치지 못한다. 게다가 관찰자는 두 번째 경우보다는 첫 번째 경우에 특히, 관찰된 대상에 그가 자신의 상황에서 빌려온 요인들을 투사하지 않도록 조심해야만 할 것이다. 사실 잘못된 분석은 반박하기가 어려우며, 따라서 두 번째 경우보다는 첫 번째 경우에 그 학문적 권위를 강조할 가능성이 더 크다.

독일 고전사회학파(베버·짐멜)에 의해 강조되어온 이 원칙들은 일반적으로 '방법론적 개인주의'라고 불린다. 우리가 보았듯이 그 원칙들은 어떤 특정한 '미시사회학 모델'을 배제하지도, 또 가정하지도 않는다. 경우에 따라 적절한 모델은 '공리적'일 수도, '인지적'일 수도 그리고 '전략적'일 수도 있다. 단지 그들이 요구하는 것은 **행위자가 처한 상황**에서 그 행위 주체자의 행동이 갖는 의미를 찾는 것이다. 바꾸어 말하면, 이 행위의 적응적 가치를 찾아보는 것이다. 한편 그 원칙들은 어떠한 **원자론적** 접근도 암시하지 않는다. 왜냐하면 그 원칙들은 결코 영향력과 권위 같은 관계적 현상을 배제하지 않으며, 비록 상황 자체가 부분적으로 거시사회학적 변수들에 따라 결정되기는 하지만, 행위자의 행동을 상황과 관련지어 이해할 것을 주장하기 때문이다.

개인행동들의 집합

어떤 개인들 전체가 m이라는 행동을 했을 때, 거기에서 집합적 효과인 M이 생긴다. 또 마찬가지 의미에서 새롭게 나타나는 효과, 구성효과 또는 그 결과가 집합적으로나 개인적으로 부정적 가치가 있으면, 사악한 결과라는 표현을 쓸 수도 있다. 앞의 상징체계에서 'M'은 집합적 효과를 나타내고, 'M( )'은 집합적 활동을 가리킨다.

때때로 개인의 행위나 행동의 집합에서 생겨나는 결과들은 직관적으로 분명히 드러날 수도 있다. 예를 들어 어떤 한두 가지 이유 때문에 개인들은 어떤 상품의 가격이 오를 것이라고 믿는다. 그로써 수요가 쇄도하게 된다. 그리고 경우에 따라 상품 부족현상이 나타나든지 물건값이 오르게 된다. 이 현상들은 집합적 결과이며 그것을 명확히 밝히는 것은 어렵지 않다. 마찬가지로 토크빌이 묘사하는 지주들의 행동에서 18세기 말 프랑스 농업의 상대적 낙후라는 역사적 중요성을 지닌 집합적 결과가 생긴다. 이 모든 결과는 그 자체로는 물론이거니와 어떤 사람에 의해서도 추구되지 않던 것들이다. 그러나 그것들은 다른 어떤 '힘'에서 나오는 것이 아니라, 어떤 목표들을 달성하려는 각 개인의 의사에서 비롯된 것이다.

흔히 집합적 결과들은 직관적으로 분명히 이해될 수 없다. 더 정확히 말해서, m을 이해하기 위해 M을 결정하는 것은 정보를 얻으려는 노력이나 주의 깊은 분석을 필요로 한다. 앞에서 우리는 의약품의 확산과정에 대한 분석을 언급함으로써 이러한 종류의 예를 보여주었다. 모든 의사들이 새로운 의약품을 채택하기 전에 자기 동료에게서 정보를 얻으려 할 때, 그 과정은 시간이 지남에 따라 S곡선 형태를 띠어야 한다는 것이 금방 이해되지는 않는다. 반대로 어떤 확산과정이 S 형태를 띨 때, 이 거시사회학적 현상이 개인들 간의 영향력에 대한 미시사회학적 과정을 나타낸다는 것도 즉각적으로 자명한 것이 아니다. 우리의 직관은 'S곡선'이 나타내는 수학적 형태와 영향력의 미시사회학적 메커니즘 사이에 즉각적 관계를 세울 수 있는 능력이 없다.

이 장을 끝내면서, 나는 비직관적인 집합적 결과의 몇 가지 다른 예들을 다시 언급하는 것으로 만족하고자 한다. 나는 그것들을 뒤죽박죽인 상태로 소개하고자 한다. 왜냐하면 그 수는 무한정이며, 그것을 분류하는 것은 어렵고 쓸모없는 일이기 때문이다. 따라서 여기에서는 간단한 소개에 그치려 한다. 왜냐하면 뒤이어 수많은 집합효과들이 자세히 분석될 것이기 때문이다.

① 만약 생산자들이 그들의 생산품에 대해 전에 시도된 가격과 상대적으로 비슷한 가격을 예상하는 경향이 있다면, 그것을 토대로 가격에 대한 상승적이고도 주기적인 변화가 예상될 수 있을 것이다.[34]

② 만약 각자가, 그의 이웃들 중 절반이 그와 같은 범주집단의 환경에 속하기를 바란다면, 그것을 토대로 각 개인의 거의 모든 이웃들은 그와 같은 범주집단에 속할 것이다. (소수는 아니더라도) 온건한 개인들의 요구의 집합은 대체로 이 요구들을 넘어서고, 또 그 요구들을 풍자거리로 만드는 격리효과를 낳는다.[35]

③ 각자의 기회가 객관적으로 늘어나면, 그로써 집단 불만족 상황이 증가할 수 있다. 어떤 상황에서 그리고 어떤 가설들에 따르면, 각 개인은 그가 가질 수 있는 것보다 더 **기대하도록** 자극받는다.[36]

---

34) 이것은 거미집 공리이다. 그것에 의하면, 주기적 효과는 관련된 변수들이 어떤 가치를 지닐 때만 생긴다.

35) T. Schelling, *La tyrannie des petites décisions*, Paris, Presses Universitaires de France, 1979(*Micromotives and Macrobehavior*, New York, Norton, 1978).

④ 집단적 선호가 변하지 않는데도, 개인적 선호는 서로 모순되지 않거나, 좀 더 분명히 말하면 변화할 수도 있다[37] (만약 내가 B보다 A를 좋아하고 C보다 B를 좋아하면, 나는 역시 C보다 A를 좋아하는 것이다).

⑤ 사회적 기원에 따라 학업수준의 불평등이 더 커지고 학력수준에 따라 사회적 지위의 불평등이 더 커지면 커질수록, 세대간의 사회적 상속은 더 뚜렷해진다. 그렇지만 사회적 상속이 완화되는 결과를 가져오지는 않더라도 하층계급의 학업수준은 상층계급의 학업수준에 접근할 수 있다.[38]

⑥ 학업수준은 사회적 지위에 큰 영향을 끼칠 수 있지만, 사회이동에는 아무 영향도 끼치지 못할 수 있다. 내 사회적 지위는 내 학업수준에 크게 의존할 수 있다. 그러나 그것으로부터, 집합적 수준에서 그 자신의 출신 가족과 연관시켜보면, 한 개인의 학업수준과 그의 상승이동, 하강이동 또는 수평이동할 가능성 사이에는 연관관계가 거의 나타나지 않는다.[39]

⑦ 만약 어떤 전염병이 사라지면 각 개인은 백신을 맞는 불편함을 피하려 한다. 그 결과 그 질병은 다시 나타나는 경향이 있으며, 다시 백신을 맞음으로써 그 질병을 사라지게 할 수 있다. 병이 회귀하는 주기적 성격은 어느 누구도 원했던 것이 아니다. 그것은 각 개인의 병과 치료

---

36) R. Boudon, "La logique de la frustration relative," in *Effets pervers*, *op. cit.*, pp.131~155.

37) 이것이 콩도르세의 모순이다. 다음 글을 참조할 것. G. Th. Guilbaud, "Les théories de l'intérêt général et le problème logique de l'agrégation," *Economie Appliquée*, V. 4, 1952, pp.501~551. 이 글은 다음 책에 다시 수록되었다. G. Th. Guilbaud, *Eléments de la théorie mathématique des jeux*, Paris, Dunod, 1968, pp.39~109.

38) R. Boudon, *L'Inégalité des chances*, Paris, Colin, 1973, 1978.

39) R. Boudon, *ibid.* 이것이 앤더슨(Anderson)의 패러독스이다. 다음 책을 참조할 것. C. Thélot, *Tel père, Tel fils*, Paris, Dunod, 1982.

174

에 관한 이해할 수 있는 태도에서 생겨난 것이다.

⑧ 공급과 수요가 일치하지 않는 경우를 예로 들어보자. 어느 시점 t 에서 의사의 부족이 확인된다. 여론은 이것에 민감해지고, 젊은이들은 의과대학으로 몰려든다. 학생들이 아직 의료계에 발을 들여놓지 않았 기 때문에 이듬해에도 의사의 부족은 지속된다. 젊은이들은 계속해서 의학을 공부한다. 그러나 마지막 주기에 의사의 수가 넘치고 있음이 드 러난다.

⑨ 나선형의 집합적 효과의 예: 어떤 유형의 학교와 지역과 회사와 정당에서 상황이 나빠지면, 요구조건이 많은 개인들은 다른 학교와 지 역과 다른 기업과 다른 정당을 향해 떠난다. 남아 있는 사람들은 궤도 수정을 위해 행동하기를 좋아하지 않는 사람들이므로, 거기에서 새로 운 상황의 쇠퇴와 새로운 탈출 그리고 그 상황 훼손의 새로운 효과가 나타난다.[40]

⑩ 집합적 효과로서의 지적 복종주의: 자신의 역할 덕분에 정상적으 로 영향력과 위세를 찾는 지적 생산가는, 그에 대한 논의에 관심을 쏟 는다. 이미 알려진 생각들을 자랑스럽게 소개하고 '여론'의 어떤 부분 의 열정을 북돋워주는 것은, 그 저자의 저작형태가 충분한 독창성이 있 기만 하다면 좋은 전략이다.[41]

---

40) A. Hirschman, *Face au déclin des entreprises et des institutions*, Paris, Editions ouvrières, 1972(*Exit, Voice and Loyalty: Responses to Decline in Firms, Organizations and States*, Cambridge, Mass., Harvard University Press, 1970).

41) R. Boudon, "The Freudian-Marxian-Structuralist(FMS) Movement in France: Variations on a Theme by Sherry Turkle," *Revue Tocqueville*, II, 1, Winter 1980, pp.5~24; "L'intellectuel et ses publics: les singularités françaises," in J.D. Reynaud and Y. Grafmeyer, *Français, qui êtes-vous?*, Paris, Documentation française, 1981, pp.465~480.

⑪ 주어진 어떤 순간에 하나의 표본에 속하는 개인들의 월급을 관찰해보면, 그것은 어떤 연령까지는 증가하고 그다음에는 감소하는 것처럼 나타난다. 그러나 이 집합적 결과는 관련된 모집단에서 월급은 생산활동기간 동안 계속 규칙적으로 증가한다는 사실과 양립되지 않는 것은 아니다.[42)]

따라서 M = M(m)이라는 집합적 효과를 분명히 하는 작업이 항상 문제 없이 진행되는 것은 아니다. 그 작업은 어느 정도 장기간에 걸친 훈련을 전제로 한다. 미분을 푸는 것을 배워야 하듯이, 이 작업은 인간 정신에 '자연스러운' 것이 아니다. 이 작업을 배우는 가장 좋은 방법은 물론 스코틀랜드의 도덕철학자에서 독일의 변증법론자 그리고 현대의 특정한 경제학자 · 정치학자 · 사회학자에 이르는 저자들을 자주 접하는 것이다. 그들이 그 현상을 표현하기 위해 사용했던 용어들('변증법' '기대하지 않았던 결과들' 등)이 무엇이었든 간에, 이 학자들은 개인행동의 **집합적 효과**에 관한 중요한 개념에 민감한 반응을 보여왔다.

집합효과의 해체현상에 관해서 반대의 작업이 논의될 수 있다. 그 작업의 목적은 집합적 현상 M에 책임이 있는 미시사회학적 모델을 찾는 것이다. 첫 번째 작업에 대칭되는 동시에 보완적인 이 작업은 마찬가지로 동어반복의 위험에 빠질 수 있다. 그렇지만 그러한 시도—옮겨놓기 작업—는 항상 존재하는데, 왜냐하면 그것은 미시사회학적 수준에서 거시사회학적 자료들을 모방하는 것이기 때문이다. 즉 M이라는 어떤 현상이 생기는 이유는, 개인들이 그러한 현상의 생성에 참여했기 때문이다. 이것은 어떤 때는 사실일 수 있다. 그러나 그러한 경우 우리는 사회

---

42) C. Baudelot, *L'évolution individuelle des salaires*, 1970~75, Collection de L'INSEE, série M, octobre 1983.

과학의 도움이 거의 필요 없다. 행위자들이 M이라는 현상을 생산하기 위한 그들의 의사를 분명히 보여주지 않을 때, 우리는 가끔 그들이 그 것을 무의식적으로 바라고 있다고 가정한다.

그러면 왜 그들의 무의식은 그들의 의식이 지각하지 못하는 결과를 원하는 것일까? 사회과학의 어떤 개념들——변화에 대한 저항, 전통의 비중, 가치의 내면화, 아비튀스(habitus)*——은 이 질문에 대한 간단한 대답을 줄 수 있다. 그러나 이 대답은 일반적으로 동어반복이다.[43] 예컨대 어떤 거시사회학적 성격의 지속은 개인들의 '변화에 저항하려는' 의지 때문이라고 주장하는 것은 사실 하나도 설명한 것이 아니다. 이 책의 제5장에서 우리는 자본주의의 발전에 관한 베버의 논의에서 이러한 언어전환(transposition)의 문제를 상세하게 논의할 것이다.

사회변동이 개인행동들의 집합에 의해 설명되어야 한다고 보았을 때 (다른 무엇에 의해 그러한 현상이 생길 수 있다는 말인가?), 사회변동 이론들에 의해 정의된 프로그램에서 무엇이 남을까? 이것이 우리가 다음 장들에서 자세히 검토하려는 질문이다.

내가 방금 언급한 '행위의 사회학'[44]의 원칙들은 소집단이나 조직에

---

* 프랑스 네오마르크스주의 사회학자 피에르 부르디외(Pierre Bourdieu)가 쓰는 용어로, 현대 자본주의사회에서 지배계급의 재생산을 가능하게 하는 컴퓨터의 프로그램에 준하는 사회심리학적 메커니즘을 가리킨다. 부르디외는 이 메커니즘의 존재 때문에 피지배계급이 그들에게 불리한 사회질서를 무의식적으로 받아들인다고 주장한다.

43) 다른 곳에서와 마찬가지로 여기에서도, 옛 생각은 흔히 새 옷 뒤에 숨고, 그 새 옷이 강조한 환상이 완벽할 수도 있다는 점을 주목하는 것은 중요하다. 콩트가 '퇴보적'(rétrograde)이라고 말한 곳에서 1950년대의 사람들은 '반동적'(réactionnaire)이라고 말한다. 그리고 1970년대나 1980년대에 그것은 '변동에 대한 저항'이라고 불렸다. 또 1950년대에 '의식의 반영'(conscience reflet)이라고 불렸던 것이 1980년에는 '아비튀스'(habitus)라고 불린다. 그러나 이 두 표현은 근본적으로 같은 것이다. 왜냐하면 두 용어는 개인과 사회 사이에 내재하는 기본적인 관계를 가정하기 때문이다.

도 일반적으로 적용된다. 이 경우 우리는 아주 흔히 그리고 별다른 논의 없이, '사회체계'는 개인주의적 방법에 기반을 두고서만 분석될 수 있다는 사실을 인정한다(조직을 다룰 때조차도 방법론적 전체주의적 시각을 유지하는 네오마르크스주의자들의 경우는 예외이다). 반면 '조직' 수준보다 더 복잡한 수준의 사회변동의 경우, 이 원칙들은 비록 위험한 것으로 생각되지는 않으나 흔히 쓸모없거나 효과적이지 못한 것으로 생각된다. 나는 여기에서 오직 어떤 특정한 조직에 관심을 기울이는 것이 아니라, 전체로서의 사회에 관심을 두는 **거시사회학적** 변동에만 관심을 기울이려 한다. 이 수준에서도 역시, 개인주의적 방법론이 추천할 만하다는 것이 내가 여기에서 최소한으로 펼치려는 논지 (thèse)이다.

이 장을 마치면서, 나는 지금의 사고틀 속에서 내가 완벽하게 발전시킬 수 없었던 하나의 생각을 소개하고자 한다. 내가 이미 앞에서 지적했듯이, 니스벳은 자신의 책 『사회학적 전통』에서 사회학은 계몽철학에 대한 낭만주의적 반발이라는 토양 위에서 발전했다는 주장을 펴고 있다. 사실 이 주장은 프랑스 사회학 전통(콩트 · 뒤르케임)에는 잘 적용된다. 그러나 독일 전통(베버 · 짐멜), 이탈리아 전통(파레토 · 모스카) 또는 미국 전통(파슨스 · 머튼) 아니면 콩트의 영향력을 벗어난 프랑스 전통의 사회학 일부(토크빌)의 경우, 우리는 반대로 거기에서 계몽철학으로부터 나온 개인주의적 방법론에 대한 끊임없는 참조를 확인한다.

여기에서 다음과 같은 사실을 이해하는 것이 중요하다. 즉 행위의 사

---

44) 모든 혼동을 없애기 위해 내가 여기에서 사용하는 '행위의 사회학'이라는 개념은 알랭 투렌(Alain Touraine)이 사용하는 같은 개념과 동음이의어라는 점에 주목할 필요가 있다. 투렌에게서 '행위의 사회학' 개념은 '역사성'을 담지하는 것으로 가정되는 '사회운동들'에 관한 분석을 가리킨다.

회학들이 경제학과 거리를 두었을 때 논란이 되었던 것은 개인주의적 원칙에 관한 것이었다. 그 논의는 한편으로는 사회적 행동을 설명하는 데서 이해관계의 역할에 관한 것인데, 사회학자들은 그것을 무시하지는 않으면서 경제학적 전통과 비교하여 그것의 중요성을 상대화시켰다. 또 한편으로는 행위의 합리성 개념에 관한 논의인데, 행위의 사회학자들은 그 의미를 확장시켰다. 이제부터 내가 보여주려는 사례들은 구체적인 연구작업 속에서 드러나는 행위의 사회학의 두 가지 흐름을 충분히 설명해줄 것이다.

제3장 사회변동의 법칙들: 법칙 추구적 편견

칼 포퍼는 『역사주의의 빈곤』에서 "A이면 B"라는 형태의 조건적 법칙을 "A 다음에 B 다음에 C"라는 형태의 연속적 법칙과 비교한다. 그에 따르면, 오직 첫 번째 유형의 법칙들만 과학적이다. 사실 물리학자는 항상 다음과 같은 형태, 이를테면 "이러한 조건 속에서는 이러한 사건이 일어날 것이다" "만약 이러한 사건이나 현상이 나타나면 또 다른 현상이나 사건이 연속적으로 일어날 것이다"의 명제들로 결론을 맺는다. 반면 우리는 결코 물리학자가 "A라는 사건이 등장하면, B가 따라서 나타날 것이고, 또 C가 나타날 것이다"라는 명제를 주장하는 것을 보지 못한다. 이것은 물리학자의 경우에는 사실이다.

그러면 천문학자의 경우에는 어떠한가? 그는 별들의 변화에 대해 '연속적 법칙'을 언급하고 있지는 않은가? 즉 그는 별들이 지나갈 것으로 생각되는 궤도의 단계를 말하고 있지는 않은가? 그리고 생물학자의 경우는 어떠한가? 어느 누구도 생물학자가 살아 있는 생물체에 대해서 그들의 성장 법칙을 진술할 권리를 부정하지는 못할 것이다. 심리발달 법칙을 진술하는 심리학자(피아제[J. Piaget]의 저작들 참조)의 권리는 그 자체가 인정되어 있다. 따라서 비록 사회체계에 대해 그러한 법칙을 세울 수 있는 가능성에 심각한 이의를 제기할 수는 있다고 할지라도, 우리는 연속적 법칙들의 과학적 성격을 **절대적으로** 부정할 수는 없을 것이다.

포퍼의 구분에서 나타나는 또 다른 어려움은, 사회과학에서 '연속적 법칙'은 흔히 '조건적 법칙'의 묵시적 또는 명시적 결과라는 사실에 있다. 조건적 법칙이 타당할 수 있고, 과학적 근거를 가질 수 있다고 가정해보자. 그러면 거기에서 연속의 법칙도 마찬가지로 과학적 근거를 가질 수 있다는 결론을 끌어낼 수는 없는가? 이러한 논리에 따라 파슨스는 현대 가족이 핵가족이라고 주장한다. 그런 주장을 함으로써 그는 진화적 법칙을 진술하고 있다. 그러나 이 법칙은 그 자체가 다음과 같이 표현할 수 있는 조건적 법칙에 기반을 두고 있다. 즉 사회·직업구조의 근대화는 전통적 대가족 모델을 조금씩 해체시키는 결과를 가져온다는 것이다. 마찬가지로 로스토의 성장단계의 법칙도 조건적 법칙에 의존하고 있다. 예를 들어 한 강력한 산업부문이 발전하면, 그것은 누진적 과정을 일으키는 연쇄반응 메커니즘을 가져온다는 것이다.

마찬가지로 망드라스(Mendras)[1]는 최근 그의 저서 『농민의 종말』에서 이제까지 도시·산업 문화와 비교해볼 때 커다란 독창성을 지녔던 농촌 하위문화의 종말을 예고했다. 여기서 '농민의 종말'이라는 표현은 하나의 경향이나 연속적 법칙을 가리키는 것이다. 그러나 이 법칙은 조건적 관계들의 전체에 기반을 두고 있다. 즉 기술혁신은 농민들의 부채를 증가시켰고, 따라서 그들을 금융시장에 종속시켰다. 또 시장에 제공되는 농산물 양의 증가는 농민의 생활수준이 농산물 가격에 더 예민한 반응을 보이게 만들었다. 따라서 농민은 조직적으로 정부 당국에 압력을 가하기 위해 싸우는데, 그 이유는 신용조건과 농산물 가격은 부분적으로 정부 당국에 의존하기 때문이다. 위의 연쇄작용의 결과로 농민은

---

1) H. Mendras, *La fin des paysans*, Paris, Sedeis, 1967.

계산하고 돈을 빌리며 그의 농업 경영을 근대화하게 된다. 그리고 투쟁하고 '정치생활'에 관심을 가지며, 그렇게 함으로써 이전의 고립과 문화적 독창성을 거부하게 된다.

그러므로 우리는 포퍼가 조건적 법칙과 연속적 법칙 사이를 구분한 것을 아주 엄격하게 주장할 수는 없다. 흔히, 두 번째 법칙은 첫 번째 법칙에 근거를 두고 있다. 우리가 "A이면 B이다"라는 조건적 법칙의 타당성을 확신하며, A가 일어날 것이라는 사실을 믿고 있다고 가정해보자. 이 경우 "A 다음에 B이다"라는 연속적 법칙은 "A이면 B이다"라는 조건적 법칙에서 기계적으로 나올 것이다.

따라서 사회과학의 영역에서 조건적 법칙을 타당하게 하는 조건을 더 자세히 검토하는 것이 중요하다. 우리가 이미 지적했듯이, 포퍼는 그러한 법칙을 찾는 것이 자연과학에서와 마찬가지로 사회과학에서도 정당하다고 주장한다. 그리고 그러한 법칙의 추구가 모든 사회변동이론의 주된 목적, 사실을 말하자면 가능한 유일한 목표라고 주장한다. 그렇다면 이것은 과학적 지식의 진정한 목표가 보편적 타당성을 지니는 경험적 명제들을 생산해내는 것이라고 믿는 하나의 편견, 즉 **법칙 추구적 편견**이 아닐까? 이 장에서는 이 명제를 논의해보려 한다.

일반적인 조건적 법칙

A와 B의 두 요소가 "A이면 B이다"라는 조건적 법칙에 따라 관련을 맺게 되면, A 요소는 관련된 행위자들이 집합적으로 B를 낳게 하는 행동을 하게 만든다. 앞 장의 도식에서 만약 $B=MmS(M', A)$라면 조건적 법칙은 관찰될 수 있다. 즉 행위자들의 상황은 M'라는 거시사회학적 변수들에 의존한다. 그러나 그 상황은 또한 A에 따라 영향을 받는데, 다시 미시사회학적 행동들 m은 A에 의존하는 것이다. 반면 B는 미

시사회학적 행동들 m의 집합에서 생겨난다. 따라서 A와 B에 의존하는 상황 S의 구조는 그 자체가 A에 의존한다. 이것을 우리는 다시 한 번 "A이면 B이다"라는 명제로 요약할 수 있다.

그러나 여기에서 우리가 즉시 주목해야 할 중요한 사실은, 일반적인 경우 A는 B의 필요조건도 충분조건도 아니라는 점이다. 앞의 형태의 도식은, B가 A를 동반하는 것은 A와 B를 연결시키는 연쇄관계도 나타났다는 조건에서만 가능하다는 것을 보여주는 장점이 있다. 그러므로 우리는 행위자의 상황이 A 요인의 존재에 따라 영향을 받지 않는 상황을 아주 쉽게 상상해볼 수 있다. 또한 우리는 행위자의 상황이 A에 따라 영향은 받지만, 이런저런 이유로 그것이 그의 행동에는 미치지 못하는 상황을 상상해볼 수도 있다. 이 두 경우에서 A는 존재하지만 B는 나타나지 않을 것이다. 따라서 A는 충분조건이 아니다. 또 한편, A 이외의 다른 현상들이 B를 낳게 할 수 없다는 사실을 지적해주지는 못한다. 따라서 A는 B의 필요조건이 아니다.

한 가지 단순한 예로써 위 논의의 중요성을 측정할 수 있다. 우리가 아래와 같은 조건적 법칙을 세운다고 가정하자. 즉 상품 P의 값이 올라가면(A) 이 상품에 대한 수요는 낮아질 것이다(B). 이러한 관계를 검증할 수 있는 이상적인 경우들을 상상하기는 어렵지 않다. 상품 P가 어떤 욕구에 대응하고, 평균적으로 각 개인은 p시간단위에 P 단위의 양을 소비하며, 시장에는 P와 똑같은 사용가치를 지닌 Q가 존재한다고 가정하자. 또 Q는 P만큼 잘 알려져 있다고 가정하자. 즉 각자는 P의 존재와 질에 대해서 알고 있는 것과 같은 정도로 Q의 존재와 질에 대해 알고 있다고 가정하자. 그 밖에 이 두 생산품들의 '이미지'에는 차이가 없고, 사용가치와 관련이 없는 2차적 성격에서는 구분되지 않지만 그 차이가 구매행동에는 영향을 끼칠 수 있다고 가정하자(예를 들어 P는 국산품이고 Q는 수입품이다). K라고 표시할 이 모든 조건들이 실현된다면 "A

이면 B이다"라는 관계는 검증될 것이다. P 상품가격의 등귀는 수요의 하락을 가져올 것이다. 만약 K가 만족되면 우리는 이 관계를 거의 확실하게 관찰할 수 있을 것이라고 주장할 수도 있다. 이 준확실성은 우리가 어느 한계 내에서 그 관계를 검증하지 않아도 되게 하기에 충분하다.

그러면 어디에서 이 확실성이 나오는 것일까? 그것은 다음과 같은 사실에 기인한다. 조건들의 집합 K는 어떤 상황을 만드는데, 그 상황은 반드시 허구적인 것은 아니지만 어쨌든 **이상적**이기는 하다. 여기에서 우리가 고려하는 개별적 행위자는 **사용가치와 가시도**(visibilité)와 **모양**이 정확하게 같은 P와 Q 상품들 사이에서 하나를 선택하도록 가정된다. 이 두 상품은 오직 한 가지 사실로 구분된다. 즉 P상품의 가격이 올라감에 따라, 기간 t와 t+1 사이에 구매자가 주어진 금액으로 살 수 있는 상품 P의 양은 줄어들고, 반면 같은 금액을 가지고 그는 더 많은 양의 Q 상품을 살 수 있다. 따라서 행위자는 어떤 이상적인 상황(une situation idéale)에 처하는데, 그 상황에서 그는 그의 구매력을 줄일 것인가 계속 유지할 것인가를 선택할 수 있다.

이러한 종류의 상황에서 반응 m(A)는 거의 확실하다. 즉 소비자는 그가 할 수만 있다면 분명히 그의 구매력을 축소하지 않는 길을 선택할 것이다. 한편 집합적 효과는 단순한 합(合)의 형태를 띨 것이다. 왜냐하면 같은 상황에 있는 개별 소비자는 같은 방식으로 행동할 것이기 때문이다. 그것으로부터 P상품을 향한 수요는 감소하고 Q상품을 향한 수요는 늘어나는 결과가 생기게 된다.

결국 거시사회적 '법칙'이 거의 확실한 이유는 그 법칙이 **미시사회학적인 명증성**(évidence)에 근거를 두고 있기 때문이다. 그리고 미시사회학적 명증성이 존재하는 이유는, 전체 K가 **이상적인 상황을 창조**하고, 거기에서 행위자에게 주어지는 대안의 항목들이 아주 완벽한 명료성을 가지고 정의되어 있으며, 예외적인 경우를 제외한다면 이 상품들의 소비자를 위한 상대적 가치가 의심을 품게 하지 않기 때문이다.

따라서 "A이면 B이다"라는 관계를 관찰할 수 있는 준확실성을 가질 수 있는 것은, K라는 아주 제한된 조건 아래에서만 가능하다. 그러면 전체 조건 K의 하나나 일부가 만족되지 않은 경우를 가정해보자. P의 가격은 올라가고, Q의 가격은 안정되어 있다. P와 Q는 정확히 똑같은 사용가치를 지닌다. 그러나 Q는 신상품이다. 그러므로 그것은 잘 알려져 있지 않다. 어떤 소비자들은 그 상품이 존재하는지를 모른다. 그리고 그 상품의 존재를 아는 소비자들조차도 아직 그것을 사용해보지 않았으며, 주변에서 그 상품에 대해 논의하는 것을 거의 듣지 못했다. 이 경우 비록 Q가 객관적으로 유리한 상황에 있다고 할지라도, P의 가격상승은 P 상품의 수요에 어떠한 영향도 미치지 못할 위험이 있다.

어느 정도 시간이 지나면 소비자들은 정보를 더 많이 알게 되고, 확실히 Q 상품을 선호하게 될 것이다. 그러나 그 지체기간을 선험적으로 분명히 정하기는 어렵다. 그것은 아마도 상품의 유형, 관련 고객들의 성격 그리고 다른 많은 요인에 따라 아주 다양하게 바뀔 것이다. 이 경우 우리가 경험적으로 관찰하게 될 것을 미리 속단하기는 거의 어렵다. 관찰 날짜에 따라 그리고 다른 많은 요인들에 따라, P 상품가격의 상승은 수요에 영향을 줄 수도 있고 영향을 주지 않을 수도 있다. 만약 그 지체기간이 충분히 길면 Q 상품의 생산자는 다른 외부적 이유들 때문에 그의 상품가격을 올리게 되고, 그렇게 되면 P 상품가격의 상승효과가 수요에 미치는 효과는 사실 결코 나타나지 않을 것이다.

또 하나의 경우를 가정해보자. 즉 상품 P가 독점의 상황에 있다(그것은 전체 조건 K의 또 다른 조건이 만족되지 않는 경우이다. 왜냐하면 Q가 존재하지 않기 때문이다). 이 경우 어떤 일이 일어날 것인가? 우리는 물론 이 질문에 선험적인 대답을 줄 수가 없다. 만약 P가 자연적으로나 사회적으로 강제적 욕구에 해당하는 상품이라면, 그것에 대한 수요는 가격의 상승에 따라 영향을 받지 않을 것이다. 소비자가 P 상품을 p 양만큼 구입하는 비용은 더 들겠지만, 그는 다른 상품들의 소비를 줄이기를 선호할 것이다. 만약 P가 자연적으로나 사회적으로 강제적 '욕구'에 해당하지 않는다면, P의 가격상승은 R · S 등의 상품들을 향한 소비구조의 재적응과정을 가져올 수 있을 것이다.

이 평범한 고찰은 몇 가지 중요한 인식론적인 결론을 포함하고 있다. 우선 어떤 전체 조건 K는 불분명하지 않으면서도 **결정적인 구조상황**을 낳는다. 그러한 상황에 놓여 있는 행위자의 결정은 거의 의심할 여지가 없다. 선험적 분석이 준확실성을 가지고 "K라는 조건 아래에서, A이면 B이다"라는 명제를 확인하게 해준다.

그러나 이러한 형태의 선험적 결론을 내리는 것이 가능하지 않은, 또 다른 전체 조건들 역시 존재한다. 따라서 만약 P가 Q와 경쟁상태에 있고 Q가 신상품이고 잘 알려져 있지 않으면, P의 가격상승은 소비자에게 **비결정적** 상황을 나타나게 해줄 것이다. 그러므로 이러한 조건 아래에서 수요에 대해 가격상승이 미치는 영향은, 선험적 분석에 따라 답을 하는 것이 가능한 **이론적** 질문이 아니라 오직 실험적인 관찰만이 답을 가져다줄 수 있는 경험적 질문이다.

그럼에도 인간 정신의 자연적 성향 때문에 사람들은 불분명하지 않고 결정적인 상황을 낳는 조건체계들에 특별히 관심을 기울이는 경향이 있는데, 그 상황들 속에서 행위자의 행동은 거의 확실하게 선험적으로 결정될 수 있다. 그러나 이러한 유형의 조건들이 갖는 **이론적 관심**으로부터 위의 경우가 **경험적으로** 가장 빈번한 것이라는 결론을 내릴 수는 없다. 왜냐하면 이론적 관심과 경험적 빈도는 같이 나타나야 할 이유가 없기 때문이다.[2]

---

2) 베버는 이미 이 점을 주목했다. M. Weber, "Essais sur quelques catégories

따라서 사회학자, 경제학자 그리고 인구학자는 물리학자와는 아주 다른 상황에 있다. 이들 사회과학자들이 진술하는 법칙들은 **지엽적 타당성**을 지닌다. 게다가 사회과학에서 특정 법칙의 타당성의 영역을 기술하는 경계선은 실제로 항상 불확실하다. 사실 K와 같은 모든 전체적 조건을 하나도 **빠뜨리지** 않고 기술하는 것은 명백히 불가능하다. 이 전체 조건 중 오직 어떤 것들만 쉽게 확인될 수 있다. 그 조건들은 행위자의 관점에서 볼 때 결정적이고 분명한 이상적인 상황을 낳는다는 특징이 있는데, 여기에서 미시사회학적 행동 m(S)는 쉽게 결정될 수 있다. 조건들의 집합 K′가 더 이상 이런 성격을 띠지 않게 되면 m(S)는 불확실해진다. 따라서 우리는 A와 B의 일치, 또는 A와 B가 아닌 것 사이의 불일치를 관찰할 수 있는 것이다.

법칙들의 **지엽적** 성격, 그들의 타당성 영역의 경계에 관한 불확실성, 구체적 상황에서 실질적으로 존재하는 조건들 전체를 분명히 찾아내는 것의 어려움, 이 세 가지 요인이 자연과학과 사회과학에서 기본적 법칙(loi constitutionnelle)이라는 개념에 인식론적으로 다른 지위를 부여하는 데 기여한다. 왜냐하면 만약 공기보다 무거운 대상물이 항상 떨어지는 것은 아니라면—예를 들어 바람에 날아가는 비행기·로켓·낙엽—물리학자는 중력의 법칙이 적용되거나 적용되지 않는 조건들을 분명히 기술할 수 있게 된다. 반면 사회학자가 그 경계선이 명확히 그어질 수 있는 상황에 있는 것은 오직 제한된 경우뿐이다.

"A이면 B이다"라는 유형의 규칙성은 미시사회학적 행위들의 집합적 결과일 수밖에 없다. 반대로 규칙성은 집합적 효과이므로 부분적 타당성만 가질 수 있다. 왜냐하면 그 규칙성은 조건 K에 의존하고 있기 때문

---

de la sociologie compréhensive," in *Essais sur la théorie de la science*, Paris, Plon, 1965, pp.325~398(*Economy and Society*, Vol. I, Berkeley, University of California Press, 1978) 참조.

이다. 거기에 일반적 타당성을 부여하기를 원하는 것은, 그 초월적 질서에 사람들이 어떤 이름을 붙이건—**사회**(뒤르케임), **인간성**(콩트), **역사**(마르크스), **정신**(헤겔), **현대화, 구조, 진화, 발전**—그 규칙들이 초월적 질서에 기반을 두고 있는 것을 가정하는 것이다.

바로 이러한 이유 때문에 우리는 사회변동에 관한 자연주의적 시각과 방법론적 개인주의의 거부 사이에 어떤 상관관계를 항상 관찰하게 된다. 콩트식 실증주의에 크게 인상을 받고 '사회물리학'의 자연주의의 영향을 받은 뒤르케임은 사회학이 사회행위자들의 동기를 고려하지 않을 수 있을 뿐만 아니라, 사회현상을 과학적으로 다루기 위해서는 개인과 그의 주관성을 고려하지 **말아야 한다**는 사실을 끊임없이 증명해 보이려고 노력했다.

이 점에 관해 마르크스의 경우는 더욱 복잡하다. 오랫동안 영국의 정치경제학을 접했던 마르크스는 개인주의적 방법론의 중요성을 잘 알고 있었다. 그러나 동시에 그는 허위의식과 소외라는 개념을 도입하고 있는데, 이들은 사회과학의 개인주의적 방법론과 양립할 수 없는 것들이다. 1844년 『경제철학 수고』 이후에 마르크스가 소외의 개념을 포기한 것은, 틀림없이 이 개념과 『자본』에서 적용한 방법론적 개인주의 사이의 양립 불가능성을 그가 의식하고 있었다는 표시이다.

우리는 사회과학사의 이러한 문제들을 다른 장에서 다시 보게 될 것이다. 여기에서는 방법론적 개인주의가 하나의 논리적 귀결을 가진다는 점을 지적하는 것으로 만족하고자 한다. 그 논리적 귀결이란, 조건적 법칙이 집합적 결과로서 생각될 때 일반적 타당성이 있는 "A이면 B이다"라는 유형의 조건적 법칙들을 정립하는 것이 불가능하다는 것이다.

물론 우리는 **지엽적** 타당성을 지니는 규칙들을 흔히 관찰한다. 따라서 뒤르케임이 연구한 기간 동안, 그가 통계자료를 이용한 나라들에서 자살은 증가하는 것으로 나타났다. 그러나 이러한 자살의 증가는, 도시화와 같은 어떤 과정이 자살 통계의 등록을 쉽게 했다는 사실에 기인한 통계적 가공물이 아닌가 하는 것도 가정해볼 수 있다. 또 한편 알박스 (Halbwachs)*가 자신의 『자살의 원인들』(Les Causes du Suicide) (1930)에서 이미 지적했듯이, 뒤르케임의 방법론적 원칙들이 그러한 가능성을 암묵적으로 배제하고 있음에도 불구하고 뒤르케임이 세운 통계적 규칙들은 그다음 기간에 아주 크게 변화한다.

모델과 법칙

이 점에 관해 제7장에서 더 완벽하게 다루어질 또 다른 주제를 언급할 필요가 있다. 앞의 주제처럼 이것은 인식론과 사회과학사에 관한 것이다. 우리가 보기로 든 집합 K와 같은 어떤 집합적 조건은 m(S)와 M[m(S)]에 관한 선험적 결론을 내리는 것을 가능하게 하는 상황을 만드는 특징이 있는 것을 앞에서 보았다. 현대 용어로 표현하면 이 경우 우리가 하나의 모델을 구성했다고 말할 수 있겠다. 사회학자들과 경제학자들에 의해 제안된 모델들 전체는 전통적으로 우리가 **사회학이론** 또는 **경제학이론**이라고 부르던 것이다.[3]

그러나 모델은 이상적인 조건들에 기반을 두고 있기 때문에 아주 제한된 실제 상황에만 적용되며, 그 외에도 모델은 하나의 근사값이라는 사

---

* 모리스 알박스(Maurice Halbwachs, 1877~1945)는 프랑스 사회학의 창시자 에밀 뒤르케임의 제자이자 그 학과의 구성원으로, 나치 점령기간 중 비참하게 죽었다. 그의 주요 관심분야는 지식사회학과 사회형태학인데, 그의 사후에 출간된 저서 La mémoire collective(Paris, PUF, 1968)는 한국 사회학도들이 관심을 가져야 할 중요한 저서이다.

3) 사회과학에서 이론의 개념에 대해서는 R. Boudon, La crise de la sociologie, Paris/Genève, Droz, 1971. 여기에서 수학적 모델들은, 모델이라는 개념으로 표현되는 장르의 특별한 한 종(espèce)에 불과한 것은 자명한 사실이다.

실이 이해되어야 한다. 이 두 번째 요점은 이해하기에 거의 어려움이 없다. 왜냐하면 비록 자연과학의 영역에서도 모든 법칙은 항상 근사치이기 때문이다. 반면 첫 번째 요점은 인식론적 관점에서 **법칙**과 **모델** 사이에 상당한 거리가 있다는 것을 알게 해준다. 법칙은 일반적으로 적용되는 것이다. 그러나 모델은 이상적인 상황, 즉 **특별한** 상황에만 적용된다. 따라서 앞의 예에서 조건 K는 어떤 경우에만 현실에 가까운 근사치로 여겨질 수 있다.

이 점은 우리가 다시 제7장에서 다루겠지만, 짐멜은 아마도 앞의 구분을 가장 분명히 간파한 저자들 중의 한 사람이다. 그가 형식사회학[4] (이것은 흔히 오해되는 개념이다)의 중요성을 강조했을 때 그가 말하고자 했던 것은 사회학의 이론적 활동은 우선 경제학처럼 (법칙이 아니라) **이상적인** 모델을 고안해내야 한다는 것이다. 형식사회학을 말하면서 그리고 신중하게 명목론적 입장을 취하면서 짐멜은 사회체계가 복종하는 것으로 생각되는 법칙들을 발견할 것을 주장하는 사람들의 사실주의에 반대하기를 원했다.

조건적 법칙에 관해 말한 모든 것은 수학적 의미의 법칙이나 통계적 의미의 법칙에 관해서도 똑같이 말해질 수 있다. 우리는 상품의 어떤 확산과정이 로지스틱 법칙에 따라 발전되는 것을 제2장에서 보았다. 새로운 상품을 쓰는 사람들의 수는 우선 아주 천천히 증가한다. 그리고 점점 빨리 증가해서 소비자의 거의 반 정도가 새 상품을 쓸 때까지 같은 속도로 증가한다. 그리고 이 점을 넘어서면, 새 상품의 확산과정은 속력을 늦추게 되고 거의 **모든 사람들**이 새 상품을 쓰게 되었을 때 0(zero)의 속도를 가진다. 이 확산과정을 특징짓는 곡선은 S형태를 띤다. 그것은 확

4) G. Simmel, *Sociologie et épistémologie*, Paris, PUF, 1981(*Grundfragen der Soziologie*, G.J. Göschen, Berlin and Leipzig, 1917) 참조.

산과정이 비록 근사치이기는 하지만 이러한 특징적 형태를 가질 때가 드물다는 의미에서 하나의 모델이다.

로지스틱 모델은 사실 아주 제한된 조건들을 전제로 한다. 예를 들어 서로 만남으로써 새로운 상품을 쓸 수 있는 개인들은, 서로 똑같이 만나거나 상담할 수 있는 기회가 있어야 한다. 예를 들어 만약 기술혁신을 받아들여야 할 모집단이 농촌인구인 경우, 이 조건은 실현되지 않을 수도 있고 실현과는 거리가 멀 수도 있다. 이 경우 비록 대강이라도 우리는 모든 개인이 똑같이 모든 또 다른 개인을 만나거나 상담할 수 있다고 인정할 수는 없게 된다. 지리적 장애물이 준고립집단을 형성할 수 있고 그들 사이의 의사소통은 고립집단 내에서보다 덜 빈번하다. 또 한편으로 각자가 기술혁신을 받아들일 똑같은 이해관계가 있다는 것도 받아들일 수 없다. 어떤 사람들은 소작인이고 또 어떤 사람들은 지주이다. 어떤 사람들은 이미 농사를 계속해서 지을 후손들을 두지 못했기 때문에, 수확하지 못할 투자를 위해 빚을 질 이유를 스스로 발견하지 못할 것이다.

따라서 로지스틱 모델은 어떤 확산과정에만 적용되는 것이지 모든 과정에 적용되는 것은 아니다. 그것은 상호 영향력의 메커니즘을 이용하지 않는 확산과정에는 적용되지 않는다. 그리고 이러한 유형의 메커니즘을 사용하는 확산과정 전체에서도, 상대적으로 제한된 조건들에만 복종하는 과정에만 적용된다. 그것을 법칙이 아니라 모델이라고 보는 이유가 여기에 있다. 모델은 일반적 타당성이 있는 것이 아니라 **부분적** 타당성만 있을 뿐이다. 이 모델은 상호 영향력의 메커니즘을 활용하는 과정으로서의, 어떤 확산과정들의 **전형적인 모습**이다.

그러나 이 모델은 같은 범주에 속하는 실질적 과정에서 가장 단순한 것만을 충실히 나타낼 뿐이다. 물론 우리는 그 모델이 근거하고 있는 제한적 조건들 가운데 어떤 것들을 제거할 수 있다. 그렇게 함으로써 이 모델의 한 변이형을 발전시킬 수 있는데, 이 새 모델에서 두 개인이 만날 수 있는 확률은 그들을 구분해놓은 거리의 함수이며, 이 거리의 분포에는 또 다른 상대적 조건들이 있다. 이렇게 해서 우리는 더 일반적인 모델을 얻게 되는데 고전적 로지스틱 모델은 그것의 특수한 경우이다. 그러나 일반화는 곧 한계에 도달한다. 따라서 가능한 한 가장 일반적인 형태에서 모델은 상호작용의 메커니즘을 활용하는 실질적 확산과정의 하위범주에 있는 제한된 부분만 설명한다.

　법칙의 개념에 모델의 개념을 대체함으로써 우리는 극복하기 힘든 인식론적인 심연을 넘어섰다. 타르드(Tarde)*는 모방법칙이 존재하며, 이 법칙들이 사회적 과정의 전체를 파악할 수 있다고 믿었다.[5] 그러나 모든 과정이 확산과정은 아니며, 모든 확산과정이 '모방'(즉 영향력)의 메커니즘을 포함하지는 않으며, 개인들 사이의 영향력의 메커니즘을 포함하는 확산과정이 하나의 분명한 형태의 법칙으로 표현되는 것만은 아니라는 사실을 오늘날 우리는 알고 있다. 우주의 운동이 천체역학의 법칙에 따라 조정되듯이 사회변동은 모방의 법칙들에 따라 규제될 것이라는 타르드식의 통일되고 안정된 관점 대신 우리는 더 불편한 이미지를 사용해야 한다. 즉 다양한 사회변동과정 전체로부터 조그마한 총 표면적을 지닌 하나의 군도(群島)가 나타나는데, 그것은 모델들의 제한된 조건들에 복종하는 단순하고 이상화된 구조적 변

---

*타르드(J.G. Tarde, 1843~1904)는 프랑스의 사회심리학자이다. 19세기 말 군중심리학을 뒤르케임과는 대립되는 방향으로 발전시킨 것으로 유명하다. 그러나 그 후 뒤르케임학파의 영향 때문에, 프랑스보다는 미국 사회학계에 더 큰 영향을 끼쳤다. 주요 저서로는 『모방의 법칙』(Les lois de l'imitation, 1890)이 있는데, 여기에서 그는 사회현상이 사람들 사이의 심리적 모방에서 비롯된다는 주장을 펴고 있다.

5) G. Tarde, Les lois de l'imitation, Paris/Genève, Slatkine Reprints, 1979(The Laws of Imitation, Gloucester, Mass., Peter Smith, 1962).

동과정을 지니고 있다.

타르드는 오늘날 더 이상 유행하는 사회학자가 아니다. 그러나 그가 비록 아주 잊혀진 것은 아니라 할지라도 거의 잊혀지게 된 까닭이, 사회변동의 법칙을 정립할 가능성을 믿었기 때문은 아닌 것이 분명하다. 왜냐하면 그러한 법칙들의 추구는——그것이 연속적 법칙의 형태를 띠건 조건적 법칙이나 구조적 법칙의 형태를 띠건 또는 통계·수학적 의미의 법칙형태를 띠건——항상 사회과학의 살아 있고 분명한 목표들 가운데 하나였기 때문이다. 게다가 그의 동포이자 학문적 적이었던 뒤르케임은 같은 망각의 운명을 경험하지 않았다. 비록 타르드와는 여러 점에서 대립되지만, 우리가 관심을 갖는 한 가지 점에서 뒤르케임은 타르드와 구분되지 않는다. 이 두 사회학자는 각자 법칙 추구를 위한 목표를 가지고 있었으며, 그것이 자연과학의 법칙과 본질적으로 다르다고 생각하지 않았다.

다음에서는 두 가지 연구영역, 즉 정치적 동원과 사회경제적 발전의 영역을 보기로 들어서 사회과학자들의 법칙 추구적 야심을 보여주고 이 야심의 문제점들을 평가해보겠다.

정치적 동원의 법칙

조건적 법칙들을 정립하려는 야심이 드러나지 않았던 사회과학의 연구영역은 존재하지 않는다. 예를 들자면 집단적 불만이 더 클 때 집단폭력이 더 빈번해야만 한다는 것은 '자명한' 일이 아닐까?

이 명증성(évidence)을 시험해보기 위해서 스나이더(Snyder)와 틸리(Tilly)는 130년에 걸친 프랑스 역사(1830~1960)에 관한 연구를 시작했다.[6] 이들은 먼저 하나의 척도, 또는 좀 더 정확히 말해서 해마다 일어나는 집단폭력을 측정하기 위한 두 가지 척도를 세웠다. 첫 번째 척도는 고려 기간 중의 사회적 소요 수치에 기반을 둔 것이고, 두 번째 척도는 이 '사회적 소요'에 참여한 사람들의 수를 센 것이었다. 여기에서 저자들이 말하는 '소요'란 "적어도 50명 이상을 포함하는 지속적인 상호작용으로, 그 와중에 사람들이나 사물에 대한 권리침해가 '저항'을 가져오는 경우를 뜻한다." 이 '소요'의 수치와 거기에 참여한 사람들의 수에 대한 평가는 전국 규모의 두 개 일간지에 나타난 매일매일의 기사를 분석함으로써 이루어졌다. 이 두 가지 척도는 그들 사이에 아주 강력하게 연결되어 있는 것처럼 보인다. 즉 소요의 수가 많아질 때 참여자의 수도 많아진다. 또 한편으로 집단폭력은 해마다 아주 크게 변했다. 이 두 곡선은 아주 분명한 톱니 모양을 보여준다.

집단폭력은 불만족의 함수일까? 불만족 그 자체는 측정하기가 어렵기 때문에 스나이더와 틸리는 그들이 '객관적'이라고 생각한 변수들을 그럴듯하게 사용했다. 즉 그 변수들은 생존조건들의 가혹함(고난)을 평가하는 것이었고 따라서 그 변수들은 집단 불만족의 강도와 연결되어 있는 것이었다. 그 객관적 변수들이란 식료품 가격지수, 공산품 가격지수 그리고 산업 생산지수이다. 그다음 문제는 이용 가능한 자료들을 분석함으로써, 이 세 변수들 각각이 위에서 기술된 방법에 따라 측정된 집단행동에 미칠 수 있는 영향을 분명히 찾아보는 것이다.

이들 두 사회학자는 다음과 같은 가설—우리는 이제부터 이 가설을 H_1이라는 상징으로 표기하기로 한다—을 세웠다. 즉 식료품 가격이 한 해에서 그 이듬해 사이에 **오르는 것**, 공산품 가격이 한 해에서 그 이듬해 사이에 오르는 것, 또는 산업생산이 한 해에서 그 이듬해 사이에 **감소되는 것**이 '소요'의 수치나 그러한 사회적 소요에 연루된 사람들 수

---

6) D. Snyder and C. Tilly, "Hardship and Collective Violence in France, 1830 to 1960," *American Sociological Review*, XXXVII, 1972, pp.520~532.

의 증가로 나타나야 할 것이라는 점이다.

이 연구가 학문적 흥미를 끄는 이유는 그것이 완전히 부정적인 결과를 가져왔기 때문이다. 즉 생활조건의 어느 정도의 어려움을 함수로 해서 1830년부터 1960년까지 프랑스 사회를 조사해본 결과, 집단폭력은 변화하지 않았다. 생활조건의 각박함이 불만의 원인이라는 사실을 우리가 인정하게 되면, 위의 연구결과가 뜻하는 바는 주어진 기간 동안 집단폭력은 불만의 강도에 비례해서 변하지 않았다는 것이다.

이 연구결과에 놀란 스나이더와 틸리는 그것이 의심스러운 가설들의 결과가 아닌가 하고 의문을 제기했다. 식료품 가격의 증가가 생활조건과 불만에 끼치는 영향력은 즉각적인 것이다. 공산품 가격 상승의 효과는 일정한 시간이 흐른 뒤에야 나타난다. 즉 소비자는 어느 정도 시간이 지나야 비로소 생산도구의 가격 증가 효과를 느낀다. 그런데 위의 H1 가설에서 각기 다른 변수들의 변이는 '동시에 일어나게' 되어 있었다. 예를 들어 이 가설은 t-1에서 t 기간 동안 식료품 가격의 변화가 t-1에서 t 기간 동안 집단폭력의 변화에 미치는 영향을 가정하고 있다.

물론 시간에 따라 차이를 두고 나타날지도 모르는 효과를 염두에 둔 또 다른 가설들을 아주 손쉽게 도입할 수 있다. 예를 들어 t-2에서 t-1 기간 동안 공산품 가격의 변화가 t-1에서 t 기간 동안 집단행동의 변화에 미치는 영향력을 가정해볼 수 있다. 그러한 가설은 산업생산품 가격의 상승(또는 하락)이 그 효과가 나타나는 데 1년이 걸린다는 것을 인정한 것이다. 이 지체기간에 대한 불확실함이 크므로 좋은 방법론을 갖기 위해서는 이 점에 관해 가능한 가설들을 다양화할 필요가 있다. 스나이더와 틸리는 이 작업을 해보았다. 모든 경우에 (즉 이 지체기간에 대해 우리가 도입한 가설들이 무엇이건 간에) 생산과 가격의 변화가 집단폭력의 변화에 미치는 영향력은 실질적으로 전무했다.

그러므로 불만의 원인들의 변화는 불만의 **표현들**의 변화에 아무 영향력도 행사하지 못한 것 같다. 불만을 표시하는 시위들이 동시에 증가하지(또는 감소하지) 않고도 불만을 품은 사람들은 증가할(또는 감소할) 수 있다.

이 부정적 결과들은 중요한 학문적 관심의 대상이 된다. 즉 A 수준인 불만족과 그 불만이 실질적으로 표현되는 강도인 B 수준 사이에 관계가 없다면 우리는 A와 B의 어떤 요소들 사이에 "A이면 B이다"라는 유형의 조건적 법칙이 정립될 수 있는가에 대해 의문을 제기할 필요가 있다.

사실 가설적 명제 "만약 A라면(불만족을 가진 사람들이 있다면), B이다(이 불만은 표현될 가능성이 크다)" 또는 "불만이 클수록(A) 그 불만은 더 잘 나타날 것이다(B)"는 그것이 실질적으로 개인적인 수준에서 자명한 진리이기 때문에 받아들여지는 경향이 있다. 불만을 품은 사람들이 많을수록 개인은 더 쉽게 불만족을 표현하는 행동을 나타낼 것이라는 점은 사실이다. 아무리 경험주의에 집착한 심리학자라도 그것을 검증하려 하지는 않을 것이다. 집단적인 수준에서도 그 명제는 진부하다. 그러나 그 평범함은 거짓임을 드러낼 필요가 있다. 왜 그럴까?

그 이유를 찾기는 어렵지 않다. 집단적 불만은 개인적 불만의 단순한 합이 아니다. S라는 상황이 불만을 불러일으킬 수는 있다. 그러나 이 불만이 예를 들어 개인의 항의시위 참여 m(S)로 나타날 것인가의 문제는 모든 종류의 조건에 달려 있다. 즉 잠재적 조직자들 중 어떤 사람들이 그들 관점에서 보건대 시위가 성공할 수 있는 활동이라고 평가를 해야 한다. 여기에서 성공한다는 것은 사람들의 충분한 주의를 끄는 것을 말한다. 그리고 이 활동은 보상을 받아야 한다. 즉 그들의 정치적 신망을 과장할 수 있어야 한다. 비록 이 조건들이 충족된다 해도 시위에 참가할 수 있는 개인은 또한 위험과 감당할 비용 그리고 수긍할 수 있는 이익과 마음을 끄는 이점을 평가해야 한다.

그런데 위험과 비용과 이익은 그 자체 $[S=S(M')]$가 다양한 요인들에 종속된다. 예를 들어 직업이 위태로운 경제적 침체기간 중에 많은 사람들은 분명히 불확실한 집단행동에 참여하기보다는 그들의 일자리를 보존하는 방향의 활동을 선호할 것이다. 이러한 유형의 상황에서 집단적 시위로 충분한 군중을 모으기가 힘들 것이라는 사실을 예측한 잠재적 시위 조직자들은, 그들 편에서 그들의 집단성원들에게 호소하는 일을 삼갈 것이다. 이렇게 되면 집단의 불만은 크지만 항의의 집단적 표현은 덜 강렬하거나 덜 빈번할 것이다.

그러므로 불만족의 강도와 그것의 집단적 표현의 강도 사이의 관계를 관찰할 것을 기대할 이유가 없다. 불만과 불만의 표현은 개인적 수준에서 연결되어 있는 현상들처럼 나타날 가능성이 크다. 그러나 그들이 집단적 수준에서 서로 연결되어 있는 것처럼 나타날 어떠한 이유도 없다. '조건의 각박함'(이것은 내가 스나이더와 틸리의 '고난'이라는 개념을 옮긴 것이다)이 약간만 심화되어도 강렬한 집단항의의 표현을 가져올 수 있다. 그러나 반대의 경우를 보여주는 상황을 상상하는 것 역시 쉬운 일이다. 즉 사회적 조건이 크게 나빠지는 것이 빈약한 집단항의를 낳을 수도 있는 것이다.

따라서 항의가 의지를 지닌 **행동**이라는 사실을 진지하게 고려하는 순간, 불만과 항의를 연결시키는 '자명한' 법칙은 모조리 붕괴된다. 이 행위는 행위자의 상황에 따라 다른, 대등하게 가능한 행위들과 관련지어 볼 때, 그에게 어느 정도 가능하거나, 타당하거나, 선호할 여지가 있거나 없는 것으로 보일 수 있는 것이다. 어찌됐든 스나이더와 틸리의 경험적 분석이 보여주는 것은, 1830년부터 1960년까지 프랑스에서 생활조건이 아주 힘들었을 때 폭력은 더 강렬하지도 또 더 많이 일어나지도 않았다는 것이다. 반대로 우리가 집단행동을 개인행동들의 **집합적** 결과로 생각하기를 인정하는 순간부터, 이 경험적 연구결과는 더 이상 놀라운 것이 못 된다.

　게다가 수많은 연구들이 스나이더와 틸리처럼 간접적인 방식이 아니라 **직접적으로**, 왜 A(불만)가 B(집단폭력)를 동반하는가 아니면 그러지 않는가를 보여준다. 사회운동들에 관한 오버셜(Oberschall)의 연구가 바로 이 경우이다.[7] 1960년대에 미국에서 발전한 흑인운동은 흔히 북부에서는 폭력적이고 남부에서는 비폭력적이었다. 왜 그럴까? 우리는 그 이유를 지도자들의 **인간성**에서도 찾을 수 없으며, 어떤 사람들은 폭력을 **선호**하고 또 어떤 사람들은 비폭력을 **선호**한다는 사실에서도 찾을 수 없다. 거시사회학적 수준에서 **무질서**(désordre)의 등장이 사회학자를 무기력하게만 만드는 것은 아니다.

　남부와 북부의 두 가지 형태의 흑인운동의 경우 '흑인문제'의 원천은 물론 백인과 흑인 사이의 조건의 불평등에 있다. 그러나 이 불평등은 1960년대에 하나의 **문제**가 되었다. 왜냐하면 그 유명한 '토머스의 공리'(théorème de Thomas)[8]를 적용해보았을 때, 많은 흑인뿐 아니라 두 개의 인종공동체에 속하는 문화적·정치적 엘리트의 일부가 이 불평등을 하나의 **문제**, 즉 개혁해야 할 상황으로 정의했기 때문이다.

　하나의 사회운동이 그의 청중으로서 그 운동목표가 직접적으로 봉사하는 하위집단만을 가지고 있는 한, 그 운동은 탈선되고 위험하며 비난받을 운동으로 여겨질 위험이 있다. 그 운동의 청중이 그 운동이 추구하는 목표와는 직접적으로 관계되지 않는 하위집단과 엘리트들의 일부집단에까지 확장됨에 따라, 그 운동이 내세우는 명분은 더 이상 단순히 일탈적이라든가 비난받을 만한 것으로 다루어질 수 없게 된다. 비록 그

---

7) A. Oberschall, *Social Conflict and Social Movements*, Englewood Cliffs, Prentice Hall, 1973.

8) "어떤 상황이 실질적인 것으로 정의될 때, 그것은 실제적인 결과를 불러일으킨다."

명분이 논란의 여지가 있다 할지라도 그것을 논의하는 것이 정당한 일이 되어버린다. 따라서 특정한 사회·정치운동의 지도자들에게 중요한 문제는 가능한 한 효과적인 동맹체계를 구축하고 당연히 그것을 보존하는 것이다.

그런데 미국 남부에서 흑인 개신교 교회들은 백인에 의해 거의 통제되지 않고 '세포조직화되지도 않은' 유일한 제도였다. 이 수많은 흑인 교회들은 광범위하고 다양한 사회관계망의 기초가 되었다. "자원집단처럼 분업에 따라 조직되고, 위계질서화되어 있으며, 기금을 모으고 선거활동을 하는"[9] 이 흑인 교회들은, 이제 막 온정적 간섭주의에 따라 태어난 남부에서 정치 지도자들이 형성될 수 있는 장소였다. 어쨌든 개신교 교회들은 흑인공동체에서의 그들의 영향력과 이목을 끄는 역할 그리고 만나는 장소의 역할 때문에, 이러저러한 자격으로 흑인의 명분을 확장시키려는 모든 사람들에게 상당한 중요성을 지닌 잠재적 동맹군이 되어버렸다. 그리고 최소한 개신교 목사를 반대하는 일을 피하는 것이 필수적인 일이 되었다.

따라서 폭력의 사용은 그것을 사용할지도 모르는 사람에게 중요한 위험을 안고 있었다. 그 위험이란, 그에게서 개신교 목사뿐만 아니라 흑인집단의 커다란 한 부분을 이반시키는 것이었다. 그 폭력행동이 이반시킬 사람들이란 교회의 도덕적·종교적 권위를 인정하는 사람들뿐만 아니라, 심오한 종교적 신념이 없으면서도 이 교회가 주관하는 다양한 활동에 참여하는 사람들이거나 아니면 단순히 교회는 백인들이 지배하지 않는 유일한 제도라는 사실에 공감하는 사람들이었다. 따라서 남부의 상황에 대한 자료들은 비폭력 전략을 지지해주고 있었다.

북부에서는 상황이 전혀 달랐다. 교회는 사회적 관계의 연결망 조직

---

9) Oberschall, *op. cit.*, p.221.

에서 훨씬 덜 중요한 역할을 하고 있었다. 여기에서 흑인 노동자계급은 남부보다 훨씬 더 원자화되어 있었다. 잠재적 지도자들은 다양한 학교에서 형성되었다. 다양한 사회문제가 북부의 대도시에서 나타났다. 이 문제들은 서로 경쟁하듯이 나타났고, 일반 공중이나 정치·문화 엘리트들은 이러한 문제들에 별로 관심을 기울이지 않았다.[10] 그러한 관심이 모든 문제들에 동시에 똑같은 강도를 가지고 끌어질 수가 없었다. 자발적 폭력에 대한 인정이나 '이용'과 함께, 이 경우 조직된 폭력은 정치 지도자들에게 효과적인 전략처럼 여겨졌다. 이 전략들은 아무튼 지식인과 정치인들의 관심을 불러모으는 데 성공했다.

흑인문제에 관한 기본적인 생각은 대체로 북쪽과 남쪽에서 같았지만 상황이 달랐기 때문에, 폭력이 남부에서는 위험하고 비효과적인 반면 북부에서는 효력 있는 전략으로 받아들여졌다. 이 보기는 다음과 같이 단순하고 명료한 자료로 풀어 쓸 수 있다. 즉 어떤 사회체계에서 A와 B 두 요소의 일치는 이 체계의 구조에 종속되며, 따라서 이 두 요소의 일치가 모든 경우에 나타난다든지 그것이 "A이면 B가 아니다"라는 불일치의 경우보다 더 빈번하게 나타날 것을 기다릴 근거가 없다는 사실이다. 만약 조건적 법칙의 추구가 사회과학의 중요한 하나의 목표라면 이 결론은 절망적인 것이다. 그러나 어느 것도 사회과학의 목적이 그런 것이어야 한다고 지시하지 않는다. 똑같은 원인이 상황에 따라 다양한 결과를 낳을 수 있는 이유를 설명하는 것보다, 똑같은 원인들이 항상 똑같은 결과를 낳는다는 명제를 정립하는 것이 어째서 학문적으로 더 흥미로운 일일까?

틸리가 정당하게 지적했듯이, 집단폭력의 경우 그 현상을 지배하는

---

10) A. Downs, "Up and Down with Ecology, The Issue-attention Cycles," *The Public Interest*, No. 28, Summer 1972, pp. 38~50.

것으로 생각되는 조건적 법칙의 추구는 여전히 사회과학의 영구적 목표로 남아 있다.[11] 이미 앞에서 언급했듯이, 토크빌은 혁명이 오랜 기간의 정치적 침체나 경제적 침체 후에 각자의 행동기회와 가능성이 확장되는 시기가 올 때 일어날 가능성이 더 크다고 주장했다. 우리는 과거에 이러한 유형의 사회과정을 실질적으로 관찰했다. 그리고 분명히 장래에도 그렇게 될 것이다.

이 경우의 법칙은 보편적 법칙이 아니라 지엽적 법칙이다. 즉 그것은 남김없이 다 정의하기가 불가능한 어떤 조건 밑에서만 관찰될 수 있는 관계이다. 이것이 함축하는 것은 그 관계가 **결정론적** 형태인 "A이면 항상 B이다" 그리고 확률론적 형태—이것은 토크빌이 취한 형태이다—, 즉 "A이면 더 흔히 B이다"를 제외하고는 그 관계가 **존재론적** 형태 "A이면 간혹 B이다" 또는 "A이면, 어떤 조건들 밑에서 (완벽하게 명시하기는 불가능하지만) B이다"라는 형태로 정립되어야 한다는 것이다. 사실 A 다음에 B̄보다 B가 더 자주 와야 한다는 것을 확인할 근거는 아무것도 없다. 우리가 말할 수 있는 모든 것은 A 다음에 B가 올 수 있다는 것이다.

토크빌의 정치동원이론에 뒤이어 사회·정치적 동원과 관련된 또 다른 법칙들이 제시되었다. 그중 하나가 데이비스(Davies)[12]의 법칙이다. 데이비스에 따르면 규칙적 성장의 기간이 갑자기 침체기로 이어질 때 혁명은 더 자주 일어난다. 왜냐하면 이러한 종류의 상황에서 개인들은 기대를 하게 되고 비현실적인 갈망을 품는 경향이 있는데, 이들 열망은 실망으로 끝날 수밖에 없는 것들이다. 그러나 우리는 다음과 같은 반대의 주장도 할 수 있다. 즉 갑작스러운 확장의 멈춤은 자기 자신으

---

11) C. Tilly, *From Mobilization to Revolution*, London, Addison-Wesley, 1978.
12) J. Davies, *op. cit.*

로 하여금 위축되는 태도를 취하게 하며, 따라서 집합행동의 감소에 기여할 수 있다. 데이비스의 '법칙'은 토크빌의 법칙과 같은 유형의 모든 조건적 법칙이 그렇듯이, 사실 단순하고 일어날 수 있는 가능성들을 표현한 것이다.

'거'(Gurr)[13]는 별도로 언급할 필요가 있다. 집단행동이 적을 위태롭게 하며, 적들은 집단행동을 하기 위해서 또는 이러한 집단행동에 저항하기 위해서 자원을 동원해야만 한다는 사실을 이해하고자, 그는 자신의 선배들보다 더 복잡한 하나의 법칙을 제안했다. 그 법칙이란 집단행동이 일어날 확률을 불만, 적대자들의 자원, 적대자들 중 한 사람의 자원이 다른 사람의 자원보다 우수할 가능성 등과 같은 변수들의 함수로 보는 것이다. '거'의 법칙은 더 이상 "A이면 B이다"라는 형태가 아니라 "A, A′, A″ 등이면 B이다"라는 모양을 띤다.

이 법칙이 흥미로운 이유는 이것이 A와 B 사이에 관계가 없다는 사실과 양립되기 때문이다. 왜냐하면 이 법칙에서 A 다음에 B가 오기 위해서는 A′, A″의 조건들이 충족되어야 하기 때문이다. 따라서 '거'의 법칙은 집단행동을 단순한 불만의 함수로 만들기를 원하는 법칙들보다 더 큰 타당성의 공간을 갖는다. 게다가 만약 '거'의 '법칙'을 요약한 공식을 제외한다면, 우리는 그의 법칙을 오히려 하나의 모델로 생각할 수 있다. 왜냐하면 결국 그 법칙은 형식적 틀만 묘사할 뿐이고, 정치적 동원을 분석하는 데서 중요하게 고려해야 할 일정한 수의 변수들만 진술하고 있기 때문이다.

생활조건의 각박함과 집단폭력 사이에 관계가 없다는 것을 보여준 그들의 연구에서 스나이더와 틸리는, 집단폭력의 법칙이 존재할 수 없다는 결론을 끌어내지는 못한 것 같다. 그들의 비판은 "A이면 B이다"

---

13) T. Gurr, *Why Men Rebel*, Princeton, Princeton University Press, 1970.

라는 형식에 관한 것이라기보다는 오히려 A의 성격에 대해 행해졌다. 그 논문의 두 번째 부분에서 그들은 실제로 다음과 같이 주장한다. 1830년부터 1960년까지 프랑스에서 정치적 집단폭력이 '생활조건의 각박함'에 민감한 반응을 보이지 않은 이유는, 그 변수가 정치생활의 리듬(선거가 있던 해들/선거가 없던 해들)과 정부 탄압의 심각함 그리고 다른 정치적 변수들 전체에 따라 영향을 받았기 때문이다. 그렇게 함으로써 스나이더와 틸리는 집단폭력의 경우 "A이면 B이다"라는 조건적 법칙의 추구가 받아들여질 수 있는 것으로 주장하는 것 같다. 여기에서 조건들 A는 정치적 변수의 영역에서만 취해져야 한다. 우리는 사실 다른 맥락에서, 특히 영국의 경우 집단폭력이 진정으로 경제적 변수에 의존할 수 있다는 것을 관찰해보았다. 따라서 어떤 기간 중에 있었던 파업들은 프랑스에서는 그렇지 않았으나,[14] 영국에서는 경제적 변수와 밀접한 연관을 맺고 있는 것으로 드러났다.

이렇게 보면 "A이면 B이다"라는 유형의 어떠한 일반적 법칙도 집단폭력과 관련지어 진술된 적이 없다. 우리는 단지 어떤 변수들 A와 B 사이의 기간과 상황을 명시한 관계만을 관찰할 수 있을 뿐이고, 여기에서 A의 성격은 시간과 공간에 따라 변한다. 게다가 우리가 여기에서 관심을 갖고 있는 문제의 경우, 프랑스와 영국의 차이는 쉽게 설명된다. 근대 영국의 국가는 개입에서 더 신중했고 제도는 더 안정되어 있었다. 어쨌든 그것이 더 정당한 것으로 받아들여지고 있었다. 한편, 영국의 노동조합은 더 강력했고 더 경제적이었으며 목표 지향적이었다. 따라서 영국의 경우는 프랑스보다 집단폭력이 경제적 변수들과 더 밀접하게 연결되어 있을 수 있었다. 반대로 프랑스의 경우, 집단폭력은 정치

---

14) A. Marchal, *L'action ouvrière et la transformation du régime capitaliste*, Paris, Librairie générale de Droit et de Jurisprudence, 1943.

적 변수와 더 밀접하게 관련을 맺고 있다. A와 B 사이의 관계를 관찰할 때, 그 관계는 항상 B = MmS(M′, A)라는 함수에 따라 결합된다. 만약 M′가 여기와 저기에서 다를 때, A는 B를 동반할 수도 있고 그러지 않을 수도 있다.

암묵적이든 명시적이든 "A이면 B이다"라는 형태의 법칙 추구가 집단폭력에 관한 연구들에서 지속적으로 중요한 위치를 차지하는 것은 내가 보기에 아래의 세 가지 이유 때문이다.

첫 번째 이유는 일반적인 것이다. 즉 그것은 사회과학에서의 자연주의적 개념의 영향 때문이다. 조건적 법칙은 자연과학의 일반적 생산품으로 생각되고, 따라서 그러한 법칙들을 생산해내는 것은 과학성의 표시로 생각된다. 포퍼 자신도 『역사주의의 빈곤』에서 이 논지에 무관심하지 않았다는 사실을 다시 생각해보자.

두 번째 이유는 우리가 개인행동의 집합을 하나의 총계(sommation)로 흔히 쉽게 환원하는 경향이 있기 때문이다. 그런데 이 집합이 합계의 형태를 띨 수 있는 것은 사실이지만, 그것이 반드시 이러한 형태를 취하는 것은 아니다. 만약 각자가 어떤 상품을 더 적게 요구하면 전반적인 수요는 감소할 것이다. 각자의 불만이 증가할 경우 거기에서 집단폭력도 함께 증가해야 한다는 결론은 나오지 않는다. 왜냐하면 개인적 불만의 '합'과 불만의 집단적 표현은 별개의 것이기 때문이다. 게다가 올슨(Olson)[15])과 허시먼[16) 같은 사회학자들이 찾아낸 몇 가지 전형적

---

15) M. Olson, *La logique de l'action collective*, Paris, PUF, 1978(*The Logic of Collective Action*, Cambridge, Mass. and London, Harvard University Press, 1971 ; 윤여덕 옮김, 『집단 행동의 논리』, 청림출판, 1987).

16) A. Hirschman, *Face au décline, op. cit.*(*Exit, Voice and Loyalty*, Cambridge, Mass., Harvard University Press, 1970).

인 경우를 생각해볼 수가 있는데, 이 경우 개인적 불만이 집단항의를 낳을 가능성은 거의 없다. 이러한 종류의 상황은 각 개인에게 집단행동의 비용이 너무 크고 그 결과가 불확실한 것처럼 여겨질 때, 각자가 집단행동에 참여하기보다는 개인적인 탈주 전략을 사용함으로써 그가 처한 곤란한 상황에서 더 쉽게 벗어날 수 있다고 믿게 될 때 나타난다.

집단폭력에 관한 연구영역에서 조건적 법칙이 매력을 갖는 세 번째 이유는 사회운동에 관한 방법론적 전체주의적 시각의 영향력 때문이다. 이 시각은 다음과 같은 가정들에 근거하고 있다. 하나의 사회운동이 있을 때 개인은 거기에 용해되어 있다. 따라서 사회운동을 개인행동들의 집합적 결과로 보는 '개인주의적' 분석은 적절성이 없다. 그러므로 집단행동의 연구는 집단행동 B를 결정하는 집단적 조건 A를 찾는 것이다. 사회운동의 경우 학문적으로 중요한 역사적 인식론에 관한 연구는 방법론적 전체주의적 시각이 방법론적 개인주의적 시각보다 항상 그리고 더 한층 사회과학자들을 매료시켜왔다는 것을 분명히 보여줄 것이다.

발전과 근대화의 법칙

내가 여기에서 추가로 소개하는 이 영역은 연구의 상당한 부분이 역시 조건적 법칙 추구에 바쳐져 있다. 이러한 법칙은 수없이 많다. 경제발전의 사회학, 정치발전의 사회학, 발전의 경제학, 근대화의 사회학[17] 그리고 여러 가지 다른 학문 분과들이 이러한 법칙의 생산에 기여했다. 그러나 오늘날 이 모든 법칙 또는 그중 거의 대부분의 타당성이 의심스러운 것으로 생각되고 있다. 거의 모든 경우 그 각각의 법칙에 대립될

---

17) B. Badie. *Le développement politique*, Paris, Economica, 1980 ; S.N. Eisenstadt (red.), *Readings in Social Evolution and Development*, Oxford, Pergamon, 1970 참조.

수 있는 반증사례(contre-example)를 들 수 있다.

파슨스는 산업화가 핵가족 모델을 확대가족 모델로 대체하는 결과를 가져왔다고 주장했다. 그에 의하면 이 '법칙'은, 현대사회에서 교육은 가족의 틀 밖에서 이루어지는 경향이 있고, 사회경제적 지위는 양도되기보다는 획득되며, 지역이동은 증가하는 경향이 있다는 사실 등에서 나온 것이다.

이 명제들은 물론 받아들일 만하다. 그러나 그것들에 일반적인 타당성을 부여할 수는 없다. 에즈라 보겔(Ezra Vogel)[18]의 연구결과에 따르면, 일본에서 일자리를 제공하기를 원하는 기업가는 직원을 채용할 때 그 후보자의 가족과 채용을 위한 협상을 했다. 따라서 채용 후보자의 가족은 계약조건을 명시하고 그 조건들이 지켜질 수 있도록 가족 유대의 모든 자원을 동원할 수 있었다. 만약 그 새 직원이 타당한 이유 없이 해고당했다면, 그 가족은 그 기업가가 노동자를 채용하는 근원을 고갈시켜버리는 데 기여할 수 있었다. 이러한 유형의 상황에서 산업화는 확대가족의 유대관계를 약화시킨다기보다는 오히려 **강화하는** 경향이 있다. 왜냐하면 이 가족의 유대관계가 협상에서 중요한 자원을 구성하기 때문이다.

이 **불일치**(A 그리고 B̄: 가족 유대관계의 약화라기보다는 산업화와 그 유대관계의 강화)는 "A 그리고 B이다"라는 **일치**(concordance)보다 **비전형적**이거나 발생빈도가 더 낮은 것일까? 그것을 미리 판단하기는 어렵고 또 연구 후에도 그것을 판단하기는 어렵다. 일치와 불일치의 비교빈도를 평가할 수 있는 통계적 모집단을 어떻게 정의한단 말인가? 여기서 우리가 말할 수 있는 모든 것은, 불일치가 예외적인 것이 되어

---

18) E. Vogel, "Kinship Structure, Migration to the City, and Modernization," in R.P. Dore(red.), *Aspects of Social Change in Modern Japan*, Princeton, Princeton University Press, 1967, pp.91~111.

야 할 아무런 이유도 없으며, 오히려 여러 요인이 다양하게 배치된 결과로 불일치가 만들어질 수 있다는 것이다.

여기에서는 두 번째 보기를 드는 것으로 만족하기로 하자. 사람들은 이 보기가 수많은 실제 상황을 잘 묘사하고 있다는 데에 동의할 것이다. 산업노동자들의 임금이 낮고 농촌의 '초과'인구가 완화되어 있을 때, 도시산업의 유인효과(pull-effect)와 농촌의 배출효과(push-effect)는 약해질 가능성이 있다. 이 경우 가족의 특정 구성원들이 받는 산업노동의 임금은 흔히 그들 가족의 농업소득을 보완하게 된다. 그 대신 가족은 그들에게 별로 높지 않은 임금을 받아들이는 것을 가능하게 하는 편의를 제공한다. 따라서 이러한 유형의 경우, 산업화는 확대가족의 가족 유대를 깨기는커녕, 그러한 가족 유대를 강화하는 데 기여한다.

경제발전의 영역에서도 수많은 법칙이 주장되었다.[19] 그 보기로 아래의 다섯 가지를 들 수 있다.

① 시장이 협소할 때 경제발전은 이루어질 수 없다. 전반적인 잠재적 수요가 적을 때, 생산은 필연적으로 적을 수밖에 없다. 따라서 생산은 수공업적인 것으로 남아 있게 된다. 결과적으로 생산성 증가를 위한 자극은 전체 수요가 어떤 선을 넘어설 때에만 나타난다. 그러므로 신발 생산 작업장의 소유주는 그가 한 달에 몇 켤레씩을 더 팔 수 있다고 기대하지 않는 한, 생산을 기계화할 경제적인 이유가 없다.

② 사회간접자본(overhead capital : 예를 들어 교통통신망)은 사회발전에 필수적이다. 그렇지 않으면 시장은 협소하고 우리는 앞에서 언급한 메커니즘들을 다시 보게 된다.

---

19) P.T. Bauer, *Dissent of Development*, London, Fakenham and Reading, 1971. 저자는 이러한 법칙들을 수없이 열거하고, 그것들을 비판하고 있다.

③ 저축능력이 적으면 투자가 없어지게 된다. 그러므로 생산성은 증가할 수 없다. 따라서 개인들의 자원은 침체된 상태로 남아 있고 저축능력은 빈약해진다. 그리고 이런 경우 경제발전은 외부의 도움으로부터만 이루어질 수 있다.[20]

④ 경제발전이 별로 이루어지지 않은 사회에서 엘리트 집단이 잉여재원을 소유하고 있을 때, 그들은 이 잉여재원을 투자하기보다는 소비에 충당하는 경향이 있다. 실제로 투자는 충분한 수요의 존재를 가정한다. 그러나 인구의 대부분이 생존을 간신히 넘어서는 생활조건으로 살고 있는 경우, 수요는 충분하지 못한 것이다.

⑤ 경제가 별로 발달하지 못한 나라의 엘리트는 과시효과 때문에, 투자하기보다는 소비하는 경향이 있다. 그리고 그 과시효과에 따라 이들 엘리트는 '부유한' 나라의 소비 모델을 채택하도록 자극받는다.

물론 또 다른 여러 가지 법칙을 언급하는 것도 가능할 것이다. 위에서 인용한 법칙들은, 일반적으로 사람들이 '발전론'이라는 칭호를 붙이는 연구활동에 속한다. 그러나 네오마르크스주의적 발전이론도 마찬가지로 수많은 '법칙'을 생산해냈다. 그리고 사회·경제적 발전에 관심을 가져온 연구 흐름들에 관해서도 같은 이야기를 할 수 있을 것이다.

이러한 모든 법칙은 어떤 메커니즘을 강조하는데, 그것들은 경험적으로 관찰될 수 있을 뿐만 아니라 우리는 그 논리를 쉽게 이론적 차원에서도 이해해볼 수 있다. 우리가 정확히 이해하고 관찰할 수 있듯이, 어떤 경우 특정한 상품가격의 상승은 이 상품에 대한 수요의 감소를 가져올 수 있다. 그러나 이 이상적인(idéaux) 메커니즘은 제한된 조건이 충족되

---

20) R. Nurkse, *Les problèmes de la formation du capital dans les pays sous-développés, op. cit.*

어야만 **실질적으로** 발전한다. 정확히 말해서, 가격상승이 수요의 감소를 불러일으키는 것은 제한된 조건 아래에서만 가능하다. 이 제한적 조건들이 충족되지 않으면, 그 법칙이 A와 B 사이의 '일치'(concordance)를 예측한 곳에서 우리는 '불일치'를 관찰할 수 있게 되는 것이다.

그리고 사회발전을 위해서는 사회간접자본의 우선적 축적이 있어야 한다는 것을 강조하는 법칙과 반대되는 예로, 19세기 말~20세기 초의 아르헨티나를 들 수 있다. 이 나라에서 경제발전은 교통수단의 발달에 따라 이루어졌다기보다는, 놀라운 경제발전이 사회간접자본의 발달에 앞서서 이루어졌다.[21] 또 경제발전을 외부의 도움과 연결시키는 법칙에 반대하는 예로는 18세기의 영국이나 19세기의 일본의 경우를 들 수 있다.[22] 시장의 협소함을 경제발전의 장애요인으로 여기는 법칙에 반대되는 예로는 콜롬비아의 경우를 들 수 있다. 헤이건(Hagen)[23]이 이미 보여주었듯이, 20세기 초반 콜롬비아에서는 지리적 상황과 도로교통망의 초보적인 상태가 여러 지역 사이의 교환을 제한했음에도 불구하고 경제발전이 아주 빠른 속도로 이루어졌다.

우리는 이러한 경우들을 사회변동 법칙의 예외들로 이해해야 할까? 아니면, 어떤 경우는 전형적이고 또 다른 경우는 비전형적인 것으로 이해해야 할까? 첫 번째 해석은 빈도에 대한 계산이 불가능함을 전제로 한다. 두 번째 해석은 전형적/비전형적이라는 대립적 정의를 함축한

---

21) E. Hagen, *Structures sociales et croissances économiques*, Paris, Editions Inter-nationales, 1970(E. Hagen, *On the Theory of Social Change*, Homewood, Ill., Dorsey Press, 1962).

22) 외국 원조에 의한 사회발전의 허구적 성격은 다음 논문에서 논의되고 있다. P.T. Bauer "Foreign Aid and the Third World," in P. Duignan and A. Rabushka(red.), *The United States in the 1980s*, Standford, Hoover, 1980.

23) Hagen, *op. cit.*

다. 이 경우 우리는 이러한 대립적 구분이 어떻게 순환적이지 않을 수 있는지, 파레토식 표현을 빌린다면, 경험에 근거를 두고 있다기보다는 감정에 근거를 두고 있지 않은지 질문을 던져볼 수 있다. 위에서 주창된 법칙들은 사실 어떤 경우에 근사치로 실현될 수 있는 것처럼 보이는 이상적인 모델들이다. 그리고 그들 법칙의 타당성 영역의 경계를 정확히 정의하는 것은 불가능하다.

사회변동이론을 위한 한 가지 사례분석

이 장을 마무리하기 위해 잠시 하나의 사회변동이론——헤이건의 변동이론——을 검토해보는 것은 흥미로운 일일 것이다. 헤이건의 변동이론은 사회변동에 관한 규범적 또는 법칙 추구적 개념의 영향력과, 사회변동의 법칙을 진술하는 것이 불가능하다는 점을 동시에 훌륭하게 보여준다.

헤이건의 '사회변동이론'은 경제발전과 경제학이론에 관한 하나의 비판으로 시작된다. 헤이건에 의하면, 이 경제학이론들은 19세기 일본의 발전이나 20세기 초 콜롬비아의 경제발전과 같은 중요한 경우를 설명해주지 못한다. 일본과 콜롬비아는 모든 외부의 도움이 없는 상태에서 사회발전을 이루었다. 콜롬비아에서는 제2차 세계대전 후까지 외국 자본은 보잘것없는 상태였다. 콜롬비아의 시장은 작게 쪼개져 있었다. 놀라울 정도의 발전을 이루기 전까지 일본과 콜롬비아는 가난한 나라들이었다. 그러나 그 나라들은 '빈곤의 악순환 법칙'의 지배를 받지 않았다. 간단히 말해서 1960년대의 유력한 경제이론들 중 그 어느 것도 위의 두 경우를 설명하지 못했는데, 이것의 중요성은 명백히 과소평가될 수 없는 것이었다. 또 다른 수많은 경우도 역시 '경제이론'에 동일한 저항을 나타낸다.

경제발전을 설명하는 데서 경제학이론의 능력을 엄격히 진단한 뒤, 헤이건은 경제발전에 관련이 있는 변수들은 경제영역보다는 다른 영역에서 찾아야 할 것이라는 결론을 내린다. 그의 비판은 그 자체로 학문적 중요성이 있다. 그는 사회과학을 지배하는 분업의 통탄할 만한 부정적 결과들을 강조한다. 즉 사회학자나 정치학자처럼, 경제학자도 전공과 관련된 변수들만 고려하는 경향이 있다는 것이다. 따라서 특정 경제학자나 정치학자가 계층과 관련된 사실의 존재를 '발견'하거나, 특정 사회학자가 정치제도, 예산의 제약 또는 정보비용의 존재를 발견하게 되면 그것은 하나의 사건처럼 여겨진다.

헤이건은 경제발전이 비경제적 변수의 결과일 수 있다는 점을 주장하면서 경제적 하위체계가 독립성을 지닌다는 가정을 크게 흔들어놓았다. 그 가정이란 헤이건이 보기에 합리적 선택의 결과로서 주어진 것이 아니라 경직되고 무규범적이며 잘못된 분업 관습에 따라 강요된 것이었다.

헤이건의 경제발전에 관한 '사회이론'은 몇 가지 사례 연구에 기반을 두고 있다. 그 이론은 쉽게 다음과 같이 요약될 수 있다. 모든 검토된 사례들의 경우에서, 그는 경제발전이 대부분 특정한 기업가집단의 등장의 결과라는 것을 관찰하게 된다. 헤이건이 정당하게 비판하는 경제학이론들이 가정하고 있는 것과는 반대로, 이 기업가들의 집단이 수요가 있자마자 자연스럽게 나타나는 것은 아니다. 하나의 역동적인 신발산업이 태어나기 위해서는 신발에 관한 수요가 존재한다는 것만으로는 충분하지 않다. 잠정적 수요의 존재는 아마도 그것에 대응하는 공급의 등장을 촉진시키는 하나의 상황이지만, 그것이 산업화를 위한 충분조건은 아니다. 실제로 우리는 활발한 생산과 빈약한 수요(분할된 시장)를 관찰할 수 있는데, 이것은 우리가 빈약한 생산과 전반적으로 중요한 수요를 관찰할 수 있는 것과 마찬가지이다. 기업집단의 등장이 더 이상

수요에 의해 만들어진 자극의 기계적 결과로서 생각되지 않는 순간부터, 경제발전 분석의 중요한 문제는 그들의 등장을 설명해주는 사회적 조건들을 찾는 것이 된다.

헤이건이 분석한 몇 가지 사례는 특정한 사회적 변수들이 이러한 등장을 더 가능하게 한다는 사실에 의해 헤이건을 설득시킨다. 일본의 경우 기업가는 비율적으로 볼 때 사무라이 계급에서 더 많이 나왔다. 1956년 통계에 따르면, 콜롬비아의 경우 100명 이상의 노동자를 고용하는 161개 기업 창시자들의 출신지역을 고려할 때, 훨씬 많은 비율의 사람들이 안티오키아(Antioquía) 지역 출신이다. 이 지역 출신 기업가들은 75명인데 이것은 쿤디나마르카(Cundinamarca) 지역 출신의 25명과 비교해볼 때 대조적인 수치이다. 그런데 이 쿤디나마르카는 문화적·정치적 관점에서 볼 때 훨씬 더 중요한 지역이다. 그 이유는 그 지역이 수도 보고타(Bogotá)를 포함하고 있기 때문이다. 그런데 사무라이와 안티오키아 출신 사람들은 하나의 공통된 특징을 갖고 있다. 바로 이들이 사회적으로 영락한 계급이라는 사실이다.

영주를 섬기는 무관이었던 사무라이들은 도쿠가와 황제들이 지방 영주들을 희생시켜가며 중앙권력을 강화하기 시작하고 그들을 교토의 궁에 가두었을 때 직업을 잃고 사회적으로 몰락할 처지에 놓여 있었다. 16세기 안티오키아 지역 사람들은 보고타 지역 사람들과 마찬가지로 신그레나다(Nouvelle Grenada) 지역으로 금과 은을 찾으러 온 에스파냐 식민지 거주자 출신이었다. 그들은 보고타 지역이 아니라 안티오키아에서 금과 은을 발견했다. 따라서 안티오키아에 정착한 사람들은 광부들이 되었고, 보고타에 정착한 사람들은 땅을 경작하기 시작했다. 그러나 17세기 중반부터 금광과 은광은 거의 고갈되었다. 어쨌든 그 광산들은 더 이상 채산성이 맞지 않아서, 광산 경영자들은 몇십 년 동안 고용해왔던 인디언 노동자들을 계속 고용할 수 없었다. 따라서 안티오키아 사람들은 무산계급화과정에 휩싸이게 되었다. 결과적으로 보고타 사람들이나 칼리노스(Calinõs) 사람들에게 안티오키아는 경멸할 정도로 낙후한 지역이 되었다. 일본이 메이지 시기에 들어섰을 때 사무라이들은 사업가가 되었다. 20세기 초반 콜롬비아가 다른 나라들처럼 경제발전을 이루었을 때, 안티오키아 사람들은 기업가가 되어 있었다.

일본, 콜롬비아 그리고 다른 사례연구에서 공통적인 특징들을 뽑아낸 뒤 헤이건은 '집단적 지위상실'이 역동적인 기업가집단이 등장한 원인 가운데 하나라고 분석했다. 경제발전의 미약한 징조가 나타나기 시작했을 때 사무라이 계급처럼 안티오키아 사람들이 기업가가 되도록 자극한 것은, 아마도 그들의 잃어버린 지위를 다시 찾으려는 생각에 사로잡혀 있었기 때문일 것이다. 여기서 곤란한 점은 사무라이들이 도쿠가와 기업들에 의해 그들의 지위를 빼앗긴 시점과 그들의 후손이 일본의 경제도약에 기여한 시점 사이에 여러 세대의 시간이 흘렀다는 사실이다. 마찬가지로 안티오키아의 광산 소유자들 자신이 채광작업을 했던 17세기 중반과 20세기 초반 사이에는 여러 세대라는 시간적 간격이 있다.

그의 자료들(안티오키아 사람들과 사무라이의 몰락, 산업발전과정에서 이들의 특별한 역할)의 신뢰도에 자신을 가진—그것은 정당하다—헤이건은 이 집단들의 사회적 지위상실과 경제발전에서 그들의 역할에 관한 상관관계 속에서 우연적 일치를 보기를 거부한다. 어느 정도 힘들게, 하지만 그렇게 설득력을 지니지는 못한 채로, 그는 '지위몰락'에서 야기된 한(恨, le ressentiment)이 세대에서 세대로 전달될 수 있다는 것을 보여주기 위해 특정 심리학과 정신분석학 이론의 과학적 권위에 의존하려고 시도한다. 가족교육을 매개로 하여 인성구조에 새겨진 '한'(恨)은 심리적 결정요인이 된다. 따라서 인성의 형성은 지배적 가치인 성취 가치와, 무의식적 목적인 잃어버린 지위를 되찾으려는 노력에 따라 지배된다.

이 이론은 행위자의 인성에 심리적 영상과 열정 그리고 심리적 결정 요인을 부여함으로써 행위자로 하여금 자신들이 설명하려 하는 행동을 정확히 선택하게 만드는 이론이 지닌 모든 약점을 분명히 지니고 있다. 행동으로부터가 아니라면 어떻게 심리적 상태의 존재를 증명해 보이겠는가?[24] 또 문제의 심리적 상태가 행동을 **설명하도록** 어떻게 기대할 수 있겠는가? 그 이론의 순환적 성격 외에도, 헤이건의 이론은 사실임을 믿기가 어려운 내용을 담고 있다. 심리적 결정요인이 유전인자의 전달보다 더 엄격하게 세대에서 세대로 전달될 수 있다는 것을 어떻게 믿을 수 있는가? 왜냐하면 유전인자의 전달도 호의적인 **환경**을 전제로 하기 때문이며, 결국 이 환경에 의존하기 때문이다.

확실히, 잃어버린 사회적 지위가 '열망의 수준'에 영향을 끼칠 수 있다는 것을 사회 조사 결과들은 보여주고 있다. 다른 사실과 상황이 같다면, 현재의 사회적 지위보다 어머니의 사회적 출신 지위가 높은 어린이들은 흔히 높은 수준의 열망을 품는다.[25] 그러나 이 경우는 헤이건의 경우와 다르다. 왜냐하면 어떤 엄마가 비록 결혼 때문에 젊은 시절의 사회적 지위를 잃었다 해도, 그녀가 자신의 잃어버린 지위를 기억할 것으로 받아들이는 것은 의문의 여지가 없지만, 잃어버린 지위에 대한 기억이 세대를 따라 보존될 수 있다는 것은 훨씬 의문의 여지가 크기 때문이다.

---

24) 헤이건은 이 어려움을 잘 의식하고, 투사기법을 사용해서 그 문제를 해결하고자 했다.

25) 예를 들어 다음 논문을 볼 것. I. Krauss, "Educational Aspirations among Working-Class Youth," *American Sociological Review*, XXIX, 1964, pp. 867~879.

따라서 결국 헤이건의 이론은 신빙성이 적다. 그러나 그의 실패는 이 분야의 모델로 남아 있는 그의 연구 조사에서 생긴 것이 아니라, '사회 변동이론'은 특정한 '법칙'을 표현하는 데 이르러야 한다는 인식론적 편견에서 비롯된다는 것이다. 이 점에 주목하는 것은 학문적으로 흥미로운 일이다. 실제로 헤이건은 사회적 지위상실과 기업정신을 연결하는 **법칙**을 정립하려는 목표를 세웠다. 그렇게 함으로써 그는 그의 책이 암묵적으로 수용하고 있는 콜롬비아의 발전과 관련된 아주 상세하고 신빙성 있는 이론을 스스로 모호하게 만들었다.

내가 보기에 이 이론은 다시 재구성되어야 한다. 왜냐하면 헤이건은 모든 요소를 제공하는 $M = MmS(M', A)$라는 모델을 명시하기보다는, 그의 이론적 기여를 법칙 "A이면 B이다"라는 형태로 제시하기를 원했기 때문이다. 지금 우리가 간략히 재구성하려는 것은 바로 이 모델이다. 따라서 헤이건 '이론'의 축을 형성하는 문화적 전달에 관한 의심스러운 가설을 쓰지 않아도 될 수 있다는 것을 우리는 아래의 분석에서 보게 될 것이다.

콜롬비아의 우연한 지리적 상황은 17세기부터 실질적으로 사회적·지역적 분할현상을 낳았다. 안티오키아 사람들은 무산계급화를 경험했다. 그들 중 일부는 별로 채산성이 맞지 않는 광산을 경영했다. 또 다른 사람들은 적절한 때에 커피 경작을 시작했다. 커피 경작이 발달함에 따라 어떤 사람들은 운송사업에 뛰어들었다. 그러나 그것은 위험한 사업이었다. 20세기 초반까지 안티오키아 지방의 주도(州都) 메데인(Medellín)과 보고타 지역의 사바나(Sabana)를 연결하는 터널식 도로는 전혀 존재하지 않았다. 메데인 시가 더 남쪽에 있는 칼리(Cali)라는 도시와 연결된 것은 겨우 1940년에 이르러서였다.

1800년에서 1890년대 말까지 인접 국가들의 경제발전과 비슷한, 느린 경제발전이 콜롬비아에 나타났다. 그러나 그 발전은 안티오키아보다는 사바나에서 더 뚜렷이 나타났다. 몇몇 은행, 섬유산업, 소비재산업, 양조장 그리고 운송사업이 나라 전체에 나타났다. 그러나 이 산업들은 특히 사바나에 집중되어 있었다. 그리고 특히 제1차 세계대전 이후 시기부터 지역 간 불균형이 역전되었다. 19세기 중반까지 안티오키아는 가장 가난하고 경제적으로 가장 침체된 지방이었다. 75년 뒤에 이 지역은 경제발전의 중요한 중심지가 되었다.

왜 비율상 훨씬 많은 수의 새로운 기업이 안티오키아 사람들에 의해서 안티오키아뿐만 아니라 다른 곳에도 세워졌는가? 그것을 설명하기 위해서 인성구조에 '심어져' 있는 지위상실에 대한 '집단기억'이라는 가설에 의존할 필요가 없다(이것은 헤이건의 주장에 반대되지만, 그의 자료들이 확인해주는 것과는 일치한다). 행위자들이 처한 상황의 차이를 고려하는 것만으로 충분하다. 이 차이들은 그 자체가 사바나와 안티오키아의 지리적 상황과 '사회구조'의 역사에 따라 만들어진 차이들에서 유래한다. 네 가지 시리즈의 자료를 보면 이 차이들을 이해할 수 있을 것이다.

첫째, 사바나는 대토지 소유의 지방이었던 반면, 칼리 지방의 '라발레'(la Vallée)에서는 목축업이 더 큰 지위를 차지하고 있었다. 앞에서 지적한 역사적·지리적 이유들 때문에 토지재산은 안티오키아에서 훨씬 더 조촐한 위치를 차지했다.

둘째, 안티오키아는 문화적으로 일종의 '벽지'이다. 안티오키아 사람들은 다른 지역 사람들에 의해 별개의 사람들, 또는 어느 정도 경멸의 대상으로 생각되었다(이것은 두 세기에 걸친 이 지역의 무산계급화에서 비롯된 것이다). 게다가 집단의식이 안티오키아 사람들의 특성에 대해 몹시 민감한 반응을 보였기 때문에 안티오키아 사람들의 기원을 설명하려는 신화들이 발전되었고, 이 신화들은 그것을 검증하려는 시도

마저 낳았다. 즉 안티오키아 사람들의 독특성은 그들이 유대인 식민지 거주자들이나 바스크 식민지 거주자들의 자손이기 때문이 아닐까 하는 것이다. 그들이 감수해야 하는 경멸은 역사 교과서에서까지 찾아볼 수 있는데, 이 교과서들은 나라의 역사를 논하면서 안티오키아의 역할을 과소평가하고 있다. 그 결과, 교육체계가 발전할 때 낙후되고 사랑받지 못하는 지역은 그 혜택을 잘 받지 못한다. 정치적으로 독립하기 전부터 교육기관과 연구소들이 메데인을 제외한 거의 도처에 들어섰다. 메데인 빈민가의 소명을 확인하는 데 기여한 것은, 내란 때 피난민들이 거기에 정착했다는 사실이다. 외국인과의 접촉은 다른 곳보다 안티오키아에서 더 빈약했다.

셋째, 안티오키아 지역은 가난했지만 다른 곳과 마찬가지로 그곳에도 경제 엘리트가 존재하고 있었다. 이 엘리트들은 여유자금을 보유하고 있었다. 교통수단이 발달하기 전에, 운송의 어려움과 교역의 필요성은 이 지역에 장거리 운송회사를 탄생시켰다. 그러나 도로·터널·철도 등이 나타나기 시작하면서 이 장거리 운송회사의 활동은 쇠퇴해갔다. 그렇지만 그 활동은 특정 가족을 부자로 만들어주었다.

넷째로 중요한 사실은 안티오키아 사람들이 그들의 광산 경영에서 현대적 조직형태를 사용했다는 점이다. 이것은 어느 정도 유한책임회사와 비교될 수 있는 것이었다. 광맥의 탐구는 고도로 위험한 사업이기 때문에 각각의 사업은 24명분의 주식에 따라 재정 지원을 받았다. 실패했을 경우 채무는 대등하게 24명의 참여자에 의해 지불될 것이었다. 이 주주들 중 다수의 결정으로 광맥 조사를 보류하게 할 수 있었다. 주주들은 아주 흔히 친척관계로 연결되어 있었다. 20세기 초반까지 여전히, 안티오키아 사람들이 창립한 회사 대다수는 가족회사들이었다.

이 네 가지 자료 전체가 수집되었으므로, 그들의 결과 m(S)도 분명히 결정될 수 있다. 사바나와 안티오키아의 엘리트들은 각기 다른 유형의 자원을 보유하고 있었고, 각기 다른 기회구조를 갖고 있었다. 사바나의 엘리트들은 사회·경제적 환경구조에 따라 땅을 사고, 자녀들을 유학시키며, 그들을 자유전문직이나 행정직 또는 정치경력을 갖게끔 유도하도록 자극받았다. 안티오키아의 엘리트들은 이 목표를 이행하기가 아주 어려웠다. 게다가 이들은 그러한 목표를 바람직한 것으로 생각하지도 않았다. 어쨌든 그 목표는 보고타에서보다 메데인에서 더 평가받았다. 안티오키아에서 인본주의적 교양은 보고타의 전공과목처럼 생각되었다. 가장 평판이 좋은 교육기관은 모두 메데인 이외의 지역에 세워졌다. 따라서 이러한 상황의 구조는 안티오키아의 엘리트들로 하여금 정치적 직업이나 '문화적' 직업, 자유직업 등을 찾도록 자극을 주지 못했다.

더욱이 그 엘리트들은 그들의 '영여가치'를 토지재산에 투자하도록 자극을 받지도 않았다. 왜냐하면 사바나 지역에 분명히 존재하는 토지귀족은 안티오키아에서는 아직 발달하지 않은 상태였기 때문이다. '라 발레'의 목축귀족들도 안티오키아에는 존재하지 않았다. 기회의 구조와 가치체계는 사바나에서 안티오키아의 순서로 역전되었다. 부수적으로, 안티오키아 사람들은 조직 경험과 가족 유대의 관점에서 더 나은 자원을 보유하고 있었다. 게다가 보고타에서 지배적인, 인본주의 문화에 관한 '경멸'은 그들로 하여금 실용주의적 가치를 갖게 만들었다(헤이건에 따르면 그것은 어쨌든 보고타 사람들과 칼리 사람들이 그들 자신에게 투사한 이미지였다). 이러한 요소들이 함께 어울려 서로 대조적인 자극체계를 형성했다. 이러한 상황에서 안티오키아의 엘리트들은 사바나의 엘리트들보다 산업체나 기업에 매력을 느낄 가능성이 더 컸다.

따라서 이러한 상황구조는 통계적 차이들, 특히 제1차 세계대전 이후 콜롬비아의 산업발전에서 안티오키아 사람들의 매우 중요한 역할을 이해하는 데 충분하다. 아마도 이 과정에서 사회적 지위상실에 대한 한

세기를 지나온 기억이 특정한 역할을 했는지도 모른다. 그러나 그것을 증명하기는 어렵다. 그리고 헤이건의 주장과는 달리 그것을 가정하는 것은 소용없는 일이다.

사실 헤이건이 이 가설을 도입한 이유는 그의 자료들을 해석하는 데 필요해서가 아니라, 그것이 그로 하여금 여러 가지 사례——일본·콜롬비아 등——들을 하나의 공통적 법칙 아래 포섭하는 것을 가능하게 하기 때문이다. 그에 의하면, 사회적 지위상실이 기업가정신의 원인이다. 사회적 지위의 상실, 더 일반적으로는 사회적 소외가 기업가정신과 기술혁신 발전에 때때로 우호적인 상황을 만드는 것은 사실이다. 많은 연구들이 그것을 확인해준다.[26] 그러나 어느 것도 이 두 항목 사이의 관계를 법칙으로 세우도록 허용하지는 않는다. 그 두 항목은 콜롬비아 사례의 경우에는 서로 연결되어 있는 것 같다. 그러나 그 관계가 이해될 수 있는 것은 안티오키아와 사바나의 상황에 관한 자료들이 서로 대조적인 자극체계를 낳는다는 조건 아래에서만 가능하다. 일본 사무라이들의 역할은 다른 이유들 때문에 생긴 것이다.

인식론적 관점에서 볼 때 헤이건의 이론은 하나의 귀중한 사례를 제공해준다. 즉 그의 자료들에서 특정한 '이론'(즉 지금의 경우, 하나의 법칙)을 끌어내려고 함으로써 헤이건은 그의 자료 해석을 빈약하게 만들었고, 사회적 소외와 기업정신 사이의 관계를 의심스러운 가설에 입각해 지지하게 만들었다.

그러나 그의 분석의 특징을 흐리게 하는 법칙 추구적 편견을 제거하면, 곧 같은 유형의 모델인 특정한 이론이 관심사로 떠오르게 된다. 안

---

26) L. Feuer, *Einstein et le conflit des générations*, Brussels, Ed. Complexe, 1978.

티오키아 지역에서 기업가계급의 등장은 그 뿌리가 오랜 역사적 변화과정 속의 집합효과로 설명된다. 물론 19세기 후반에 산업체와 서비스업체의 창설이 안티오키아 사람들에 의해서 비율적으로 더 많이 이루어졌다는 점을 설명하는 것은, 한편으로는 칼리 지방과 보고타 지방 사람들이, 또 다른 한편으로는 안티오키아 사람들이 노출되어 있던 기회의 차별적 구조를 보여주는 것이다. 그러나 이 차별적 구조는 그 자체가 오랜 기간에 걸친 사회 변화과정의 산물이다.

사바나의 식민지 거주자들이 인디언 농부들이 경작하는 대토지를 개간하고, 이 지역에서 토지귀족이 늘어난 데에는 정치적으로 이해할 만한 이유가 있었다. 에스파냐 국왕이 'morada'(현지 거주)와 'labor'(노동)의 교리를 강요했기 때문이다. 헤이건이 잘 간파한 대로, 이 토지귀족의 존재는 19세기 후반에 차별적 기회구조를 낳는 데 기여한 거시사회학적 요인 가운데 하나가 되었다. 마찬가지로 안티오키아 사람들의 무산계급화 과정을 불러일으킨 것은 17세기 이 지역에서의 금광·은광의 고갈이다. 그리고 이것은 19세기의 대학 설립정책과 안티오키아에 대한 부정적·차별적 교육정책의 존재를 설명해준다. 마찬가지로 안티오키아 엘리트들의 '물질주의적' 윤리와 보고타 사람들의 '인본주의적' 문화에 대한 취미는 오래된 사회 변화과정에서 비롯된다.

간단히 말해서 19세기 후반 안티오키아 사람들이 보여준 기업가 정신은 헤이건에 의해 집합적 효과로 잘 분석되고 있으며, 행위자들의 행동은 변화하는 구조적 상황에 대한 반응으로 잘 설명되고 있다. 그러나 동시에 이 차별적 기회구조는 헤이건에 의해 오랜 누적적 과정의 결과로 이해되는데, 이 과정은 "현지에 거주하면서 노동하라"는 표현으로 요약되는 정치적 원칙처럼, 시간적으로 아주 오래된 일정 수의 거시사회학적 변수들을 찾아낼 때에만 완전하게 이해할 수 있다. 그 논리적 구조를 볼 때, 헤이건의 이론은 따라서 $M = M\{m[S(M')]\}$라는 유형의 분석들과 일치한다.

이렇게 보면 법칙이라는 개념은 사회과학에 도움이 된다기보다는 해가 되는 것이 아닐까? 비록 그것이 조건적 법칙들이라 해도 변동의 법칙을 추구하는 것이 학문적으로 타당한 일일까? 특히 이 법칙 안에 포섭하려는 사회체계들이 헤이건이 고려한 민족사회처럼 아주 복잡한 수준의 것일 때, 그것이 타당한 일일까? 설명에 대한 법칙 추구적 개념이 수많은 연구집단에서 지배적인 지위를 차지하고 있지만, 내가 보기에 위의 질문들에 대한 대답은 분명히 부정적이어야 할 것 같다.

헤이건의 이론에 대한 비판적 분석은 또 다른 교훈을 분명히 보여준다. 그의 연구는 그가 믿고 있는 대로 특정한 법칙에 도달한 것이 아니라 특정한 모델을 보여준 것이라는 사실이다. 게다가 이 모델은 발전 모델이 아니라 그가 연구하는 특정 맥락 속에서 기업가집단의 형성과정을 더 조심성 있고 더 엄격하게 설명하는 모델이다.

앞의 장에서 제기한 문제를 다시 검토해보면 조건적 법칙을 정립하려는 사회과학자들의 주장은, 자연과학의 영향을 받았거나 아니면 최소한 사회과학자들이 자연과학에 대해 가지고 있는 표상의 영향을 받은 인식론에서 비롯된 것이다. 물론 우리는 사회현상들 사이에 특정한 규칙들을 확립할 수는 있다. 그러나 그것을 위해서는 일정한 조건의 고전적 계약조건이 적용될 수 있어야 한다.

그런데 이 계약조건은 특별한 경우에만 타당성이 있는 것이 분명하다. 바로 이러한 이유 때문에 조건적 법칙을 추구하는 것이 사회변동이론의 첫째 목표가 될 수 없다는 것이다. A와 B의 일치가 나타날 때, 문제는 그것이 "A이면 B이다"라는 법칙을 일반적으로 보여주는 것이 아니라, 오히려 고려하고 있는 체계에서 A 요소가 행위자들로 하여금 B라는 결과를 낳게 하는 반면, 다른 체계에서는 같은 요소 A가 행위자들로 하여금 B라는 결과를 낳도록 자극할 수도 있음을 보여주는 것이다.

우리는 여기서 하나의 중요한 인식론적인 문제를 건드리게 된다. 예를 들어 헴펠(Hempel)[27] 같은 사회학자가 믿었던 것과는 반대로, 어떤 사회현상을 설명하는 것이 항상 그것을 보편적 타당성을 지닌 명제들, 즉 **법칙들** 아래 포섭하는 것이어야 한다고 믿을 근거가 없다는 것이다. 앞 장에서 내가 제시한 설명 개념은 우리가 관찰할 수 있는 가능한 거시사회학적 규칙들에 원칙의 지위보다는 오히려 **결과**(conséquences)의 지위를 부여한다. M＝MmSM´ 라는 공식이 요약하고 있는 '설명' 개념은 다른 개념보다 더 설득력이 있고 일반적이라는 장점이 있다. 그리고 헤이건의 사례가 보여주듯이, 설명에 관한 '헴펠식'의 개념은 사회현상을 왜곡시키는 프리즘 역할을 할 수 있고 따라서 지식의 발전을 저해할 수 있다.

---

27) C. Hempel, *Aspects of Scientific Explanation and Other Essays in the Philosophy of Sciences*, New York, The Free Press, 1965.

제4장 구조와 변동: 구조주의적 편견

구조의 개념은 아주 중요한 의미를 지닌 개념들 가운데 하나이다. 일반적으로 이 명제는 사실이지만, 특히 사회과학에서 더욱 그렇다.[1] 비록 이 개념의 의미가 다양하고, 그것이 사용될 때 어떤 특정한 의미를 가리키는 것인지 몰라서 종종 불확실성이 생긴다고 할지라도, 그 의미들 중 어떤 것은 아주 명료하다. 여기에서는 구조와 관련된 두 가지 개념의 사례를 들 것이다. 왜냐하면 그것들은 '변동에 관한 **구조적** 법칙' '변동에 관한 **구조적** 조건' 등과 같은 개념들로, 그 특징이 체계적으로 분명히 드러나기 때문이다.

구조는 유형이다

첫째, 구조의 개념은 유형이라는 개념과 같지는 않지만 비슷한 의미를 지닌다. 하나의 유형이란 전체적 특징이다. 따라서 우리가 특정한 종족 유형, 소설의 유형 또는 자동차의 유형을 말할 때 그것은 어떤 인간집

---

1) R. Boudon, *A quoi sert la notion de structure*, Paris, Gallimard, 1968(*The Uses of Structuralism*, London, Heinemann, 1971).

단이, 어떤 소설이, 또는 어떤 자동차가 문제의 유형을 정의하는 A, B, C, ……, N의 성격을 나타내는 것을 의미한다. 아주 흔히 이 성격들은 서로 연관을 맺고 있어서, 그것들 중 어느 하나가 관찰되면 다른 요인도 나타나는 경향이 있다. 어떤 개인의 눈이 푸른 경우 그는 또한 금발 머리인 경향이 있다. 더 분명히 말해서 그의 머리카락이 금발일 확률은 눈의 빛깔이 짙은 개인의 경우보다 더 크다. 우리는 흔히 금발의 머리칼과 푸른 눈(AB 유형), 그리고 갈색 머리카락과 짙은 눈빛(A′B′)을 관찰한다. 그러나 A′B유형이나 AB′유형을 관찰하는 것은 아주 드물다.

A, B, C에서 N까지의 특징들 전체가 주어져 있고 그것들로부터 우리가 구성할 수 있는 유형의 빈도(또는 경우에 따라 있을 법함)가 특정 유형에서 또 다른 유형으로 아주 다양할 때, 흔히 우리는 관련된 유형의 구조를 결정한다고 말한다.

우리는 왜 구조라는 단어가 이러한 종류의 상황에서 사용되는가를 잘 이해하고 있다. 보기를 들어 ABC……N의 유형이 매우 자주 관찰된다. 그리고 A′B′C′……N′의 유형도 아주 자주 관찰된다고 하자. 반면 우리는 AB′C′……N, A′BC……N′ 또는 A′B′C……N의 유형을 아주 드물게 만난다. 이것이 의미하는 것은 A, B, C, ……N은 서로 부르는 경향이 있고 따라서 하나의 구조를 형성한다는 것이다. 마찬가지로 성격들 A′, B′, C′, …… N′는 그들 사이에 서로 '끌어당기는' 경향이 있으며, 또 다른 구조를 형성한다.

이 경우 우리는 구조 개념이 사용되는 것을 쉽게 이해할 수 있지만, 그 개념이 위험을 포함하고 있다는 것도 알아야 한다. 방금 정의한 의미에서 구조는 하나의 유형 이상의 것이 못 된다. 이 경우 유형이라는 단어는 어떠한 신비함도 지니지 못하고 단지 분류행위의 산물이라는 사실만 상기시킬 뿐이다. 반면에, 구조라는 단어는 본질이라는 개념을 연상시킨다. 즉 이 단어는 신비하고 심오하다는 인상을 준다. 바로 이것이 그 목적은 흔히 범주와 유형학(typologies)을 정립하는 것에 제한되어 있지만, 구조주의가 어떤 사람들 눈에는 숨겨진 것과 표면 뒤의 본질을 드러나게 하는 하나의 방법론으로 통할 수 있었던 이유이다.

유형학은 사회과학에서는 흔히 사용되는 것이다. 즉 몽테스키외의 정치체제론은 하나의 분명한 유형학에 기반을 두고 있다. 즉 정부가 A 형태일 때 시민과 국가 사이의 관계는 B의 성격을 띠는 경향이 있고, 안정적 관점에서 보았을 때 정치체제는 C가 되는 경향이 있으며, 또 다른 유형의 정치체제는 A′B′C′이다.

마찬가지로 공동사회와 이익사회에 대한 퇴니스의 구분은 두 가지 유형의 사회 또는 두 가지 사회구조를 기술한 것이다. 공동사회에서 개인들 사이의 관계는 감정적인(affective) 경향이 있다(A). 이것이 가능한 이유는 그 사회가 작기 때문이다(B). 거기에서 형식적 규칙은 별로 중시되지 않는다(C). 분업은 간단하며, 위계질서와 신분구분은 뚜렷하지 않고 별로 이의가 제기되지 않는다(N). 반대로 이익사회에서 개인들 사이의 관계는 비인격적인 경향이 있다(A′). 사회는 규모가 크다(B′). 거기에서 개인들 사이의 관계는 형식적 규칙들에 따라 지배된다(C′). 그 사회의 분업은 복잡하고, 지위의 구분은 항상 논쟁의 여지가 있다(N′).

공동사회는 A, B, C, ……, N의 특징들을 지니는 하나의 구조(또는 하나의 사회유형)이다. 반면 이익사회는 앞의 유형의 사회와는 반대되는 구조의 사회이다. 즉 A′, B′, C′, ……, N′의 특징들을 지니는 사회이다. 퇴니스의 유형학이 우리에게 가르쳐주는 것은 사회집단과 현실 사회는 두 가지 유형 가운데 어느 하나에 속하는 경향이 있다는 사실이다. 즉 이익사회이거나 공동사회가 그것이다. AB′C′……N이나 A′B′C′……N 유형의 사회들은 관찰되기가 어렵다. A, B, C, ……, N의 성격들은 서로 끌어당기는 경향이 있고, 이것은 그 반대 유형의 경우도 마찬가지이다.

전통사회와 근대사회라는 고전적 구분 역시 구조적 분석의 일부로 생각될 수 있다. 전통사회에서 친척관계는 다른 유형의 관계를 지배하고 결정한다(A). 거기에서 전통은 커다란 숭배의 대상이 된다(B). 거기에서 변동은 의심스럽고 위험한 것으로 간주된다(C). 사람들 사이의 관계는 감정적이다(N). 근대사회에서 친척관계는 적당한 비율로 감소된다(A′). 행동은 전통적이라기보다는 합리적이다—어쨌든 전통은 여기에서 다른 유형의 사회에서보다 덜 중요한 역할을 한다(B′). 변동은 정상적이고 바람직한 것으로 생각된다(C′). 사람들끼리의 관계는 감정적으로 중립적이다(N′). 한편으로는 A, B, C, ……, N의 성격들이, 또 다른 한편으로는 A′, B′, C′, ……, N′의 성격들이 '서로 끌어당긴다.' 이 두 개의 전체적 성격은 **구조**를 형성하는데, 그 요소들 사이에는 긴밀한 응집력이 있다. 1970년대 파리에서 유행했던 네오마르크스주의적 구조주의 역시 사회의 경제적 · 정치적 · 문화적 측면에 관한 유형학을 세우려는 노력의 일환이었다.[2]

이 구조의 개념에 관한 첫 번째 정의는 가장 먼저 관심을 끈다. 이런 의미의 구조는 조건적 법칙 개념을 일반화한 것으로 생각될 수 있다. 조건적 법칙이 'A이면 B이다'라고 말하는 반면 구조적 법칙은 A이면 B, C, D, ……, N이라고 표현한다. 더 일반적으로 하나의 구조는—이 첫 번째 의미에서—"A, B, C, ……, N에 이르는 하나의 전체로서 이 전체의 요소들 중 어느 하나가 나타나면 다른 요인들 역시 나타난다"고 정의될 수 있다. 물론 조건적 법칙들의 경우와 마찬가지로 구조적 명제들은 어느 정도 엄격하게 정의될 수도 있다. 즉 "……라면, 따라서(항상, 흔히, 아주 흔히, 가장 자주, 더욱 그럴듯하게 등)이다"가 그것이다.

2) R. Aron, *D'une sainte famille à l'autre. Essai sur les marxismes imaginaires*, Paris, Gallimard, 1969.

구조는 기본적 특징이다

사회과학이 생각하는 연구대상은 복잡하기 때문에, 비록 사고 (pensée)에 의해서라 할지라도 우리는 특정 사회, 특정 조직 또는 적절한 규모의 특정 집단조차도 그 특징들을 빠짐없이 묘사할 수 있는 목록을 작성할 수는 없다. 따라서 우리는 연구대상을 단순화시키고 선택해야 한다. 이 경우 어떤 단순화는 당연한 것이다. 왜냐하면 그것은 다루려는 주제에 의해 직접적으로 강요된 것이기 때문이다.

어느 순간부터 내가 사회 자체가 아니라 그것과 관련된 하나의 문제 (예를 들어 이 사회는 왜 경제적으로 정체되었는가?)에 관심을 가질 때, 어떤 몇 가지 성격은 제기된 문제와 관련하여 적절하지 않은 것으로 배제될 수 있다. 그러나 어떤 특징이 어떤 문제와 관련하여 적실성이 있느냐 없느냐를 선험적으로 결정하는 것이 항상 쉬운 것은 아니다. 지리적 상황은 중요하지 않을 수 있지만, 그것이 반대로 결정적인 결과를 가져오게 할 수도 있다(제3장의 콜롬비아에 관한 사례연구를 볼 것).

예를 들어 만약 제기된 문제가 특정 사회의 경기침체 문제를 설명하는 것이라면, 그것을 가능하게 하는 이론을 만들어냈을 때, 사실상 어떤 특징의 적실성은 경험적으로만 정의될 수 있다. 이 이론은 경우에 따라서는 어느 정도 복잡한 형태를 띠게 될 것이다. 그리고 어느 정도 설득력을 지닐 것이다. 그 이론이 어떤 것이든 그것은 전체적 명제들의 형태를 띠는데, 이것들은 연구대상이 되는 사회의 침체를 그 사회의 어떤 수의 특징들 A, B, C, ……, N의 결과로 본다. 일반적으로 이 특징들은 수가 얼마 안 될 뿐 아니라(여기에서 얼마 안 된다는 것은 그 사회에 관한 빠짐없는 묘사라고 볼 수 있는 이론적이고도 이상적인 특징 전체와 관련해서 그렇다는 뜻이다) 그들 사이에 어떤 방식으로든 관련을 맺고 있다. 수가 얼마 안 되고 또 어느 정도 결속력 있는 하나의 전체를 형성하고 있으므로 사람들은 흔히 쉽게 이해할 수 있는 연상작용에 따라 그 특징들이 그 사회의 **구조**를 형성한다고 말한다.

그러한 호칭은 아주 자연스럽고 유용하다. 구조라는 개념은 '기본적 특징의 집합'이라는 개념을 상기시킨다. 게다가 그 개념은 우연적 집합이라는 생각과는 대립된다. 그런데 우리가 지금 위에서 논의한 의미로 구조를 말할 때, 구조적 요인들은 상호 의존적 관계를 맺고 있든지, 아니면 그 요인들의 **결합**이 우리가 설명하고자 하는 효과를 낳는 데 기여하는 것으로 생각된다. 그러나 구조의 개념은 본질 개념과 같은 의미 또는 비슷한 의미가 있기 때문에, 이론에 포함되어 있는 '본질적' 특징이나 '구조적' 요인은 고려대상인 사회의 '심오한 실체'를 묘사하고 있으며, 그 나머지는 중요성이 없고 피상적이라고 주장할 위험이 여전히 남아 있다. 우리가 곧 보겠지만, 이러한 종류의 '사실주의적' 해석은 불필요하고 위험하다.

다음 절에서 우리는 '구조적 법칙'과 사회변동에 관한 '구조적 원인'이라는 개념에 의해 제기된 문제점을 차례차례 검토할 것이다.

'구조적' 법칙

이 법칙은 사실 조건적 법칙과 동일한 문제점을 보여주고 또 그것과 같은 종류의 분석대상이 될 수 있다. 예를 들어 C……N의 특징을 보여주는 체계에서 만약 행위자들이 A와 B를 낳게 하도록 자극을 받는다면 ABC……N의 구조가 나타날 것이다. 이것을 도식으로 나타내면 A, $B = MmS(M', C……N)$이다. 이 도식이 뜻하는 바는, 구조는 **일반적으로** 정의하기 어려운 조건들 아래에서만 나타난다는 것이다. 물론 만약 **특정한 조건**이 실현되면, 우리는 A, B, C, ……, N에 이르는 성격들이 동시에 나타나는 것을 보게 되리라는 법칙을 세울 수 있다. 그러나 이 성격들이 동시에 나타나는 일이 실현될지 아닌지를 알 수 있는 조건들을 일반적으로 결정할 수는 없다.

예를 들어 ABC……N의 결합이 AB′C′……N의 결합보다 더 자주 일어날 것인가 하는 문제는 그 빈도가 평가될 통계적 모집단의 정의를 전제로 한다. 그러나 일반적으로 그러한 작업은 불가능하다. 소련과 동유럽 위성국가들의 단순한 사례만으로도, 사람들이 오랫동안 지지해온 구조적 법칙과는 반대로 특정 사회가 산업사회이면서 동시에 군사형 사회(생시몽 또는 스펜서적인 의미에서)가 될 수 있다는 것을 보여주기에 충분하다. 이 AB′의 사례가 AB의 사례보다 더 빈도가 큰 것일까? 그 질문은 거의 의미가 없다. 왜냐하면 문제의 빈도를 평가할 통계적 집합을 정확하고 설득력 있는 방식으로 정의하는 것이 불가능하기 때문이다.

다음 절에서 우리는 사회학 문헌들 속에서 지속적 논의를 낳은 몇 가지 '구조적 법칙'의 사례를 상세히 검토할 것이다. 이 사례들은 '이데올로기의 사회학'과 '발전의 사회 · 경제학' 두 분야에서 빌려왔다.

구조와 이데올로기

만하임(Mannheim)이 이미 초보적 프로그램을 제시한 지식사회학은 이 점에서 아주 유용한 첫 번째 사례를 제공해준다. 이것을 토대로 우리는 일반적으로 구조적 법칙을 뒷받침하는 야심이 지나치다는 것을 쉽게 이해할 수 있다. 여기에서 우리는 특별한 사례 하나만을 다룰 것이다. 그러나 여기서 우리가 주목할 점은, 지식사회학이 그 원칙에서 구조적 법칙을 생산하기를 바란다는 사실이다. 왜냐하면 지식사회학은 사회구조와 지식구조 사이의 관계를 폭로하려는 야심을 가지고 있기 때문이다. 오늘날 어느 사회학자라도 인정하는 이 학문 분과의 실패는 구조적 법칙을 정립하려는 학문적 야심에서 기인하는 것이 확실하다.

그 전조적 신호로서 이미 1950년대에 나타난 교육수요의 폭발적인 증가는 사회학자들로 하여금 그 효과에 관해 질문을 던지게 만들었다. 어떤 학자들은 그에 관한 한 가지 이론을 발전시켰는데 그 이론은 당시에 논쟁거리를 제공했다. 그 이론이란 지식인들의 '무산계급화이론'[3]으로, 그 내용은 다음과 같은 명제들로 요약될 수 있다.

① 산업사회의 발전은 고등교육을 마친, 끊임없이 증가하는 수의 사람들을 필요로 한다(A).

② 복잡한 요인들이 동시에 교육 '수요'를 늘어나게 함에 따라 사회의 '기능적' 요구는 만족시키기가 더 쉬워진다. 이 요인들 가운데 생활수준의 향상이 하나의 역할을 한다. 그러나 모든 사람들의 모든 사람들과의 경쟁 역시 중요하다(어떤 사람들이 교육수요를 높이는 순간부터, 다른 사람들도 만약 경주에서 뒤지기를 원하지 않는다면 똑같이 해야 한다). 결국 사람들은 장래의 직업이 오늘날의 직업보다 더 큰 기술적 능력을 요구할 것이라는 믿음을 갖게 되었다. 이 다양한 요인들의 결과로 자격[4]을 지닌 지식인들의 수는 증가할 수밖에 없다(B).

③ 위의 사실에서 지식인들은 그전보다 더 자주 상대적으로 수수한 직업이나 사회적 지위를 차지하는 결과가 생긴다(C). 바꾸어 말하면 지식인계급은 우리가 지위하락의 경향적 법칙이라고 부를 수 있는 상황에 놓이게 된다.

④ 동시에 그들의 사회적 중요성은 증가한다(D). 현대사회는 동시에 이론적 · 기술적 지식들에 점점 더 의존할 뿐만 아니라, 증가하는 대중

---

3) A. Touraine, *Le movement de mai ou le communisme utopique*, Paris, Le Seuil, 1968.

4) 이것은 부리코가 사용한 용어를 다시 그대로 쓴 것이다. F. Bourricaud, *Le bricolage idéologique*, Paris, PUF, 1980.

정보에 대한 효율적 지배와 훌륭한 운영에 의존하고 있다.

⑤ 후기산업사회에서 정보는 산업사회에서 에너지가 했던 역할을 할 것이다. 산업사회의 역사는 인간과 자연의 관계에 의해 지배된다. 후기산업사회의 역사는 인간들 사이의 관계에 의해 지배된다. 대니얼 벨[5]이 잘 묘사한 이 진화는 또한 자격을 갖춘 지식인을 더 요구한다(E).

⑥ 후기산업사회의 지식인들은 더 필요한 동시에 덜 중시되며, 그들의 기여가 늘어남에 따라 그들에 대한 사회적 보상은 줄어드는 경향이 있다. 따라서 우리는 그들이 사회체계에 적대적인 태도를 보이는 것을 예상할 수 있다(F).

⑦ 그들 사이의 연대감은 확인될 가능성이 크다. 따라서 '후기산업'사회에 대한 저항은 지식인계급 내에서 발전할 가능성이 크다. 그럼으로써 지식인계급은 19세기의 무산자계급이 마르크스주의에서 찾았던 것처럼 사회변동의 주된 원동력이 되려는 소명의식을 가지려는지도 모른다(G).

이 분석은 구조적 법칙에 관한 다음 진술에 도달한다. 후기산업사회에서 요소들 A, B, C, D, E, F, G는 동시에 나타나도록 예정되어 있다. 따라서 이 요인들(그리고 다른 요인들)의 전체는 후기산업사회의 특징적 **구조**를 형성한다. 전통사회와 근대사회의 대립과 마찬가지로 후기산업사회와 산업사회의 구분은 전도된 두 개의 구조에 대응한다. $ABC \cdots \cdots G$는 $A'B'C' \cdots \cdots G'$에 대립되는 것이다.

이 구조적 법칙의 허점은 그것이 A, B 등과 같은 '구조적' 요인들에서 나올 수 있는 상황의 다양성과 복잡성을 고려하지 못한다는 사실이

---

5) D. Bell, *Vers la société post-industrielle*, Paris, Laffont, 1976(*The Coming of Post-Industrial Society*, New York, Basic Books, 1973).

다. 따라서 이러한 다양성은 어떤 상황에서는 A, B 다음에 실제로 F(사회체제에 반대하는 태도)를 낳는 한편, 다른 상황에서는 이 구조적 요인들이 대립과 거부의 태도 대신 충성과 적응의 태도를 낳게 할 수도 있다. 그것을 증명하기 위해 단순한 사례를 들어보겠다.

미국에서 존슨(Johnson) 대통령이 시행한 이른바 '위대한 사회' 정책은 사회적 프로그램과 이것을 집행하기 위한 사무소의 상당한 확장으로 나타났다. 그리고 이 사무소의 설립은 상당한 수의 일자리를 창조하는 결과를 가져왔다. 그 프로그램의 특수성 때문에 이 많은 일자리는 응용사회과학분야에서 고등교육 훈련을 받은 학력을 필요로 했다. 아주 흔히 이 유형의 전공을 선택한 학생들은 보통 좌파로 알려진 가치들에 애착을 지니고 있었다. 그들은 사회적 불평등과 사회 부정의에 민감한 반응을 나타냈다. 그들은 흔히 상대적으로 평범한 집안 출신이었다. '위대한 사회' 정책은 그들 중 많은 사람들로 하여금 직장을 얻게 만들었고, 정당할 뿐만 아니라 하나의 수요에 응답하는 것으로 생각되는 여러 활동을 하게 만들었다. 확실히 이 활동은 특정 집단과 어떤 사람들의 이익을 위해 행해졌다. 그러나 그 요구는 수혜자 자신으로부터 온 것이 아니라, 그들의 이름과 이해관계를 대표하는 국가에서 나온 것이었다.

이와 같은 상황에서 사회 프로그램의 예산으로 월급을 받는 사회사업가가 이들 프로그램을 불충분한 것으로 여기거나, 그것이 그가 완전히 찬성하지는 않는 방향으로 집행된다고 평가하는 것을 우리는 쉽게 이해할 수 있다. 그러나 그렇다고 해서 그가 정치체제에 급진적 반대의 태도를 보일 것이라고 생각하기는 어렵다. 그를 고용하고 있는 기관들은 성격상 '불평등에 반대하는 투쟁'과 '사회정의'의 발전이 합법적이라는 것을 인정한다. 사회사업가는 아마도 그 기관들이 채택한 방법을 거절할 수는 있을 것이다. 그러나 그가 자신이 몸담고 있는 기관들의 목표를 거부하고, 그 기관들에 근무하면서 비합법적 권력을 섬기고 있다고 생각하기는 어려운 일이다.

게다가 우리는 이 사례에 더 일반적인 적용능력을 부여할 수 있다. 벨(Bell)이 후기 산업사회에서 '4차산업' 영역의 확장을 알렸을 때 그는 분명히 옳았다. 여기에서 4차산업이란 사회적 기관들 사이의 관계를 다루는 사회·경제적 활동영역으로, 이 영역에는 사회적 서비스업, 노동조합, 특정 집단과 그들 집단의 이해관계를 옹호하는 집단이 속한다. 그런데 4차산업은 최소한 그것을 바라는 사람들에게 사회체제를 위해 버림받은 사람들이나 사회의 '부정의' 때문에 고통받는 사람들을 위해 그들이 활동할 기회를 제공해준다. 그리고 이러한 활동은 정당한 활동으로 여겨지고, 경우에 따라서는 정부에서 보조금을 받는다. 즉 '사회체제'에 의해 직접 보상을 받는 것이다.

간단히 요약하면 우리는 앞에서 언급한 법칙과 모순되는 '구조적' 법칙을 뒷받침하는 사례와 주장을 어려움 없이 상기시킬 수 있다. 이 법칙에 따르면 '구조적' 특징 A·B 등은 비록 지식인들이 사회체제가 낳는 부정의에 민감한 반응을 보이기는 할지라도 사회체제에 저항하는 (F) 지식인계급을 낳는 것이 아니라 사회체제의 기관에 통합되어 있는 (F′) 지식인계급을 낳을 것이다. 게다가 이 '법칙'은 실제로 주장된 적이 있으며,[6] 어느 것이 옳은 법칙인가를 결정하기 위한 토론이 벌어지기도 했다. 물론 그 어느 법칙도 옳지 않다. 왜냐하면 어떤 조건 아래에서는 그 두 법칙 가운데 하나가 옳기 때문이다. 경우에 따라 A·B 등의 구조적 요인들은 어떤 상황을 낳는데, 그 상황에서 잠정적인 체제 반대자들은 체제에 통합되거나 체제에 의해 거부되는 경향이 있다. 이 대립

---

6) C. Waxman(red.), *The End of Ideology Debate*, New York, Simon and Schuster, 1968.

되는 표시의 결과들을 수학적 수치로 표현하는 것은 당연히 실현 불가능한 일이다.

나아가 '구조적' 요인들 자체만 고려대상이 될 가치가 있는 것은 아니라는 사실을 주목해야 한다. 더구나 모든 조건들이 같다면, 예를 들어 잠정적 체제 반대자들이 혁명적 목적을 지닌 노동조합으로 '전향하거나' 또는 개혁주의적 목적을 지닌 노동조합으로 전향할 수 있다는 사실은 학문적으로 흥미 없는 일이 아니다. 따라서 똑같은 구조적 요인이라도 주어져 있는 노동조합 체계의 특징들에 따라 다양한 결과를 가져올 수 있는 것이다. 첫 번째 경우 지식인들의 전향은 체제와의 결별이 갖는 장점을 격찬하는 담론을 배제하지 않을 수도 있다.

따라서 지식사회학의 주된 야심과는 반대로, 이데올로기 현상을 구조적 요인의 산물로 보는 것은 일반적으로 아주 위험한 일이다. 지식인들의 상황은 구조적 요인들에 따라 다양하고 대립된 방식으로 영향을 받을 수 있다. 그러므로 우리는 때때로 $F = MmS(A, B, \cdots, M)$이나 $F' = MmS(A, B, \cdots, M')$라는 도식을 갖게 된다. 그런데 우리는 마지막 결과가 어떤 쪽으로 기울어질 것인가를 선험적으로 결정할 수가 없다. 이러한 종류의 경우 두 가지 대립되는 구조적 법칙을 경쟁적으로 내놓는 논의가 나타날 가능성이 크다(이 일은 위의 사례의 경우 실제로 일어났다). 그러나 이 법칙은 실체를 나타낸다기보다 오히려 그 법칙을 생산하는 사람들의 열정과 감정을 표현한다. 여기서 진실은 비록 '구조적' 요인들이라 할지라도 다양한 상황을 낳을 수 있으며, 이 다양한 상황은 행위자인 지식인들로 하여금 역시 다양한 입장을 취하게 자극할 수 있다는 것이다. 결과적으로, 경합 중인 두 법칙 중 그 어느 것도 진실이 아닌 것이다.

이 똑같은 생각을 다른 방식으로 표현한다면, '구조적' 요인은 그것만으로는 결정적이지 못하다. 구조적 요인의 활동은 항상 제도적 또는 상황적 요인의 활동과 섞여 있다. 제도적 요인의 효과(예를 들어 벨의 용어로 '4차산업'에 속하는 기관들의 발전)는 앞의 토론에서 상세히 소개되었다. 상황적 요인의 효과도 또한 쉽게 설명될 수 있을 것이다.

20세기 초반 좀바르트는 미국에는 왜 사회주의가 없는가를 설명했다. 그에 의하면 사회이동의 실질적 가능성, 개인적 어려움에 관한 개인적 해결책의 효력에 대한 믿음, '변경'의 존재에 따라 가능해진 사회이동에 대한 '강화된' 믿음이 미국인들로 하여금 항의라는 집단적 전략을 정당화하는 이데올로기에 덜 민감하게 만들었다.

그러나 제2차 세계대전 전의 몇 년 동안 사회주의적 이데올로기는 미국에 정말로 도입되었다.[7] 미국 공산당은 중요했고 또 영향력이 있었다. 지식인들은 마르크스주의에 대한 충성을 선언했다. 이것은 직업상 사회제도 그리고 더 일반적으로 사회체제의 움직임을 관찰하고 평가하며 논의하는 사람들뿐만 아니라 예술가 · 작가 · 영화작가 · 영화배우들의 경우도 마찬가지였다. 한편 노동조합들은 망설이고 있었다. 어떤 사람들은 노동조합의 활동이 잠재적 고객의 이익 보호에만 엄격히 한정된 비정치적 노동조합주의를 원했다. 또 어떤 사람들은 영향력을 확대하기를 바란다면, 노동조합이 정치적 좌익과의 관계를 유지하고 공표하는 것이 유리하다고 주장했다.

좀바르트가 책을 쓴 이후에 일어난 사실에 입각한 좀바르트 이론에 대한 이러한 '반박'은 새로울 것이 없다. 뉴딜(New Deal)은 사회정책의 개념에 정당성을 부여했다. 국가가 개인을 사회적으로 보호하는 데자기 권위를 주장하고 그 '책임'을 이행하는 것이 이제는 '정상적인

---

7) D. Bell, *The End of Ideology*, Glencoe, The Free Press, 1960(개정판 1965).

것'으로 생각되었다. 국가의 역할은 이제 시민들의 생활과 재산을 보호하는 것뿐만 아니라, 생활수단이 '사회적으로' 불충분할 경우 재원을 보장해주는 것도 포함하게 되었다.

한편, 미국 공산당은 미국에 잘 알려져 있지 않았던 교리인 마르크스주의에 기반을 둔 주장을 펼쳤다. 그러나 미국 공산당은 일반 시민들에게 독선적이지 않고 분명히 정의되지 않은 마르크스주의에 만족하고 있으며, 뉴딜의 원칙과 완벽하게 조화될 수 있는 몇 가지 일반적 오리엔테이션을 추구하고 있다는 인상을 심어주는 데 성공했다. 전통적인 대규모 정당들보다 수적으로 훨씬 적고 직접적으로 정치활동에 연루되지 않았던 미국 공산당은 한편으로 정치적 타협에 신경을 덜 썼다. 그리고 비록 두 개의 큰 정당이 배반하지는 않았지만 침묵하며 지키려 했던 커다란 명분과 원칙의 세심한 보호자요 주의 깊은 옹호자로 나타날 수 있었다. 미국 공산당은 실용주의를 내세워 '사회정의' 원칙의 당연한 귀결처럼 보일 수 있는 명분을 모두 지지했다.

1930~40년대에 여러 요인들이 복합된 결과 마르크스주의는 많은 사람들의 근거지와 준거점이 되었다. 이들은 직업상 주변 사회를 관찰하고 평가해야 할 처지에 있는 사람들이거나 '사회문제' 속에서 예술적 또는 문학적 영감의 근거를 찾을 수 있는 사람들이었다.

그러나 1945년에 미국 지식인계급은 새로이 방향전환을 했다. 다시 진실이 된 좀바르트의 주장은 1960년대 중반까지 그대로 남아 있었다. 더 이상 미국에 사회주의는 없게 되었다. 어쨌든 미국 지식인들 중 마르크스주의에 관심을 갖는 사람들은 전쟁 전보다 현저히 줄어들었다. 그사이에 미국 공산당은 소련에 접근했으며, 독일과 소련의 협정을 보증했다. 이것은 곧 미국 공산당의 영향력을 잃게 만들었다. 게다가 이제 정치생활의 참조가 되고 파당과 정치적 갈등의 주제가 되는 것은, 더 이상 사회문제가 아니라 국제정치의 문제들이었다.

또 한편으로 미국 공산당이 자초한 불신 때문에, 공산당은 노동운동 세력에 의해서 버림받게 되었다. 그리고 비정치적 노동조합주의를 바랐던 사람들의 지위는 다시 강화되었다. 위험의 징조는 이미 알려졌고, 미국 공산당이 정당과 지나친 밀착관계를 맺는 위험은 노동조합 지도자들에 의해 아주 잘 인식되었기 때문에, 이제부터 마르크스주의 정당과 노동운동 사이의 거리는 분명히 확인되었다. 결국 1930년대와 비교해볼 때 **상황**은 완전히 역전되었다. 사회정의라는 주제는 그 우선권을 잃었으며, 따라서 사회주의 교리들은 일반적으로 지식인들의 흥미를 잃게 만들었다.

특히 마르크스주의는 영향력을 잃었을 뿐만 아니라 수상한 것으로 취급받았다. 영향력 있는 어떠한 기관도 더 이상 마르크스주의를 인용하지 않았다. 미국 공산당은 그 자체가 파산상태였다. 미국 공산당은 이전의 동조자들로부터 버림을 받고 노동운동에 의해서도 배척을 받았다. 노동운동은 비정치적 입장을 확인했으며, 어쨌든 공산당과 상대하지 않으려 했다. 이러한 조건 속에서 마르크스주의에 충성을 다짐하는 지식인은 모든 사람들에게 배척당하는 것이 거의 확실했고 따라서 아무런 **영향력**도 행사하지 못했다. 그런데 영향력 행사를 추구하는 것은 지식인의 당연한 역할이었다. 확실히 지식인은 영향력을 행사할 수 있는 방법과 기술을 선택할 수 있었고 자신의 야심을 다양한 목적에 사용할 수 있었다. 또한 그는 위세와 명예와 돈을 확실히 경멸할 수 있었다. 그러나 역할을 바꾸지 않는 한, 지식인은 영향력을 행사하지 않는 선택을 할 수는 없었다.

같은 시기, 즉 제2차 세계대전 직후 프랑스 지식인들의 **상황**은 아주 달랐다. 우익 이데올로기는 오랫동안 신용을 잃었다.[8] 프랑스 공산당

---

8) F. Bourricaud, *Le bricolage idélogique*, *op. cit.*

은 레지스탕스 운동에 중요한 기여를 했고, 그 활동을 통해 신뢰와 정당성을 얻었다. 노동운동세력의 중요한 일부는 마르크스주의를 원용했고, 프랑스 공산당과의 연고를 숨기지 않았다.

제3공화국의 정치생활에서 중요한 역할을 했던 또 다른 좌익정당인 SFIO*는 전쟁 전 위기의 기간을 잘못 넘겼다.[9] 폴-포르(Paul-Faure)의 지지자들과 레옹 블룸(Léon Blum)**의 지지자들은 서로 대립되었고 중요한 주제들에 대해 다른 평가를 하고 있었다. 폴 포르의 어떤 지지자들은 국가사회주의자들이 볼셰비즘을 부수려는 의지에 동참했다. 그러나 대부분의 폴 포르 지지자들은 무엇보다도 평화주의자들이었고 뮌헨 협정***을 지지했다. 또 한편 레닌의 비밀 정치조직이론에 익숙하지 않은 사회주의자들은 평화시의 제도를 전쟁 중의 지하의 저항조직으로 변형시킬 줄을 몰랐다. 이러한 요인들이 결합한 결과 미국 지식인이 마르크스주의에 매달리기를 포기했을 때, 프랑스 지식인은 오히려 마르크스주의에 집착하도록 자극받았다.

---

* 1905년에 구성된, 현 프랑스 사회당의 전신인 연립사회당으로, 계급투쟁과 사회혁명을 목표로 했다.

9) M. Sadoun, "Les facteurs de la conversion au socialisme collaborateur," *Revue Française de Science Politique*, XXVIII, 3, 1978, pp.459~487 ; M. Sadoun, *Les socialistes sous l'occupation*, Paris, Presses de la Fondation nationael des sciences politiques, 1982.

** 폴 포르는 1920~1940년 SFIO의 당수를 지낸 정치지도자이다. 레옹 블룸은 1936년 5월 프랑스의 인민전선을 형성한 급진사회당 당수 겸 수상. 프랑스 역사상 최초의 사회당 정권 수상이었다. 주 40시간 노동, 단체협약제, 실업구제 정책 등 여러 가지 의욕적인 사회주의 정책을 펼쳤지만, 1937년 6월 21일 실각했다.

*** 1938년 9월, 프랑스가 독일과 소련 양국을 싸우게 함으로써 어부지리를 얻으려는 의도에서 독일과 맺은 굴욕적인 협정. 반소련·반인민전선 노선을 표방하는 이 협정 이후 프랑스는 독일에 굴욕외교를 거듭하고, 유럽 여러 나라로부터 신임을 잃는다.

대체로 우리가 그 무렵의 증언을 믿는다면, 프랑스 공산당의 독선적 성격—거기에 가입하려면 오늘날보다 그 당시에는 공산당의 교리에 동의해야 한다는 것이 사실이었다—은 당시 공산당에 가입하는 것은 종교집단에 가입하는 것과 같았다는 데서 나타난다. 그러나 신념의 강렬함, 참여의 '내적' 성격이 결코 상황적인 요인들에 무관심했다는 증거는 아니다. 비록 이유는 달랐다 해도, 1950년대의 프랑스 지식인들은 1930년대의 미국 지식인만큼이나 마르크스주의를 '넘어설 수 없는 지평'으로 생각하고 마르크스 교리에 대한 동의를 내부적 신념의 산물로 파악할 만한 충분한 이유를 가지고 있었다.

이 분석의 목표는 정치적 신념에 관한 공리주의적 이론을 제안하는 것이 아니라는 점을 명확히 할 필요가 있다. 이러한 유형의 개념은 정치적 신념을 동기를 설명할 수 없는 '참여'의 결과로 보는 반대 시각만큼이나 근거가 빈약하다. 어떤 '사회적 참여'를 하나의 계시나 개종으로서 주관적으로 인식하는 것이, 그 사회 참여가 근거가 없다는 것을 뜻하지는 않는다. 이것은 우리의 사례가 이미 보여준 바와 같다.

그러므로 1950년대 프랑스 지식인들의 선택처럼, 1930년대나 1950년대 미국 지식인들의 선택양식은 각각의 지식인이 처했던 상황에 관한 자료들을 검토했을 때에만 이해되기 쉽다. 그 자체가 거시적 요인의 산물인 이 자료들은 개인의 행동영역을 특징짓는 매개변수를 결정한다. 물론 이 매개변수들이 개인 자신의 행동을 결정하는 것은 아니다. 이 매개변수들은 단지 개인에게 **행동**을 하는 데 필요한 동기와 이유만 제공한다.

그러나 이 장에서 우리가 관심을 가져야 할 이 사례의 주된 교훈은 행위자들이 움직이는 상황구조를 특징짓는 매개변수는, 어떤 경우 **구조**적 요인보다는 제도적 또는 **상황적** 요인들에 따라 훨씬 더 많이 결정될 수 있다는 것이다.

상황적 요인과 구조적 요인의 혼합, 구조적 요인이 행위자들의 상황에 부분적으로 다양한 영향을 끼친다는 사실은 사회과학자들이 자주 찾는다고 주장하는 구조적 법칙―명시적이든 묵시적이든, 이런 이름이건 또는 다른 이름이건, 익명이건 간에―을 추구하는 데서 신중하고 겸허한 태도를 요구한다.

구조적 원인들이, 사람들이 거기에 부여하는 **효력**을 항상 지니는 것은 아니다. 또한 그 결과가 사람들이 거기에 영향을 끼치는 표식을 항상 갖는 것은 아니다. 게다가 그 결과는 사람들이 거기에서 기대하는 그러한 일관성을 대체로 가지고 있지 않다.

변동에 맞선 구조의 일관성

구조의 개념과 '구조적 법칙'의 개념은 하나의 체계를 구성하는 요소들 A, B, C, ……, N 사이의 일관성을 강조한다. ABC……N과 A′B′C′……N′는 전형적이거나 있음 직한 구조들이다. 그리고 다른 형태의 요소들 간의 결합은 비전형적이고 일탈적이거나 과도기적인 것으로 생각된다. 이것이 고전적 유형론―공동사회/이익사회, 전통사회/근대사회, 민속사회/도시사회 등―이 함축하고 있는 생각이다. 그 논리적 결과로, 이 요인들 중 어느 하나에 영향을 끼치는 사회변동은 다른 모든 요인에 영향을 끼치는 경향이 있다.

그러한 개념이 가상적으로 함축하는 것을 보여주는 사례를 여러 가지로 열거하는 것은 어려운 일이 아니다. A에서 A′로의 변화가 B나 요소들 B, C, ……, N 전체에 영향을 끼치려면 그 변화가 개인들의 행동영역에 영향을 끼쳐서 개인들이 B, C, ……, N보다는 B′, C′, ……, N′를 낳는 결과를 가져오는 행동을 선택할 수 있도록 자극받아야 한다. 물론 그러한 효과의 등장은 선험적 필연성의 산물이 아니라 행위자들이 움직이는 상호 독립된 체계의 특징들에 종속되어 나타난다. 이 특징들의 성격이 어떠한지에 따라서 A는 B, C, ……, N 전체의 어떤 요인 수준에서나, 경우에 따라서는 모든 요소들 수준에서 변화를 가져올 수도 있고 그러지 않을 수도 있는 것이다. 아래의 보기가 설명하려는 것은 바로 이 점이다.

　제2차 세계대전 직전 인도 정부는 규모가 큰 관개사업을 시작했다. 엡스타인(S. Epstein)[10]은 그의 유명한 책에서, 이 외부의 변동이 방갈로르(Bangalore) 도시 근처에 있는 마이소르(Mysore) 주의 두 마을 왕갈라(Wangala)와 달레나(Dalena)에 끼친 영향을 연구했다. 그 상황 덕분에 왕갈라 마을은 관개시설의 확장을 통해 직접적으로 혜택을 받았다. 반면 이 관개사업은 달레나 마을 사람들의 관심을 끌지는 못했다. 왜냐하면 이 마을의 농토는 대부분 너무 고지대에 있어서 물을 댈 수가 없었기 때문이다. 저자가 이 두 마을을 연구대상으로 선택한 것은 그 단순성에서 하나의 괄목할 만한 '관찰 계획안'을 세우기 위해서였다. 그것은 이 외부의 변동이 관개 혜택을 받는 마을에 끼친 직접적 영향력과 그러한 혜택을 받을 수 없는 마을에 끼친 간접적 효과를 동시에 알아보는 것이었다.

　전통사회에서 외부 변화의 영향력에 관한 연구들을 살펴보면, 우리는 흔히 두 가지 유형의 논지나 모델을 보게 된다. 때때로 이 연구들은 재생산 모델을 확인하는 것처럼 제시된다. 『문화적 유형과 기술변동』에서 마거릿 미드(Margaret Mead)[11]는 시간을 초월하여 변하지 않는 마

---

10) S. Epstein, *Economic Development and Social Change in South India*, Manchester, Manchester University Press, 1962.

11) M. Mead, *Cultural Patterns and Technological Change*, Paris, Unesco, 1953.

을의 이미지를 보여준다. 거기에서 전통은 너무나 심오하게 뿌리를 내렸고 서로 매우 밀접하게 관련을 맺고 있었기 때문에 마을 구조에 변화가 침투하지 못하게 만들었다.

게다가 마거릿 미드는 여기에서 마르크스가 명백히 주장한 견해를 다시 사용하고 있다. 그 견해란 내부적 재생산이라는 냉혹한 법칙에 따라 지배되는 아시아의 촌락에 대한 견해이다. 비록 많은 학자들에 의해 다른 용어들이 사용되기는 했지만, 똑같은 견해가 특히 호셀리츠(Hoselitz)[12] 같은 학자에 의해 발전되었다.

또 다른 모델은 눈덩이 변화 모형이나 연쇄반응과정 모형이다. 즉 외부적 요인의 어떤 변화가 전통사회에 의해 단순히 거부되지 않거나 전통사회에 의해 흡수되고 그 변화가 그 사회의 요소들 중 어떤 것에 영향을 줄 때, 그 변화는 연속적으로 다른 모든 요소에 영향을 끼친다. 재생산 모델과 연쇄반응에 의해 일반화된 변형 모델은 얼핏 모두 모순된 것처럼 보이지만, 특정한 공통된 가정에 기반을 두고 있다. 그 가정이란 전통사회의 '구조'를 구성하는 요인들 사이의 관련성, 즉 이러한 모든 요소들 사이의 밀접한 상호 의존성이다.

엡스타인의 연구는 아시아의 마을들에 관해 아주 흥미로운 다음의 몇 가지 사실을 보여준다. 첫째로, 위의 두 모델은 틀렸거나 현실을 지나치게 단순화시킨 것일 수 있다는 점이다. 둘째로, 사회변동의 효과는 다양하다는 것이다. 그 효과는 직접적으로 관개사업의 영향을 받은 마을과 그 사업이 간접적으로 영향을 끼친 마을에서 똑같지 않다. 셋째로, 그 외부적 변동은 사회구조의 모든 요인에 똑같은 강도와 똑같은 방향으로 영향을 주는 것이 아니다. 마지막으로 이 연구는, 사회변동의

---

12) B.F. Hoselitz et W.E. Moore, *Industrialisation et Société*, Paris/La Haye, Mouton, 1963.

효과는 외부적 변화가 행위자들의 **상황**에 미친 영향력을 분석할 때라야만 비로소 이해되고 분명히 결정될 수 있다는 것을 보여준다.

우리는 엡스타인 분석의 결론을 다음과 같이 간략히 요약할 수 있다. 왕갈라(이 마을의 농토는 관개사업이 되어 있다)의 외부적 변화 A → A′는 다양한 결과를 낳았고, 그 결과는 고려되는 사회적 측면이 어떠한 것이냐에 따라 어쨌든 일관성이 없었다. 어떤 경우 외부 환경의 변화는 사물들의 상황을 바꾸어놓았다(우리는 이러한 유형의 효과를 X → X′라는 상징으로 표현하기로 한다). 다른 경우 그 변화는 상황을 더 확고하게 만들었다(이것은 상징적으로 Y → Y로 표기하기로 한다).

첫째, 그 마을은 외부 변화에 따라 자급자족경제에서 교환경제로 바뀌었다(B → B′). 둘째, 아버지와 아들의 관계가 사실상 바뀌었는데, 이것은 근대화이론가들이 지시한 것과 같은 의미에서 자식들이 아버지에 대해 더 큰 독립성을 누리는 방향으로 바뀌었다(C → C′). 셋째, 남성과 여성 사이의 관계는 여성들에게 유리한 방향으로 영향을 받았다. 변동의 결과, 분업체계 내에서 여성들의 역할은 더 큰 중요성을 띠게 되었고 그들의 자율성은 더 강화되었다(D → D′). 넷째, 그 변화는 사회계급 내의 사회계층화와 사회적 위계질서를 더욱 **강화시켰다**(E → E: 옛 위계질서들은 변화되었다기보다는 오히려 더 **견고해졌다**). 다섯째, 농민들과 최하층민 사이의 위계질서관계와 복종관계는 강화되었다(F → F). 여섯째, 최하층민의 전통주의, 그들 간의 유대 그리고 그들의 마을 공동체에 대한 소속감은 이전보다 더 강화되었다(G → G). 일곱째, 생활수준은 높아졌다(H → H′). 여덟째, 근대화는 비농업활동을 증가시키기보다는 오히려 퇴보시켰다(I → I). 아홉째, 교환경제로 전환되긴 했지만, 주변 환경과의 관계는 아주 느슨한 상태로 남아 있었다(J → J). 오히려 변동의 결과로 그 마을은 자기 자신 안에만 갇혀 있게 되었다고까지 말할 수 있었다.

위의 내용들을 요약해보면, 외부적인 변동의 결과로 '구조' ABCDEFGHIJ는 구조 A′B′C′D′EFGH′IJ로 바뀌었다. 그리고 일반화된 재생산(구조의 모든 요소의 재생산)이나 일반화된 변형(구조의 모든 요소의 변형)은 일어나지 않았다. 이 요소들 사이의 '상호 의존' 상황에도 불구하고 어떤 요인은 변형되었고 또 다른 요인들은 그대로 있거나 강화되었다.

관개사업은 어쩔 수 없이 직접적인 영향을 끼치지는 못했지만, 외부적 변화(A→A′)는 '건조한' 마을인 달레나에서도 역시 상당한 결과를 가져왔다. 왕갈라에서와 마찬가지로 이 마을에서도 자급자족경제에서 교환경제로 전환이 일어났는데(B→B′), 그것은 다른 이유와 메커니즘들이 작용했기 때문이다. 세대간의 관계는 더 큰 자율성을 띠는 방향으로 변형되었다(C→C′). 반면 성역할의 분화는 별로 영향을 받지 않았다(D→D). 즉 여성은 복종적 역할을 하고 있었고 자율성은 빈약할 뿐이었다. 농민계급 내의 사회적 위계질서는 변형되었다. 관개시설 이전에 견주어 어떤 농민들은 상대적으로 높은 지위를 얻었고, 다른 농민들은 관개시설 이전보다 열등한 지위를 얻게 되었다(E→E′). 농민계급과 최하층민계급 사이의 보호주의적 관계는 퇴색되었다(F→F′). 최하층민의 공동체의식은 변질되었다(G→G′). 왜냐하면 그들 사이에 심한 경쟁관계가 생겼기 때문이다. 생활수준은 향상되었다(H→H′). 왜냐하면 전통적 농업활동 외에 새로운 생산활동이 발달했기 때문이다(I→I′). 교환경제로의 전환은 주변 환경과의 연대를 놀라울 정도로 강화시켰다(J→J′). 따라서 ABCDEFGHIJ의 '구조'는 A′B′C′DEF′G′H′I′J′의 구조로 바뀌었다.

따라서 관개시설의 **영향을 직접적으로** 받지 않은 마을에서는 연쇄반응 모델이 더 잘 적용되었다. 반면 성역할의 분화라는 요인의 경우, 외부적 사회변동은 '근대화'의 효과를 가져왔다기보다는 전통적 역할을 강화하는 효과를 가져왔다.

논의를 간략히 하기 위해, 우리는 위의 발제에서 스칼렛 엡스타인의 연구가 귀중한 정보를 가져다준 어떠한 요소들, 예컨대 종교적 가치에 관한 태도 같은 것에는 주의를 기울이지 않았다는 점을 여담으로 지적해두기로 하자. 내가 단순히 말하고자 하는 바는, 이 경우도 외부적 변동의 효과는 복잡하다는 것이다. 즉 경우에 따라서는 지방신에 대한 숭배가 강화되고 또 다른 경우에는 민족신과 지방신 사이에 경쟁관계가 나타나기도 한다.

위의 분석을 토대로, 우리는 다음의 도식을 한눈에 쉽게 이해할 수 있을 것이다.

만약 사회변동에 관한 사회·경제학적 분석의 기본목적이 경험적 규칙, 예컨대 조건적 법칙이나 구조적 법칙을 강조하는 것이라면 엡스타인 연구의 결론들은 절망적이다. 즉 관개사업의 효과는 관개시설이 되지 않은 마을들에서 더 분명히 나타났다. 그 효과는 어떤 하나의 목표로 집중되는 것이 아니라 다양한 표시, 방향 그리고 강도를 가지고 나타난다. 그리고 이들 효과의 이러한 복잡성은 '영원하고 변함 없는 마을'이라는 재생산 모델뿐만 아니라 연쇄반응식의 누진적 모델까지 불신하게 만든다.

따라서 여기에서 우리는 이 책의 기초가 되는 인식론적인 문제를 다시 발견하게 된다. 사회변동의 문제를 다루는 사회학자(또는 경제학자)는 **법칙 추구적** 명제들을 세우려고 노력해야만 하는 것, 즉 경험적 규칙성들을 드러내려는 시도를 해야만 하는 것일까? 아니면 반대로 t 시점에서의 ABC……N의 구조체계가 t+1의 시점에서는 다른 구조 A′B′C……N을 취한다는 것을 이미 관찰했으므로, 왜 그러한 다른 특징을 취하는 구조가 나타나는가에 대한 설명을 목표로 삼아야 하는 것일까? 이 이유를 설명하는 것은 어떻게 해서 특정한 변동(예를 들어 A→A′)이 행위자들의 상황을 변경시키고, 따라서 이들이 새로운 행동을 선택하도록 자극을 받으며, 어떻게 해서 구조 A′B′C……N이 이러한 행동들의 집합으로부터 생기는가를 보여준다.

어쨌든 이것이 바로 엡스타인의 연구이다. 그의 분석 전체를 다시 반복하는 것은 불가능하므로 나는 여기에서 그의 연구의 주된 요소들만을 보여주는 것으로 만족하고자 한다.

관개시설은 새로운 경작의 발전을 가능하게 했다. 특히 사탕수수는 기장 같은 전통적 경작물보다 돈벌이가 훨씬 많이 되는 작물이었다. 그러나 사탕수수는 투자—토양의 평준화, 비료의 사용—를 필요로 한다. 마른 땅에서는 늙은 말 두 마리가 끄는 나무쟁기만으로도 흙을 뒤집거나 최소한 밭을 얕게 가는 것이 충분했다. 비료를 주는 것은 쓸데없는 일이었다. 관개시설이 된 땅에서는 금속쟁기가 필수적이었으며, 많은 양의 비료가 소비되었다. 사탕수수 재배를 위해 필요한 투자는 농민에게서 수확물을 사들이는 공장과 더 넉넉한 이웃 농민들에게서 빌린 돈으로 충당되었다. 농민의 재정적 종속은 심화된 반면 그의 생활수준은 높아졌다. 즉 B→B′가 되었다

한편으로 사탕수수와 쌀은 끊임없는 보살핌을 필요로 했다. 사탕수수와 쌀은 농민을 일 년 내내 일에 매달리게 만들었다. 반면 마른 땅에서 자라는 경작물—관개시설 전에 지배적이었던 경작물—들은 농민

에게 2월에서 4월까지의 휴식기간을 주었다. 이 기간은 농민에게 마을이나 이웃 도시를 방문하는 기회를 줌으로써, 농민이 다양한 일에 열중하게 했다. 이제부터 농민은 경작에만 열중하게 되었고, 그의 인간관계망과 사회적 접촉은 제한되었다(J→J).

관개사업뿐만 아니라 행정당국이 동시에 시행한 정책의 간접적 결과로 아버지와 아들 사이의 관계는 변형되었다(C→C′). 사탕수수는 행정당국에 의존하는 가공공장이 수매하므로, 행정당국은 그 자신의 **역할** 때문에 과잉생산을 피하고 농민을 평등하게 다루어야 한다는 두 가지 목표 사이에서 고심하고 있었다. 따라서 행정당국은 머릿수에 따라 할당량을 정해놓았다. 그래서 기장을 파는 것보다 사탕수수를 파는 것이 더 수지 맞는 농민들은 가능한 한 경작지의 일부를 자신의 상속자들에게 양도할 충분한 이유가 있었다. 관개시설 전에는 실질적 양도가 법적 양도를 앞질렀다. 그러나 그 후에는 반대로 법적 양도가 실제적 양도를 앞질렀다. 가장이 지배하는 가족경작 대신 연방적 경작이라고 할 수 있는 형태가 서서히 나타났는데, 거기에서 합법적으로 경작지를 부여받은 자식들은 아버지에 대해서 그들의 자율성을 주장할 능력이 있었다.

여성들의 역할(D→D′)은 중요성을 띠게 되었다. 경작을 통해 얻은 부는 낙농업에 투자되었고, 그것을 조직하고 상품화하는 역할을 맡은 것이 여성이었다. 이 마을 사람들은 낙농업을 통해 얻은 잉여가치를 측정하는 관습이 있었는데, 그것은 축제 때나 장날 낙농업에 종사하는 여성 농민의 복장이 보여주는 부를 통해서 가능했으며, 이 점은 그 마을에서 틀림없는 일이었다.

그러나 사람들은 말하기를, 위의 영여가치는 또한 자신의 자금만으로는 비료와 재료를 구입하는 데 충분한 재정적 능력이 없는 사람들을 위해서 사용되었다고 한다. 결과적으로 수입·위세·지위의 차이는 재정적 의존관계가 생겨남에 따라 강화되었다. 그러나 경제의 확장은 단순히 부채의 증가만을 가져온 것이 아니라 소비의 증가도 불러왔다. 따라서 위의 두 요인은 위계질서를 뚜렷하게 나타내는 경향이 있었다.

부자들은 더욱 부자가 되었을 뿐만 아니라 더욱 눈에 띄게 공공연히 그런 상황이 되었다. 게다가 어떤 농민이 새로운 경작지를 사는 데 관심을 갖기 위해서는 그가 소유한 잉여금이 어느 정도 이상에 도달해야만 한다. 만약 그가 생산도구, 특히 경작에 필요한 마소를 구입할 수 없다면 새로운 농토를 구입하는 것은 쓸데없는 일이었다. 따라서 자기 경작지를 늘리는 사람들은 우선 가장 부유한 사람들이었다. 따라서 전체적으로 사회계급 사이의 구분은 영속화하는 경향이 있었다. 다시 말해 농민계급 내부에서 그러한 구분은 더 강화되는 추세였다(E → E).

농업의 발전은 일손의 부족을 가져왔다. 쌀과 사탕수수 경작은 노동 집약적인 일이기 때문에, 거기에는 엄청난 노동력이 필요했다. 또한 노동력은 경작하는 농장의 구성원들과 농장끼리의 시간제 노동력 교환 그리고 일일노동자에게 의존함으로써 확보되었다. 게다가 최하층민들이 농민에게서 빌린 빚은 흔히 노동으로 탕감되었다. 이 최하층민들은 노동력을 공급하는 대가로 초상이나 결혼 등 과다한 지출을 필요로 할 때나 병이 갑자기 났을 때, 또는 단순히 그의 수입원이 가계의 '수지를 맞추는' 일을 어렵게 할 때 농민의 도움에 의존했다.

농민과 최하층민 사이의 보호주의적 유대는 세대에서 세대로 이어지는 갱신이 가능한 일종의 계약 같은 것이었는데, 그럼으로써 서비스의 복잡한 교환이 예측되고 있었다. 농민 쪽에서는 노동력의 수요가 증가하고, 최하층민 쪽에서는 가장 수지가 맞는 경작물 재배를 가능하게 하는 재원을 보유하고 있지 않다는 사실이, 그들 사이의 보호주의적인 관계를 더 강화하는 추세를 보였다. 왜냐하면 비록 최하층민이 어느 정도 실질적으로 경제적 붐의 혜택을 본 것은 사실이지만, 그들은 자신만의 이득을 위해서 독자적으로 경작을 할 수도 없었고 다른 데로 갈 관심도 없었기 때문이다(F → F). 최하층민들은 서로 경쟁할 처지에 있지 않았으므로——왜냐하면 보호주의적 유대관계가 그들을 고용할 수 있는 후원자들을 결정하기 때문이다——그들은 관개사업의 영향으로 약화되었다기보다는 오히려 더 강화된 공동체의식을 뚜렷이 보여주었다(G → G).

경제적인 붐에도 불구하고 왕갈라는 계속 농사일에만 열중하는 것으로 확인되었다(I → I). 쌀과 사탕수수 경작은 워낙 손이 많이 가는 일이었기 때문에 농민은 다른 일을 할 시간이 없었다. 그는 도시에 갈 시간조차도 없었다. 주변 환경과의 관계는 강화되기보다는 오히려 느슨해졌다(J → J). 오직 여성들만이 시장에 다녔다. 게다가 경제적 붐은 농민으로 하여금 더 이상 생산물을 직접 운반할 필요가 없게 했을 뿐 아니라 그것을 운반업자에게 맡길 수 있게 했는데, 이 운반업자들은 대체로 달레나 같은 '건조한' 마을들에서 온 사람들이었다.

한편, 달레나의 생활수준은 왕갈라처럼 높아졌다. 그리고 거기에서도 자급자족경제에서 교환경제로의 전환이 이루어졌다(B → B′). 그러나 그렇게 전환하게 된 이유는 달랐다. 관개시설이 만들어지기 전뿐만 아니라 그 후까지도 유일한 농사활동이었던 '건조지' 경작은 이제부터 산업활동과 서비스 활동에 의해 보완되었다. 마른 땅에서의 경작은 오랜 휴지기를 요구했고 결과적으로 고질적인 고용부족상태를 낳았다. 따라서 달레나는 노동력을 보유하게 됐는데, 이들은 기회만 주어지면 비고용상태에서 빠져나오려고 했다. 이 기회란 우선 사탕수수 처리공장이 제공하는 월급노동직 또는 국가가 재정 지원을 하는 도로건설사업이나 교각건설사업에서 생기는 일자리들이었다. 이러한 사업들은 노동자들에게 직장을 제공했을 뿐만 아니라 공공사업을 할 능력이 있다고 느끼는 사람들에게도 기회를 제공했다.

결국 왕갈라처럼 관개시설에 의해 직접적인 혜택을 받은 마을들은 관개시설 전에 보유했던 잉여노동력을 잃어버렸다. 이 마을의 농민들은 더 이상 스스로 농작물을 운반할 시간도, 농기구를 수리하거나 곡식을 빻을 시간도 없었다. 따라서 그들로서는 달레나 기업가들의 서비스를 사용하기 위해 사탕수수와 쌀에서 나오는 잉여금을 사용하는 것이 더 수지맞는 일이었다. 관개사업은 또한 말·소 등의 시장에 경제적 붐을 불러일으켰다. 달레나는 이 수요의 도움을 받아서 말 매매의 중심지가 되었다. 왕갈라의 농부들은 달레나의 기업가들이 더 넓은 외부 지역에서 찾아온 소들을 사기 위해 그곳까지 갔다.

생활수준의 향상, 비농업활동인 경영과 서비스 활동에 대한 달레나의 개방적인 태도는 간접적으로 가족관계에 영향을 끼쳤다. 달레나에서도 가부장적 가족이 왕갈라에서처럼 퇴색했는데, 그 이유는 서로 달랐다. 달레나 지역에서 젊은 세대의 자율성은 이들이 자녀들을 더 자주 학교에 보낸다(C → C′)는 사실에 따라 특히 강화되었다. 반면 여성의 역할은 외부 변화에 의해 별로 영향을 받지 않았다. 이것은 건조한 땅에서의 경작이 습기 많은 땅에서의 경작보다 더 많은 여성노동력을 필요로 한다는 사실에서 비롯된다. 따라서 남성들은 대부분 월급노동자나 기업가가 된 반면 여성은 이전보다 더 농가 일에만 열중하게 되었다(D → D).

조그마한 규모의 용역회사와 토목산업회사의 발전은 경쟁적인 분위기를 만드는 동시에 개인주의적 윤리의 등장에 기여했다. 왕갈라에서는 사회적 차별의 상징이 전통적인 상태(여성의 복장)로 남아 있는 반면, 달레나에서는 사람들이 도시의 상징들이라 할 수 있는 물건들(착색석판화, 시계, 자전거 등)을 대량 소비하고 있었다. 이 지역에서 계층체계는 무너졌는데, 그것은 사회적 지위와 관련된 새로운 상징의 등장 때문만이 아니라 산업체의 발전이나 용역회사의 발전이 상업 부르주아계급의 등장을 초래했기 때문이다(E → E′).

한편 최하층민과 농민 사이의 관계는 의미를 잃는 경향이 있었다. 사실 건조한 경작지는 노동력을 별로 필요로 하지 않았기 때문에 최하층민은 지방 행정당국의 공사장에 일하러 다녔다. 최하층민을 전일제로 고용할 수 없었던 농민들은 그들을 붙잡아놓을 수가 없었다. 그리고 어떤 농민이 기업가가 되어서 최하층민 노동자들을 고용할 때, 그 관계가 가져다줄지도 모르는 경제적 위험은 그들로 하여금 보호주의적 관계를 기초로 하기보다는 효율성을 기준으로 최하층민을 선택하도록 유인했다. 그리하여 여기에서 전통적 계층체계는 붕괴되는 경향을 보였다($F \rightarrow F'$). 또한 최하층민들은 서로 경쟁관계에 놓이게 되었다($G \rightarrow G'$). 결과적으로 최하층민의 공동체의식은 퇴색되었다. 제의적(rituel) 봉사를 요청받을 때 이들 최하층민은 병이 난 것처럼 꾀를 부렸는데, 이것은 왕갈라에서는 거의 생각하기 어려운 사건이다.

물론 2차·3차 산업활동이 발전($I \rightarrow I'$)한 결과 달레나에서 생활수준은 높아졌다. 그리고 이러한 산업의 발전은 그 마을이 주변 환경과 맺은 유대관계를 더욱 강화시켰다($J \rightarrow J'$).

엡스타인의 연구는 중요한 결론들을 포함하며, 사회변동이론들에 내포된 전제들을 잘 비판하고 있다. 왕갈라와 달레나 두 마을은 그 요소들이 아주 밀접하게 연결된 사회체제들을 구성하고 있는 것이 확실하다. 그럼에도 관개사업의 결과가 보여주는 것은 사회변동이론들이 주장하는 일관성이 아니라 비일관성이며, '구조적 불규칙성'이라고 부를 수 있는 것이었다. 물론 그 비일관성은 상대적인 것이다. 내 말뜻은, 그 비일관성이 하나의 기대와 관련되어 있든지 기껏해야 하나의 가설과 관련된 것이라는 점이다. 그 가설이란 공동사회와 이익사회, 전통사회와 근대사회 등과 같은 '고전적' 구분에 따라 사용되는 가설이다. 이것에 따르면 우리는 구조 ABCN과 $A'B'C'N'$만 관찰할 수 있으며, 요소들 간의 다른 형태의 결합은 과도기적인 것으로 생각된다. 이 구분은 어쩌면 선입견적 생각들(des ideés reçues)에 불과할 수도 있다.

어쨌든, 변화의 방식이 불규칙적이라 할지라도, 그것을 우리가 이해할 수 없는 것은 아니다. 엡스타인의 분석이 우리를 설득시키는 이유는, 그의 분석이 미시적 수준까지 내려가며, 내가 제2장에서 베버적 패러다임이라고 부른 것을 사용하기 때문이다. 사회변동이론들이 다음의 두 경우에 중요성을 부여함에도 불구하고, ABC……N → ABC……N(동일한 변화 또는 단순재생산) 유형의 변화나 ABC……N → A′B′C′……N′(일반화된 변화) 유형의 변화를 관찰하는 경우는 설명할 수 없다는 점이 우리를 설득시키는 엡스타인의 논지이다.

만약 이러한 단순한 변화들이 왕갈라-달레나의 체계처럼 서로 밀접하게 연결된 사회체계에서 나타나지 않는다면, 어떻게 그러한 변화들이 더 크고 더 빈약하게 연결된 사회체계에서 나타날 수 있는가를 우리는 질문해볼 수 있다. 달레나는 왕갈라보다 '사회변동이론들'에 포함시키기에 덜 부적합하며, 이 경우 일반화된 변화 모델은 훌륭한 근사치를 제공해주는 것이 사실이다. 그러나 여기서 우리는 달레나의 근대화와 왕갈라의 지속적인 전통주의는 독특한 한 과정의 두 가지 보완적 측면이라는 사실을 또한 주목해야 한다.

일반적으로 엡스타인의 연구는 사회과학분야에서 다양한 형태로 끊임없이 나타났다가 다시 나타나는 유형론적인 구분을 상대화시키는 것을 가능하게 한다. 더 정확히 말하자면, 베버적 의미에서 그러한 유형론적 구분의 이상적(idéal) 성격을 분명히 인식하는 것을 가능하게 해준다. 다시 말해서, 명백히 작은 외부적 변화——관개시설의 발전——만으로도 왕갈라에서는 적어도 공동사회의 어떤 측면이 강화된 반면, 거기에서 얼마 떨어지지 않은 같은 하위 사회체계 내에 존재하는 달레나에서는 이익사회의 모델이 나타나게 하는 데 충분했던 것이다. 달레나 지역에서는 기계적 연대의 성격이 강화되었다. 그리고 왕갈라 지역에서는 뒤르케임주의자들이 오히려 유기적이라고 부를 유대관계의 형태가 나타났다. 달레나에서는 '위계질서를 지키는 인간'의 모델이 확인되고 왕갈라에서는 '평등지향적 인간'의 모델이 나타났다. 왕갈라에서는 전통이 지배하고, 달레나에서는 근대성의 상징들이 나타났다.

사회의 유형론적인 용어들을 특정한 사회체계와 연결시키려는 경향을 띤 위의 유형론에 대한 사실주의적 해석(이들에 의하면, 예를 들어 어떤 사회는 이익사회의 **본질**을 지닌 것으로 생각되고, 또 다른 사회는 공동사회의 본질을 지닌 것으로 생각된다)에 반대하면서, 엡스타인의 연구는 다음과 같은 사실에 우리의 주의를 환기시킨다. 즉 위의 두 유형론적 범주는 동시에 적용될 수 있을 뿐만 아니라 밀접하게 상호 의존적인 요인들 중 하나하나를 묘사할 수도 있다는 것이다. 이 논의를 통해 나는 제7장과 결론 부분에서 더 상세히 언급할 한 가지 주장을 소개하는 것으로 만족하고자 한다. 즉 베버의 경고(그의 **이념형** 개념을 참조할 것)와는 반대로, 사회변동이론의 궤도 이탈은 그 이론 자체로서는 어떠한 실체에도 적용되지 않는 개념적 범주를 사실적인 방식으로 해석한 데에서 기인하는 것이다.

구조적 요인과 비구조적 요인

우리가 여기에서 '어떤 사회체제의 구조'를 말할 때, 그것은 우리가 관심을 갖는 거시적 현상을 설명하게 해주는 전체로서 생각된 요소들을 가리킨다. 예를 들어 정해진 기간 동안 특정 사회체계의 침체나 변화를 어떤 관점에서 설명하는 것이 그것이다.

이 맥락에서 '구조'의 개념을 사용하는 것은 전적으로 정당할 뿐만 아니라 그 자체로 추천할 만한 일이다. 사회와 같이 복잡한 대상을 대할 때 우리는 당연히 그것을 단순화하게 된다. 예를 들어 만약 한 사회의 경기침체를 설명하기를 바랄 때, 우리는 그 사회에서 관찰할 수 있는 사실들의 무한한 우주 속에서 그 사회의 침체현상을 설명하기 위해 적절한 것처럼 보이는 요소들을 선택해야만 한다. 이 기본적 또는 **본질적인** 특징들에 우리는 흔히 **구조**라는 이름을 붙인다. 반대로 이 특징들이 경기침체(또는 변동)를 설명하는 것을 허용할 때, 그것들은 본질적인 것으로 생각될 수 있다.

앞서 언급된 예를 다시 들어본다면, 1960년대부터 인용되고 있는 이른바 '빈곤의 악순환 이론'은 빈곤의 영속화현상을 자본축적 능력의 결여로 설명하려고 노력한다. 이 이론에 따르면 빈곤, 저축 능력의 결여, 시장의 지엽적 성격, 투자 기회의 결여, 투자 의욕의 결여 등은 기본적 또는 구조적 특징들을 형성한다. 즉 전체로서의 이들은 하나의 체계를 구성하는 것으로 생각되며, 그것만으로 침체현상을 설명하는 것이 **충분**하다. 결론적으로 우리가 가난한 사회에서 발견할 수 있는 다른 많은 특징들은 **비본질적**이거나 **비구조적**인 것이라고 말할 수 있다.

어떤 사회체계의 구조적 요인과 비구조적 요인 사이의 이러한 구분은 때때로 마르크스적 사고의 특징인 것처럼 생각된다. 마르크스주의적 전통에서는 일반적으로 사회조직의 기본적 **구조**를 확인하려 하고 그 진화법칙을 밝히려 하는 것이 사실이다(게다가 여기에서 진화는 동일한 재생산의 형태를 띤다). 따라서 이 전통을 따르는 작은 책에서 기 도쿠아(Guy Dhoquois)[13]는 생산체계에 관한 유형학, 더 정확히 말해서 생산관계체계에 대한 유형학을 정립하고 이 체계들의 진화 '법칙'을 밝히려고 시도했다. 물론 이러한 사고형태를 지나치게 배타적으로 마르크스주의 전통과 연결시키는 것은 부정확한 일일 수도 있다. 비마르크스주의 전통의 사회경제적 발전론과 더 일반적으로는 사회변동에 관한

---

13) G. Dhoquois, *Pour l'historie*, Paris, Anthropos, 1971.

사회학이론의 꽤 많은 부분이 같은 '프로그램'에 집착하고 있다. 구조의 유형을 밝히고 이 구조들의 진화의 법칙을 정립하는 목표는 결코 특정한 교리적 전통과 관계된 것이 아니다.

사실을 말하자면, 마르크스주의적 전통과 다른 유형의 전통(예를 들어 문화주의적 전통) 사이의 논의는 그 목표가 이 프로그램의 적절성이 아니라, 그 안에서 우리가 변수나 **구조적 요인**을 찾아야만 하는 **현실 영역**에 관한 것이다. 마르크스주의 교리에 따르면, 이 현실의 영역은 어느 정도 분명히 정의되어 있다. 즉 그것은 생산관계를 조직하는 것이다. 그러나 네오마르크스주의적 이론에서는 이러한 종류의 '존재론적' 제한이 없다. 즉 생산관계뿐만 아니라 가치들과 더 일반적으로는 '문화적' 요인들도 '구조적' 요인의 지위를 주장할 수 있다.

따라서 호셀리츠의 이론에 따르면, 전통사회의 경제·문화·가족 활동 따위를 특징짓는 밀접한 상호 관련성은 그 활동들로 하여금 외부적이건 내생적이건 사회변동이 침투하기 어렵게 만든다. 그러한 이론이 마르크스주의 이론과 분명히 구분되는 것은 고려되는 **변수와 요소**들에 의해서이다. 그러나 그 이론은 **패러다임** 수준에서는 마르크스주의 이론과 구분되지 않는다. 마르크스주의 이론이나 네오마르크스주의 이론처럼 이 이론은 상호 관련된 구조적 요인 전체를 분리시키고, 이 전체에 하나의 진화법칙(경우에 따라서는 동일한 재생산법칙)을 연관시키는 것이 가능하다는 것을 가정한다. 이 법칙 덕분에 문제의 **구조적** 특징을 갖는 모든 사회는 일정한 사회변동과정에 종속되어 있는데, 마르크스주의적 용어를 쓰면 우리는 그것을 **재생산과정**이라고 부를 수 있다.

'구조주의적' 패러다임이 이념적 노선을 초월해서 학자들에게 강요되었다면, 그것은 확실히——우리는 그 점을 인정해야만 할 것이다——그 패러다임이 어떤 적절성과 효율성을 지니고 있기 때문이다. Mt → Mt+k라는 거시적 사회변동(또는 사회변동이 없음)을 **설명하는** 것은 실질적으로 이 변동을 A, B, ……, N이라는 '구조적' 요인들 전체를 잇는 관계 R(A, B, ……, N)의 체계의 결과로 분석하는 것이다. 이 말의 뜻은 표상 R의 타당성은 우리가 고려하고 있는 체제에서 (잠정적으로) 실현되었다고 가정한 조건들의 전체 K에 의존한다는 것을 아는 것이 중요하다는 사실이다. 그러나 우리는 그러한 조건들이 다른 곳에서도 똑같이 실현될 이유는 전혀 없다는 사실을 인식할 필요가 있다.

결과적으로 비록 두 사회가 서로 **똑같은 구조적** 특징을 가지고 있다 할지라도 거기에서 우리가 t와 t+k 기간 사이에 **똑같은 사회변동**을 반드시 관찰해야 한다는 결론이 나오는 것은 아니다. 바꾸어 말하면 모델 R(A, B, ……, N)이 어떤 한 사회의 진화 $M_t \rightarrow M_{t+k}$를 설명한다는 사실로부터 똑같은 구조를 가진 모든 사회가 같은 진화과정에 종속되어 있다는 결론을 내릴 수는 없다. 마르크스주의 이론이건 아니건 간에, 수많은 사회변동이론에 공통적인 하나의 가정과는 반대로 "R(A, B, ……, N)이기 때문에 $M_t \rightarrow M_{t+k}$이다"라는 결론이 나오는 것은 아니다. 또 다른 용어로 표현하면, 상당수의 사회변동이론들이 관계없는 추론, 즉 참된 명제 또는 참된 것으로 간주될 수 있는 명제들로 이루어진 거짓된 결론에 근거를 두고 있다. 한 가지 사례가 이러한 기본적 구분을 쉽게 설명해줄 수 있을 것이다.

그것은 사회·경제적 발전론에서 빌려온 새로운 사례이다. 그 사례는 서(西)벵골에 관한 연구에서 끌어낸 것인데, 여기서 문제는 경기침체를 이해하는 것이었다. 더 분명히 말하면, 행정당국이 농민들에게 농업생산성을 높일 수 있게 기술혁신을 채택하도록 자극을 주었음에도 왜 이 농민들이 옛 농사 관행을 지속함으로써 어느 누구에게도 도움이 되지 않고 어떠한 숙명도 강요하지 않는 그러한 상황의 유지에 기여하게 되었는가를 설명하는 것이었다.

이러한 종류의 관찰에 직면해서 연구자가 했던 첫 번째 활동은 종종 행위자의 비합리성을 거부하는 것이었다. 전통에 대한 행위자의 경외감이 그의 이익에 부합되는 사회변화에 그가 '저항'하는 것을 설명해준다는 것이다. 이 경우 '전통의 비중'은 쉽게 기억될 수 있고 자칫 잘못하면 구호로 바뀔 수 있는 단순한 설명을 제공한다는 장점이 있다. 그러나 그러한 설명은 기껏해야 동어반복이며 최악의 경우에는 잘못된 이해이다.

그것보다 훨씬 더 설득력 있는 설명이 바두리[14]의 네오마르크스주의식 해석이다. 그의 이론은 행위자들이 그들의 이해관계를 잘 파악하고 있다고 가정한다. 그러나 그는 행위자들이 처한 상호 의존의 상황구조가 봉쇄현상을 낳는다고 주장한다. 각 행위자는 자신의 이익을 따라 행동하고 그것을 촉진시키기 위해서 그가 보유한 자원들을 사용한다. 그러나 그렇게 함으로써 모두에게 불리한 상황을 불러일으키는 데 기여한다. 게임 이론의 용어를 사용하면 '게임'의 '해결'은 '최적 이하의' 평형상태에 해당한다.

'변화에 대한 저항'이나 '전통의 비중'에 의한 설명과는 달리 그러한 설명은 곡해도 아니고 동어반복도 아니다. 이 설명은 기술혁신의 거부를

---

14) A Bhaduri, "A Study of Agricultural Backwardness Under Semi-Feudalism," *Economic Journal*, LXXXIII, 329, 1976, pp.20~137. 나는 나의 저서 *La logique du social(The Logic of Social Action)*에서 이 연구분석을 소개했다. 그러나 이 책의 입문서적인 성격 때문에 그 작업을 좀 더 깊이 있게 하지는 못했다. 나는 이 새 저서가 아래의 훌륭한 논문들에서 제기된 몇 가지 문제에 해답을 주기를 희망한다. P. Bénéton, "Logique et prégnance du social chez Boudon," *Revue Tocqueville*, III, 1, 1980~81, pp.119~136; D. Swartz, "Classes, Educational Systems and Labor Markets," *Archives européennes de sociologie*, XXII, 1981, pp.325~353; P. V. Parijs, "Sociology as General Economics," *ibid.*, pp.299~324; P. Favre, "Nécessaire mais non suffisante: la sociologie des 'effets pervers' de Raymond Boudon," *Revue Française de Science Politique*, XXX, 6, 1980, pp.1229~70.

발현적 현상으로 다루는데, 그것은 우리가 행위자들이 처한 상황구조를 고려하는 순간부터 완전히 이해될 수 있는 개인행동들의 집합의 결과이다. 그렇지만 여기에서 우리는 이 상호작용체계의 구조를 결정적인 것으로 보는 것은 삼가야 한다. 왜냐하면 이 구조가 실질적으로 관찰된 결과를 가져오는 것은 그 구조가 '비구조적인' 상황들의 전체를 수반하기 때문이다. 우리는 아래에서 이 점의 중요성을 다시 논의하게 될 것이다.

바두리의 해석은 다음과 같다. 벵골의 연구대상 지역의 생산관계체계는 반(半)봉건적인 체제였다. 그것은 엄밀한 의미의 **봉건체제**는 아니었다. 왜냐하면 자기가 소유하지 않은 농토를 경작하는 농민은 지주와 법적 관계를 맺고 있지 않았기 때문이다. 그는 자신의 노동력을 파는데 자유로웠다.

그러나 우리가 이 체제를 **반봉건적**이라고 할 수 있는 이유는 소작인이 보유하고 있는 자원이 그의 생계를 유지하기에 불충분했기 때문이다. 따라서 그는 빚을 얻어야만 했고, 그 돈을 지주에게서 빌릴 수밖에 없었다. 재원이 빈약했기 때문에 그는 사실 은행에 담보를 제공할 수 없었고, 따라서 금융시장에 접근할 수 없었다. 생산성은 침체되어 있고 소작인의 재원은 만성적으로 불충분했기 때문에, 그는 영구적으로 빚을 지게 되었다. 빚을 갚기 전에는 지주 곁을 떠날 수 없으므로 그는 실제로 지주에게 매여 있었다.

이제부터 다음의 사실들을 가정해보자. 늘 그래왔듯이 행정당국은 농민들로 하여금 태도를 바꾸어 간단한 투자를 하도록 유도하고 때로는 보조금도 받는 기술혁신을 채택하도록 시도했다. 이 기술혁신은 생산성 향상을 보장하는 것이었으며, 나중에 정말 채택되었다(물론 실제로 이런 일은 일어나지 않았다).

첫해(t_1)에 기술혁신의 결과는 지주와 소작인 모두에게 이로웠다. 생산은 그 전해보다 풍작이었다. 각자는 거두어들인 수확물을 관례적 비율로 나누었다. 지주는 '수입' 칸에 수확물 중 그의 몫을 판 수입에다 소작인이 그에게 납입하는 이자를 더했다. 기술혁신은 이 이자의 총액에 영향을 끼치지 못했다. 왜냐하면 그 이자는 소작인이 그 전해에 빌린 자금에 대한 이자, 즉 기술혁신이 도입되기 이전에 빌린 돈의 이자였기 때문이다. 따라서 첫해에는 기술혁신이 '협동적' 활동을 낳았다. 즉 각자는 기술혁신을 통해 이익을 얻을 수 있었다.

그러나 게임 구조는 시간이 지나면서 변형되었다. 두 번째 해(t_2)에도 수확물은 기술도입 전해(t_0)보다 더 많았다. 수확량은 t_1해와 거의 비슷했다. 소작인이 그의 수확물에서 얻은 몫의 수입은 t_1해의 수입과 비슷했고, t_0해의 수입보다는 더 많았다. 그러나 그의 재력이 t_1해보다는 t_2해에 훨씬 더 커질 수 있었던 이유는 그가 t_1해의 기술혁신에 해당하는 잉여금을 소비하지 않았고, 이 잉여금 중 일부를 해마다 그가 지주에게서 빌리는 차용금을 줄이는 데 썼기 때문이다. 이 경우 지주의 수입을 구성하는 두 가지 지위가 각기 다른 방식으로 변화했다. 즉 지주가 자기 몫의 수확물을 판매함으로써 얻은 재원은 t_0에서 t_1 기간 사이에 갑자기 늘어났다. 그러나 그가 채권에 대한 보상으로 받은 재원은 소작인이 빌린 차용금 총액의 감소 때문에 줄어들었다.

따라서 만약 기술혁신이 도입된다면, 그것은 두 계급의 행위자들의 재원에 복잡하고도 점진적인 방식으로 영향을 끼칠 위험이 있었다. 방금 언급한 그럴듯한 시나리오를 다시 예로 들어봄으로써 기술혁신이 지주계급에 끼칠 위협을 명확히 밝혀보자.

t_1 시점에서 이들 사이의 게임은 협조적인 것처럼 나타난다. 라포르트(Raport)[15]의 용어를 사용하면 그 관계는 '확고하게 안정되어 있다'.

---

15) A. Rapoport and M. Guyer, "A Taxonomy of 2x2 Games," *General Systems*, XI, 1966, pp.205~214.

그것은 모든 합리적인 행위자라면 받아들일 게임이다. t_2 시점에서도 그 게임은 협동적으로 남아 있을 수 있다(t_0 시점과 비교해볼 때 두 계급은 거기에서 이익을 얻는다). 그러나 그 게임은 '단순히 안정된다' (그 게임에서 두 계급이 이익을 얻기는 하지만, 한 계급이 다른 계급보다 더 큰 이익을 얻는다).

그러고 나서 그 게임은 **비협동적인** 것이 될 수 있다. 즉 t_k를 주기로 하는 순간부터 지주의 전체 수입은 다시 기술혁신 이전인 t_0 시점의 재원과 같은 수준에 머무르거나, 그것보다 열등한 시점에서 안정화된다. 이 경우 기술혁신은 궁극적으로 소작인계급에게만 도움이 된다. 물론 지주의 총수입이 t_0 시점의 수준보다 더 높은 수준에서 안정됨으로써 기술혁신이 두 계급 모두에게 도움이 될 수도 있다. 그러나 어쨌든(소작인들이 잉여금 전체를 소비한다고 가정하는 것을 예외로 한다면), 기술혁신은 소작인들에게 더 많은 이익을 가져다줄 것이다.

요약하면, 기술혁신에 따라 도입된 게임은 초기에는 협조적이고 '아주 안정된' 균형을 이루고 있었다. 그리고 그다음에는 간신히 협조적이고 단순히 안정된 균형을 이루었다(두 계급 가운데 한 계급이 다른 계급보다 기술혁신을 통해 상대적으로 더 큰 이익을 얻었다). 그러나 그 게임은 지주계급이 t_0 때보다 t_k 시점에서 더 나쁜 상황에 처하는 경우, **비협조적이거나 갈등적인** 것이 될 수 있다. 그 이유는 이 경우 변동의 속도가 한편으로는 기술혁신이 생산성에 미치는 효과에 의존하고 또 한편으로는 소작인이 그의 수입 증대에 보이는 반응에 의존하기 때문이다.[16]

우리가 방금 묘사한 정신적 체험에 대한 학문적 분석은 다음의 사실

---

16) 생산성에 대한 미약한 영향력과, 소작인들에게서 나오는 작은 반응들은 비협동적인 게임을 불러일으키기에 충분했다.

을 증명해 보이는 데 목적이 있다. 즉 소작인이 모든 잉여금을 다 소비해버리는 경우를 제외하고는, 기술혁신은 기껏해야 지주보다는 소작인에게 더 큰 이득을 주는 단순히 안정된 균형상태의 협동적 게임을 가져올 뿐이다. 그리고 최악의 경우 (지주의 관점에서 보면) 지주에게 손해가 되는 비협동적 게임이 된다. 바꾸어 말하면 기술혁신을 도입하는 지주는—종국적으로—손해를 당하지 않을 것임을 확신하지 못하는 것이다. 이러한 조건에서는 지주가 기술혁신에 큰 열의가 있을 것을 기대할 수 없다. 그런데 위의 고려된 조건 속에서 기술혁신을 도입하거나 배척할 능력이 있는 사람은 지주뿐이다.

따라서 위의 두 계급의 행위자들 중 한 계급은 기술혁신을 도입할 능력이 있지만 그렇게 할 동기가 거의 없다. 좀 더 분명히 말하면, 그들은 기술혁신이 자기들에게 해로운 결과를 가져오지는 않을까 두려워할 충분한 이유가 있는 것이다. 다른 계급의 구성원들은 분명히 필요한 동기는 있었지만 그것을 결정할 능력은 없었다.

바두리의 분석은 다음과 같은 세 가지 특징을 가지고 있다. 첫째, 이 이론은 문제되는 사회체계의 기본적 요소들을 특징지을 수 있는 몇몇 요소를 무한한 목록 중에서 분리시킴으로써 그가 존재이유를 찾으려 했던 모순된 현상(즉 명백히 이로운 기술혁신을 거부하는 것)을 설명하고 있다. 그렇게 함으로써 이 분석은 마치 모든 구조주의 이론처럼 작용한다. 둘째, 이 이론은 네오마르크스주의 이론의 하위범주에 속한 것으로 생각될 수 있다. 왜냐하면 이 이론이 포착한 구조적 요인들은 현실영역 속에서 선택되었는데, 그 현실영역에 대해 마르크스 이론은 일종의 '존재론적 우위'의 입장을 부여하고 있고, 이때 그 현실영역이란 곧 '생산관계'의 조직이기 때문이다. 셋째, 이 이론은 내생적 발전법칙을 주장한다. 즉 반봉건적 생산관계의 특징을 지닌 사회는 똑같은 구조를 재생산하는 경향이 있다는 것이다. 왜냐하면 그 사회는 '구조적으로' 그에게 제시된 기술혁신을 배척하는 경향이 있기 때문이다.

사실상 우리는 이 분석에서 끌어낼 수 있는 정당한 결론들을 조심스럽게 제한할 필요가 있다. 이 분석이 시간과 상황이 정해진 하나의 사건(주어진 지역의 주어진 기간에 특정한 기술혁신의 거부)에 관한 설득력 있는 설명을 제공해주는 것은 사실이다. 그러나 이 분석은 관련된 체계의 장래나 구조적으로 비교할 수 있는 체계들(생산관계에 대한 반봉건적 조직의 특징을 지닌 체계들)의 장래에 대해 어떠한 결론도 내리도록 허용하지는 않는다. 그 이유는 구조적 요인들은 설명체계의 갑자기 나타난 부분에만 일치하기 때문이다. 그리고 비록 그 설명체계는 비구조적인 것으로 다루어질 수도 있지만, 그래도 연구자가 염두에 두어야 할 중요한 요인들을 역시 포함하고 있기 때문이다.

위의 분석은 행정당국이 제안하는 기술혁신을 채택하는 지주가 위험을 안게 되리라는 점을 보여준다. 즉 그의 사회적 지위의 상대적 감소(여기서는 수입이라는 관점에서만 고려했다) 가능성이라는 위험과, 중간 기간 수입의 순손실이라는 평가하기 훨씬 어려운 위험이 그것들이다. 그러나 이 경우 위험을 말하는 사람은 불확실성을 말하는 것이다. 즉 행정당국의 제안에 따라 만들어진 상황은, 이 상황에 처한 행위자가 가능한 행동들 중 어느 하나를 선택할 이유가 있다는 의미에서 모호하다. 지주는 기술혁신이 위험을 내포하기 때문에 그것을 배척할 충분한 이유가 있다. 그러나 이 기술혁신이 중·단기간 동안은 그의 수입을 증가시킬 기회 역시 부여하기 때문에, 그는 기술혁신을 채택할 충분한 이유가 있는 것이다.

이 상황구조로부터 행위자들의 행동을 연역해낼 수 있으려면 위에서 언급한 구조적 요인들에 하나의 가설이나 심리학적 법칙을 추가할 필요가 있다. 이 법칙에 따르면 "위험을 내포한 상황에서 행위자는 비록 그가 경우에 따라 얻을 수 있는 이익을 포기할지라도, 위험을 최소화하는 행동노선을 항상 채택한다." 이것은 다시 게임 이론에 관한 발트(Wald)의 기준을 보편화하는 것이다. 그러나 여기서 우리는 그러한 법칙을 진술하도록 허용하는 것이 무엇인지 이해하지 못한다.

게임 이론가들은 이른바 발트의 기준을 정의했다. 그러나 그들은 또한 대립되는 기준인, 이른바 새비지(Savage)[17]의 기준(그 기준을 사용하는 행위자는 있을지도 모르는 후회스러운 상황을 최소화하기 위해서 위험을 무릅쓴다) 역시 정의했다. 그러나 심리학자들은 행위자가 불확실한 상황에서 항상 발트의 기준을 사용한다는 사실을 확인해주는 법칙을 주장한 적이 없다. 간단히 말해서 우리는 특정한 상황구조에서 행위자의 행동을 연역해내는 것을 허용하는, **받아들일 만한** 일반 명제를 알지 못한다. 그 이유는 그러한 명제가 존재하지 않는 것이 확실하기 때문이다.

다른 표현을 빌리면, 바두리의 설명에는 우리가 세심하게 구분할 필요가 있는 두 가지 요인이 포함되어 있다. 한편은 논증이고 또 다른 한편은 사실의 확인이다. 그의 논증은 기술혁신이 지주를 불확실한 상황에 처하게 만들었다는 것을 보여주었다. 지주가 선택할 수 있는 가능한 두 가지 행동지침은 경우에 따라 지주에게 이득과 손실을 가져다줄 수 있는 것이었다. 한편 그의 분석은 사실들의 차원에서 지주들이 기술혁신을 하지 않는 쪽을 선호하고 있음을 확인시켜주었다.

그러나 이 경우 우리는 다음과 같은 사실을 거듭 이해할 필요가 있다. 즉 우리는 그 경험적 명제가 왜 필연적 성격을 띠는 것으로 간주되어야 하는지 그 이유를 모른다는 것이다. 이 상황에 대한 더 철저한 연

---

17) R.D. Luce and H. Raïffa, *Games and Decisions. Introduction and Critical Survey*, New York, Wiley, 1957, 1967 참조.

구는 이러한 지주들의 포기 행동을 더 잘 이해시켜주었을지도 모른다. 지주들 중 가장 부유하고 위세 있는 사람이 다른 지주들로 하여금 기권하도록 설득했는지도 모른다. 또 가장 가난한 지주들이 농업혁신 작업을 하는 가운데 가장 부유한 지주들을 쫓아갈 수 없는 경우, 경쟁활동에 따라 제거될 것이 두려운 나머지 기술혁신을 봉쇄하기 위해서 그들의 권력을 사용했는지도 모른다. 그러나 바두리의 연구는 이 점에 대해 우리가 상상해볼 수 있는 다양한 가설들 사이에서 분명한 선택을 하도록 허용하지 않는다.

　지주들이 기술혁신을 거부한 이유가 무엇이건 간에 한 가지만은 확실하다. 즉 그것은 저자가 고려하고 있는 요인들만으로는 설명되지 않는다는 것이다. 여기에서 우리가 내릴 수 있는 결론은, 이론과 그것이 이해하려는 사실 사이에는 **필연적인 관계가 없다**는 것이다. 더 정확하게 말하면, 그의 이론은 지주들이 기술혁신을 접하면서 위험에 처할지도 모른다는 사실을 설명한다. 그러나 그 이론은 왜 지주들이 위험을 감수하지 않기로 결정했는지는 설명해주지 못한다. 그의 이론은 사실을 순수하게 그리고 간단하게 확인해준다. 그러나 우리는 그의 분석에서 이와 반대되는 사실도 쉽게 확인할 수 있다. 즉 비록 이 상황이 앞에서 논의된 상황과 똑같은 구조적 특징(생산관계의 반봉건적 조직)을 지니고 있다 할지라도, 다른 맥락에서는 정반대되는 사실을 확인할 수 있는 것이다.

　특정 이론의 결론을 내리기 위해 관련된 경우에만 엄격히 한정된 경험적 명제를 추가할 필요가 있을 때, 그 결론이 다른 경우들에까지 확장될 수 없다는 것은 당연하다. 그렇다고 그 이론이 타당성이 없거나 학문적인 흥미가 없는 것은 아니다. 명백한 사실은 바두리의 이론이 전통사회에서의 '변화에 대한 저항'에 관한 다용도 깡통따개 같은 '일반' 이론들보다 관찰된 현상을 이해하는 데 더 효과적으로 기여한다는 것이다.

두 번째로 다음과 같은 사실을 주목하는 것이 중요하다. 즉 비록 바두리의 이론이 **명시적으로는** 생산관계의 체계를 특징짓는 요인들만 포함하고 있는 것 같지만, 그 이론은 **암묵적으로** 다른 많은 요인들도 내포하고 있다는 것이다. 바꾸어 말하면 구조적 요인들이 수많은 비구조적 요인들을 감추고 있다는 것이다.

다른 모든 모델처럼 바두리의 모델도 독립변수들과 매개변수들을 포함하고 있다. 매개변수들은 다음과 같다. 즉 지주들의 평균수입, 소작인들의 수입, 기술혁신을 전후한 수확물의 가치, 소작인의 소비관, 소작인의 채무 등이 그것들이다. 독립변수는 다음의 요인들이다. 즉 실질적 이자율, 임차기간이 끝났을 때 각자에게 주어지는 수확물의 비율, 소작인의 소비를 위한 한계성향이 그것들이다. 이 모든 요인들과 그것들 사이에 유지되고 있는 관계는 두 계급의 행위자들 사이의 관계를 지배하는 '반봉건적' 체계를 실현시킨다. 예를 들어 이 모델에 의하면, 소작인의 경작수입 중 소비를 하고 남은 금액은 지주에게서 빌리고 이듬해에 이자와 함께 갚은 액수를 나타낸다. 이 수치는 소작인이 만성적으로 지주에게 빚을 지고 있다는 것을 나타내기에 충분하다. 이 경우 전체로서의 분석이 가정하는 것은, 기술혁신을 받아들이거나 거부하는 능력은 단지 지주의 선택에만 의존한다는 것이다.

한편 독립변수의 가치는 **확인된 사실**에 의해 정립된다. 이 연구에서 바두리는 다음과 같은 사실을 관찰하였다. 어떤 소작인이 노동력만을 팔고 생산도구를 자기가 가져오지 않았을 때, 일반적으로 수확물의 분할은 60 대 40이 된다. 즉 60퍼센트는 지주가 갖고, 40퍼센트는 소작인이 갖는 것이다. 그 외에 바두리는 다음과 같은 사실에 주목했다. 정상적 이윤율은 50~60퍼센트이고 실질적 이자율은 100퍼센트이다. 이 두 이윤율 사이의 차이는, 쌀값이 쌀 때는 소작인이 그의 빚을 수확 후에 갚고, 새로 몇 달 후에 쌀이 귀해서 쌀값이 그해의 최대로 올라갈 때는 돈을 빌리는 데 기인한다.

결국 이 모델은 구조적 요인들(생산관계의 반봉건적 성격)과 함께 모든 종류의 우연적 요인들을 넌지시 포함하고 있다. 소작인들은 금융시장을 이용할 수 없었다. 그러나 어느 것도 소작인들이 그렇게 하는 것을 막지는 않았으며, 만약 행정당국이 그렇게 결정을 했다면 소작인들은 그들이 필요로 하는 재원의 일부를 행정당국의 부속기관에서 빌릴 수 있었다. 행정적 조치들이 이자율을 제한하는 시도를 하는 것을 금하는 것은 아무것도 없었다.[18]

또 한편 기술혁신을 받아들이거나 배척하는 결정이 오직 지주의 능력에만 속하려면, 그 기술혁신은 어떤 특징들을 가지고 있어야만 한다. 만약 기술혁신이 투자를 필요로 한다면, 투자가 단지 지주의 결정에 속한다는 것은 쉽게 생각할 수 있는 사실이다. 반면 기술혁신이 예컨대 노동의 조직이나 농업노동자 팀의 구성에 관한 것이라면, 지주는 거기에 저항하는 편이 더 힘들 것이다.

간단히 말해서 기술혁신의 거부는 단순히 '구조적 요인들'의 결과만이 아니라, 공식적으로는 이론과 그것을 표현하는 모델에 나타나지 않는 요인들의 결과이기도 하다. 게다가 모든 것이 같은 조건이라면, 만약 어떤 다른 형태의 기술혁신이 제안된다면, 그것은 채택될지도 모른다. 왜냐하면 지주들이 그것에 반대할 수는 없기 때문이다. 모든 것이 같은 조건이라면, 행정당국이 소작인들에게 빈약하긴 하지만 무료는 아닌 재정적 도움을 주는 것은 앞의 모델에서의 관계와, 거기에서 우리가 끌어낼 수 있는 결론들을 수정할 것이다. 바꾸어 말하면 이 모델은 어떤 일정한 조건들 전체를 가정한다.

---

18) 이러한 유형의 상황에서 그것이 어려운 것은 사실이다. 다음 책을 참조할 것. S. Popkin, *The Rational Peasant*, Berkeley, University of California Press, 1979.

그러나 그 조건들이 그런 상태로 남아 있어야 한다는 것을 가르쳐주는 것은 아무것도 없다. 그러므로 이 조건이 분석자료들을 흔들어놓으리라는 점을 주목하기 위해서는 머릿속에서 이 조건들 중 어느 하나를 변형시켜보는 것만으로 충분하다. 반봉건적 생산관계조직이 결국 기술혁신, 생산성의 침체 그리고 생산관계의 재생산으로 끝나는 것은 그 조직이 복잡한 암묵적 조건들을 수반하기 때문이다. 이 분석은 이러한 조건들이 일정하다고 가정하며, 우리는 그것들을 즉시 관찰할 수 있다. 다른 방식으로 표현하면, 그 분석은 당장에만 타당하다. 이 말의 의미는 똑같은 구조적 요인이 **일반적으로** 똑같은 결과를 낳을 이유는 없다는 것이다.

따라서 어떤 체계의 구조적 특징과 **비구조적** 특징 사이에 엄격한 경계를 그으려 하는 것은 위험한 일이다. 특히 그 구분을 현실적인 방식으로 해석하려고 시도하는 것은 위험하다. 또 한편으로 특정한 사회체계의 구조가 그 사회체계의 장래를 예측하게 해주지는 않는다는 사실을 알아야 한다. 왜냐하면 그 구조는 항상 '비구조적' 요인들과 관련을 맺고 있는데, 이 요인들은 일반적으로 일정하게 남아 있는 것으로 생각될 수 없기 때문이다.

이 장에서 내가 주장하려 했던 것은, 사회변동이론의 어떤 모호한 점들은 **구조** 개념에 대한 **사실주의적** 해석에서 나온다는 사실이다. 어떤 유형론이 **유용**하다는 핑계로 우리는 그것을 실질적 구분의 반영처럼 해석할 수 있는 것으로 믿는다. 마찬가지로 사람들은 사회실체 속에 구조적 특징과 비구조적 특징이 존재하는 것으로 믿는다. 그리고 그것을 바탕으로 비구조적 특징이 무시될 수 있다는 결론을 내린다. 그렇게 함으로써 우리는 모든 형태의 실책을 저지르는 것이다.

그러나 구조 개념에 대한 이러한 사실주의적 해석은 그 자체가 두 가지 성공 조건을 지니고 있다. 첫째는 구조적 구분(예를 들어 공동사회와 이익사회의 구분, 전통사회와 근대사회의 구분 또는 생산관계의 반봉건적 구조라는 개념 참조)은 흔히 감동적, 감정적 또는 이데올로기적 진실과 일치한다는 것이다. 둘째는 아주 일반적으로 그러하듯이, 구조의 개념이 사실주의적으로 해석될 때 거기에서 사회과학의 예측능력에 관한 인위적인 과장이 생긴다는 것이다.

제5장 주된 원동력의 탐구: 존재론적 편견

사회학자, 경제학자 그리고 정치학자들은 그들의 분석이 과학적인 것처럼 보이기를 원하고 또 과학적이기를 원한다. 이러한 의지 때문에 이들은 19세기에 역사철학이라는 표제로 분류되었던 커다란 논쟁들에 그들이 지속적으로 관심을 기울여온 사실을 숨기는 경향이 있다.

사회변동과 관련해 최근 미국에서 발간된 어떤 저서[1]는 하나의 주요한 명제에 기반을 둔 주장을 펼치고 있는데, 그 명제에 따르면 사회집단들 사이의 사회적 갈등이 사회변동의 주된 원동력이다. 또 다른 책들은 이 점을 더 자세히 논의하고 있으며, 계급 간의 갈등에 우선적인 중요성을 부여하고 있다. 이 경우, 계급갈등은 사회변동의 담지자가 될 수 있거나, 아니면 지배계급과 피지배계급을 다양한 형태로 구분함으로써 분열을 영속화할 수 있다. 물론 반대의 주장도 제기되었다. 한편 뒤르케임에게 사회갈등은 부차적 현상이다. 그것은 사회조직이 훼손되었을 때나 사회질서를 보장하는 규제의 메커니즘이 비효율적이 될 때 나타난다. 이러한 견해는 좀 더 현대적인 저자들에 의해서

---

1) R. Ash Garner, *Social Change*, Chicago, Rand McNally College Publishing Company, 1977.

도 공유되고 있다.[2]

비록 그들이 일반적으로 이 단어를 피하고 있기는 하나, 어떤 학자들은 사회변동에 관한 '유물론적' 시각을 선택한다. 그들은 사회변동이 행위자의 사회적 지위에 따라 엄격히 속박되고 결정된 이해관계의 대립에서 생긴다고 주장한다. 가장 정통적인 네오마르크스주의의 입장에 따르면, 이념은 경제적 이해관계에 따라 엄격히 지배되는 것으로 인지된다. 더 융통성 있는 입장에 따르면, 이해관계가 대립되는 집단들은 서로 다른 '문화적' 요구를 내세운다. 사회에서 점점 증대되는 중요성을 지닌 '기능적' 지위를 차지할 운명인 사람들은 자신들의 문화적 요구를 관철할 가능성이 크다. 따라서 장래의 문화적 혁신 그 자체도 지금의 '사회구조'에 엄격하게 종속되어 있는 것으로 생각된다. 따라서 현재는 서로 대립되어 있는 집단들 사이에서 미래사회의 담지자를 결정한다.[3]

한편 사회변동에 대한 이러한 '유물론적' 관점에 대립하고 고전적 구분에 일치하는 관념론적 관점이 있다. 이 입장은 항상 존재하지만, 사회과학을 커다란 철학적 논쟁과 '결별'시키려는 배려 때문에, 실제로 그 입장을 표현하는 단어는 결코 사용되지 않는다. 만약 우리가 사회과학분야에서 이 논쟁의 영속성을 보지 못한다면, 예를 들어 왜 『프로테스탄티즘의 윤리와 자본주의 정신』이 '대중적으로 인기 있는 책'이 되었는지 이해할 수 없을 것이다. 반면 막스 베버의 나머지 저작들은 '교양 있는 일반 시민들'에게 알려져 있지 않을 뿐만 아니라 현재 사회과학의 생산활동에 제한된 영향력밖에 행사하지 못한다. 우리는 오늘날 베

---

2) 보기로 다음 책을 참조할 것. K. Boulding, *Ecodynamics*, London, Sage, 1978.

3) A. Touraine, *Le mouvemenmt de mai ou le communisme utopique. op. cit.*, *Production de la société*, Paris, Le Seuil, 1973.

버의 논지—게다가 그 논지는 베버에 의해 여러 가지 방식으로 해석될 수 있는 여지를 제공하는 형태로 제시되었다—가 보완되어야 할뿐만 아니라 상대화되어야 한다는 것을 알고 있다(우리는 이 점을 아래에서 다룰 것이다).

베버의 논지를 위의 의미로 해석하는 대신 사람들은 보통 그것을 독단적으로 표현한다. 즉 칼뱅의 윤리가 그 윤리를 지닌 사람에게 사업을 시작할 의지를 자극한다는 것이다. 따라서 칼뱅의 윤리는 자본주의적 기업가라는 특정 사회유형이 출현한 원인이며, 결과적으로 자본주의 자체의 발전 원인이 된다는 것이다. 베버의 논지에 대한 통속화된 해석이 성공한 이유는 우리가 거기에서 특정한 형이상학적 명제의 증명을 보기 때문이다. 그 명제란 근대 자본주의의 발전과 같은 중요한 사회변동은 '사회구조'에서의 변동이라기보다는 새로운 가치나 새로운 이념이 등장한 결과로 해석될 수 있다는 것이다. 더 일반적으로 말하자면 그 명제는 예를 들어 마르크스주의 전통이 '생산관계'와 사회구조에 우위성을 부여하는 곳에서 이념과 가치의 우위를 주장할 것이다.

갈등의 역할, 이념과 가치의 역할, 갈등의 우선적 또는 부차적 성격, 이념과 가치의 우선적 또는 부차적 성격 등, 이 커다란 논쟁주제들은 사회과학의 저작활동 속에 영속적으로 존재해왔다. 파슨스는 그것을 직접적으로 인정한 드문 저자들 중 한 사람이다. 그는 「사회적 행위에서 이념의 역할」[4]이라는 제목의 논문을 명료하게 쓸 수 있는 충분한 학문적 권위를 지니고 있는 사람이었다. 그러면서도 그는 순수이론가로 간주되지도 않았고, 사회과학의 영역 밖으로 추출될 위험도 없었다. 파슨스의 논문은 오래전에 쓴 것이다. 그러나 나는 그가 거기에서 제기한

---

4) T. Parsons, "The Role of Ideas in Social Action," in *Essays in Sociological Theory*, New York, The Free Press, 1954, pp.19~33.

문제들이 오늘날 시대에 뒤떨어진 것으로 생각될 수 있다고 믿지 않는다. 내 주제를 의도적으로 과장하자면, 오히려 사회과학의 중요한 일부는 바로 이 주제를 다루고 있다고 나는 주장하고 싶다.

니스벳[5]이 자신의 저서에서 분명히 그리고 충분히 강조했듯이, 또 다른 질문이 사회변동이론에 항상 존재한다. 그 질문이란 변동이 '본질적으로 내생적인 것이냐 외생적인 것이냐'이다. 나는 그가 첫 번째 답을 주장하는 것이 옳다고 생각한다. 그 대답은 사회학자에 의해 가장 흔히 주어지는 답일 뿐 아니라—사회학자는 이 주제를 특별히 다룬다—경제학과 정치학의 일각에서도 다루는 주제이다.

사실 대부분의 사회변동이론가들은 그들이 관심을 갖는 사회체계의 t+1시점에서 t+k시점까지의 상태는 t시점의 사회체계 상태에서 나온다는 것을 보여주기를 원한다. 따라서 장래는 현재 속에 포함되어 있다. 때때로 t에서 t+1 기간에 관찰된 사회변동을 설명하는 것으로 생각되는 것은 t시점에서의 체계의 '축약'이다. '기능주의'라는 사고에 따르면, t에서 t+1 기간의 변동추세를 결정하는 것은 t시점에서의 사회체계의 '역기능'이다.

내가 보기에 사회학자들이 사회변동의 원인을 그 내부에서 찾으려는 생각을 선호하는 것은, 니스벳도 이미 보았듯이 확실한 사실이다. 그 이유들은 복잡하며 당분간 나는 그 분석을 여기에서 다루지 않겠다. 그러나 그 이유들 가운데 하나는 지금 언급할 가치가 있다. 왜냐하면 사회변동이 '본질적으로' 내생적인 것으로 생각될 수 있다면 사회과학들의 자율성, 특히 고전적이고 오래된 학문인 역사학으로부터 그들의 독립성은 쉽게 주장될 수 있기 때문이다. 반면 외생적 요인들이 너무 큰 위치를 차지하면, '역사학자의 영역'과 정치학자나 사회학자의 영역을 분리시

---

5) R. Ash Garner, *Social Change*, op. cit.

키기가 더 어렵다.

1970년대 중반부터 사회과학들이 신용 상실을 경험하고 **역사학의 신뢰도**가 높아졌을 때 일부 사회학자, 정치학자 또는 경제학자들은 역사학자가 되기를 원했는데,[6] 그것은 사회과학의 상태를 알려주는 하나의 징표였다. 물론 사회과학자들이 내생적 사회변동관에 매력을 느끼는 일이 '직업집단적 특수이익'이라는 이유만으로 설명되는 것은 아니다. 거기에는 무엇보다 더 인식론적인 이유들이 있다. 즉 내생적 사회변동은 더 예측하기 쉬운 것으로 생각되고—이것은 확실하다—또 더 이해하기 쉬운 것으로 생각되기 때문인데, 사실은 그렇지가 않다.

내가 방금 언급한 세 가지 질문, 즉 갈등의 역할, 이념의 역할, '본질적으로' 내생적 또는 외생적 사회변동에 대한 모든 사회변동이론의 입장을 드러나게 하는 것은 어려운 일이 아니다. 이러한 입장들은 고전이론가들에게서도 쉽게 찾아볼 수 있다. 뒤르케임에게 갈등—우리는 이것을 이미 언급했다—은 부차적인 것이고, 사회적 가치는 2차적인 것이며(따라서 르네상스와 종교개혁이 보여주는 '개인주의'는 뒤르케임에 따르면 사회분업의 확장과 관련되어 나타나는 개체화과정의 산물이다), 사회변동은 주로 내생적인 것으로 분석된다.[7]

위의 입장들은 현대 이론들에서도 쉽게 드러날 수 있다. 마셜에게서 갈등은 가장 중요하고, 사회적 가치와 이념도 아주 중요하며, 사회변동은 내생적인 것이다. 빈곤의 악순환 이론 같은 이론도 갈등에 부수적인 위치밖에 부여하지 않는 유물론적인 이론이며, 엄격히 내생적인 사회

---

6) 이것은 특히 니스벳의 경우에 진실이다. 니스벳은 그 입장의 논리적 모순을 짐멜이 결정적으로 증명했음에도, 고전적인 역사주의적 입장을 취하고 있다.

7) 이 명제들은 셰르카위(Cherkaoui)의 다음 논문과 모순되지 않는다. M. Cherkaoui, "Changement social et anomie; essai de formalisation de la théorie durkheimienne," *Archives européennes de sociologie*, XXIII, 1981, pp.3~39.

변동관을 보여준다. 더 정확히 말하자면, 이 이론에서 변화가 없는 것과 경기침체는 엄밀히 말해 내생적 원인들의 필연적 산물이다. 거기에서 가난한 사회의 변동은 **외부**의 개입을 통해서만 올 수 있다는 결론이 나온다. 위의 세 가지 질문(그 질문들에 몇 가지 다른 질문, 즉 사회변동의 단선적 또는 비단선적 성격 같은 것이 추가될 수 있다)은 하나의 배합구조를 보여준다. 모든 사회변동이론은 이 구조가 낳은 배합들 중 하나에 특정한 방식으로 옷을 입힌 것에 불과하다는 점을 보여주기는 쉬운 일이다.

『순수이성비판』에서 칸트는 특정 질문들에 대해 우리는 서로 모순된 대답을 줄 수 있으며, 또 이 각각의 대답을 명백히 반박될 수 없는 논지로 옹호할 수 있다는 것을 보여주었다. 사회변동이론들을 관통하며, 암묵적인 제목으로, 사회변동이론이라는 표현으로 지칭되는 '프로그램'의 중요한 부분을 정의하는 '궁극적' 질문들도 마찬가지 성격을 띤 것처럼 보인다. 잘 다듬어진 하나의 주장도 명백히 반박할 수 없는 이유들을 가지고, 사회갈등이나 이념의 우선적 또는 부차적 역할에 관한 모든 일반적 명제가 타당성이 있다는 것을 증명해 보일 수 있다. 그 토론을 종결하는 것이 불가능한 만큼이나 그 토론에 대한 최종적인 해답을 얻는 것이 불가능하다는 것도 내가 보기에는 부인할 수 없는 사실들처럼 보인다.

내가 생각하기에, 칸트의 용어를 빌리면 이 '이율배반'의 해결책은 비판적인 유형의 대답 속에 있다. 그 대답이란, 사회변동에 관한 꽤 많은 질문이 비록 영속적으로 제기되기는 하지만 대답을 얻을 수 없다는 사실을 인정하는 것이다. 그것이 사회적 가치이건 이념이건 생산관계이건 간에, 사회변동의 궁극적이고 주된 원인들은 현실의 특정 부문에서 찾아야만 한다는 것을 증명해 보이려는 시도는 부질없는 짓이다. 그리고 사회변동은 어떤 다른 요인보다는 특정한 메커니즘에 의해 제공되어야만 한다고 가정하는 것도 쓸데없는 일이다. 이때 사람들이 생각하는 메커니즘이란 집단 간의 갈등, 계급갈등, '역기능' 또는 고전적인 예를 들면 '사회적 모순들'일 수도 있다.

이러한 사변적 이론들과는 반대로, 사회변동에 관한 과학적 분석──포퍼가 말하는 '합리적 비판이론'의 기준에 일치하는 이론들──은 아래의 세 가지 특징을 지니고 있다.

첫째, 이 이론들은 분명히 정의된 목표를 가지고 있다. 바꾸어 말하면, 이 이론들은 일반적으로 다음과 같은 형태를 띤, 분명히 제기된 문제들에 대답하는 것을 목표로 한다. "t 시점에서 우리는 사회체계 S가 A, B, C, ……, N의 특징을 지닌 것을 관찰했고, t+k 시점에서는 A′, B′, C′, ……, N′의 특징들을 가지고 있는 것을 관찰했다. 그 이유는 무엇일까?" 보기: "t 시점에서 사회 S는 경제적으로 침체되어 있다(A). t+k 시점에서도 국가가 특정한 범주의 행위자들로 하여금 그들의 행동을 바꾸도록 자극을 주는 노력을 기울였는데도(B′), 그 사회는 침체된 상태로 남아 있었다(A). 그 이유는 무엇일까?"

둘째──우리는 여기서 내가 앞의 두 장에서 주장한 적이 있는 의견을 다시 만나게 될 것이다──, 과학적 분석이란, t와 t+k 시점 사이의 어떤 성격의 변화가 어떤 범주의 행위자들의 상황을 수정하는(또는 수정하지 않는) 결과를 가져오고, 따라서 우리가 실제로 t+k 시점에서 관찰할 수 있는 집합적 결과들 A′, B′, ……, N′를 낳을 수 있도록 행위자들이 자극받았다는 것을 보여줄 수 있는 이론이다.

셋째──이 점은 앞의 두 가지 특징의 논리적 귀결이다──, 검토되고 있는 과정에 따라 우리는 어떤 유형의 변수는 독립적인 것으로, 또 다른 유형의 변수는 종속적인 것으로 다루게 된다.

나는 사회과학에 문외한인 독자가 진부하게 여길 수도 있는 명제들을 제시하는 것에 대해 양해를 구한다. 그러나 나는 만약 이 평범한 것들이 모든 사람에 의해 항상 진부한 것으로 생각되었다면—그리고 특히 모든 사회과학 전문가들에 의해 그렇게 생각되었다면—사회과학의 역사는 지금과는 크게 달라졌으리라는 점을 강조하고 싶다. 이념이 구조에 따라 결정되는지, 이념이 사회변동에서 일차적 또는 부수적 역할을 하는지, 갈등이 일차적이거나 부수적인 것인지, 어느 누구도 그러한 질문을 제기하지 않을 것이다. 간단히 말해서 어느 누구도 '마르크스주의자'나 '문화주의자' 또는 '구조주의자'가 되지 않았을 것이다. 그렇게 되었다면 어느 누구도 '유물론적' 변동관이나 '관념론적' 변동관을 주장하지 않았을 것이다. 또 어느 누구도 갈등이론과 기능주의적 사회변동이론을 대립시키려 하지 않았을 것이다.[8] 위의 이러한 질문과 명제들은 모두 사회학적 이성에 의해 '이율배반적인 것'으로 결정적으로 분류되었을 것이다.

그러나 사회과학의 역사는 그와 같이 전개되지 않았다. 따라서 사회변동의 메커니즘은 과정에 따라 다양하며, 사회변동의 분석에 유용한 개념적 도구들이 우리가 고려하는 과정에 **종속된다**는 사실을 강조하는 것은 의미 있는 일이다. 마찬가지로, 어떠한 일반적인—또는 그렇게 주장하는—사회변동이론도 특정한 과정을 설명할 때 선험적으로 그 우월성을 주장할 수는 없다.

다음 절에서는 세 가지 문제, 즉 사회변동에서 갈등의 역할, 이념과 사회적 가치의 역할, 사회변동에 관한 내생적 모델의 적절성을 검토할 것이다.

---

8) L. Coser, *Les fonctions du conflit social*, Paris, PUF, 1982(*The Functions of Social Conflict*, London, Routledge and Kegan Paul, 1956).

사회갈등의 역할

사회집단 사이에서 갈등이 자주 관찰된다는 것과, 그것이 사회변동의 중요한 메커니즘을 구성한다는 것은 별개의 문제이다. 첫 번째 명제는 받아들일 만하지만 두 번째 명제는 그렇지 못하다. 그 이유는 단순하다. 그 이유는 사회갈등이 2차적이거나 부수적인 역할밖에 못하는 중요한 사회변동에 이르는 과정에 대한 수많은 예를 발견할 수 있기 때문이다.

집단 사이의 갈등이 사회변동의 **주된** 메커니즘을 나타낸다는 것을 '증명하기'를 원하는 모든 이론은 사실상 수사학적이거나 궤변적 방법에 근거를 두고 있는데, 그 첫 번째 사상가는 물론 마르크스이다. 또한 사회변동의 보편적 원동력으로서의 계급투쟁이론에 대한 가장 훌륭한 반박을 우리가 발견할 수 있는 것도 마르크스 자신에게서라는 점을 주목함은 학문적으로 흥미로운 일이다.

『철학의 빈곤』(*Misère de la Philosophie*)에서 마르크스는 이듬해에 『공산당 선언』에서 더 발전될 유명한 논지를 제기한다. 이 주장에 따르면 역사는 계급투쟁의 역사이다.

봉건사회 역시 그 자신의 무산계급을 가지고 있었다. 농노계급이 그것인데, 이 계급은 부르주아계급의 모든 싹을 지니고 있었다. 봉건적 생산체계 역시 두 가지 대립적 요소를 지니고 있었는데, 사람들은 그것을 봉건사회의 유리한 편과 불리한 편이라고 불렀다. 그런데 이것은 투쟁하면서 역사를 만드는 운동을 낳는 것이 항상 나쁜 쪽이라는 것을 모르고 한 일이다.(89쪽)……

부르주아계급이 봉건사회를 무너뜨렸을 때, 봉건사회의 유리한 편과 불리한 편은 더 이상 문제가 되지 않았다. 봉건사회에서 부르주아계급을 위해 발전해온 생산력은 그에게 속한 것이었다. (……) 따라서 봉건적 생산을 잘 평가하기 위해서는, 그것을 적대감에 기반을 둔 하나의 생산양식으로 간주해야 한다.[9]

이 문헌을 면밀히 검토해보면, 우리는 그 헤겔적 특징에 놀라지 않을 수 없다. 봉건사회는 두 가지 적대적인 요소를 포함하고 있다. '불리한 편', 즉 열등한 계급은 '유리한 편'과 싸운다. 헤겔이 말했을지도 모르는 '부정의 이해하기 어려운 활동' 덕분에 마지막에 승리하는 것은 '불리한 편'이다. 왜냐하면 '농노는 부르주아계급의 모든 싹을 포함하고 있었기 때문이다.' 여기에서 우리는 내생적 모델의 완벽한 하나의 사례를 본다. '그의 해방 조건들이 실현되었을 때', 봉건체제에서 열등한 계급의 지위를 차지하고 있던 집단은 지배계급인 부르주아계급으로 바뀌는데, 이 계급에 새로운 하위계급인 무산자계급이 대립한다.

이 문헌이 우리의 흥미를 끄는 것은 내용 때문이 아니라 그 맥락 때문이다. 왜냐하면 똑같은 생각이 『공산당 선언』에도 나타나기 때문이다. 첫째, 마르크스는 거기부터 몇 쪽 위에서(62쪽) 그가 프루동(Proudhon)에게 퍼부은 비난에 봉착하게 된다. 경제학에 매료된 마르크스는, 오늘날의 표현을 빌리면, 방법론적 개인주의의 원칙에 민감한 반응을 보여주고 있었다.[10] 그가 프루동을 맹렬히 비난한 이유는, 프루동이 사회의 존재를 그것을 구성하는 개인들에 의해서 설명하는 대신 사회를 사물화했기 때문이다.

---

9) K. Marx, *Misère de la philosophie*, Paris, A. Frank, 1847(Paris, Editions Sociales, 1972).

10) R. Nisbet, *The Sociological Tradition*, *op. cit.* 이 책은 방법론적 개인주의적 설명이 마르크스에게 미친 영향력이 중요하다는 사실을 명확하게 보여준다.

프루동 씨는 사회를 의인화하고 있다. 그는 사회를 하나의 **인격을 지닌 사회**로 만들고 있다. 그런데 사회는 결코 인격을 지닌 개인들의 사회가 될 수 없다. 왜냐하면 사회는 자신의 법칙들을 별도로 가지고 있으며, 사회를 구성하는 개인들과는 아무런 공통점도 없기 때문이다. (……) 프루동 씨는 경제학자들이 사회라는 집단적 존재의 인격을 이해하지 못했다고 비난한다(……).

또한 마르크스는 경제학자들을 옹호하고 있다. 그 책의 한참 뒷부분에서 마르크스는 미국의 경제학자 쿠퍼(Cooper)를 지지하며 인용하는데, 이 미국인에 따르면 우리는 사회를 하나의 이성적 존재로 생각해서는 안 되고, '개인들'의 전체로 생각해야 한다.

사회라고 불리는 도덕적 **총체**, 문법적 존재는 특권을 지니고 있는데, 실질적으로 그들 특권은 말을 하며 무언가를 하는 사람들의 상상 속에서만 존재한다.(62쪽)

이 방법론적인 논평은 계급투쟁이론이 발전되고 있는 부분에서는 완벽하게 잊혀지고 있다. 여기에서 계급은 구체적 인격을 부여받는다. 마르크스는 계급이 '개인들'로 구성되어 있다는 것을 잊고 있다. 첫 번째 인용 구절에서 문제가 되는 적대감은 농노와 영주 사이의 적대감이 결코 아니라, 두 가지 '요소들' 또는 두 '편' 사이의 적대감이다.

갈등을 사회변동의 원동력으로 보는 모든 이론가에게서 발견되는 입장 변화를 마르크스가 거의 모범적으로 설명하지 않았다면, 그의 청년 시절 작품의 약점을 강조하는 것은 어떠한 학문적 흥미도 없을 것이다. 첫 번째 인용문헌에서 마르크스는 일종의 궤변을 주장하고 있다. 즉 계급은 그 **정의상** 적대적이라는 것이다. 따라서 계급투쟁이 없으면 동시에 계급도 없다. 한편 계급투쟁의 경우, '불리한 편'의 해방을 가져다주지 않으면 그것은 물론 불필요하고 의미가 없는 것이 될 것이다.

더 흥미로운 것은 마르크스가 『철학의 빈곤』에서 계급투쟁이론을 전개하는 부분과 거기에서 몇 쪽 뒤의 부분(102쪽) 사이의 비일관성이다. 이 뒷부분의 구절에서 마르크스는 프루동과 분업의 원인에 대해 논쟁을 벌이면서, 봉건체제의 소멸과 근대산업의 발전 문제를 다시 다루고 있다. 오늘날의 표현을 빌리면 프루동은 수공업과 공장제 기계공업이 자생적으로 발전하기를 원했는데, 그 이유는 그것들이 생산성의 증가를 허용하기 때문이었다. 마르크스는 이 생각에 반대하면서 프루동에게 "그러한 틀에 박힌 주장으로는 역사를 쓸 수 없다"(102쪽)는 점을 상기시킨다. 그래서 그는 프루동에게 역사학 강의를 하면서 봉건주의의 소멸이론을 전개하는데, 이 이론은 계급투쟁을 논의하는 그의 책 89쪽과는 거의 아무 관련이 없다. 나중에 케인즈(Keynes)[11])에 의해 정확히 그러한 분석이 이루어지듯이, 여기에서 마르크스가 분석한 봉건주의의 소멸은 더 이상 내생적인 것이 아니라 외생적인 과정으로서, 아메리카 대륙의 발견으로 시작되었다.

공장식 제조산업의 형성에서 가장 필수적인 조건 가운데 하나는 자본축적이었는데, 그것은 아메리카 대륙의 발견과 그 대륙의 귀중한 금속들의 도입에 따라 용이해졌다.

교환수단의 발달은 한편으로는 임금과 지대의 평가절하라는 결과를, 또 한편으로는 산업이윤의 증대라는 결과를 가져왔다는 사실이 충분히 확인되었다. 바꾸어 말하면, 지주계급과 노동자계급과 봉건영주와 민중의 지위가 몰락하는 것에 비례해서 자본가계급과 부르주

---

11) J.M. Keynes, *A Treatise on Money*, London, Macmillan, 1953.

아계급의 지위는 상승했다.

이와 동시에 근대 공장제 제조산업의 발전에 기여한 다른 상황들이 있었다. 그것은 희망봉 항로와 식민지체제 그리고 해상무역의 발달을 통해 동인도에까지 침투한 교역을 통한 상품유통의 증대였다.

근대 공장제 제조산업에 관한 역사에서 우리가 아직 충분히 평가하지 못한 또 다른 점은, 봉건영주들이 많은 수행원들을 해고했다는 사실이다. 이들 중 하급직에 있던 사람들은 공장에 들어가기 전에 방랑자가 되었다. 공장이 창설되기 이전인 15, 16세기에 하층계급의 방랑현상은 거의 보편적인 것이었다.[12]

여기서 나는 마르크스의 원문을 꽤 길게 인용했는데, 내가 보기에는 그 원문들이 아주 중요한 학문적 관심을 지닌 것 같았기 때문이다. 왜냐하면 우선 그 원문은 봉건귀족과 자본가계급 사이에 **계급투쟁이 없었**다는 것을 보여주기 때문이다. 신세계에서 오는 귀금속의 유입 때문에 만성적인 인플레이션이 나타났다. 그리고 이 인플레이션의 결과로 영주들은 더 가난해졌다. 왜냐하면 농민폭동을 불러일으키는 위험을 무릅쓰지 않는 한, 지대를 인플레 증가율에 맞춰 인상하는 것은 어려웠기 때문이다. 따라서 봉건영주들은 살림 규모를 줄이고 시종들을 해고할 수밖에 없었다. 그와 동시에 귀금속의 유입은 공장의 설립을 자극하는 자본을 가져다주었다. 그래서 그 당시 '상황'이 이제 막 태어나는 자본가계급을 도와주었고, 동시에 그 상황이 봉건귀족계급을 불리하게 만들었다. 그러나 이 경우 한 계급의 지위상승과 또 다른 계급의 지위몰락이, 이 두 번째 계급이 열세에 처하게 될 **계급투쟁**의 산물은 아니다.

---

12) K. Marx, *Misère de la philosophie*, *op. cit.*, p.102.

또 한편으로, 부르주아계급의 상승과 봉건귀족의 몰락은 결코 내생적 필연성에서 나온 것이 아니다. 오히려 서로 대립되는 이 운동들은 상황들의 결합과 귀금속의 유입에 따라 시작된 연속적 효과 전체의 산물이다. 게다가 인플레이션은 마르크스가 물론 잘 알고 있는 또 다른 고전적 효과를 가지고 있다. 즉 영주들이 해야만 했던 해고에 의해 더 늘어난 풍부한 노동력이 노동시장에서 사용 가능해질수록, 낮은 임금은 인플레이션보다 느린 속도로 인상되었다. 그러나 마르크스 자신이 이미 잘 느끼고 있듯이, 이 효과만으로는 초기 자본축적단계에서 계급 간의 내적 투쟁의 존재를 증명하기에 충분하지 않다.[13]

많은 결론이 특히 케인즈에 의해 확인되었고 항상 타당한 것으로 여겨지기 때문에 마르크스가 훌륭한 경제사가임을 보여주는 102쪽의 문구는, 우리가 '투쟁'이라는 단어의 수사적 의미를 받아들일 때에야 비로소 89쪽의 교리적 문구와 조화될 수 있을 것이다. 102쪽의 구절을 보면 계급투쟁은 생태학영역에서는 잘 알려져 있는 '계승'적 과정의 형태를 띤다.[14] 이것은 환경의 변화가 어떤 종(espèce)의 발전을 돕고 또 다른 종의 발전을 불리하게 만들 때, 우리는 '생태학적 연속' 과정을 갖게 된다. 물론 우리는 이러한 경우에 두 가지 종 사이의 '투쟁'을 말할 수 있다. 그러나 그것은 은유에 불과하다. 왜냐하면 두 종 사이에는 투쟁도 경쟁도 없으며, 단지 외부적 요인에 따라 만들어진 서로 대조적인 표시의 결과만이 있을 뿐이기 때문이다.

---

13) D. Legros, "Chance, Necessity, and Mode Production: A Marxist Critique of Cutural Evolutionism," *American Anthropologist*, LXXIX, 1977, pp.26~41.
14) G. Hardin, "The Cybernetics of Competition: A Biologist's View of Society," in P. Shepard and D. McKinley, *The Subversive Science. Essays Toward An Ecology of Man*, Boston, Houghton Mifflin, 1969, pp.275~296.

요약하면 수사적 표현과 궤변만이 『철학의 빈곤』의 세 구절 사이에 통일성을 창조할 수 있다. 첫 번째 구절에서 마르크스는 영국 정치경제학의 성실한 학도로서, 여러 집단을 의인화시키지 않고 그것들이 개인으로 구성되어 있다는 사실을 이해하는 것이 중요하다는 점을 상기시킨다. 두 번째 구절에서 훌륭한 역사가로서의 마르크스는 이 원칙을 적용하고, 부르주아계급의 등장과 봉건계급의 몰락은 '상황의 만남'이 변하게 만드는 조건 속에서 개인행동의 집합의 결과로서 생기는 발현적 효과임을 보여준다. 세 번째 구절에서 마르크스는 첫 번째 구절에서 공표되고 두 번째 구절에서 사용된 원칙들에 반대하면서, 역사는 두 계급 사이에서 벌어지는 적대감과 '투쟁'의 결과라고 주장한다.

궤변에 호소하는 것은 마르크스에게는 예외적인 일이 아니다. 그것은 마르크스주의 교리의 또 다른 핵심 개념에도 나타난다. 착취 · 영여가치 · 잉여노동 등의 개념 정의가 그러하다. 이 개념들은 자본주의 사회의 두 계급, 즉 부르주아계급과 프롤레타리아계급 사이의 관계를 마르크스로 하여금 적대적 관계로 보게 했다. 따라서 그로 하여금 두 계급의 존재를 단숨에 확인하게 만들었는데, 그것은 계급을 대립시키는 19세기의 자본주의 사회에서는 별로 의심의 여지가 없는 것이었다. 이 투쟁은 상황에 따라 어느 정도 가시적일 수 있다. 그러나 그것을 직접 관찰할 수 없고, 그것이 대결로 표현되지 않을 때라도 투쟁은 **존재한다**. 왜냐하면 투쟁은 착취와 잉여가치의 개념에서 정의된 자본주의적 생산관계로부터 나오는 적대감 중에 없어서는 안 될 부분이기 때문이다.

여기서 다루지는 않겠지만, 학술적 토론을 불러온 잉여가치론은 봉건계급과 부르주아계급 사이의 적대감에 대한 논증이 그러하듯이, 사실 **수사학적** 성격을 띤 논지에 기반을 두고 있다. 그것을 아래에서 밝혀보는 것은 흥미로운 일이다.

몇 가지 명백한 증거를 진술하는 것으로 시작해보기로 하자. 애덤 스미스 이후 그 현상에 관해 마르크스가 많은 글을 쓴 분업이라는 개념 자체는 기본적인 역할 전체의 분화와 조정을 전제로 한다. 따라서 대량 생산된 생산물의 생산비용은, 마르크스가 원료의 변형행위로 정의한 노동비용에 의존할 뿐만 아니라 **노동의 조직비용**에도 의존한다. 후자의 비용이 공짜가 아닌 명백한 이유는, 노동의 조직이 작업반장의 월급을 포함하고 있기 때문이다. 이 비용은 보상될 뿐만 아니라 법이 허용하는 생산성에서 오는 이득을 넘어서 보상된다. 또 한편으로, 특정 회사는 고객의 주문에 관한 정보를 얻어야 하고 계산서를 지불해야 한다. 따라서 제품의 상품화 역시 비용을 요구한다.

마르크스는 물론 이 자명한 사실들을 알고 있었고 그것을 여러 번 되풀이해서 분명히 이야기했다. 그러나 그는 '잉여가치론'에서 이 구분을 지우고 기업의 비용을 한 가지 요소로 환원시키면서, 파레토가 흔히 강조하는 고전적인 수사학적 구분을 사용한다. 그 구분에 따르면, 사람들은 그들이 지지하는 정치가 가져다줄지도 모르는 위험 때문에 당황할 때, **진정한 자유**를 형식적 자유와 대립시킨다는 것이다. 또 사람들이 논박의 여지가 있는 행동을 정당화하기를 원할 때, 그들은 형식적 미덕에 **진정한 미덕**을 대립시킨다는 것이다.

그가 **노동** 개념을 정의할 때 암묵적으로 사용한 것도 이러한 종류의 방법이었다. (진정한) 노동은 원료의 변형에 기여하는 노동이다. 거기에서 어떤 제품의 가치는 **노동자들**의 노동가치라는 결론이 나온다. 왜냐하면 그들만이 원료에 작용하기 때문이다. 따라서 우리는 노동의 조직비용과 제품의 상업화비용을 무시할 수 있다. 보유한 정보를 관리하는 피고용인의 노동이나, 이 정보의 경영을 조정하는 간부의 노동은 **피상적 노동**의 범주에 속한다. 잉여가치는 (비록 마르크스가 그것을 이런 형태로 명백히 정의하지는 않았지만) 진정한 노동의 '가치'와 피상적 노동의 '가치' 사이의 차액 외에 결국 다른 것이 아니다.

피상적 노동과 진정한 노동 사이의 구분은 물론 궤변이다. 그러나 파레토가 말했듯이 궤변은 그것이 **감정**을 확인시켜줄 때 **효과**가 있다. 여기서의 경우가 그러하다. 물론 노동이 자연과 원료에 대한 인간의 투쟁이라는 형이상학적·종교적 표상은, 피상적 노동과 **진정한** 노동 사이의 수사학적 구분에 신뢰성을 부여하는 감정과 무관하지 않다.

마르크스가 법률의 역사를 분석하면서 **이념**의 부차적 성격과 생산관계의 우선적 성격을 '증명한' 것은, 은연중에 동일한 종류의 수사학적 구분에 의존한 것이다. 즉 **진정한** 법률은 생산관계가 노동자들에게 노동력을 팔 수 있도록 요구하는 순간부터 나타난다. 결과적으로 법률(즉 **진정한 법률**)은 자본주의적 생산체계의 필연성에 응답하는 정신적 구성물이다.

내가 마르크스의 사례를 상세히 논의한 이유는 그의 명제들과 '논증' 방법들이 현대 사회과학 안에 여전히 살아 있을 뿐만 아니라, 갈등이론가들에게 계속해서 영감을 불어넣어주고 있기 때문이다. 여기서 내가 말하는 갈등이론가들이란 집단 사이의 갈등, 특히 계급갈등이 사회변동(또는 경우에 따라서는, 사회의 변화 없음)의 주된 원동력이라는 것을 기어코 주장하는 사람들을 가리킨다.

내가 마르크스의 사례를 들어 이 문제를 제기하는 학문적 이유는 두 가지이다. 첫째, 네오마르크스주의자들이 특별히 변형시켜 사용하는 명제와 분석방법의 발명자가 마르크스 자신이기 때문이다. 둘째, 마르크스의 이론적 문제제기 자체가 아주 모호하기 때문이다. 즉 마르크스의 경제학에 대한 정통함과 그의 방대한 역사 지식은 그 자신이 제시하는 역사적 또는 경제학적 분석들이, 끊임없이 그가 거기에서 끌어내려고 시도하는 교리적 틀을 넘어서게 만들었다. 거기에서『철학의 빈곤』과 같은 문헌에 모순(이 용어의 엄격한 논리적 의미에서)이 나타나는 것이라는 사실을 나는 이미 보여주려고 시도했다. 그런데 비록 계급투쟁의 교리가 그 책의 다른 부분에서 나타나는 역사학적 분석들과 잘 조화되지는 않지만, 이 교리는 어느 정도 결정적인 형태로 이 문헌에 나타나 있다.

현대 네오마르크스주의자들은 마르크스에게서, 계급들은 필연적으로 적대적이며, 비록 계급투쟁이 눈에는 보이지 않을지라도 사회계급이라는 개념 자체가 계급의 영구적 투쟁의 존재를 가정한다는 생각을 배웠다. 따라서 모든 종류의 사회분화와 모든 형태의 불평등은 계급투쟁의 표현이요 확증으로 해석될 수 있다. 마르크스 자신에게서도 '계급 적대감'은 그의 가치이론과 착취이론에서 논증을 위한 노력의 대상이었다. 현대 네오마르크스주의자들에게 계급 적대감은 흔히 우리가 증명하기 위한 걱정을 할 필요가 없는 첫 번째 진리처럼 제시된다. 그 이유는 아마도 이 진리를 뒷받침하는 이론, 즉 노동가치론과 착취론이 분업의 복잡성이 증가함에 따라 점점 더 타당성이 없는 것으로 드러났기 때문일 것이다. 앞으로는 결국 정보 수집과 처리 비용 같은 노동의 조직비용이 거의 들지 않는 것으로 계산하기는 더욱 어려워질 것이다. 우리가 고전적 마르크스 이론을 현대 경제세계에 적응시키려는 노력을 관찰하는 것은 바로 이러한 이유 때문이다.

어떤 학자[15]는 정통적 형태의 잉여가치론에 충실하면서, 피고용자들을 부르주아계급의 열등한 부분인 프티부르주아계급으로 간주한다. 그들이 부르주아계급이나 프티부르주아계급인 이유는 그들의 봉급이 잉여가치에서 징수되기 때문이다. 그러나 그들이 또한 프티부르주아인 이유는 그들의 봉급이 빈약하기 때문이다. 이러한 주장이 분명히 가정하는 바는, 계급이론은 그 자체로 충분하기는커녕 계층이론에 의해 보완

---

15) C. Baudelot, R. Establet et J. Malemort, *La petite bourgeoisie en France*, Paris, Maspero, 1975.

되어야 한다는 것이다.

또 다른 학자들은 한 걸음 더 나아가서 상업화와 조직화의 비용이 제품의 가치에 포함되는 것을 인정한다.[16] 이 경우 우리는 피고용인과 노동자를 노동계급에 포함시킬 수 있다. 그리고 계급을 구분하는 기준은 권위(간부/'부하')의 기준이다. 여기에서 계급이론은 계층이론 속에서 완벽히 용해된다.

마르크스 이론에 대한 이러한 정리는 학문적으로 흥미로운 일이다. 그러한 주장은, 가치이론과 그것을 뒷받침하는 피상적 노동과 **진정한** 노동 사이의 구분은 이제부터 현대 경제체계와 양립하기 어려운 것으로 지각된다는 사실을 보여준다. 그러나 만약 피상적 노동과 **진정한** 노동 사이의 구분이 폐기되면 가치이론도 붕괴되는 것이고 동시에 잉여가치를 결정할 가능성과 착취 개념 자체도 붕괴되는 것이다. 따라서 계급간의 적대감은 더 이상 증명된 것이 아니다. 계급들은 더 이상 **필연적**인 투쟁상태에 있지 않다. 그리고 그러한 계급들의 구조적 적대감에서 나올지도 모르는, 눈에 보이지 않는 계급투쟁을 상기시키는 것은 더 이상 가능하지 않다.

바로 그러한 이유 때문에 특정 부류의 네오마르크스주의자들은 계급투쟁을 경제영역에서 문화영역으로 옮기려는 시도를 하고 있는 것이다.[17] 그러나 최소한 지금까지 우리는 이들의 분석에서 계급 적대감의 '기반을 제공하는' 가치이론과 대등한 것을 발견하지 못했다. 물론 산업사회에서 개인들 모두가 문화에 똑같이 접근할 수 있는 것은 아니다. 분명히 그들 사이에는 모든 종류의 차이와 불평등이 존재한다. 베버는

---

16) M. Verret, "Pour une définition distinctive de la classe ouvrière," *L'Année Sociologique*, 31, 1981, pp.49~68.

17) J. Karabel and A.H. Halsey(red.), *Power and Ideology in Education*, New York, Oxford University Press, 1977.

고전적 문헌들에서 개인들이 각기 다른 **계급**에 속하고 서로 **지위**가 다르며, 또 모든 사람이 똑같은 **권력**을 소유하고 있는 것은 아니라는 사실을 지적했다. 이 분명한 사실들은 현대사회와 수많은 '전통'사회에 적용된다.

그러나 베버에 따르면, 계급의 존재가 영구적 갈등이나 '구조적' 갈등의 존재를 가정하지는 않는다. 물론 사람들은 비록 그것이 나타나지 않을 때라도 존재한다고 추측할 수 있다. 그러한 추측이 근거가 있기 위해서는 가치이론처럼 원칙적인 적대감의 존재를 가정하는 이론이 필수적이라는 사실이라는 사실을 다시 주목할 필요가 있다. 그렇지 않다면, 계급투쟁은 우리가 그것을 실질적으로 경험했다는 것을 증명할 수 있을 때에만 존재한다.

내가 보기에 최근의 사회과학의 발전은 마르크스에게 반대하며 베버가 옳다고 인정하는 추세이다. 앞으로는 '근본적' 적대감을 강조하는 계급이론은 더 이상 신빙성을 얻지 못한다. 그러나 토크빌의 예언처럼, 평등이라는 인간의 '일반적이고도 지배적인 열정'은 어떠한 형태의 불평등이든 모든 불평등을 불균등한 힘을 지닌 적대적 집단 사이의 눈에 보이지 않는 갈등의 결과로 표현할 수 있는 결과를 가져온다.

왜냐하면 만약 우리가 눈에 보이는 갈등에만 충실하자면 그것들은 때때로 사회변동과정에 개입하기는 하지만, 어떤 방식으로도 사회변동의 근본적 메커니즘이나 사회구조를 영속시키는 근본적 메커니즘을 표상하지 않기 때문이다(사회구조가 실제로 변하지 않는 것으로 생각되는 경우). 마키아벨리적인 전통(파레토·모스카 등)이 잘 보았듯이, 갈등이 만성적이고 고질적인 것은 정치적 하위체계에서만 그러하다. 게다가 정치적 갈등이 반드시 계급갈등의 표현이나 사회갈등 자체의 표현인 것은 아니다. 예를 들어 그 갈등은 또한 서로 경쟁하는 엘리트 집단 사이의 갈등의 표현일 수도 있다.

단지 감정의 논리만이, 사회갈등이 사회변동의 기본적 원동력일 것이라는 원칙을 주장할 수 있다.

이념과 가치의 역할: 그것은 때때로 우리가 믿는 것보다 더 중요하다

사회학적 이성의 두 번째 이율배반은 하나의 명제와 하나의 반대명제를 담고 있다. 그 명제란 이념과 가치는 사회구조의 산물이라는 것이고, 그 반대명제란 사회적 가치들이 독립변수라는 것이다. 이 사회적 가치들은 사회체계 사이의 차이를 설명할 뿐만 아니라 사회변동과정과 재생산과정도 설명한다. 비록 이 명제와 반대명제가 위와 같이 거친 상태로 표현되는 경우는 드물지만, 그 명제들은 많은 현대 사회학 저작들 속에 암묵적으로 들어가 있다. 아주 흔히, 어떤 사회학 서적이나 정치학 서적의 성공은 직접적으로나 간접적으로 그 책이 앞의 명제나 반대명제를 지지하는 것으로 인식되기 때문이다.

매클랜드의 『성숙한 사회』가 미국에서 상당수의 독자를 확보한 것은 그의 특정한 분석에서 드러나는 '일반적'인 생각과 관계가 없지 않다. 즉 사회적 가치가 사회적 침체의 원인일 뿐만 아니라 사회의 '역동성'과 진보의 원인이기도 하다는 것이다.[18] 내가 이미 말했듯이, 베버의 『프로테스탄티즘의 윤리와 자본주의 정신』이 큰 인기를 누려왔던 것도 어쩌면 같은 이유들로 설명될 수 있을 것이다. 미셸 푸코의 『말과 사물』(Les mots et les choses)[19]이 한때 성공을 거둔 것도 위와 같은 이유에서이다. 이 책에서 서양 역사는 그 자체로서 설명될 수 없는, '에피스템'(épistème)*의 계속적 동요에 따라 지배되는 것으로 표현된다. 그

---

18) D.C. McClelland, *The Achieving Society*, Princeton, D. Van Nostrand Co., 1961 ; New York, The Free Press, 1967.

19) M. Foucault, *Les mots et les choses*, Paris, Gallimard, 1966.

러한 주장은 다양한 유형의 네오마르크스주의나 특정 유형의 '기능주의' 속에 항상 존재해왔다.

이 두 번째 '이율배반'에 의해 제기된 질문 역시 일반적인 답을 얻을 수는 없다. 바로 그러한 이유 때문에, 논쟁이 결론을 향해 한 발짝도 진전되지 않은 채 지속되고 있는 것이다. 사회변동의 분석은 그것이 시간과 공간이 잘 정의된 부분적 과정에 관한 것일 때에만—즉 합리적 토론의 포퍼식 기준에 부합할 때에만—과학적일 수 있다. 따라서 이 과정들 중 어떤 것은 이념과 가치, 또는 대개 일반적인 용어로 정신적 요인들의 독자성을 가정했을 때 설득력 있게 분석될 수 있다. 반면에 다른 과정은 이 정신적 요인들이 타율적인 것, 또는 통계적 용어를 쓰면 종속변수로 생각되어야 한다는 것을 가정한다. 계량경제학에서는 이 두 번째 경우에 내생적 변수, 그리고 첫 번째 경우에는 외생적 변수라는 표현을 여전히 쓰고 있다.

앞 장에서 우리가 언급한 엡스타인의 연구는 두 번째 유형에 속한다. 왜냐하면 거기에서는 가치와 이념이 종속변수로 다루어지기 때문이다. 그의 분석 도식을 다시 상기해보자. 관개시설은 행위자들의 유형에 따라 그 성격이 변하는 새로운 기회들을 창조했다. 그 기회는 농민과 최하층민에게 같은 것이 아니었다. 또 그것은 두 마을의 지주들에게도 서로 달랐다. 엡스타인은 행위자들이 그것을 행할 능력이 있을 때에만 이 기회를 포착하며, 그들의 주된 목적은 생활조건을 개선하는 것이라고 가정한다. 이 경우 그의 해석은 유물론적이고(구조가 행동을 설명한다) 동시에 공리주의적이다(행위자들은 이해관계에 따라 움직인다).

물론 엡스타인은 가치 수준에서의 사회변동도 관찰했다. 이 경우 달

---

* 푸코가 그의 말과 사물에 사용한 철학용어로, 실천적 지식(프로네시스)과 상대적 의미에서의 이론적 지식, 또는 감성에 바탕을 둔 억견(臆見)과 상대되는 참지식을 말한다.

레나의 농민들은 그 이후부터 근대적 상징들에 가치를 부여한 반면, 왕 갈라의 농민들은 전통적 상징인 위세와 사회적 지위에 만족했다. 그러 나 이 가치의 변동은 달레나의 주변 환경에 대한 개방성과 관개시설의 도입에 따른 사회구조의 해체라는, 쉽게 이해될 수 있는 결과들로 해석 되었다. 마찬가지로 왕갈라에서 전통적 상징의 강화는, 관개시설이 농 민계급 내의 위계질서를 강화하고 농민과 최하층민 사이의 보호주의적 연대관계를 강화시켰을 뿐만 아니라 그 마을을 주변 환경으로부터 분 리시키는 효과를 가져왔다. 달레나에서 가치의 변화는 왕갈라에서 전 통적 가치의 지속과 마찬가지로, 파생적이고 부차적인 것으로 생각될 수 있다.

물론 가치가 독립변수로 다루어져야만 하는 경우도 존재한다.

이 점에 관해서는 엡스타인의 연구를 19세기 일본 농업에 관한 도어 (Dore)의 연구와 비교하는 것이 흥미 있을 것이다.[20] 도어는 자신의 매 력적인 논문에서 어떻게 해서 명백히 고지식한 전통적 농업 관행이, 19 세기 후반까지 아주 침체된 상태로 남아 있던 농업의 근대화과정을 시 작하는 데에 결정적인 역할을 했는가를 보여준다. 특히 그의 분석은, 이 경우에는 이데올로기적 변수나 가치적 변수에 결정적인 역할을 부여해야 하며, 그 변수들을 독립변수들로서 다루어야 하고, 여기서도 이데올로 기의 영향력은 행위자들의 상황을 토대로 이해되어야 한다는 것을 증 명해 보인다.

문제시되고 있는 농사 관행은 지주들에게 이중의 부담을 안겨주었 다. 즉 수확이 나쁜 해에는 지대를 낮추고, 수확이 좋은 해에는 지대를 인상하지 않은 것이 그것이다. 이 관행이 담당했던 것으로 여겨진 기폭

---

20) R.P. Dore, *Land Reform in Japan*, London, Oxford University Press, 1959.

제 역할은, 그것이 서로 모순된 자극체계를 낳았다는 사실에서 비롯된다. 사실 지주는 생산성 증대를 시도할 충분한 이유들을 가지고 있었다. 왜냐하면 생산성 증대 덕분에 지주는 수확이 나쁜 해에 지대를 낮추지 않아도 될 수 있었기 때문이다. 그러나 그는 또한 기술혁신을 하지 않아도 될 충분한 이유가 있었다. 왜냐하면 소작인들은 수확이 좋은 해에 지대가 오르지 않는다는 사실에 익숙해져 있었기 때문이다. 즉 이들은 수확량의 증대가 좋은 날씨 덕분이 아니라 생산성의 증가 덕분이라는 핑계로 지대가 인상되는 것을 어렵게 받아들였기 때문이다.

게다가 다른 요소들은 일본인 지주가 처한 상황의 모호함을 유지하고 강화시켰다. 19세기 말 정부는 관개시설을 발전시키기 위한 정부 보조금을 제안하는, 잘 조화된 선전 캠페인을 펼쳤다. 그러나 정부의 도움을 받기를 원하는 사람은 누구나 토지대장의 자료 공개를 받아들여야만 했다.

그런데 메이지 시대에 토지대장이 설립되었을 때, 지주들은 종종 뇌물을 써서 공무원들이 그 토지의 가치를 과소평가하도록 '설득했다'. 따라서 토지대장의 변경은 지주에게 재정적 이득을 가져다주었다. 반면 그것은 지주를 위험한 함정에 빠뜨렸다. 사실 지대는 토지대장에 등록된 면적을 기초로 정해진 것이기 때문에, 자기 땅이 재평가될 수도 있었던 지주는 소작인들의 항의를 받는 위험을 무릅쓰지 않고서는 지대를 인상하려는 시도를 할 수가 없었다. 그러나 또 한편으로, 그는 지대를 올리지 않으면 동료들의 항의를 받게 되어 있었다.

관습과 행정당국의 제안에 의해 만들어진 상황의 모호함은 이번에는 앞의 경우에 아주 적합했던, 고전적 공리주의 모델의 적용을 금하게 했다. 지주는 각기 다른 행동방향의 장단점을 비교하면서 결정을 내릴 수 없었으며, 그의 이익의 정의도 즉각적으로는 분명하지가 않았다. 바로 이것이 도어가, 사람들이 궁극적으로 채택한 태도에서 결정적 역할을 한 것은 이데올로기인 것 같다고 주장한 이유이다.

사실 적어도 초반에 농업의 근대화는 중농주의 이데올로기를 접한 사람들에 의해 특별히 이루어졌다. 그런데 이 이데올로기는 네덜란드 사람들이 일본 사회의 특정한 모임에 성공적으로 침투시킨 것이었다. 여기에 다음 사실이 추가되었다. 즉 중농주의 이데올로기의 영향력은 그것을 강화하게 된 경제정세적이거나 상황적 요인의 영향력과 결합되었던 것이다. 도시 근처에 사는 소작인들은 기동력이 더 컸다. 왜냐하면 그들은 시골에 사는 사람들보다 더 다양한 직업을 얻을 가능성을 가지고 있었기 때문이다. 따라서 지주는 기술혁신을 채택하도록 더 큰 자극을 받았다. 왜냐하면 그는 소작인들이 떠나가는 것을 이용해 지대를 다시 조정하고, 그렇게 함으로써 기술혁신이 생산에 가져다줄 효과의 최대이익을 끌어낼 수 있었기 때문이다.

사회변동과정의 초반에 기술혁신을 추진한 사람들이 주로 지주들이었던 것은 바로 위와 같은 이유에서였다. 이들 지주는 한편으로는 도시 중심 가까운 곳에 정착했고, 또 한편으로는 중농주의 분위기에서 교육을 받고 자랐다. 그다음에는 방산(放散, irradiation)효과가 나타났다. 기술혁신자들의 행동은 모방되었던 것이다. 특히 그들은 전통주의자들을 어려운 처지에 놓이게 만들었다. 즉 개혁가들이 전통주의자들보다 덜 비싼 비용으로 생산하게 되자, 개혁가들은 전통주의자들을 간접적으로 자극함으로써 그들의 전통적 관행을 수정하게 만들었다.

그러나 여기에서 우리가 우선 강조해야 할 점은 크게 두 가지이다. 하나는 이 경우 이데올로기적 요인의 영향력이 무시될 수 없다는 사실이고, 또 하나는 이데올로기적 요인의 영향력은 행위자들이 처했던 상황구조의 결과라는 사실이다. 물론 이러한 상황구조가 그들이 동의했던 믿음의 내용을 결정하지는 않았다. 그러나 그 상황은 그들로 하여금 이데올로기적 명분을 동원하게 했는데, 특히 그것이 행위자에게 자명하지는 않지만 전부였을 경우, 그들로 하여금 좋은 해결책을 결정하는 것을 허용했다. 위의 이유 때문에 유럽 계몽철학의 영향을 받은 사람들은 전통과 지역 관행을 숭상하는 분위기에서 교육받은 사람들보다, 비슷한 상황에서, 기술혁신에 의해 더 큰 유혹을 받았던 것이다.

여기에서 부수적으로 이 분석에 관해 한 가지 중요한 논평을 할 필요가 있다. 우리는 이러한 논평을 제3장에서 헤이건이 제시한 콜롬비아의 발전이론에서 이미 소개했다. 헤이건이 제시한 사례 연구와 마찬가지로, 여기에서도 분석이 중간단계의 기간에 걸쳐 있는 것을 주목해야 한다.

사회변동과정에 관한 도어의 연구를 처음부터 검토해보면, 우선 우리는—그가 분석한 이유 때문에—개혁농가가 형성되는 순간부터 이 농가들이 누적적으로 이끌려가는 현상을 만든다는 사실을 관찰한다. A에 의해 쌀이 싼값으로 생산될 때, 이 사실은 B라는 다른 농부가 고려하지 않을 수밖에 없는 외적인 효과를 낳는다는 것은 자명한 사실이다. 이 연속적 효과들은 분명히 장기간에 걸쳐서 발전되고 사회구조를 변형시킨다는 것을 도어는 명석하게 분석했다. 여기서 나는 지면의 제한 때문에 그의 논리를 더 상세히 다룰 수 없다. 이 변형효과들 가운데 하나는 보호주의적 관계의 침식이다(왜냐하면 근대화과정이 지주들로 하여금 그의 소작인들을 쫓아내도록 부추길 수 있기 때문이다). 그 밖에 계급 현상의 등장, 시골 안으로 정치적 동원의 침투, 도시에서 오는 정치적 소요에 대한 시골지역의 개방성 등이 그것들이다.

이 변화과정을 다시 소급해 올라가 정리해보자. t 시점에서 기술혁신의 등장이 특정 범주의 행위자들로 특징지어지는 상황구조로부터 생긴 집합적 효과로 분석된다면, 이 구조 자체는 훨씬 전의 시간적 상황에 주어진 요인들의 결과이다. 비록 여기에서는 편의상 그 분석의 어떤 요소들만 격리시킬 수밖에 없었지만, 도어의 분석은 일본의 경제발전을 장기간에 걸쳐 이루어진 점진적 과정으로 간주하며, 이 변화과정의 각 순간은 아주 광범위한 잠정적 시점에서 거시적 요인들을 찾아낼 때에만 이해될 수 있다. 여기서 다시 한 번 다음 사실을 주목하는 것이 중요하다. 즉 방법론적 개인주의라는 베버식의 패러다임은 중·단기간에 전개되는 과정의 분석에만 제한된 것이 아니라 장기간에도 또한 적용될 수 있는 사실이다.

이렇게 보면 이념, 가치 그리고 일반적으로 정신적 요인은 특정한 연구가 분석해야 할 상황구조에 의존한다. 어떠한 상황은 의사결정의 문제를 제기하는데, 이 문제는 행위자가 이데올로기적 신념을 지니고 있다고 가정할 때에만 쉽게 해결될 수 있다. 다른 상황(앞의 사례들에서 만난 상황)은 반대로 '합리적인' 또는 준합리적인 방식으로 다루어질 수 있다. 이 경우 행위자는 그가 취할 수 있는 행동지침들 전체를 쉽게 파악할 수 있는 동시에 그가 선호하는 행동지침을 결정할 수 있다.

여기에서 두 가지 유형의 사례를 비교하는 것은 선험적으로 그리고 **일반적으로** 행위에 대한 합리적 모델의 타당성을 논의하는 것이 얼마나 쓸모없는 일인가를 다시 한 번 증명해 보이는 것이다. 이 모델은 어떤 경우에는 타당하고, 또 다른 경우에는 타당하지 않다. 왜냐하면 비록 행위자가 자신이 처한 상황에 적응하려 한다는 가설이 보편적으로 타당하긴 하지만, 이 적응의 형태는 상황구조에 따라 다르기 때문이다. 일찍이 파레토는 이 사실을 주목했다. 즉 그가 '논리적' 행위(과학적 명제에 기반을 둔 합리적 선택을 하는 것)라고 일컬었던 것을 사용하여 다리를 건설할 수는 있다. 그러나 우리는 같은 방식으로 국회의원을 선출할 수는 없는 것이다.

상황구조와 '이념의 역할' 사이의 평범하지만 흔히 오해되고 있는 이러한 관계는 무척 중요하기 때문에, 더 깊이 논의될 필요가 있다. 더 정확히 말해서, 나는 허시먼[21]에게서 빌린 한 가지 사례에 기반을 두고 다음과 같은 사실을 강조하고 싶다. 복잡한 결정, 특히 집단결정과 같은 것을 고려할 때, 그러한 집단결정은 사람들이 **패러다임**이라고 부를 수 있는 어느 정도 일관성을 지닌 신념체계에 기반을 두고 행해질 수 있다. 왜냐하면 이 신념체계는 그 기능과 성격에서 쿤[22]이 말하는 패러다임과 비슷하기 때문이다.

특정 상황 속에서 채택될 패러다임의 성격은 어느 정도 결정되어 있다. 그러나 그것은 현실과 제기된 문제에 따라서 특히 **부정적인** 방식으로 결정된다. 따라서 어떠한 패러다임들은 문제에 답을 줄 수 없는 것처럼 보인다. 패러다임의 '선택'은 또 한편으로는 '사회적 요인들', 예를 들어 그 당시에 존재하는 어떤 범주의 행위자의 영향력과 요구에 의해 영향을 받는다. 그러나 그 내용이 비록 그 선택이 나타나는 체계구조와 행위자의 상황에 의해 **설명될** 수 있기는 하지만, 그 선택의 내용이 **연역될** 수는 없다. 따라서 우리는 선택에 어느 정도의 독자성을 부여해야만 한다. 바꾸어 말하면, 그것은 **종속변수**나 내생적 변수로 다루어질 수 없다.

정도의 차이는 있어도, 그 상황은 결과적으로 쿤이 과학사를 썼을 때의 상황과 비교될 수 있다. 이 경우 하나의 패러다임이란 과학공동체의 구성원들이 하는 연구의 방향을 제시하는 명제의 체계로, 어느 정도 일률적으로 배치된 집단적 **믿음**의 대상이 되는 것을 가리킨다. 현실에 의해 명백히 부정되고 어떠한 경쟁적 패러다임도 나타나지 않는 한, 그것은 거의 도전을 받지 않는다. 만약 실패가 늘어나고 현실과 패러다임에 기반을 둔 이론 사이의 모순을 해소시키는 것을 가능하게 하는 우발적 가설이 '자기가 변호하고 있는 것에 유리하도록' 특별히 만들어진 가설

---

21) A.O. Hirschman, *Journeys Toward Progress*, New York, The XXth Century Fund, 1963, chap.1.
22) T. Kuhn, *op. cit*.

이라는 인상을 줄 때, 어떤 사람들은 새로운 패러다임을 찾기 위한 시도를 할 것이다. 그리고 이 새로운 패러다임은 때가 되면 옛 패러다임을 대체할 기회를 얻게 될 것이다.

허시먼의 사례가 증명해주듯이, 제기된 문제가 관찰된 자료를 해석하는 것이 아니라 실용적인 목표를 달성하는 것일 때, 같은 유형의 변동과정이 관찰될 수 있다. 이 두 경우, 우리는 어느 정도 일관성을 지니고 분명히 구성된 집단적 믿음의 체계로부터 해결책이 정의되는 것을 관찰할 수 있는데, 그러한 집단적 신념은 어느 정도의 자율성을 가지고 있다. 만약 원한다면, 우리는 그 용어를 더 분명히 표현하기 위해서 '이데올로기적 패러다임'이라고 부를 수 있다.

허시먼의 연구는 19세기 말에서 제2차 세계대전 때까지 브라질 북동부 지역의 '문제'가 처리되었던 방식을 다룬다. 브라질 북동부 내륙지역인 세르탕(sertão)*은 독특한 우기를 가지고 있다. 즉 7개월(6월에서 12월까지) 정도의 확실한 건기 후에 불확실한 날씨가 이어지는데, 이 기간 중에는 강우량의 변동이 심해서 많은 비가 내리든가 아니면 비가 전혀 내리지 않을 수도 있다. 따라서 세르탕은 사막은 아니다. 오히려 그 지역에서는 농업과 목축이 발달했다.

그러나 이 농업활동은 건기가 가져다줄 수 있는 끊임없는 재난의 위협을 받고 있다. 건조한 날씨가 심한 해에, 농민들은 사웅프란시스쿠(São Francisco)와 파르나이바(Parnaiba)의 강가나 남부의 도시들 그리고 해안의 도시들로 이주한다. 그것은 우기가 다시 돌아와서 그들이 세르탕으로 다시 이주할 때를 기다리며 거기에서 잠정적 일자리와 도움을 받으려는 목적에서였다. 물론 북동부 지역의 경제적 상황은 정부

---

* 포르투갈어로 '오지' '수풀'이라는 뜻. 고산관목림으로 덮인 브라질 북동부의 건조한 내륙지역을 가리킨다.

에 하나의 정치적 문제를 가져다주었다.

처음 몇십 년 동안 사람들은 북동부 지역의 '문제' '해결'이 기술적 성격을 띤 것으로 생각했다. 문제는 물의 흐름을 통제하고, 댐과 저수지를 건설하며 우물을 파는 것이었다. 1877년에서 1879년 사이에 한발기간이 나타났는데, 이것은 예외적으로 비가 충분히 많이 왔던 오랜 기간 다음의 일이었다. 그 이전의 심한 한발은 사실 1845년에 있었다. 그래서 이 문제의 연구를 위한 황실위원회가 설립되었다. 위원회는 교통수단, 특히 여러 노선의 철도수송 개발을 건의하고, 20개의 크고 작은 댐의 건설을 권장했다. 공사는 시작되었지만, 그것이 가뭄문제를 해결하지는 못했다.

한편 1888년부터 1889년까지의 새로운 가뭄기간 동안에 정치적 부패의 문제가 나타났다. 댐을 쌓고 도로를 포장하는 장소는 주로 정치적 고려에 따라 선택된 것 같았으며, 그것은 특히 지역사회 정치 지도자들의 이익에 봉사하는 것 같았다. 물론 정치적 반대세력은 이 정치적 부패라는 주제를 문제 삼을 충분한 이해관계를 가지고 있었다. 그러나 부분적으로는 근거가 있고 부분적으로는 이해관계가 들어 있는 이 분석의 결과는, 댐 건설정책의 실패가 이 정책 자체 때문이 아니라 그 정책이 수행된 방식, 특히 그 정책의 수행이 정치 행위자들에게 너무나 큰 역할을 부여했기 때문이라는 것이다. 결과적으로 1909년에는 정부기관인 검사기관(L'Inspectoria)을 설치하기로 결정했는데, 이 기관은 건설부 산하기관으로 그것의 모든 주요한 부서는 과학자와 기술자들에게 맡겨졌다.

정부가 이처럼 기술자들과 과학자들에게 권위를 부여한 것은 여러 가지 이유가 수렴된 결과이다. 첫째, 과거의 실패 원인들에 대해 서서히 형성되어온 진단을 근거로, 정치적 부패에 기인한 탈선을 피하자는 것이었다. 둘째, 북동부 지역 문제의 해결책은 기술적 성격일 것이라는 사실을 확인하는 패러다임에 대한, 널리 확산된 의견의 합의가 존재했다. 셋째, 특히 브라질에서 프랑스 실증주의가 가져온 영향력 때문에, 이 나라의 고급기술자 양성을 위한 주요 대학들은 세상 사람들이 부러워하는 사회적 위세를 떨치고 있었다. 게다가 저수지를 건설하는 것이 더욱더 **자연스럽고 자명한** 해결책처럼 나타났던 이유는, 그곳의 지형이 그런 것을 요구했고 두 협로 사이에서는 종종 간헐천이 흐르고 있었기 때문이다. 이와 함께 또 다른 자명한 사실은 농민들이 습한 농지로 이동하고 건축자재와 생산물을 얻을 수 있도록 우물을 파고 교통수단을 발전시키는 것이었다.

물론 어떤 사람들은 가뭄과의 싸움보다는 집단이주가 북동부 지역의 문제에 더 적절한 해결책이라고 평가했다. 그러나 이 '해결책'은 정치적으로 성공할 가능성이 거의 없었다. 우선 그 해결책은 북동부 지역의 지역주의 반발에 부딪혔는데, 그것은 이 지역이 과거에 누렸던 정치적 중요성에서 생긴 것이었다. 게다가 검사기관은 항의자들의 뜻을 미리 알아 이를 충족시켰다. 왜냐하면 그 검사기관 역시 농민들이 댐에 접근할 수 있도록 교통수단을 발전시킬 것을 계획하고 있었기 때문이다. 그런데 사람들이 집단이주라는 해결책에 반대했던 또 다른 이유는, 농업과 목축이 오래전부터 세르탕 지역의 전통적인 활동이었기 때문이다. 그런데 그 지역에는 그곳의 기후에 적절한, 다시 말해 건조한 기후에 알맞은 식물의 재배가 발달되었다. 비록 비가 많이 오는 기후는 그러한 작물 재배에 어려운 상황을 만들 가능성이 있었지만, 곤충들이 없다는 또 다른 요인들이 농업과 목축 활동에 도움이 되었다.

쿤의 고전적 분석들이 보여주듯이, 여러 가지 요인 전체가 여기에서 하나의 **패러다임**(북동부 지역의 문제는 엄격히 말해서 **기술적 성격의 문제이다**)의 등장에 기여하게 되고, 그 패러다임을 중심으로 긍정적이면서도 동시에 부정적인 합의가 실현된다. 이 합의는 실패에도 불구하고 유지되었다. 왜냐하면 실패한 정책들은, 1877년 시행된 이 정책을 변질시킨 정치적 부패 탓으로 돌릴 수 있었기 때문이다. 그 변화과정은 쿤이 묘사한 과정과 비교할 만하다. 그의 용어를 빌리면 1877년에 시행된 댐 건설정책의 실패는 예외적인 현상이며, 이 비정상적 현상의 소멸은 부패의 결과라는 우발적 가설에 따라 이루어졌다고 말할 수 있다.

그러나 북동부 지역의 '문제'를 해결하기 위해 사용된 패러다임의 엄밀한 의미에서의 기술적(techniciste) 성격은 그 후 필연적인 어려움에 봉착했다. 그 어려움은 이러한 유형의 모든 프로그램 사용에 반대하는 운동들과 정치경제적으로 우발적인 사건들에 직면할 수밖에 없었다. 그것은 또한 내생적 차별을 경험했다. 엄밀한 의미에서 패러다임의 기술적 성격과, 고급기술자들과 과학자들의 사고습관은 결과적으로 기술적 처방의 사회적 중요성을 은폐하는 데 기여했다.

어느 정도 시간이 지나 이 기술적 처방들이 점점 더 눈에 띄게 되었을 때, 그 패러다임의 신뢰도는 영향을 받게 되었다. 1877년 이후의 정책과는 반대로, 사람들은 시행된 정책의 실수를 단순히 우연적인 일이나 그 정책의 실시를 부분적으로 혼란스럽게 하고 그것의 효율성을 떨어뜨린 모든 종류의 개입 탓이라고 비난하는 데 그치지 않았다. 사람들은 몇십 년 동안 북동부 지역의 문제에 적용되어온 기술주의적 시각이 옳은 것이었는지에 대해 의문을 던지기 시작했다. 패러다임 변화의 문제—쿤의 용어를 다시 사용하면 패러다임의 '전환'—가 침투하기 시작한 때부터, 그 패러다임은 기술주의적 해결방식에 항의하는 정치세력을 만나게 되었다. 한편 지식인들은 비록 산만한 방식이기는 하지만 최소한 처음에는 그들이 필요하다고 느꼈던 경쟁적인 패러다임을 모색하기 시작했다. 물론 새로운 패러다임이 과학자들과 고급기술자들에 의해서 개발된 것은 아니었다. 이들은 그들 정책의 사회적 영향력을 고려하는 것을 소홀히 했다. 따라서 새로운 패러다임은 아주 자연스럽게 전문적인 사회과학자들에 의해 개발되었다.

댐 건설정책이 가져온 어려운 문제점들은 우선 검사기관의 한 지국에 의해 해결되었는데, 이 지국의 역할은 주요한 저수지를 따라 세워진 발전소들의 활동을 조정하는 것이었다. 이 저수지들은 관개의 문제를 고려하지 않고 세워졌었다. 그 이유는 부분적으로 협곡에서의 댐 건설은 '자연스러운' 것으로 여겨질 수 있는 활동이었다는 점과, 그 건설은 어쨌든 정치적으로는 수지맞는 일이었다는 사실에서 기인한다. 그 건설은 '무엇인가 벌어지고 있다'는 것을 보여주는 것을 가능하게 했다.

따라서 그들은 시간을 들여 관개시설을 위한 체계를 작동시킬 방법을 고안하는 것보다 댐을 서둘러 건설해야 할 충분한 이유가 있었다. 게다가 이 충분한 이유들은 **정치적**일 뿐만 아니라 **경제적**이기도 했다. 왜냐하면 댐은 특정 유형의 물의 수요를 충족시킬 수 있었을 뿐만 아니라, 한발에 대비한 훌륭한 보호책 역할을 했기 때문이다. 사람들은 물론 관개시설로서의 수로를 필수적인 것으로 간주하는 데 동의했다. 그러나 사람들은 그것들을 나중에 건설하는 것이 더 현명한 일이라고 생각했다.

그러나 그러는 동안에 이제까지 추진되어왔던 정책의 **사회적** 영향력이 나타날 시간이 충분해졌다. 그것들은 1940년부터 사회 행위자들의 관심을 끌게 되었다. 나중에 채택된 토지분배정책에서 중요한 역할을 담당했던 경제학자 푸르타도(Furtado)는 이 사회적 영향력을 다음과 같이 요약하고 있다. 그중 핵심적인 것은 이 대규모 건설공사가 세르탕 지역의 주민들 대다수, 특히 더 가난한 사람들의 경작에 가장 적게 도움을 주었다는 사실이다.

국가가 관개사업에 책임을 지지 않았기 때문에 이 사업은 보통 저수지 근처에 경작지를 가진 대지주들에 의해 특히 조촐한 규모로 개발되었다. 그러나 이들은 사탕수수 경작지를 늘리기 위해 관개시설을 사용했으며, 그렇게 함으로써 설탕이나 조악한 에스파냐산 브랜디 판매에서 얻은 이윤을 증대시켰다. 반면 식용작물의 경작은 별로 늘어나지 않았다. 저수지는 가뭄기간 동안 가축을 기르는 데 특히 도움이 되었으며, 이러한 유용성은 대지주들에게 특히 컸다.

결국 원래 정책당국자들이 추구했던 것과는 정반대 결과들이 생겨났다. 즉 댐 건설정책은, 가뭄 때 부족한 상태에 있었던 식량을 위한 경작보다는 산업작물(면화·사탕수수)의 경작과 목축업에 더 큰 도움을 주었다. 게다가 대규모로 시행된 건설공사는 생계수단이 없는 농민들을 세르탕 지역에 잡아두는 결과를 가져왔는데, 그러지 않았다면 이 농민들은 분명히 다른 지역으로 이주했을 사람들이었다. 결과적으로 대지주들은 풍부하고 값싼 노동력을 소유할 수 있게 되었고, 목축이나 경작에 더 효과적인 방법을 찾는 데에는 별다른 자극을 받지 않게 되었다. 따라서 농업생산성은 아주 낮아지고, 스스로 유지되는 메커니즘에 따라 임금의 침체현상을 가져왔다.

따라서 댐 건설은 북동부 지역의 문제를 해결하지 못했다. 가뭄은 계속해서 북동부 지역 주민들을 사정없이 괴롭혔다. 게다가 댐 건설은 한편으로는 지주들 사이의, 다른 한편으로는 소지주, 농업노동자 그리고 소작인들 사이의 불평등을 심화시키는 데 기여했다.

내가 보기에, 허시먼의 분석은 첫 번째 기간에 실시된 정책을 집단적 이익의 표현으로 환원하는 것이 불가능하다는 사실을 우선적으로 보여준다. 이 정책은 명백히, 생활이 가장 여유 있는 사람들에게 도움이 되고 가장 어려운 사람들에게 불리하게 작용했다. 여기서 계급적 이해관계는 이 정책이 강요된 것임을 설명하는 데 거의 도움이 되지 않는다. 사실 이 정책의 불평등효과는 가뭄의 영향을 줄이려는 정치계급의 거의 일치된 의사의 의도하지 않았던 결과로 해석되어야만 한다. 한편 기술주의적 패러다임의 영향력과 그것의 사용방식들은 발현적 효과로 분석되어야만 한다. 즉 거시적 요인들 전체의 결합효과에 따라서, 다양한 범주의 행위자들은 북동부 지역 문제의 해결책이 기술적 성격의 것이라고 믿게 된 것이다.

더 일반적인 이론적 수준에서 이 분석이 보여주는 것은, 어떤 '문제'가 특정 수준의 복잡성에 도달했을 때 그 해결책은 어느 정도 암묵적인 '이론'이나 '패러다임'의 개발을 필요로 한다는 사실이다. 비록 이러한 이론적 구성물들이 현실적 요인을 고려하는 것은 사실이지만, 이 이론들은 또 한편으로는 사회적 변수와 상황적 요인(예를 들어 기술자들의 위세)의 영향을 받는다. 이것은 특정한 과학이론이 사회적 변수들이나 상황적 요인에 의해 영향을 받을 수 있는 것과 어느 정도 같은 방식이다.

일단 정립되기만 하면 이 실천적 '이론들'은 어떤 운명을 따르게 되는데, 그것 역시 과학이론들의 운명을 상기시켜준다. 즉 그들의 수명은 다양한 요인들에 의존한다. 그것들은 현실이 그들에게 부과하는 모순된 사실들을 흡수할 수 있는 그들의 자질, 대안적 '이론들'의 존재, 이 이론들의 타당성, 특정 범주의 행위자(예를 들어 두 번째 기간의 경제학자들)에게 행사할 수 있는 이 이론들의 매력 그리고 이 행위자들이 그들의 의견을 알리기 위해 보유하고 있는 자원들이다.

여기에서 나는 의견을 주장하지는 않고 단지 허시먼의 잠정적 시각에 독자들의 주의를 환기시키는 것으로 만족하려 한다. 왜냐하면 나는 이러한 유형의 논평을 제3장에서 소개한 헤이건의 이론과 제5장에서 소개한 도어의 이론에 대해 이미 보여주었기 때문이다. 위의 두 가지 다른 사례들처럼, 이러한 시각은 장기적인 안목에서 본 시각이다. 예를 들어 제2차 세계대전 이후 푸르타도가 끼친 영향력은, 우리가 이 과정의 전 단계들을 분명히 기억하고 허시먼이 한 것처럼 19세기 중반 시기까지 거슬러 올라가야만 이해될 수 있다.

결국 그의 분석은 파레토가 분명히 강조한 이념, 가치, 이해관계 그리고 계층적 요인들 사이의 상호 의존성을 보여주고, 이러한 범주의 변수들 중 어느 한 변수의 영향력을 고립시키는 것이 불가능하다는 점을 증명해 보인 것이다.

이념과 가치의 역할: 그것은 때때로 우리가 믿는 것보다 덜 중요하다

어떤 사회학적 전통은 마르크스주의 전통에서처럼 '이념'과 '가치'의 독자성을 과소평가하는 경향이 있다. 반면 우리는 사회과학자들에게서 사회적 가치 그리고 더 일반적으로는 정신적 요인에 첫 번째 동인의 지위를 부여하는 반대경향을 보게 된다.

장 배슐러(J. Baechler)[23]는 베버의 『프로테스탄티즘의 윤리와 자본주의 정신』에 흔히 주어지는 해석에 대해 이의를 제기했는데 이것은 정당한 것이다. 이러한 통상적 해석에 따르면 칼뱅주의자는 자신이 하나님에 의해 구원이 예정되어 있다는 것을 알기 위하여 내세의 구원의 표시를 이 땅에서 찾는다. 따라서 그는 모험적 사업을 시작해 성공하는 데 관심을 쏟는다. 따라서 사업을 하는 경우 소비 대신 투자를 함으로써 그것을 바라지 않았음에도 불구하고 자본주의의 발전에 기여했다는 것이다.

이러한 해석은 두 가지 이유 때문에 설득력을 얻지 못한다. 우선 이 해석은 칼뱅 기업가들이 처한 사회적 환경을 고스란히 지워버리고 있다. 여기에는 미시적 행동의 집합이 아니라, 미시적 가설의 거시적 수준에서의 단순한 교차(transposition)만 존재한다. 따라서 이러한 통속화된 방식으로 베버의 논지를 해석하면, 시니피앙(signifiant)과 시니피에(signifié)* 사이의 관계를 이해하기가 어려워진다. 왜 경제적·상업

---

23) J. Baechler, *Les origines du capitalisme*, Paris, Gallimard, 1971.

적 성공이 내세의 구원의 표시가 되어야 하는가? 더 만족스러운 해석은 개신교, 특히 칼뱅교가 사회적 행위자에게 부여하는 **자율성**을 주목하는 주장이다. 뒤르케임[24] 역시 개신교의 발전은 개인주의적 가치의 확산에 기여했으며, 이 가치는 확실히 기업정신을 장려했다고 주장했다. 그러나 이 두 번째 해석은 첫 번째 해석과 마찬가지로 한편으로는 새로운 가치의 등장, 또 한편으로는 그것들이 가져오는 것으로 생각되는 집합적 효과 사이의 직접적 연관관계를 주장하는 결함이 있다.

『프로테스탄티즘의 윤리와 자본주의 정신』에 대한 통속적 해석은 더 일반적인 현상에 대한 특정한 해설로 간주해야 한다. 많은 이론들이, 가치가 사회변동에 미치는 직접적 영향력에 관한 가설을 소개하고, 첫 번째 변수와 두 번째 변수 사이의 상관관계만으로 이 영향력을 증명해 보이기에 충분하다고 생각한다. 따라서 매클랜드의 경우 성취 욕구, 성공 욕구가 개인에 의해 강력히 가치부여를 받을 때, 사회는 기업정신이 왕성하고 역동적인 것처럼 보인다. 똑같은 생각이 파슨스의 특정 논문[25] 속에 나타나 있다. 미국 사회의 역동성은 **성취** 가치, 성공의 가치가 깊이 자리 잡고 있기 때문이라는 사실에 의해 설명된다. 마찬가지로 파슨스는

---

* 시니피앙과 시니피에는 스위스의 언어학자 소쉬르(F. de Saussure, 1857~1913)의 용어이다. 그는 언어(la language)는 일종의 사회제도로서 개인을 초월하여 존재한다고 보았는데, 이 언어는 사고의 표현이 아니라 기호의 체계라는 것이다. 이 체계 내에서 시니피앙은 청각적 영상의 의미가 있고 시니피에는 개념의 의미가 있는데 ,이 둘 사이의 관계는 필연적 관계가 아닌 변증법적 관계이다.

24) E. Durkheim, *Le suicide*, *op. cit.*

25) T. Parsons, "Nouvelle ébauche d'une théorie de la stratification," in *Eléments pour une sociologie de l'action*, Paris, Plon, 1955, pp.256~325("A Revised Analytical Approach to the Theory of Social Stratification," in *Essays in Sociological Theory*, New York, The Free Press, 1954, pp.386~439).

미국 사회와 유럽 사회, 특히 독일 사회와의 특정한 차이를 가치의 차이로 설명하려고 시도한다.

한편, 네오마르크스주의 사회학자들도 마르크스주의 교본에 알맞게, 가치에 대한 **내생적** 개념으로 설명한다. 즉 그들에게 가치는 사회구조의 산물이다. 이 명제들을 받아들이면서도, 그들은 또 한편으로 사회변동과정이나 '사회구조'의 영속화과정 속에서 **가치가** 중요하고도 직접적 역할을 한다는 사실을 별다른 어려움 없이 인정한다. 즉 사회구조는 계급의 '하위문화'를 낳고, 이 하위문화가 사회계급의 재생산을 설명하는 것이다.[26] 몇 년 전 정치발전이론가들도 비슷한 분석을 제안했는데, 그들은 예를 들어 민주주의 체제의 등장과 강화는 특정한 개인주의적 가치의 등장과 강화에 밀접하게 의존한다는 사실을 주장했다.[27] 마찬가지로 어떤 경제발전이론가들은 암묵적으로 베버 논지의 통속화된 해석을 다시 받아들이면서, 경제발전은 '사회화' 과정 속에서 개인들에게 가르쳐진 가치의 성격에 밀접하게 의존한다고 주장했다.[28]

일반적으로 사회화라는 주제는 사회과학에서 상당히 중요해졌기 때문에, 때때로 독자적인 연구영역으로 간주되기까지 한다.[29] 물론 이 자율화는 부분적으로 사회과학이 처해 있는 분업의 산물이다. 그러나 그것이 가능했던 이유는 그것이 하나의 암묵적인 이론에 기반을 두고 있기 때문이다. 즉 개인들이 내면화한 **가치와** '정치발전' '경제발전' '사

---

26) 그렇다고 이 가설을 네오마르크스주의자들만 지지하는 것은 아니다.
27) G. Almond and S. Verba, *The Civic Culture*, Princeton, Princeton University Press, 1963.
28) 예를 들어 헤이건의 경우가 그러하다. E. Hagen, *On the Theory of Social Change*, op. cit.
29) A. Percheron, "Les études américaines sur les phénomènes de socialisation politique dans l'impasse?," *L'Année sociologique*, 31, 1981, pp. 69~96.

회적 재생산' 등과 같은 특정한 거시적 현상들 사이에 직접적 관계를 정립하는 것이 가능하다는 것이다. 비록 이 이론이 암묵적이기는 하지만 일반적으로 통용될 수 있었던 까닭은, 그 이론이 다양한 사고의 학파들과 타협할 수 있었기 때문이다.

뒤르케임이 정당하게 강조했듯이, 분업은 **무규범적**일 수도 있다. 위에서 언급한 사례가 바로 그러한 것 같다. 사회화의 과정에 자율성을 부여하면서 사람들은 그것의 중요성을 과장하게 되고, 특히 우리가 설명하려는 거시적 현상을 모호하게 만든다. 나는 그것을 헤이건의 이론을 사례로 들어 보여주려고 시도했다.

만약 그것을 가치뿐만 아니라 상황적 요인에 의해서도 분명히 인도된 개인행동들의 집합적 결과로 생각한다면, 바꾸어 말해서 **가치**는 결코 헤이건이 그것에 부여하려 했던 우월한 역할을 하지 않는다는 것을 잘 파악한다면, 20세기 초반 콜롬비아의 발전은 더 잘 이해될 수 있을 것이다.

트레버-로퍼(Trevor-Roper)[30]의 논문이 학문적으로 상당히 중요한 이유는, 그것이 베버의 『프로테스탄티즘의 윤리와 자본주의 정신』에 준하는, 더 정확히 말해서 이 논지의 통속적 해석을 바로잡았다는 사실에 기인한다. 이 논의를 잠시 언급해보는 것은 학문적으로 흥미로운 일이다. 왜냐하면 베버의 이 책은 사회변동의 기원에서 가치의 우월성을 주장하는 사람들에게는 으뜸가는 참고문헌이기 때문이다.

트레버-로퍼의 논증은 우선 베버가 보지 못했던 일련의 사실들을 확인하는 데 기반을 두고 있다. 즉 16세기의 기업가들 대부분이 칼뱅주의

---

30) H.R. Trevor-Roper, *De la Réforme aux Lumière*, Paris, Gallimard, 1972(H.R. Trevor-Roper, *Religion, The Reformation and Social Change and Other Essays*, London, Macmillan, 1967).

자였던 것은 사실이다. 그러나 스코틀랜드·네덜란드·제네바·팔라티나트(Palatinat)라는 진정한 의미의 네 개의 칼뱅 사회 가운데 그 어느 것도 자신들 고유의 기업가를 갖지는 못했다. 또 한편으로, 칼뱅교를 신봉했던 모든 기업가들이 베버가 말하는 현세적 금욕주의(innerweltliche Askese) 윤리를 따른 것은 아니었다. 많은 사람들이 안락한 삶을 살았다. 어떤 사람들은 개인적으로 꽤 많은 재산을 모았으며, 모두가 다 똑같은 정도로 칼뱅주의 신앙을 공유했던 것은 아니었다.

물론 16세기의 기업가들은 종종 칼뱅주의자들이었다. 그리고 덴마크와 스웨덴의 루터교 왕자들의 왕궁을 맴돌던 사람들조차도 칼뱅주의자들이었다. 그리고 함부르크(Hambourg) 은행을 창립한 것도 네덜란드의 칼뱅주의자들이었다. 그러나 칼뱅주의 기업가들은 여전히 또 다른 성격을 공유하고 있었다. 그것은 그들이 실제로 모두 다 이주민(émigré)이었다는 사실이다. 제네바에서 활동 중인 기업가 가운데 스위스 출신은 한 명도 없었다. 그들은 대개 에스파냐의 보호 아래 있던 플랑드르(Flandre) 지방에서 왔다. 네덜란드에서조차도 번영은 플랑드르 출신 기업가들이 이루어놓은 것이었다. 마찬가지로 함부르크와 독일에서 사업계는 플랑드르 지방 출신의 네덜란드 사람들이 지배하고 있었다. 쾰른(Köln)과 네덜란드의 가톨릭 기업가들은 일반적으로 앙베르(Anvers)나 리에주(Liège)에서 왔다.

그래서 16세기의 기업가들은 보통 칼뱅주의자들—그들은 칼뱅교를 믿는 플랑드르에서 왔다—이었으나, 특히 공통적인 점은 그들이 15세기의 주요한 대규모 산업과 상업의 중심지들—아우크스부르크, 앙베르, 리에주, 코모, 루카 그리고 리스본—에서 온 이주민들이라는 사실이었다(그리고 이 마지막 도시민의 경우, 그들은 칼뱅주의자라기보다는 유대인이었다).

게다가 트레버-로퍼에 따르면 베버와 같은 주장을 하기는 어렵다. 베버의 주장에 따르면 15세기의 기업가와 16세기의 기업가 사이에는 본질적인 차이가 있었을 것이며, 15세기의 '모험가들'은 16세기나 17세기의 '기업가들'과는 구분된다는 것이다. 물론 푸거(Fugger)식 기업가들은 15세기보다는 16세기에 훨씬 많았다. 이 '빈도'의 차이가 칼뱅주의 기업가정신의 발전에 대한 영향력이라는 베버의 가설과 결합되어 그로 하여금 푸거식 기업가들을 '모험가'로 다루게 한 것은 분명하다. 그러나 한편으로는 사업계에서 칼뱅주의가 끼치는 영향력을 사람들의 적응적 반응의 결과로 해석하고, 또 한편으로는 15세기의 풍부한 자본이 '기업가'의 등장을 용이하게 했다는 사실을 주목하는 순간부터, 위에서 언급한 근거가 빈약한 구분은 제거될 수 있다.

칼뱅주의의 확장과 자본주의적 기업 발전 사이의 상관관계가 존재하는 이유는 베버가 주장하는 것보다 훨씬 더 복잡하다. 16세기 산업 및 상업 부르주아계급은 자연스럽게 에라스무스 철학에 우호적이었다. 그런데 이 철학은 일반 시민과 성직자들이 똑같이 존귀함을 확인하고, 신앙의 내면적 성격을 강조했으며, 사람들이 경건함을 잃지 않고 각자의 생업에 종사할 수 있는 것을 인정했다. 에라스무스적인 사상을 지닌 부르주아계급, 예를 들어 밀라노의 부르주아계급은 그다음에 칼뱅주의 쪽으로 기우는데, 이 칼뱅주의는 에라스무스 사상의 주된 주제들을 다시 반복한 것이다. 그러나 그들은 칼뱅의 국제모임에서 인정을 받고 가톨릭의 반(反)종교개혁의 압력이 강화되는 순간부터 그 모임과 관련을 맺게 된다.

반종교개혁에 따라 덜 위협을 받는 도시들—그중 첫 번째 서열은 네덜란드의 도시들이었다—로 이주함으로써, 유럽의 옛 경제 엘리트들은 에라스무스 사상을 이단으로 취급하는 정부권력을 피해 달아났다. 이 사실은 교회를 위한 재정 징수 수입을 악화시켰으며, 따라서 자본의 유출을 불러일으켰는데, 일반적으로 가톨릭교회는 기업들에 대한 관료적 국가의 영향력을 강화하려고 시도했다. 한편 이민을 가기를 원하지 않았던 사업가들은 자식들이 군인의 경력을 갖도록 교육시켰다. 그리하여 앙베르와 밀라노에서는 자본주의가 쇠퇴한 반면 암스테르담에서는 자본주의가 활짝 꽃피었던 것이다.

트레버-로퍼의 수정을 거치면, 그 유명한 베버의 논지는 더 큰 타당성을 지니게 된다. 미시적 수준에서 메커니즘은 더 단순해지고, '이해'(verstehen)라는 개념이 요약하는 베버식 교훈에 어울리게 된다. 이렇게 보면, 기업가들이 자신들의 활동을 정당화하고, 자신들을 헐뜯는 사람들을 몰아내는 에라스무스 사상을 호의적으로 받아들이는 것은 이해할 만한 일이다. 또 그들이 칼뱅 국제모임이 제공하는 지지를 얻으려고 노력하는 것도 '이해할 수 있는' 일이다. 그들이 에라스무스 사상을 비난하고, 기업들에 대한 재정적 압박을 심화시키며, 일반적으로 국가권력의 감독 역할을 더 증대시키려고 노력하는 국가권력에 의해 위협을 받을 때, 특정 부류의 사람들이 자신들을 환대하는 땅을 찾아가 정착하려고 노력하는 것도 이해할 수 있는 일이다. 그리고 남아 있는 사람들이 자녀들을 반종교개혁이 지배하는 사회에서 인정하는 위세를 떨치는 직업을 갖도록 교육시키고, 그렇게 함으로써 이 사회에서 사업의 쇠퇴와 기업정신의 몰락에 기여한 것은 이해할 수 있는 일이다. 기업가들이 칼뱅주의에 공감을 느낀 이유에 대한 완벽하게 받아들일 수 있는 하나의 해석을 제공하면서, 트레버-로퍼는 기업가가 사업을 시작한다는 사실이 예정설에 대한 믿음의 결과라는 의심스러운 인과관계를 청산해버렸다.

거시적 수준에서 트레버-로퍼는 칼뱅주의와 자본주의 발전 사이의 관계를, 기업가들이 변동하는 조건들, 특히 반종교개혁에서 비롯된 조건들에 적응하면서 반응을 보인 것들의 집합적 결과로서 분석한다. 그렇게 함으로써 그는 하나의 설명체계에 이르는데, 이 설명체계는 포퍼가 특정 과학이론의 타당성을 측정하기 위해 제시한 고전적 기준들에 정확하게 부합되는 것이다.

사실 트레버-로퍼의 이론은 자본주의 발전에서 칼뱅주의자들의 역할뿐만 아니라, 베버의 논지가 그 자체로는 설명하지 못하는 상당수의 사실들을 설명하고 있다. 왜 스위스의 제네바에 정착한 사업가들은 스위스 출신이 아닌가? 왜 독일 사업가들은 대부분 플랑드르 출신 사람들인가? 왜 반종교개혁의 영향을 받은 지방 출신의 가톨릭 또는 유대인 사업가들이 나타난 것일까? 왜 앙베르는 쇠퇴하는데 암스테르담은 번영하는 것일까? 왜 **루터교** 국가들에 정착한 기업가들은 흔히 **칼뱅주의자들**일까(베버로 하여금 다른 형태의 개신교와 관련해서 칼뱅주의의 특수한 측면들을 강조하게 하고, 예정설에 결정적인 역할을 부여하도록 하는 데 주된 자극을 주었던 것은 분명히 이 관찰이었다).

부정적인 의미에서, 이 이론은 베버 이론의 바람직하지 못한 어떤 논리적 결론들——왜냐하면 역사적 사실들에 비추어보았을 때, 타당성이 거의 없기 때문이다——을 피하게 해준다. 예를 들어 가톨릭이었던 푸거가의 사람들은 단순한 '모험가'였던 반면, 16세기의 칼뱅 사업가들은 현대적 '기업가들'의 모습을 미리 보여주었다는 주장이 그것이다. 결론적으로 트레버-로퍼의 이론은 베버적 기준의 이해라는 관점에서나 포퍼적 기준에서 볼 때 더 타당한 것으로 보인다.

트레버-로퍼의 책에서 **이념**, 가치 그리고 신앙은 다른 요인들 전체를 포괄하는 해석체계 속의 요소들로 생각된다. 따라서 사업가들이 에라스무스 사상에 매력을 느끼고, 그들이 탄압을 받는 처지가 되었을 때 칼뱅주의를 받아들이며 반종교개혁을 피해 도망가는 행동을 보인 것은 변화하는 상황에 대한 반응으로 해석되어야 한다. 그리고 결과적으로 이러한 반응들은 이 상황들을 특징짓는 요인들에 의존하고 있다.

그러나 『프로테스탄티즘의 윤리와 자본주의 정신』에 대한 베버 이후의 논의는 베버 이론의 핵심을 건드리지 못하고 있다는 사실을 크게 강조하는 것이 중요하다. 사실 16세기의 경제 엘리트들이 루터주의보다는 칼뱅주의에 더 매력을 느꼈던 것은 명백한 사실이다. 그러나 이와 같이 매력을 느꼈던 이유는 베버가 말했던 것보다 확실히 더 복잡하다. 그리고 칼뱅주의가 에라스무스주의와 맺었던 밀접한 지적 관계 역시 트레버-로퍼처럼 특별히 강조할 필요가 있다.

그러나 칼뱅주의 교리는 이 세상에서의 금욕주의를 강조함으로써, 루터주의보다는 이 엘리트들을 더 매혹시킬 수 있었다. 왜냐하면 이 교리에 따르면 기독교인은 이 세상 재물의 정당한 가치를 맛보며 신의 영광을 찬양할 수(루터는 "Pforzet und rülpset Ihr nicht? Hat es Euch nicht geschmecket?"*라고 주장했다) 있었기 때문이다. 또 한편으로 트뢸치(Tröltsch)는 그의 저서 『기독교 교회의 사회적 가르침과 집단』 (Soziallehren der Christichen Kirchen und Gruppen)에서 이 점에 관한 베버의 논지를 보완하는 주장을 한다. 그의 주장에 따르면, 하나님 은총의 취소 가능성(révocabilité)은 칼뱅주의자가 그의 구원의 불가역성(irréversibilité)에 대한 믿음에서 끌어낼 수 있었던 확신과 평온함을 루터주의자에게는 금지시켰다.

외생적 변동 또는 자생적 변동?

여기에서 나는 니스벳이 정당하게 주장했던 마지막 이율배반(다시 칸트의 용어를 빌려 쓴다면)을 아주 간단하게 검토하려 한다.

흔히 사회과학자들은 '사회변동이론'이라는 이름을 들을 가치가 있

---

* 중세 독일어로, 직역하면 다음과 같은 뜻이다. "너희는 왜 방귀를 뀌고 트림을 하지 않느냐? 그래서 음식맛이 없었다는 말이냐?" 이 말은 루터가 어느 잔치에 가서 음식을 먹고 나서 한 이야기이다.

는 이론은 **내생적**이어야 한다고 생각한다. 즉 t 시점과 t+k 시점 사이의 특정 체계의 변동은 t 시점에서 그 체계상태의 함수로 해석되어야 한다는 것이다. 예를 들어서 (기능주의자들처럼 말하자면) '역기능' 또는 (마르크스주의자들처럼 말하자면) '모순들'은 t 순간에 관찰될 수 있고, 이것들이 t에서 t+k 시점 사이에 사회체계의 변동을 설명해준다. 이것에 대한 반대 테제는, 일반적으로 사회변동이 외부적 요인들로부터 생긴다는 것이다.

이 테제를 뒷받침하는 주된 논지는 다음과 같다. 어떤 닫힌 체계는 (즉 일정한 환경 속에 고립되어 있거나 상황 속에 있는) 일정한 시간이 흐른 뒤 정상적으로 균형상태에 도달한다. 따라서 사회변동은 사회체계의 외부에서 시작되어야 한다. 이 반대 테제에 일치하는 이론들에 따르면, '전통'사회의 변동은 일반적으로 외부적 개입에 따라 유발된다. 내가 보기에 니스벳이 내생적 사회변동이론에 반대하면서 그와 반대되는 주장도 충분히 비판적으로 검토했는지는 확실하지 않다. 인류학은 이율배반의 두 가지 용어의 또 다른 고전적 예를 잘 보여준다. 즉 사회변동이 내생적이라는 것을 주장하는 기능주의자들에 대해 그것이 외생적이라는 것을 주장하는 확산론자들이 대립되는 것이다.[31]

이 테제와 반대 테제 사이에서 어느 하나를 선택하는 의지는, 물론 부분적으로는 어떤 형이상학적 열정에서 나오는 것이고, 또 부분적으로는 사회적 필요에서 생기는 것이다. 그런데 정치학자나 경제학자나 사회학자들은 어떤 특정한 순간에 역사학과 자신들의 학문을 구분하기 위해 이러한 필요를 느낀다. 나는 이 책의 제7장에서 이러한 질문들을 다시 다룰 기회가 있을 것이라고 본다. 여기에서 내가 강조해야 할 중

---

31) E.R. Wolf, "The Study of Evolution," in S.N. Eisenstadt (red.), *Readings in Social Evolution, op. cit.*, pp.179~191.

요한 사실은, 사회변동의 외생적 또는 내생적 성격은 우리가 해결하려는 문제, 즉 우리가 설명하려는 현상에 의해 완전히 지배된다는 점이다. 하나의 고전적 사례가 이러한 생각에 대한 이해를 도와줄 수 있다. 그 사례란 로버트 머튼(Robert Merton)이 작업한 제1차 세계대전 이후 미국 노동조합의 인종차별에 관한 분석이다.[32)

머튼은 '노동운동이 일반적으로 내세우는 평등주의적 가치에도 불구하고, 어째서 이 시기에 흑인을 차별하는 관행이 나타난 것일까?'라는 의문을 제기한다. 그의 대답은 자기 유지적인 내생적 변동과정을 분명히 보여주는 것이었다. 즉 흑인 노동자들은 별로 산업화되지 않은 남부 지역에서 왔으며, 대개 옛 농업노동자들이기 때문에 경험도 없고 노동조합의 문화도 없다는 것이다. 따라서 노동조합주의자들이 채용을 결정할 능력을 보유하고 두 사람 중 한 사람을 선택해야만 할 때, 그들은 노동조합주의를 위해서 남부 출신의 흑인 노동자보다는 북부 출신의 백인 노동자를 채용하는 것을 선호한다는 것이다. 이 현상이 반복되면서 흑인은 **일반적으로** 백인보다 일자리를 찾기가 더 어려운 결과가 생겼다.

그 당시는 지금보다 노동조합이 덜 인정되고 덜 받아들여지고 덜 제도화되어 있었기 때문에, 고용주들 입장에서는 흑인 노동자들에게 의존하면서 파업을 깨는 것이 매력적인 일이었다. 일자리를 얻기가 힘들었기 때문에, 흑인 노동자들은 기회가 주어지면 서두르는 경향이 있었다. 결과적으로 소용돌이효과가 시작되었다. 즉 백인 노동조합주의자들이 가지고 있는 흑인들의 노동조합적 유대에 관한 의심이 '사실에 의해 확인된 것이다.' 백인들은 자기들도 모르는 사이에 노동조합의 이익을 보존하려는 근심에 의해 영감을 받은 단순한 불신감 때문에 흑인을

---

32) R.K. Merton, *Eléments de théorie et de méthode sociologique*, Paris, Plon, 1965. 특히 제1부 4장을 볼 것(R.K. Merton, *Social Theory and Social Structure*, New York, The Free Press, 1968).

차별하는 태도를 취하게 되었다.

만약 역사를 이 시점에서 정지시켜본다면, 그리고 흑인에 대한 백인 노동자들의 인종차별의 등장과 강화현상을 설명하는 데에만 관심을 둔다면, 우리는 **내생적** 과정을 보게 된다. 즉 그 과정은 백인 노동자, 노동조합 책임자, 흑인 노동자, 고용주의 네 가지 범주 행위자들로 구성된 **닫힌** 체계 내에서 발전된 것이다. 각각의 행위자는 t 시점에서 '이해할 수 있는' 방식으로 자신들의 상황에 반응을 보였다. 이 반응들이 일단 **결합되면** 그것들은 t + 1의 시점에서 **새로운** 상황을 낳는다(t + 1의 시점에서 흑인 노동자들은 t 시점에서보다 일자리를 찾기가 훨씬 더 어려워지고, 고용주들은 그들을 더 쉽게 이용할 수 있게 된다). 이 상황은 t + 2의 시점에서도 똑같이 이해할 만한 반응들을 불러일으킨다. 나선효과—모르는 사이에 불신에서 차별로 태도를 바꾸게 되는 것—는 행위와 상황에 대한 반응이라는 내부적 결합에서 발생한다. 이 내생적 모델은 수학적 도식으로 쉽게 표현될 수도 있을 것이다. 그 모델은 경제학자들이 경제학영역에서 나타나는 어떤 나선효과를 설명하기 위하여 사용하는 모델과 비슷하다(예를 들어, 이른바 '거미집'의 공리 참조).

그러나 이번에는 더 **오랜 기간 동안**의 과정을 관찰한다고 가정해보자. 웬만큼 시간이 지나면, 노동조합 차별 관행의 제도화는 이제까지 수동적이고 영향력이 없었던 행위자들의 관심을 끌게 된다. 이 관행은 미국 사회에서 기본적이라고 생각되는 가치와는 모순되는 것들이었다. 또한 때가 오면 그러한 관행은 정치인, 지식인 그리고 신문기자들의 개입을 불러일으킨다. 그렇게 해서 **외부적 효과**(즉 앞에서 정의된 **체계** 밖의 행위자들의 개입에 따라 야기된 효과)가 초창기 행위자들 사이의 관계를 지배했던 **규범**을 변형시킴으로써 소용돌이효과를 수정하게 된다.

나는 이 보기가 일반적인 중요성을 갖는다고 믿는다. 하나의 사회체계는 길가의 돌멩이처럼 즉각적으로 관찰될 수 있고 확인될 수 있는 사실이 아니다. 그것은 우리가 설명하려 하는 현상을 분명하게 정한 순간부터 비로소 정의된다. 제1차 세계대전 이후 미국 노동조합의 인종차별주의는 하나의 집합적 효과이다. 그 현상은 네 가지 범주의 행위자들로 구성된 닫힌 체계에서 자생적 방식으로 발전된 것인데, 이 네 가지 범주의 각각의 행위자들은 쉽게 '이해될 수 있는' 행동의 원칙을 따르고 있었다. 반면에 만약 차별적 관행의 발전과 함께 그것의 쇠퇴도 **동시에** 설명하고자 한다면, 우리는 원래의 체계를 **열린** 체계로 생각해야 한다. 즉 그 체계는 초기 체계의 **환경**에 속한 행위자들의 외부적으로 있을 수 있는 여러 반응에 노출되어 있는 것이다.

이렇게 보면 어떤 변동과정의 내생적 또는 외생적 성격은 이 과정의 성격과 그것을 보는 잠정적으로 제한된 시각에 아주 긴밀하게 의존하고 있다. 그러므로 **일반적으로** 내생적인 사회변동관을 택하거나(일반적으로 마르크스주의자들이나 기능주의자들이 하듯이) 외생적인 사회변동관을 선택하는 것(예를 들어 니스벳이 한 것처럼)은 아무 의미도 없다.

사회과학분야에서 그렇게 큰 위치를 차지하고 있는 갈등의 역할과 가치의 역할, 사회변동의 내생적 또는 외생적 성격에 관한 논쟁들은 결국 대답이 없는 질문들을 해결하려고 노력하는 것이다. 이 질문들이 학문적으로 특히 흥미로운 이유는 그것들이 **존재론적** 믿음의 존재를 보여주기 때문이다. 이 믿음들은 유용한 역할을 할 수 있고, 흥미진진한 방향으로 연구를 진행시키는 데 기여할 수도 있다. 그러나 또 한편 이 믿음들은 분석을 왜곡시킬 수도 있다. 베버의 『프로테스탄티즘의 윤리와 자본주의 정신』은 그 강점과 약점을 지닌 상태로, 마르크스의 수사학적 요술처럼 결국 과학과 형이상학 사이에서 생겨나는 상호작용의 복잡성을 보여주는 것이다.

제6장 잘 절제된 결정론

뿌리 깊은 편견 때문에 사람들은 결정론의 가정이 과학지식의 필연적 기초를 형성한다고 주장한다.[1] t 시점에서 어떤 체계의 상태가 주어졌다고 할 때, 이 상태는 t-1시점에서 그 체계의 외적·내적 요인 전체에서 나온다. 물론 현실 세계의 관찰자는 이 모든 요인을 알지 못할 수도 있고, 결정론은 없다는 느낌을 받을 수도 있다. 그러나 그것은 단지 인상일 뿐이다. 전지전능한 관찰자는 t-1 시점의 상태에서 t 시점의 세계 상태를 파악할 수 있다. 불행하게도 라플라스(Laplace)*는, 어떻게 전지전능하지 못한 일개 관찰자가, 그 자신이 전지전능하지 못한 상태에서, 그의 유명한 마귀가 알고 있었던 것을 알 수 있는가를 결코 설명하

---

1) R. Thom, "Halte au hasard, silence au bruit," *Le Débat*, No.3, Juillet-Août 1980, pp.119~132. 또한 다음의 논문도 이러한 분석의 이해에 도움을 준다. J. Largeault, "Observations sur le déterminisme et l'ordre," *ibid.*, Septembre 1981, pp.102~106. 이 논문은 톰의 학문적 입장의 복잡성을 강조하는데, 이것은 정당한 주장이다.
* 나폴레옹 밑에서 내무장관을 지낸 프랑스의 천문학자. 그에 따르면 자연계에는 우연적인 것은 없고 모든 것이 필연적 법칙에 따른다. 이처럼 모든 자연현상을 기계론적 법칙에 입각하여 설명하려는 이상적인 인식자를 라플라스의 영(intelligence)이라고 한다.

지 못했다.

사회과학분야에서 라플라스의 마귀는 비록 유용하기보다는 확실히 해로운 허구이긴 하지만 여전히 떠돌아다니고 있다.

우선 그렇게 말할 수 있는 근거는, 어떤 과정은 **열린** 상황을 드러내지만 또 다른 과정은 **닫힌** 상황(여기에서는 간단하게 **열린** 과정과 **닫힌** 과정이라고 말하겠다)을 보여주기 때문이다. 그런데 이 두 번째 과정만이 그전 상태로부터 t+1 시점의 특정 과정의 상태를 결정하도록 허용한다.

이러한 구분을 우리는 전문적인 예들을 들어서 설명해볼 수 있다. 두 사람으로 구성된 하나의 상호작용 체계를 상상해보라. 그 두 사람은 계속해서 A, B 두 가지 선택 중 한 가지를 선택해야 한다. 각자는 독자적으로 A 또는 B를 선택할 수 있다. 따라서 그들의 선택에 의해 그들은 네 가지 상황, 즉 AA · AB · BA · BB가 나타나는 데 기여할 수 있다. 그다음에는 이 네 가지 상황이 어떤 특징을 지니고 있기 때문에, 조금도 주저함 없이, 다른 상황들보다는 누구나 AA를 선호한다고 가정하자. 이 경우 선택이 제안될 때마다 각자는 A를 선택할 것이고, 따라서 AA의 상황이 실현될 것이다. 이 상황에서 두 참가자 중 누구도 앞으로 실현될 **상황**을 선택할 가능성이 없다. 왜냐하면 이 상황은 각기 독자적인 두 사람이 선택한 결과이기 때문이다.

그러나 각자는 특정 상황이 실현되는 것을 불가능하게 할 수는 있다. A를 선택함으로써 첫 번째 참가자는 BA와 BB를 제외시킨다. 그러나 BA와 BB를 제외시킴으로써 첫 번째 참가자는 동시에 AA나 AB가 나타날 가능성을 열어놓는다. 이 두 가지 선택 사이에서 결정할 것은 상대방이다. 마찬가지로 또 다른 참가자는, B를 배제시킴으로써 두 가지 가능성 AA · BA를 제시하는데, 그는 이 둘 중 어느 하나를 강요할 능력이 없다. 따라서 두 사람 각각은 상대방이 할 수 있는 가능한 상황 중 어느 하나의 상황을 제시할 능력이 있는 것이다.

어떤 경우에는 그 결과가 참가자들 가운데 한 사람이나 두 사람에게 불쾌한 것이 될 위험이 있다. 상대방이 그에게 제시하는 가능한 영역 중 어느 하나를 선택하면서, 이 두 사람 각자는 어떤 상황(AA)이 나타나는 데 기여할 수 있다. 그런데 여기에서 두 사람은 모두 다른 상황보다는 AA 상황을 선호한다는 가정이 있다. 따라서 선택이 제시될 때마다 각자는 A를 선택하게 되고, AA 상황이 만들어지는 데 나름대로 기여하게 된다.

우리가 생각해볼 수 있는 상황가설 전체를 과정의 **구조**라고 부르기로 하자. 참가자들은 반복적으로 A와 B 사이에서 선택하게 되어 있고, 두 사람은 다른 가능한 상황보다는 AA 상황을 아주 선호한다. 이 구조를 이해한 외부 관찰자에게 이러한 유형의 과정은 완벽하게 예측 가능한 것이 될 것이다. AA 다음에 AA가 나타나고, 그다음에 또 AA가 나타날 것이다. 이 허구적 과정은 뉴턴(Newton)의 사과와 같이 엄격한 결정론에 복종한다. 이런 결과가 생기는 이유는, 이 허구적 과정이 닫힌 **상황** 속에 행위자들을 집어넣기 때문이다. **존재론적** 시각에서 보면, 행위자들이 추론할 수 있고 예측할 수 있다는 사실이 그들을 뉴턴의 사과와 구별하게 하는 것은 분명하다.

그러나 위의 예가 증명해 보이는 것은, 비록 행위자들이 영리하고 예측과 선택을 할 수 있다고 할지라도 우리는 결정적이고 예측 가능한 어떤 과정을 생각해볼 수 있다는 것이다. 마찬가지로, 결정적이고 예측 가능한 과정이 수동적 행위자를 전제로 하는 것은 아니다. 더 일반적으로, 어떤 과정의 결정론적 성격은 한 체계를 구성하는 요소들의 성격에 의존하는 것이 아니라, 그 요소들 사이의 관계의 **성격**에 의존한다.

이제부터 한 가지를 제외하고는 앞의 과정과 모든 점에서 유사한 하나의 과정을 생각해보기로 하자. 두 참가자는 각자 계속적으로 또다시

A와 B 중에 선택을 해야 한다. 그러나 이번에는 선호하는 **상황**에 대한 의견의 일치가 존재하지 않는다. 첫 번째 사람은 다른 상황보다 특별히 AB를 선호하는 반면 다른 사람은 다른 상황보다 BA를 선호한다. 우리는 이러한 유형의 대칭되는 선호상태에 이르는 사회적 상황을 쉽게 상상해볼 수 있다. 즉 두 어린이 중 한 어린이가 "한 사람의 우두머리가 있어야 하고 그것은 내가 되어야 한다"고 번갈아 말한다. 형식적으로, 이 평범한 예는 다음의 선호형태들로 나타난다. 첫 번째 아이는 AA · BB · BA보다는 AB를 선호하고, 두 번째 아이는 AA · AB · BB보다는 BA를 선호할 것이다.

여기에서 첫 번째 행위자는 가능성의 영역에서 상황들의 집합 BA-BB를 배제하든지(그것을 위해서는 그가 A를 선택하는 것만으로 충분하다), 아니면 상황들의 집합 AA-AB를 배제시킬 수 있는 능력이 있다(그것을 위해서는 그가 B를 선택하는 것만으로 충분하다). 대칭적으로 두 번째 행위자도 A를 선택함으로써 AB-BB를 배제시키든가, B를 선택함으로써 AA-BA를 제외시킬 수 있다.

그러나 가능한 이 선택들 중 그 어느 것도 누구에게 만족을 주지 못한다. 첫 번째 행위자는 A를 선택할 때만 그가 선호하는 상황(AB)이 실현되는 것을 보게 되기를 기대할 수 있다. B를 선택하면 AB가 실현되는 것을 보지 못할 것이 분명하다. 그러면 A를 선택하는 것이 그에게 유리한 것일까? 그러기 위해서는 AB가 실현될 가능성이 있어야 한다. 즉 두 번째 행위자가 B를 선택할 충분한 이유들이 있어야 한다. 그러나 그럴 가능성은 거의 없다. 왜냐하면 B를 선택함으로써 두 번째 사람은 그가 선호하는 결합 BA를 얻을 가능성을 배제시키기 때문이다. 따라서 이들 두 사람 각자는 서로 A를 선택할 충분한 이유가 있다.

그렇지만 각자가 같은 이유를 가지고 있는 것과 마찬가지로, 그들은 또한 AB도 BA도 실현되지 않기를 기다릴 충분한 이유가 있다. 따라서 각자에게 A의 선택은 유용하지 않다. A를 선택하는 것이 두 사람 각자에게 의미가 있는 경우는 BA와 AB가 각각 첫 번째 사람과 두 번째 사람이 특별히 두려워하는 조합의 경우이다. 그러나 위의 가설들에서, 예를 들어 첫 번째 사람이 AA보다는 BA를 더 두려워하고, 두 번째 사람이 AA보다는 AB를 더 두려워한다고 말해주는 것은 아무것도 없다. 우리는 단순히 첫 번째 사람이 AB를 선호하고, 두 번째 사람이 다른 상황들보다 BA를 선호한다고 가정했을 뿐이다.

그러면 어떤 상황이 벌어질 것인가? 그것을 예측하는 것은 불가능하다. 이 가설체계는 완벽한 불확실성에 도달한다. 과정의 구조(가설들의 체계)가 그러하기 때문에 첫 번째 사람이나 두 번째 사람 중 누구도 B 대신 A를 선택할 진정한 이유를 가지고 있지 못하다. 이 과정의 구조는 **열려진 상황**을 낳은 것이다.

물론 여기에 부수적인 가설들을 끌어들일 수도 있다. 예를 들어 첫 번째 사람만이 지배자적 자질을 갖췄다고 가정할 수 있다. 이 경우 그는 두 번째 사람에게 AB를 강요할 능력이 있을 것이다. 그러나 이 두 사람은 심리학적으로 완전히 구분하기 어렵다는 가설을 세워볼 수도 있다. 이 경우, 이 과정의 진화는 예측 불가능하다. 요약하면, 위의 보기가 증명해 보인 것은, 완전히 **결정된** 기본적 사회과정(**닫힌** 상황을 낳는 사회과정)을 생각하는 것은 완전히 **비결정된** 사회과정(**열린** 상황을 낳는 과정)을 생각하는 것만큼이나 쉬운 일이라는 것이다.

일반적인 편견과는 반대로, 비결정적 과정은 엄밀히 결정된 과정보다 지적 흥미가 덜하지 않다. 이 명제가 비록 모순적이고 선동적인 것처럼 보일지라도, 만약 다음의 두 가지 학술적 예를 참조하면, 이 명제는 평범한 것이 되어버린다. 첫 번째 예의 경우 관찰자는 완벽한 확신을 가지고, 참여자들이 A와 B 둘 중에서 선택해야 할 때마다 앞으로 일어날 상황을 예측할 수 있다. 관찰자는 마찬가지로 왜 그가 그렇게 쉽게 과정의 변화를 예측할 수 있는지를 이해할 수 있다. 즉 행위자들의 선호는 자연적이고(AA를 선호하지 않는 것은, 가설에 따르면 미친 짓임에 틀림없다) 사실과 부합되므로(AA를 선호하는 것에 대한 의견의 일치), 우리는 AA 이외의 다른 상황이 어째서 실현될 수 있는지를 정말로 알지 못한다.

다른 경우 관찰자는 참여자들의 선택을 예측할 수 없다. 그러나 왜 그가 예측할 수 없는가를 아주 잘 이해할 수 있다. 왜냐하면 행위자들이 처한 상황은 열려 있고, 두 참가자 중 어느 누구도 B보다 A를 선택하거나 또는 A보다 B를 선택할 이유가 없기 때문이다. 관찰자는 t 시점에서 그 과정의 상태를 예측할 수 없다. 그러나 그는 왜 그러한 예측이 불가능한지를 이해하고 설명할 수 있다. 바꾸어 말해 예측이 불가능한 것은 두 번째 과정의 구조의 결과이다. 그것은 예측의 가능성이 첫 번째 과정을 정의하는 가설의 구조에서 나오는 것과 마찬가지이다.

간단히 말해서, 어떤 과정을 이해할 수 있는 관찰자의 능력과 엄격히 결정된, 부분적으로 결정된 또는 엄격히 불확정된 이 과정의 성격 사이에는 어떠한 일반적 관계도 정립될 수 없다. 또 어떤 과정의 이해관계와 그것의 결정 정도 사이에도 관계가 없다. 왜 두 번째 유형의 상황에 처한 행위자들이 B보다는 A를 선택할 이유가 없으며, 왜 첫 번째 유형에 처한 행위자들이 B보다는 A를 선택할 충분한 이유가 있는가를 이해하는 것은 흥미로운 일이다. 어느 한 가지 유형이 또 다른 유형보다 더 흥미롭고 더 이해하기 쉽다고 말할 만한 근거는 없는 것이다.

따라서 사회과학분야에서 라플라스의 운명의 신은 첫 번째 장애, 즉 닫히지 않은 상황의 존재라는 장애에 직면해 있다. 두 번째 장애는 완전히 예측하기 어려운(그것들이 이해 불가능하다는 뜻은 아니다) 기술혁신의 존재이다. 세 번째 장애는, 고전적 표현을 빌리면 쿠르노(Cournot)* 효과라고 부를 수 있는 것이다. 닫히지 않은 구조, 완전히 예측되기 어려운 기술혁신들 그리고 쿠르노 효과가 사회과정에 대한 라플라스식 표상(représentation)을 거부하는 것이다. 따라서 우리가 현실을 이해하는 데 필수적인 기초로 흔히 생각하는 결정론적 가정은, 적어도 사회과정에 관한 분석의 경우에는, 반대로 사회현실에 대한 분석과 인식을 방해하거나 금지하는 결과를 가져올 수 있다.

닫힌 과정과 열린 과정

프랑스 사회학자들의 연구 가운데 잘 알려져 있는 조직 문제들에 관한 연구는, 모노폴(Monopole)이라는 암호 이름으로 표기된 기업에 관한 미셸 크로지에의 연구이다.[2] 이 연구는 닫힌 상황을 지닌 사회과정에 대한 하나의 사례연구이다. 매순간 행위자들은 선택을 해야 할 상황에 처한다. 그러나 앞에서 언급한 첫 번째 이론적 예와 마찬가지로 그들의 반응은 대체로 예측 가능하다. 그러한 상황이 왜 벌어지는가를 좀 더 상세히 살펴볼 필요가 있다.

그 암호 이름이 말해주듯이, 모노폴이라는 회사는 어떤 제품의 생산을 독점하고 있는 회사들의 집합이다. 각각의 공장은 차장을 동반한 한 사람의 부장에 의해 경영된다. 부장은 기업이 잘 돌아가게 할 책임이 있다. 차장은 생산을 책임진다. 그는 직계부하로 기술기사 한 사람을 거느리고 있다. 또 이 회사 경영 팀은 재정감독관 한 사람을 고용하고 있는데, 그의 책임은 부장이 내린 재정적 결정들의 합법성을 검토하는

---

* Antoine-Augustin Cournot. 프랑스의 철학자로, 19세기 말 독일의 신칸트주의 운동에 병행하여 일어난 프랑스식 칸트주의 사상의 대표자들 가운데 하나이다. 이 사상은 그 무렵의 실증주의와 직관설을 반대한 것으로 유명하다.

2) M. Crozier, *Le phénomène bureaucratique*, Paris, Le Seuil, 1963; J.-L. Peaucelle, "Théorie des jeux et sociologie des organisations," *Sociologie du Travail*, XI, 1969, pp.22~43.

것이다. 한편 노동자들은 십장의 권위 아래 생산작업장에 배치되어 있다. 시설 유지 노동자 팀은 기계의 수선과 유지의 책임을 맡고 있다. 그리고 생산과 유지 조직은 기술기사가 감독하게 되어 있다.

이 기업——전체로서의 기업과 그 중심 기업을 구성하는 개별 기업——은 갈등이 심하고, 능률이 떨어지며, 역동적이지 못하고 틀에 박힌 운영을 하고 있다. 더욱이 신기한 것은, 모노폴 계열의 어느 기업에서나 이러한 갈등이 마찬가지로 나타나고 있었다는 점이다. 따라서 갈등의 해결책은 비슷해지는 경향이 있었다. 도처에서 기술기사는 공식적 역할이 부여하는 것보다 더 많은 실제적 권력을 소유하고 있었다. 차장은 기업조직 편성의 관점에서 보면 기술기사에 대해 당연히 행사해야 할 권위를 실제로는 행사할 수 없는 것처럼 보였다. 어디에서나 기계설비를 유지하는 노동자들은 생산직 노동자들을 그들의 규칙에 복종시키는 것처럼 보였으며, 부분적으로 기술기사와 관련을 맺고 있는 특권집단처럼 행동하는 것 같았다. 왜 이러한 상황이 벌어졌을까? 왜 집단이익의 관점에서도 여러 행위자들 또는 여러 범주의 행위자들의 시각에서도 만족스럽지 않은 체계가 존재하게 되었을까? 그렇게 **역기능적**인 것처럼 보이는 체계가 왜 시간이 흘러도 똑같이 반복되는 것일까?

그 대답은 다음과 같다. 우선 회사조직은 다음과 같은 구조를 갖추고 있다.

① 각 행위자 또는 각 범주의 행위자들은 그의 역할에 관한 다양한 해석 중에서 선택을 할 이론적인 능력이 있다. 이 가능한 역할 해석의 집합을 I_i라고 하자. 예를 들어 $(I_i) = (I_1, I_2)$이다.

② 각 행위자 또는 각 범주의 행위자들은 '구조'(우리는 곧 이 개념의 의미를 명확하게 정의할 것이다)에 의해 I_i의 한 특정한 요소를 선택하도록 크게 자극을 받는다. 예를 들어 그들이 I_1을 선택했다고 하자. 그

러면 우리는 하나의 닫힌 과정을 갖게 된다.

③ 구조가 그에게 제시하는 스스로의 역할에 관한 해석을 '선택'하면서, 어떤 행위자는 불리한 처지에 놓이게 된다. 그들이 선택해서 만든 상황은 그들의 관점에서 가장 좋은 것은 아니다. 그러나 그 구조가 가져다주는 자극은 너무나 강력하기 때문에 그들은 무기력하다. 거기에서 무능력과 좌절의 감정이 생기는 것이다. 전문용어를 쓰자면, 상호작용체계가 도달한 균형은 **불완전한 것이다**(deficient equilibrium).[3]

④ 불완전한 균형이 나타나면, 때때로 행위자들은 혁신적인 행동을 하게 된다. 만약 어떤 게임의 규칙이 그러해서 그것이 나를 항상 패자로 만든다면 나는 그 규칙들을 수정하려고 시도할 수 있다. 또 만약 그렇게 할 수만 있다면, 나는 그렇게 해야 한다. 그런데 모노폴 기업의 경우 행위자들은 봉쇄된 상황에 있었기 때문에, 게임 규칙에 개입할 **능력**과 함께 **동기**를 지닌 사람은 아무도 없었다.

요약해보면, 어떤 행위자도 이론적으로 주어진 역할에 관해 가능한 해석 중에서 진정한 선택을 할 수가 없었다. 이론적으로 어떤 행위자는 I_1과 I_2 사이에서 선택을 할 수 있다. 그러나 I_1을 선택하게 만드는 자극이 너무 강력하기 때문에, 선택은 이론적일 뿐이다. 이 선택공간의 **감소**는 물론 상호작용구조의 일반적 특징이 아니다. 그러나 그러한 감소현상은 특정 경우에는 나타날 수 있다. 따라서 우리는 그러한 현상이 나타나는 이유를 설명해야만 한다. 또 한편 어떤 구조는—여기에서의 경우처럼—혁신적 행동을 금지하는 경향을 띨 수 있다. 즉 경우에 따라 새로운 선택공간을 창조하는 것을 금하게 되는 것이다. **축소된 선택**

---

3) 그 말뜻은 참가자들이 만장일치로 선호할 이론적으로 가능한 또 하나의 해결책이 존재한다는 것이다.

공간과 선택공간에 대한 행위자들의 개입 결여는 '재생산' 법칙에 종속된 하나의 닫힌 과정을 결정한다.

예를 들어서 생산직 노동자, 설비직 노동자 그리고 작업반장들로 구성된 상호작용 체계를 생각해보자. 생산직 노동자들의 월급은 부수적으로 그들의 생산성에 의존한다. 따라서 이들은 기계 고장이 가능한 한 빨리 고쳐지는 데 관심을 쏟는다. (또한 분명히 해야 할 것은, 재료가 다양하기 때문에 기계 고장은 빈번하고, 예측하기 어렵고 피하기도 어렵다는 점이다.) 작업반장들도 기계 고장이 빨리 수리되기를 바란다. 그들은 작업장의 원활한 운영에 책임을 지고 있기 때문이다. 작업장의 활동이 급정지하면 그들의 권위는 수난을 겪을 수밖에 없다.

한편, 설비직 노동자들은 다른 두 범주의 행위자들과는 대립된 이해관계를 가지고 있다. 요구에 가장 민첩하게 대응하는 것을 규칙으로 삼으면, 그들은 불쾌한 작업조건 속에서 일할 수밖에 없게 된다. 즉 어느 날은 서두르고, 다음날은 한가한 상태로 있을 것이다. 그들은 이러한 작업조건을 의무적으로 가질 아무런 이유도 없다. 왜냐하면 생산직 노동자들의 경우와 달리 그들의 생산성은 쉽게 수량화될 수도 없으며, 그들의 월급은 그들의 역할 수행과는 독립된 것이기 때문이다. 또 한편에서는 독점상황에 있기 때문에, 그들의 경쟁 팀보다 덜 능률적인 것처럼 드러날 때 받을지도 모르는 도덕적 제재에 본래 노출되어 있지 않다.

그 결과들은 방금 우리가 서술한 기술적이고도 제도적인 요인들에서 즉각적으로 나타난다. 설비직 노동자들은 이론적으로 그들 역할에 관한 두 가지 가능한 대안(I_1, I_2) 사이에서 선택해야만 한다. 그들은 이타적으로 행동할 수 있고(I_1), 기계 고장의 예측 불가능성에서 비롯되는 불규칙성과 작업 정지에 대해 책임을 지는 결정을 할 수도 있다. 또한 그들의 개입을 조절함으로써 생산직 노동자들에게 책임을 전가할 수도 있다(I_2). 즉 고장이 여러 작업장에서 동시에 나타나는 경우, 기다리게 하는 책임을 질 각오로 그러한 행동을 할 수 있는 것이다.

물론 선택의 공간(I_1, I_2)은 이론적이라거나 오히려 **잠재적**이라고 할 수 있다. 이 모든 것이 설비직 노동자로 하여금 I_2를 선택하게 만든다. 그들은 그렇게 하는 것이 아주 유리하다. 또한 그렇게 함으로써 그들에게는 어떠한 불편함도 생기지 않는다. 따라서 I_2가 현장에서 설비직 노동자들로부터 우리가 직접 관찰할 수 있는 행동이라는 점을 이해하는 것은 어렵지 않다.

I_2를 선택하면서 설비직 노동자들이 두려워할 수 있는 유일한 불편함은 생산직에 있는 동료들의 비난을 받는 것이다. 한편 생산직 노동자들은 설비직 노동자들과의 관계를 두 가지 방식으로 해석할 수 있는 이론적 가능성을 지닌다. 그들은 체념할 수 있으며, 기계 고장의 경우는 설비직 노동자들이 개입하는 것을 기다릴 수 있다(J_1). 그러한 태도는 물론 불리한 상황을 가져온다. 왜냐하면 생산직 노동자들의 급료는 그들의 생산성에 따라 민감하게 변하기 때문이다. 또 한편으로 예측하기 어려운 결과를 가져오는 급하고 지루하고 불규칙적인 작업을 수행하는 것은 불쾌한 일이다. 또 다른 태도(J_2)는 설비직 노동자들을 감동시키고 죄의식을 갖게 함으로써, 그들의 개입 리듬을 빠르게 하는 것이다.

물론 이론상으로는 J_2가 가장 좋은 행동지침이다. 그런데 그것은 그 행동이 실현될 가능성이 있다는 전제 아래에서만 그러하다. 그렇지 않은 경우 J_2는 J_1보다 덜 추천할 만한 선택이 될 것이다. 만약 생산직 노동자들이 설비직 노동자들을 괴롭혀서 아무런 결과도 얻지 못한다면, 그들은 단순히 작업장과 기업의 전반적인 분위기를 해치는 데 기여하는 것으로 그칠 것이다. 게다가 그들은 두 범주의 노동자들 사이에 반드시 나타날 균열에 대한 책임을 감수해야 할 위험이 있고, 노동자들의 연대를 해치고 노동조합의 운영을 방해한다는 비난을 받을 것이다.

간단히 말하면 J_2는 생산직 노동자들에게는 J_1보다 더 나은 전략인데, 그것은 다음 조건에서만 가능하다. 그 전략이 위협효과를 불러일으키고, 설비직 노동자들로 하여금 전략의 변화를 가져올 수 있어야 한다는 것이다. 바꾸어 말하면 그 전략은 설비직 노동자들의 이해관계가 그들로 하여금 I_2 전략을 선택하도록 요구하는 상황에서 I_1을 선택한다는 조건에서만 가능하다.

결국 J_2의 선택은 I_2J_2의 **상황**에 도달하게 만들 것이다. 그런데 이 상황은 생산직 노동자들에게는 그들이 체념의 전략을 선택하는 경우(J_1) 맞닥뜨리게 될 상황보다 더 나쁘다. 바꾸어 말하면, 생산직 노동자들은 J_2 전략을 선택함으로써 아주 큰 위험을 초래하는 것이다. 그것은 어떤 장벽에 부딪힐 위험이요 노동자들의 연대를 깰 만한 위험이다. 아무런 의미 있는 결과도 만들어내지 못하고 위험만 초래하는 것이다. 생산직 노동자들이 J_2 유형의 전략을 시도하자마자, 설비직 노동자들은 그들이 I_1의 전략에 확고하게 매달려 있다는 것을 쉽게 알릴 수 있다.

게다가 생산직 노동자들이 J_2 전략을 향한 출구를 찾으려고 시도할 가능성은 아주 적다. 왜냐하면 상황적 요인, 즉 그들의 독점상황이 설비직 노동자들에게 부여하는 상황의 유리함과 그들 보상의 일시불적 성격은 생산직 노동자들로 하여금 위협전략을 택하는 것을 포기하도록 만들기에 충분하기 때문이다. 설비직 노동자는 생산직 노동자가 휘두를 수 있는 유일한 무기인, 비난받을 위험에 민감하게 반응할 필요가 없다. 어떤 작업장이 개입을 필요로 할 때 그들이 개입하지 않으면, 그것은 곧 그들이 다른 작업장에서 일을 하고 있다는 뜻이다.

따라서 모든 요인이 설비직 노동자들로 하여금 그들 역할에 대한 '이기주의적' 해석인 I_2를 '선택'하게 만든다. 또한 모든 요인이 생산직 노동자들로 하여금 그들이 설비직 노동자들을 위협할 힘도 능력도 없다는 사실을 분명히 이해하게 만든다. 즉 생산직 노동자들은 선택의 여지가 없는 것이다. 그들의 선택공간은 J_1으로 **축소**되었다. 그들은 실질적으로 상황적 요인(즉 조직적·기술적 요인의 전체)들에 따라 J₁을 '선택하도록' 강요받은 것이다.

결국 우리는 이 과정이 왜 닫혀 있는가를 이해할 수 있다. 이론적으로 가능한 네 가지 전략 또는 상황(I_1J_1에서 I_2J_2까지) 가운데 세 가지가 잠재적인 상태로 남아 있고, 오직 네 번째만이 현실로 나타났다.

작업반장을 상호작용 체계 속에 포함시킬 때, 우리는 여덟 가지의 이론적 상황에 대응하는 잠재적인 선택공간을 얻게 된다. 생산직 노동자들과 마찬가지로 작업반장들도 노동자들을 괴롭히는 데(K_1) 관심이 있다. 만약 설비직 노동자들이 그들이 좋을 때 기계를 수리하러 오면, 작업장의 원활한 운영을 위한 책임을 지고 있는 작업반장들은 화가 나는 상황에 처하게 된다. 왜냐하면 생산직 노동자들은 그들이 능률적이지 않다고 비난할 것이며, 그들의 권위는 그것 때문에 손상당할 것이기 때문이다. 비록 생산직 노동자들이 어떠한 비난도 표현하지 않는다고 할지라도, 그들은 그들의 '역할'이 자신들에게 부여한 책임을 이행할 수 없다는 느낌을 갖게 될 것이다.

그러나 그 함정은 앞의 경우와 마찬가지이다. 작업반장에게는 K_1이 효율적이라는 조건 아래에서만 좋은 전략이다. 그렇지 않으면 그 전략의 사용은 상당한 위험을 수반하게 될 것이다. 권위 행사 직책을 맡고 있는 한 그는 도덕적 권위를 보존하려고 노력할 이유가 있다. 생산직 노동자들에 대한 그의 도덕적 권위는 만약 그가 작업장의 이익을 위해 설비직 노동자들을 동원할 수 있을 때 증대될 것이다. 그러나 만약 설비직 노동자들에게 영향력 행사를 시도하다가, 최악의 경우 그들에게 자율성을 주장할 기회만 부여하거나 기껏해야 그의 무능력만을 드러나게 할 경우, 그의 도덕적 권위는 손상될 것이다.

간단히 말해서 K_1은 만약 그것이 실현될 가능성이 크면 좋은 전략이지만, 실현될 가능성이 적으면 위험한 전략이다. 그런데 이 전략은 실패할 가능성이 크다. 왜냐하면 작업반장은 설비직 노동자들을 위협할 수 있는 능력을 보유하지 못하고 있기 때문이다. 따라서 작업반장은 비록 그렇게 함으로써 그 자신에게 불쾌한 상황을 만드는 데 기여한다 할지라도, K_2 전략(체념)을 선택할 충분한 이유가 있는 것이다. 그러나 K_1 전략(개입)을 선택함으로써 그가 만들 상황은 더 비참한 것이다.

결과적으로, $I_1J_1K_1$에서 $I_2J_2K_2$에 이르는 잠재적 공간은 $I_2J_2K_2$라는 실제적 공간으로 **축소**된다. 왜냐하면 설비직 노동자들이 그들의 법칙을 다른 두 범주의 노동자들에게 강요하게 될 때 후자는 다른 대안이 없는 한 그 법칙을 받아들이기 때문이다. 그 상황은 설비직 노동자들에게는 유쾌하고, 다른 두 범주의 사람들에게는 불쾌한 것이다. 물론 후자의 사람들이, 불쾌하다고 판단할 충분한 근거가 있는 상황의 창조에 그들조차 협조하게끔 강요하는, 게임 규칙을 수정할 것을 요구하는 것을 상상해볼 수도 있다. 그러나 이 게임 '규칙'은 제도의 산물일 뿐만 아니라 단기간에 조작하기 힘든 기술적 요인(이질적 재료, 신뢰감이 적은 기계들)들의 산물이기도 하다. 하나의 **체계**를 형성하는 이 요인들은 설비직 노동자들에게 도움이 되는 이로운 상황을 만드는데, 설비직 노동자들은 이 상황을 결코 포기하고 싶어 하지 않는다.

모노폴 기업에 관한 전체적 분석도 같은 맥락에서 나온 것이다. 이 분석이 보여주는 것은, 제도적 요인과 관행들이 특정한 행위자들을 상황에 연루시키는 전략적 공간을 형성한다는 것이다. 그러나 거의 대부분의 경우 전략적 공간은 축소된다. 따라서 차장과 기술기사는 모호한 관계체계 속에 들어가 있는데, 그들의 관계가 모호한 이유는, 차장이 기술기사에 대해 형식적 권위는 있지만 후자보다 실제 경험은 훨씬 적다는 사실에서 비롯된다.

전자는 폴리테크닉*을 졸업한, 다음 직장에 배치되기를 기다리는 사람이다. 반면 후자는 일생을 직장에 바친 사람으로, 현장경험이 확고하다. 차장과 갈등이 생길 경우, 그 싸움에서 이기는 사람은 기술기사이다. 앞의 경우와 마찬가지로 잠재적 전략공간은 실제로는 하나의 골방으로 축소된다. 따라서 차장은 체념하면서, 채용 관행과 기업의 운영규칙들이 그에게 부여하는 유리한 상황을 기술기사에게 양보한다. 결과적으로 잠재적 전략공간은 최소로 축소된다. 물론 앞의 경우와 마찬가지로 '게임'의 '해결'은 참가자들에게 불균등한 만족감을 준다. **실질적 권위**를 소유한 기술기사는 게임 규칙을 거의 수정하려고 하지 않는다. 한편 차장은 **형식적 권위**만 가지고 있다. 그러나 그는 규칙을 바꾸려 하지 않는다. 왜냐하면 이 기업에서 그의 근무는 그에게는 전체 직업 경력의 한 단계에 불과하기 때문이다.

모노폴 회사는 상대적으로 엄격한 결정론에 지배되어 닫힌 과정에 이르는 구조의 '모범적 사례'를 제공한다. 거기에서 행동은 예측 가능하고 반복적이다. 이 사실은 그 체계의 특징들이 다음의 효과들을 가져오기 때문이다. 첫째, 그 특징들이 결정하는 전략적 공간들 전체를 최소한의 수준으로 축소시키는 효과가 있다. 둘째, 행위자들이 게임 규칙을 수정하기 위해 행동하지 못하게 하는 효과가 그것이다.

그러나 그 과정의 닫힌 성격이 조건들 **전체**에 밀접하게 의존한다는 사실을 크게 강조할 필요가 있다. 만약 이 조건들 중 어느 하나라도 바뀌면, 그 과정은 더 이상 닫혀 있지 않을 수 있다. 만약 특정한 기술혁신이 기계 고장의 빈도를 줄이면, 세 범주의 노동자들, 즉 생산직 노동자, 설비직 노동자 그리고 작업반장 사이의 상호작용 체계에 상응하는 전략적 공간은 다시 열린다. 그 의미는 '게임'의 해결책이 더 이상 미리 **결정되지** 않을 수 있다는 것이다. 만약 책임 있는 자리에 사람들을 지명

---

* 파리 공과대학 국립이과학교로 번역된다. 1805년 나폴레옹 1세에 의해 개교된 프랑스의 국가 엘리트 양성 코스인 그랑제콜(grandes écoles) 가운데 하나이다. 1976년 파리에서 팔레조(Palaiseau)로 이전했다.

하고 채용하는 관행이 바뀌면 다른 전략적 공간들도 다시 열릴 수 있다. 회사조직 편성체제가 바뀌면 서로 다른 상호작용의 하위체계들의 구조도 바뀔 수 있는 것이다. 따라서 사회과정의 닫힌 성격은 행위자들로 하여금 그들을 대립시키는 갈등을 정면에서 다루지 못하게 하는 불쾌한 문화적 습관들의 결과가 아니다. 그것은 오히려 기술적 요인과 제도적 요인의 상대적으로 깨지기 쉽고 복잡한——이 취약성은 복잡성에서 나왔다——결합의 결과이다.

위의 사례에서 끌어낼 수 있는 결론들은 다음과 같다. ① 사회적 영역에는 엄격한 결정론에 복종하는 과정이 분명히 존재한다. 이 경우 모노폴 행위자들의 행동은 정확히 예측될 수 있다. ② 이러한 유형의 과정이 나타나는 것은, 행위자들이 처해 있는 조건에서 그들의 상호작용에 따라 규정된 전략적 공간들이 모두 다 최소한으로 축소되었을 때이다. ③ 어떤 과정의 폐쇄된 성격은 언제나 조건들의 복잡한 체계에 밀접하게 의존한다. 위 명제들의 논리적 결론에 따르면, 조건들 중 어느 하나라도 바뀌면 그 과정은 닫힌 과정이기를 멈출 수 있다. 그리고 더 이상 행위자들의 행동도 결정되거나 예측이 가능하지 않을 수 있다.

여기에서 부차적으로 주목할 사실은, 크로지에가 자신의 분석에서 끌어낸 결론에 대하여, 제3장에서 헤이건의 이론에 대해 우리가 이미 제시했던 것과 유사한 논평을 할 수 있다는 것이다. 모노폴의 '봉쇄'는 이러한 암호 형태의 이름으로 묘사된 상호작용 체계의 특징들과 명백히 밀접한 관계가 있다. 따라서 위의 분석을 토대로 이 문제에 대한 직접적인 논의를 피하고, 그것을 원하지 않으면서도 위기의 형태로밖에는 해결될 수 없는 봉쇄상황을 불러일으키는 것이 프랑스 사람들의 특별한 성향——문화적 기원——때문이라는 주장은 성립되지 않는다. 바꾸어 말하면 모노폴의 '봉쇄'는 경험적으로 재발견될 수 있는 일반적 과정의 특수한 사례로 간주되어서는 안 된다.

닫힌 과정을 특징짓는 '강요된 선택'의 상황은 존재론적이건 과학적이건 어떠한 우위도 누리지 못하고 있다. 그것이 **존재론적** 우위를 누리지 못하는 이유는, 만약 강요된 선택의 상황이 존재한다면, 진정한 선택의 상황 또한 존재하기 때문이다. 그것이 어떠한 **과학적** 우위도 누리지 못하는 이유는 결국 과학적 관점에서 보았을 때 강요된 선택의 상황만이 유일한 흥미로운 것이라고 말할 근거가 없기 때문이다. 조건들의 집합이 결정영역의 최소한이 아닌 축소상황에 이르게 한다는 것을 보여주는 것은, 또 다른 전체 조건들이 최소한의 축소상황에 이르게 한다는 것을 보여주는 것보다 과학적으로 덜 흥미로운 일이 아니다.

어떤 게임이 닫혀져 있다는 것을 확인하고 그 이유를 설명하는 것은, 또 다른 게임이 열려 있고 그 이유를 설명하는 것보다 더 '과학적인' 것도 아니고 덜 '과학적인' 것도 아니다. 물론 결정론이 없이는 과학이 있을 수 없다고 주장한다면 그것은 예외적 문제제기이다. 이 경우, 술주정뱅이가 그곳이 밝다는 이유로 가로등 아래에서 열쇠를 찾듯이, 연구자가 닫힌 과정을 집중적으로 연구하는 이유는 그것이 학문적으로 더 흥미 있어서가 아니라 예측하기가 더 쉽기 때문이다.

앞의 여러 장에서 언급된 몇 가지 연구는 열린 과정에 대한 사례를 보여준다. 벵골에 관한 바두리의 연구나 도어[4]의 일본 농업의 변화에 관한 연구가 그 대표적인 사례이다. 이 마지막 연구를 간단히 다시 회상해보자.

19세기 말 일본 정부가 지주들의 생산성을 높이는 데 전념하고 있었을 때, 처음에 그 정책의 성공 여부는 분명하지 않았다. 그 까닭은 지대의 조정과 관련된 당시의 관행들이 지주에게 투자할 수도 있고, 투자하

---

4) 이 책의 제4·5장 참조.

지 않을 수도 있는 충분한 이유들을 제공했기 때문이다. 투자할 경우, 생산성을 올림으로써 그는 수확이 나쁜 해에 소작료를 낮출 때 생길 결손액을 다시 흡수하리라고 기대할 수 있다. 투자하지 않을 경우, 투자를 해서 좋을 것이 없는 것이, 수확이 좋으면 그들은 소작료를 올릴 수 없도록 미리 약속이 되어 있기 때문이다. 상황의 논리는 두 가지 선택 대안이 있는 영역을 만들었다. 즉 투자하거나 투자하지 않는 것이 그것이다. 지주는 정부가 보조금을 제공한다는 사실을 무시할 수 없었다. 따라서 선택을 해야만 한다. 동시에 상황의 논리가 그러하기 때문에, 각자는 이 두 가지 대안 중 어느 하나를 선택할 충분한 이유가 있었다.

이 사례가 우선적으로 증명해 보인 것은──만약 그러한 증명이 필요하다면──상황의 논리는 선택 대안들 전체를 분명히 정의해주지만, 이 대안들 중 앞질러서 어느 하나를 결정해주지는 못한다. '책임 있는' 지위에 있는 개인행위의 경우, 이 명제는 일반적으로 받아들여진다. 그러나 사회과학 그리고 경제학이나 사회학이 다루는 '작은 결정들'의 경우, 이 명제는 받아들이기가 쉽지 않다. 이 경우 사람들은 그 선택이 일반적으로 상황의 논리나 전통에 따라 강요되었다는 사실을 인정하는 경향이 있다. 그렇지 않을 경우, 그러한 선택은 아무런 학문적 흥미도 유발하지 못한다. 그러나 그것은 형이상학적 명제이다. 제한된 선택공간이라는 특징을 띤 과정들은 오히려 예외이다. 나는 도대체 무슨 원칙 때문에 이러한 과정들만이 연구할 가치가 있는지를 이해할 수 없다.

두 번째 명제는, 어떤 선택공간의 열리거나 닫힌 성격은 분석의 기본적 요인이라는 점이다. 만약 우리가 일본 지주들이 열린 상황에 처해 있었다는 점을 보지 못한다면, 객관적으로 똑같은 상황에 있었는데 왜 어떤 사람은 투자를 했고, 다른 사람은 투자를 하지 않는가를 사람들은 이해하지 못한다. 그리고 이데올로기와 신념의 영향력도 이해하지 못하게 된다. 이데올로기와 신념은 행위자에게 어떠어떠한 행동지침을 선택할 이유들을 제공할 수 있다. 왜냐하면 상황의 논리가 열려진 공간을 창조하기 때문이다. 그렇지 않다면 이데올로기와 신념은 분명히 제한된 영향력만을 가졌을 것이다. 간단히 말해서, 도어가 관찰한 사실 전체는, 전체 조건 C가 열려진 공간을 창조했다는 점을 이해해야만 설명될 수 있다. 사회적 과정이 불확실하다는 것을 인정하는 것은 그러한 상황을 분석하는 데 필요조건이다.

혁신과 사회변동

우리가 사회변동에 관한 결정론적 표상을 받아들일 수 없는 첫 번째 중요한 이유는 열린 과정의 존재 때문이다. 또 다른 이유는, 행위는 미리 결정된 대안들 사이에서 선택하는 형태를 취해야만 하는 것은 아니고, 마찬가지로 혁신적인 형태를 취할 수도 있기 때문이다. 이것에 대해 사람들은 혁신이 반드시 결정론적 구조에 장애를 가져오는 것은 아니라고 반박한다. 왜냐하면 혁신은 항상 어떤 요구에 응하는 것이기 때문이다("만약 네가 나를 발견했다면, 너는 나를 찾지 않았을 것이다"). 이 생각에 의하면, $t+1$의 시점에서 채택된 혁신은 t 시점에서 만들어진 요구에 대한 응답이기 때문에, 요구를 아는 것은 혁신을 예측하는 것이다. 그러나 혁신이 분명히 제기된 요구에 응답하는 상황과, 혁신이 모호한 문제에 대한 특수한 응답으로 생각되어야만 하는 상황은 구분해야 한다. 후자의 경우 혁신은 대체로 예측 불가능할 수 있고 '단절'을 낳는 것처럼 보일 수 있다.

확실히, 어떤 체계에 의해 혁신이 받아들여지기 위해서는 그 체계가 혁신을 받아들일 능력이 있어야 한다. 더 정확히 말하면, 혁신이 특정한 행위자들에게 행복한 결과를 가져다주는 것처럼 보여야 한다. 또한 이 행위자들이 혁신의 도입비용을 부담할 수 있어야 한다. 따라서 어떤 체계가 혁신을 채택하는 것(또는 채택하지 않는 것)은 그 체계의 특징들의 함수이다.

린턴(Linton)[5]이 상기시켜주듯이, 신발을 사용할 줄 모르는 사회에 삽을 강요하기는 어렵다. 마찬가지로, 금속보습을 갖춘 쟁기가 처음으로 사용된 것은 최소한의 인구밀도를 지닌 지역에서였다는 것을 화이트[6]는 잘 보여주고 있다. 바퀴 없는 쟁기보다 더 위력이 센 금속보습쟁기는 땅을 더 풍요롭고 기름지게 개간하는 것을 가능하게 했다. 따라서 이 쟁기는 현저한 생산성의 증가를 보장해줄 수 있었다. 그러나 그 쟁기는 또한 더 많은 에너지를 소비했다. 왜냐하면 힘센 소 여러 마리가 그것을 끌어야 했기 때문이다. 화이트가 연구한 시기(중세 유럽)의 농업발달과 생활수준은, 보통의 농민이 금속보습쟁기를 사용하기 위해 필수적인 동물 에너지를 보유하지 못한 상태였다. 따라서 이 금속쟁기는 농부들이 연합하여 소들로 하여금 쟁기를 끌게 할 수 있는 지역인 비교적 인구밀도가 높은 곳에서 채택되었다.

이 사례들의 경우, 기술혁신의 도입은 그 체계가 지닌 특징들의 함수임이 분명하다. 그러나 그렇다고 해서 그 체계의 특징들만으로 기술변동을 설명하기에 충분하다는 결론이 위의 사례들로부터 나오는 것은 아니다. 금속쟁기를 사용하기 위해서는 그것이 계획되어야 하고 또 사람들이 그것을 제작할 줄 알아야 한다. 따라서 기술혁신을 채택하는 것은 그것이 체계의 요구와 일치할 때에만 가능하다는 사실만으로는, 기술혁신의 확산을 그 체계의 특징들의 단순한 결과로 보기에 충분하지 않다.

5) R. Linton, "Cultural and Personality Factors Affecting Economic Growth," in B. Hoselitz(red.), *The Progress of Underdeveloped Areas*, Chicago, University of Chicago Press, 1952, pp.73~88.

6) L. White, *Technologie médiévale et transformations sociales*, Paris, Mouton, 1969(*Medieval Technology and Social Change*, Oxford, Clarendon Press, 1962).

혁신이 도입되기 위해서는 동시에 요구에 부합되는 공급도 존재해야 한다. 그런데 수요가 반드시 공급에 영향을 끼치는 것은 아니다.

어떤 기술혁신의 등장은 앞의 사례들보다는 때때로 더 밀접하게 그 체제의 특징들에 의존하며, 기술혁신의 요구는 직접적으로 공급에 영향을 주는 것으로 생각할 수 있는 것이 사실이다. 이 경우 기술혁신의 등장과 확산은 하나의 내생적 과정을 형성하는 것으로 생각될 수 있다. 예측할 수 없는 측면들이 있긴 하지만, 이 경우 기술혁신은 그 체계의 특징의 결과로 생각될 수 있다.

18세기 영국에서[7] 최초의 방직기의 등장은 직물공장을 창조했다. 그러나 이 작업장들의 수익성은 직물공이 섬유를 얼마만큼 쉽게 공급받는가에 달려 있었다. 그런데 섬유는 전통적으로 농가에서 생산되었고, 제사작업(filature)은 분명히 농부의 활동 가운데 하나였다. 특정 기간 동안 직물공이 실을 짜는 작업장과 실을 생산해내는 작업장을 연결했을 때, 필요한 섬유를 얻는 것이 불가능했다. 제사작업의 생산성이 빈약하므로 섬유의 생산비용도 지나칠 정도로 비쌌다.

따라서 그렇게 형성된 '장애물'은 직물공들의 정확한 수요를 형성하게 되었는데, 이 수요는 응답을 받을 수밖에 없었다. 그 응답이 바로 기술혁신이다. 더 짧은 시간에 더 많은 면직섬유를 생산하는 기계를 발명하는 사람은 누구든 성공이 보장되어 있었다. 이와 같은 경우, 그 체계는 특정한 행위자들로 하여금 분명한 요구를 형성하게 만든다. 확실히, 이 요구가 처음 나타났을 때는 섬유 생산성을 증대시킬 수 있는 기술발명을 세세하게 예측하기가 불가능했다. 그렇지 않다면 어떻게 발명을 이야기할 수 있겠는가? 그러나 사람들은 조만간 직물공들의 요구에 맞

---

7) N. Smelser, *Social Change in the Industrial Revolution*, London, Routledge and Kegan Paul, 1959, 1967.

는 한 가지 또는 여러 가지 기술혁신이 나타날 것이라는 사실을 합리적으로 예측할 수 있었다.

기술혁신이 결정론적인 사회변동관과 불일치하는 것은 아니라고 주장하는 사람들에게는 이러한 종류의 사례가 존재하는 것이 하나의 행운이다. 어떤 경우 기술혁신은 확실한 수요에 응답하는 공급의 성격을 분명히 띠고 있으며, 따라서 이 수요의 결과로 생각될 수 있다. 수요 자체가 체계의 '구조'에서 나오기 때문에, 모든 기술혁신은 그 체계의 구조의 결과로 생각될 수 있다. 섬유생산체계의 생산성증대라는 '문제'에 특정한 기술적 해결책이 주어져왔는가를 아는 것은 역사학자나 사회학자·경제학자에게 별로 중요하지 않다. 그들에게 중요한 유일한 사실은 이 생산성의 증가가 긴박한 수요에 대응했다는 것이며, 그것이 배타적으로 기술적인 대답만을 포함하고 있다는 것이다.

그러나 이 사례가 아주 흥미롭기는 해도, 그것은 특별한 경우라는 사실을 다시 한 번 지적해두기로 하자. 금속쟁기의 사례는 다르다. 여기에서 공급은 수요의 결과로 생각될 수 없다. 공급은 독립적으로 이루어지고 그 자신의 적응적 가치에 따라 고려된다. 게다가 화이트가 제시하는 모든 사례는 똑같은 도식에 복종한다. 즉 그것이 금속보습쟁기이든 재갈이든 아니면 4사이클 모터이든 간에, 기술혁신은 마치 인구 변화처럼 나타난다.[8] 만약 이 기술혁신이 어떤 적응적 가치를 지닌다면(예컨대 그것이 생산성증대를 허용한다면), 그리고 만약 그것이 받아들일 만하다면(만약 그것을 사용하기 위해 필요한 요구조건들이 불가능한 것이 아니라면) 그 기술혁신은 선택될 것이다. 그러나 그 적응적 가치를 정의하기가 더 어려운 기술혁신의 사례들도 있다.

---

8) M.J. Farrell, "Some Elementary Selection Processes in Economics," *Review of Economic Studies*, XXXVII, 1970, pp.305~319.

콜먼[9]은 도덕적 인격의 개념이 특정 요구에 부합되는 법률적 혁신이라는 점을 주장한다. 그렇지만 그 개념이 이러한 요구들로만 환원될 수는 없다는 것을 강조하는데, 이것은 정당한 지적이다. 이 개념은 사람들 사이의 교환을 촉진시킴으로써 적응적 효력을 갖게 되었다. 그러나 이 효력이 소를 사용하는 농업에서 재갈의 가치만큼 쉽게 정의될 수 있는 것은 아니다.

영·미권 국가의 '노동조합원만 고용하는 사업장'(closed shop)[10]과 같은 조직의 혁신도 마찬가지이다. 이 새로운 조직은 강요되었다. 이 조직은 그것이 노동운동으로 하여금 영향력을 확장하도록 허용하는 한, 적응적 가치를 지닐 수도 있다. 그러나 그것이 받아들여지는 것은, 그것이 노동조합 조직에 어떠한 이익을 줄 뿐만 아니라 상황적 요인들의 결과로서 간주될 때이다. 한편 또 다른 유명한 혁신의 사례인 레닌식 정당의 확산과정을 변화-선택의 도식으로 이해하기는 아주 어렵다.

여기서 우리는 이 논의를 더 깊이 다루지 않고, 단지 몇 가지 중요한 점을 지적하는 것으로 만족하고자 한다. 우선 앞의 사례들이 보여주듯 비록 그 구분이 실제로는 이상적 상태로 남아 있어야만 하는 것은 사실이지만, 우리는 여러 가지 유형의 혁신을 구분할 줄 알아야 한다. 물론, 나는 특정한 혁신이 어떤 유형에 속하는가를 결정하는 것은 어려울 수 있다고 말하고 싶다. 그러나 내가 보기에 이러한 유형들의 존재와 그것들이 가져다주는 구분의 적절성은 아주 중요하다.

어떤 혁신은 아주 분명한 요구에 대한 것으로 놀랄 필요가 없는 대답들(기술적인 측면은 제외하고)이다. 이러한 혁신은 사회과정에 대한 결정론적 시각과 조화될 수 있다. 그것들의 등장은 특정 수요의 결과이

---

9) J. Coleman, *Resources for Social Change*, New York, Wiley, 1971.
10) 이 용어는 노동조합이 일자리를 통제한다는 뜻이다.

기 때문에, 이 기술혁신들은 그 체계의 특징으로부터 나온 것으로 생각될 수 있다. 또 다른 혁신은 차라리 돌연변이와 비슷하다. 그것들은 체계에 의해 만들어진 것이 아니라 체계에 의해(더 정확히 말하면 체계에 소속된 어떤 행위자들에 의해) 논란의 여지가 없는 적응적 가치를 지닌 것으로 선택된 것이다. 이 경우, t 시점에서 기술혁신의 선택은 (부분적으로) t-1 시점에 존재했던 이 체계의 특징들의 결과이다. 예를 들어 금속쟁기는 비록 그것이 알려져 있어도 인구밀도가 낮은 곳에서는 채택되지 않을 것이다. 그러나 여기에서는 공급이 수요에서 독립되어 있다. 또 다른 경우도, 혁신은 어떤 수요의 결과이거나 어떤 수요에 응답하는 것으로 생각될 수 없다.

그 밖에 혁신의 유형을 더 복잡하게 구분하고, 수요와 **적응적 가치**를 구분할 필요가 있다. 예를 들어 나는 어떤 혁신에 대해 묵시적인 요구를 하지 않은 상태에서도, 그 혁신이 흥미롭다고 느낄 수 있다. 또한 이러한 이념형들 사이에 중간유형이 있을 수 있다. 물론 특정한 혁신이 적응적 가치에 따라 '선택된다'는 사실이 그 혁신이 다른 '해결책'보다 더 낫다는 것을 의미하지는 않는다. 클로즈드숍(closed shop)은 노동조합들에는 적응적 가치가 있다. 그것은 다루기 힘든 고객들을 잡아두는 것을 가능하게 한다. 그러나 물론 그 밖의 다른 '해결책'들도 가능하며, 아마도 그것들이 '상황에 더 잘 어울리는' 것인지도 모른다.

이상하게도 사회과학자들은 혁신을 첫 번째 유형으로 간주하고 거기에서 내생적 요구에 대한 응답을 주로 보는 경향이 있다. 그러나 그 내생적 요구가 명시적이건 묵시적이건 그것은 중요하지 않다. 그 내생적 요구가 명시적인 경우, 우리는 그것을 수요라고 부른다. 그 요구가 묵시적인 경우, 고려하고 있는 문제와 참조하는 지적 전통에 따라 사람들은 그것을 차라리 기능적 요구, 역기능, 모순, 장애물 또는 구조적 요구라고 부른다.

우리는 구트문트 헤르네스(Gudmund Hernes)[11]의 중요한 논문에서 이러한 사고성향을 잘 표현하는 특정 사례를 볼 수 있다. 여기에서 혁신은 기능적 요구 또는 구조적 요구에 대한 일반적인 응답으로 제시된다.

기능적 요구는 앞에서 언급한 영국 직물기계의 발달에 대한 사례로 설명될 수 있다. 구조적 요구는, 헤르네스가 수(數)의 역사를 예로 들어서 설명하고 있다. $X = 2-4$라는 등식을 양수들만 있는 체계(반면 이 체계에서 $X = 4-2$는 즉각적인 해답이 있다)에서 풀 수 없다는 사실은 음수들(nombres négatifs)의 발명을 **설명해줄** 것이다. 정수들만 포함하는 체계에서 $X = 2:4$라는 등식(반면 $X = 4:2$는 이 체계에서 즉각적인 해답이 있다)을 풀 수 없다는 사실은, 마찬가지로 '유리수'가 발명된 원인이다. 따라서 수의 역사는 내생적 변화과정으로 생각될 수 있는데, 그 과정은 각 단계마다 전단계 과정의 **구조적** 요구에 따라 움직여진다.

사실 헤르네스가 정립할 것을 주장하는 인과적 귀속은 귀납적인 합리화에서 나온 것이다. 즉 헤르네스는 현대 수학이 가져다준 수의 형태로 수의 역사를 다시 쓴 것이다.

집합론의 정의에서, 사실 음수가 양수보다 더 신비로운 것은 아니다. 그러나 이 신비로움을 없애는 것은 완전히 형식주의적인 수의 개념을 전제한다. 그런데 이 개념은 현대적 혁신이다. 바꾸어 말하면 음수를 양수처럼 '자연스러운' 것으로 생각하거나 '유리수'를 정수만큼이나 '자연스러운' 것으로 생각하려면, 수학적 구조가 실제세계에 적용될 수 있다는 것을 완벽히 잊을 수 있어야 한다.

그러나 실제세계로부터 수학이 자율성을 갖게 된 것은 단순한 과정

---

11) G. Hernes, "Structural Change in Social Processes," *American Journal of Sociology*, LXXXII, 3, 1976, pp.513~547.

이 아니다. 바로 이러한 이유 때문에 때때로 몇 세기 후에나 '구조적 필요성'(예를 들어 정수의 집합으로는 X = 2 : 4라는 등식에 해답을 주는 것이 불가능하다는 데에서 비롯된다)이 충족되었던 것이다. 이 관점의 신선함을 재발견하기 위해서는, 헤겔[12]이 다음 생각에 대해 가졌던 놀라움을 확인하는 것으로 충분하다. 그 생각이란, 어떤 항목을 방정식의 한 변에서 또 다른 변으로 옮겨도 부호를 바꾸는 한 그 등식은 바뀌지 않는다는 것이다. 이 작업은 그에게 '변증법'이라는 불명료한 법칙들의 한 사례처럼 보였다.

한편 생물학자 개럿 하딘(Garret Hardin)[13]은 그의 시사적인 논문에서 똑같은 논리로, 파업권의 발명은 권력의 '긍정적 피드백'에 대한 일종의 자연적인 응답으로 간주되어야 한다고 주장한다. 자본가들의 권력을 확인한 후 대항권력——이는 구조적 필요성의 결과인가? 또는 기능적 필요성의 결과인가?——을 세워야 한다. 혁신이 도입되어야 하고, 그것은 체계의 명시적 요구에 일치한다. 비록 이것이 사후의 합리화라고 할지라도, 그것을 확신하기 위해서는, 우리에게 너무나 '당연한' 혁신이 자본주의체제에 조예가 깊었던 관찰자이자 분석가인 리카도(Ricardo)에게조차도 결코 예상되지 않았다는 점을 주목하는 것만으로 충분하다.

사실 임금의 철칙은 노동자들이 임금인상 압력을 위해 연합함을 생각하지 않는다는 점을 전제한다. 왜 리카도는 그의 '철의 법칙'——라살(Lassalle)의 표현을 빌리면——이 노동조합의 대항권력의 등장에 따라 타당성을 잃을 위험이 있다는 사실을 인식하지 못했을까? 그 이유는 아

---

12) G.W.F. Hegel, *Wissenschaft der Logik*, Leipzig, Willy Kolbe, vol. I, Part 2, chap. 1, 2(*Hegel's Science of Logic*, London, George Allen and Unwin, 1967, vol. I, Part 2, chap. 1, 2).

13) G. Hardin, "The Cybernetics of Competition," *op. cit.*

마도 연합이라는 개념이 그와 그의 많은 동시대 사람들의 머리에서 옛 동업조합을 연상시켰고, 각자는 거기에서 시대에 뒤진 사회조직의 형태를 보는 데 의견이 일치했기 때문이다.[14] 어쨌든 임금철칙이—그 명제 자체로서—보여주는 것은, 리카도가 대항권력이 존재하지 않는 것으로 여기거나, 하딘의 사이버네틱 용어를 다시 빌리면, 권력의 긍정적 피드백(feed back)을 수정하려는 부정적 피드백의 부재를 '당연한' 것으로 여겼기 때문이다. 오늘날 하딘은 권력에 대한 부정적 피드백의 등장을 오히려 '당연한' 것으로 생각한다. 위의 사실이 증명해 보여주는 것은, 특정 혁신을 명시적이거나 묵시적인 요구에 대한 단순한 응답으로 간주하거나 구조적 또는 기능적 '필요'의 결과로 생각하기 전에, 그것을 더 신중하게 생각해볼 필요가 있다는 것이다.

내가 보기에 이러한 잘못된 해석을 부추기는 세 가지 마귀가 있다. 첫째는 일반화의 마귀이다. 실제로 특정 요구의 결과인 혁신이 존재한다. 그렇다면 모든 종류의 혁신이 이러한 유형에 속하지 않을 이유가 어디에 있겠는가?

둘째는 결정론적인 마귀이다. 즉 특정 체계에서 관찰된 사물의 모든 상태는 그전 사물의 상태에 의해 결정된다는 것이다. 그러나 이러한 설명은 18세기 영국에서 방직기의 등장을 설명할 때는 받아들일 만하지만, 중세 유럽에서 금속쟁기의 등장을 설명하기에는 부적합하다. 혁신이 체계의 어떤 특징들에 의해 받아들여지는 것은 사실이다. 그러나 혁신 그 자체는 체계 자체로부터는 설명할 수 없는 일종의 구세주 같은

---

14) 1791년 르 샤플리에(Le Chapelier)법은 노동자들이 '이른바 그들의 공통적 이익'을 옹호하기 위해서 모임을 형성하는 것을 금지했다. 동업조합에 대한 추억이 유럽과 같은 비중을 갖지 못한 미국에서는 1792년 필라델피아에서 처음으로 노동조합이 결성되었다.

극적인 사건이다. 그리고 공급은 수요의 결과가 아니다. 하물며 레닌식 정당의 혁신과 같은 경우 결정론적 설명틀은 받아들이기 어렵다.

셋째는 자생주의적 마귀이다(니스벳). 이 주장에 따르면 모든 체계는 닫혀 있다. 따라서 모든 변동은 '끝까지 분석해보면' 그 '심오한' 원인들을 체계 자체의 구조 속에 가지고 있다. '끝까지 분석해보면' 모든 혁신은 하나의 기능적 필요에 대한 응답이다. 이 명제는 아마도 파슨스[15]의 사고체계에도 완벽하게 없다고는 말하기 어려울 것이다. 그에 의하면 혁신이란 특정 체계 안에서 갑자기 생긴 불균형에 대한 하나의 응답이다. 그러나 이 설명틀은 특정한 경우에만 받아들일 수 있다.

아마도 슘페터는 경제사회학의 걸작들 가운데 하나인 『경기순환론』(*Business Cycles*)에서 혁신에 관한 모든 **구조적** 이론이 불충분하다는 사실을 가장 잘 강조한 저자일 것이다. 영국의 산업화의 경우 튜더 왕가나 스튜어트 왕가 치하의 산업가들이 사용한 **발명품**은 흔히 외국에서 빌려온 것이었다. 광산에서 펌프 작업을 위해 사용된 것은 독일 방식이었으며, 철과 강철의 생산양식을 변형시킨 것은 독일이나 네덜란드에서 들여온 기술이었다. 사용된 에너지는 주로 나무에서 얻었기 때문에, 철과 강철 생산의 증가는 특히 나무값을 올려놓았을 뿐만 아니라 숲을 보호하는 여러 조치를 만들게 했다.

여기에서 혁신은 환경에 의해 만들어진 요구에 대한 응답이 아니었다. 예를 들어 그것은 생산자로 하여금 생산성을 증가시켰을지도 모르는, 시장의 사전 확장의 결과가 아니었다. 혁신은 오히려, 기업가들이 전에는 수입되던 물건을 현장에서 생산하고 외국에서 개발된 생산방법을 빌리기로 결정했다는 사실에서 비롯된 것이다. 그렇게 함으로써 그

---

15) T. Parsons, *Société. Essais sur leur dévolution comparée*, Paris, Dunod, 1966, 1973, chap. 2(T. Parsons, *The Evolution of Societies*, Englewood Cliffs and London, Prentice Hall, 1902, chap. 2).

들은 체계의 균형을 깨뜨렸으며(예를 들어 나무가 귀해졌다), 다른 행위자들의 적응반응을 불러일으켰고, 그들로 하여금 다른 기술혁신을 개발할 수 있는 기회를 제공했다. 경우에 따라서는 어떤 혁신(예를 들어 숲의 보호조치)의 결과에 대한 환경의 저항이 또 다른 혁신의 등장을 촉진시킬 수도 있다. 따라서 오랫동안 유리제조산업 같은 특정 산업에서만 사용되어왔던 석탄을 나무에 대체시키는 것은 길고 복잡한 사회과정에서 나타났는데, 이 과정의 요인들 가운데 하나가 나무의 고갈이었다.

그의 분석에서 슘페터가 제기하는 문제는, 혁신이 비록 환경적 요인에 기반을 두고는 있지만 그것에서 기계적으로 나오는 것은 아니라는 점이다. 그것은 마치 특정 전략의 결과가 환경적 요인에서 기계적으로 나오지 않는 것과 마찬가지이다. 왜냐하면 환경은 포착될 수도 있고 그렇지 않을 수도 있는 기회를 제공하기 때문이다. 여기서 우리가 또 한 번 강조하고 싶은 점은, 환경을 특징짓는 요인들은 쿠르노적 의미에서 독립적인 사건의 만남의 결과로 생각되어야 한다는 것이다. 따라서 스튜어트 시대의 철 생산자는 한편으로는 싼값의 에너지(나무)를 얻을 수 있었고 또 한편으로는 외국에서 개발된 방법들을 빌려올 수 있는 상황에 처해 있었다.

혁신에 대한 이러한 전략적이고도 상호작용론적인 개념——우리는 이 개념에 '구조적' 개념을 대비시킬 수 있다——은 또 다른 한 가지 중요한 결론을 안겨준다. 그 결론이란 시간적·공간적으로 커다란 규모의 사회변동과정을 찾아내고 그것을 지배적 요인들의 결과로 삼는 것을 목표로 하는 모든 분석은, 일반적으로 단순한 환상에 불과하다는 것이다. 슘페터가 빈정거리는 태도로 지적했듯이, 원한다면 우리는 '영국의 산업혁명'이라는 표현을 사용할 수 있다. 그러나 그러기 위해서는 단어의 함정에 빠지지 말고 이 '혁명'을 몇 가지 간단한 원인으로 설명할 수 있는 '단절된' 현상으로 생각하지 말아야 한다. 그리고 이 '사건'이나 '단절'이 18세기에서 19세기에 이르는 기간에 전개된 것이라는 사실을 분명히 이해해야 한다.

우리가 이미 보았듯이, 똑같은 논평이 앞에서 논의된 콜롬비아나 일본의 발전 사례에도 적용된다. 비록 분명히 정의된 과정에 관한 것이기는 하지만, 헤이건의 분석과 마찬가지로 도어의 분석도 거대한 규모에 대한 분석에서 잠정적 한계를 안고 있다. 그리고 앞에서 논의한 허시먼의 브라질에 관한 분석도 마찬가지이다. 이 논평들은 사회변동과정을 지배적 요인—'종속' '문화변동' '장애요인의 해소' '시장의 확장' '계급투쟁' '정치조직의 특징들' 등—으로 설명할 것을 주장하는 모든 이론을 실격시키기에 충분한 자격을 지니고 있다.

사회변동에서 우연의 위치

일반적으로 사회과학자들은 우연을 달갑지 않은 손님으로 간주한다. 그렇지만 우연은 어디에나 존재한다. 그러나 사람들은 일반적으로 그것을 숨기고, 잊으려 하며, 경우에 따라서는 그 존재를 부정하려 한다. 그것에 부여해야 할 존재론적 양태에 대해서는 다양한 의견이 존재한다. 어떤 의견은 그것에 존재와 객관성을 부여한다. 그러나 대부분의 사람들은 거기에서 무지의 단순한 부산물을 본다. 즉 어떤 현상이 부분적으로 불확실하다는 인상을 받는 이유는, 그 현상을 결정짓는 모든 '변수'에 접하지 못했기 때문이라고 생각한다.

그러나 비록 우연의 존재양태에 관한 의견이 분분하기는 해도, 사회과학이나 더 넓은 학문분야에서 관찰할 수 있고 거의 의견 일치를 보는 한 가지 사실이 있다. 즉 지식의 관점에서 볼 때 우연은 그 본질상 아무런 학문적 흥미도 제공하지 못한다는 생각이다. 특정 사건이 우연 때문에 일어났다는 사실이 사회학자 또는 경제학자 아니면 일반적으로 문제되는 사건이 일어난 이유를 이해하는 데 관심을 갖는 사람에게 어떻게 흥미를 느끼게 할 수 있을까? 그것이 우연 때문이라는 사실을 확인하는 것은, 그것이 그 무엇에도 기인하지 않거나 아니면 최소한 우리가 그 원인을 모른다는 사실을 고백하는 것이 아닐까?

사실 우연은 정말로 존재할 뿐만 아니라, 만약 우리가 수많은 현상을 설명하기를 원한다면 그것의 존재를 인정하는 것이 중요하다.

레닌주의에 관한 훌륭한 책에서 콜라(Colas)[16]는 레닌이 평생 동안 사회질서와 사회조직에 대한 오케스트라 같은 표상에 의해 지배되었다는 점을 설득력 있게 보여준다. 테일러주의(Taylorisme)를 찬양하고 음악가들이 오케스트라 지휘자의 지휘봉에 복종하는 온순함에 매혹되었던 레닌은, 마찬가지로 자본주의 기업과 거기에 존재하는 질서와 규율의 유혹을 받았으며, 거기에서 각자가 자신의 임무를 수행하는 시계 같은 정확성에 마음이 끌렸다. 이렇게 보면, 레닌의 마르크스주의에 대한 주된 기여가 대중을 안내하고 계몽하고 조직하는 정당이론이었던 것은 놀라운 일이 아니다. 음악가들이 오케스트라 지휘자 없이 연주할 수 없는 것과 마찬가지로, 노동자들도 경영자 없이 복잡한 상품을 생산해낼 수 없다. 마찬가지로 에너지를 연합시키고 활동을 조직하는 정당 없이는, 대중의 혁명적 열정은 잠재적인 상태로 남아 있을 수밖에 없다.

마르크스가 망설인 이 문제에서 레닌은 해결책을 제시한다. 즉 정당이 먼저 결성되어야만 하고, 그 정당이 대중을 인도하며, 그들의 활동에 방향을 제시하고, 그들에게 하나의 교리를 부여해야만 한다는 것이다. 레닌의 책들에 대한 꼼꼼하고 뛰어난 분석을 바탕으로, 콜라는 레

---

16) D. Colas, *Le léninisme*, Paris, PUF, 1982.

닌의 책『무엇을 할 것인가』에서 레닌의 저서와 강연의 연속성을 실제로 찾아낼 수 있다는 것을 보여준다. 그 연속성이란 대중을 안내하고 계몽해야 한다는 그의 정치적 주장뿐만 아니라, 이 주장이 의존하고 있는 사회질서에 대한 그의 표상이다. 오케스트라에 대한 이미지, 테일러주의에 대한 찬양, 군대 같은 훈련에 대한 동의, 현대 공장의 분업과 섬세한 조정에 대한 호감은 레닌 저작 전반의 중심사상으로 다시 나타난다. 한편, 이와 함께 레닌은 나중에 후학들이 독립경영제도라고 부르게 되는 제도에 대한 불신을 신랄하게 표현하면서, '히스테리적'으로 표현될 수밖에 없는 집단적 자발성에는 별 관심이 없다는 것을 보여주었다.

콜라는 '저자'에 대한 심리학적 접근을 거부했는데, 이것은 깊이 숙고한 주제이다. 그는 또한 레닌의 주장을 정치적 맥락 속에 위치시키기를 거부했다. 그는 레닌의 주장에서 중심사상을 뽑아내고, 그것이 조직적이며 일관성과 안정성을 지니고 있다는 사실을 보여주는 것으로 만족했다. 그 연구대상이 행동하는 인간이요 역사를 만든 사람일진대, 그러한 작업은 과감한 도박 같은 것이었다.

그러나 그의 주장은 근거가 있었다. 레닌의 주장은 20년 동안 실제로 고정되고 반복적인 것으로 드러났다. 물론 실용주의와 기회주의가 그로 하여금 실천적 문제에 대해 변화된 입장을 취하게 한 것은 틀림없었다. 그러나 기본적인 논리와 당의 역할, 사회조직의 원칙과 정치활동의 효율성에 대한 그의 주장은 놀라울 정도로 고정되어 있었으며 변화하는 상황에 거의 완벽하게 무감각했다. 콜라는 자신의 저서에서 독자들에게 자신이 세운 가설의 타당성을 아주 능숙하게 설득시키고 있다. 그 가설에 따르면 레닌의 정치적 행동과 정치적 교리는『무엇을 할 것인가?』이후 놀라울 정도로 안정되어 있는 세계와 사회질서에 관한 표상 체계의 산물이라는 것이다.

그러나 레닌은 그전에는 다른 모습을 보여주고 있었다.

그보다 몇 년 전, 실제로 레닌은 『무엇을 할 것인가?』에 정면으로 대립되는 주장을 전개했다. 그 주장은 아마도 그의 신념체계의 표현인지도 모른다. 그것들은 또한—우리가 곧 보겠지만—쿠르노 효과, 즉 서로 독립된 인과관계적 사건의 만남이다. 우리가 알고 있듯이, 쿠르노는 이 개념을 간단한 사례들의 도움을 받아 설명하고 있다. 그 사례란, 지붕에서 떨어진 기와가 지나가는 어떤 사람을 다치게 한 경우이다. 기와가 떨어지는 것은 확실히 미리 예정되어 있었다. 왜냐하면 잘못 놓여 있었기 때문에, 바람만 조금 불어도 그렇게 떨어질 수밖에 없었던 것이다. 그 통행자가 지붕 밑을 지나갔다는 사실도 쉽게 이해할 수 있는 인과관계의 산물이다. 그는 이날도 다른 날과 마찬가지로 문제의 지붕 밑을 지나서 일을 보러 가고 있었다. 여기에서 우리는 두 가지 인과관계적 사건을 상대하게 된다. 그러나 쿠르노에 따르면, 그들의 만남은 어떠한 인과관계의 산물도 아니다. 왜냐하면 그 어느 것도 사람이 지붕 밑을 지나갈 때 기와가 떨어지도록 강요하지 않았기 때문이다.

어떤 저자가 특정 개념을 설명하기 위해 단순하고 전문적인 사례를 사용하는 것은, 종종 문제시되는 개념의 적용범위를 독자들에게 잘못 인식시키는 결과를 가져오기도 한다. 그것이 바로 쿠르노 이론과 같은 성격을 지닌 이론의 운명이다. 비록 그것을 인정한다 해도, 사람들은 때때로 그 개념이 별로 흥미가 없는 경우에만 적용된다고 믿고 싶어 한다. 그가 그 개념을 설명하기 위해 사용한 사례도 마찬가지이다. 반대로 레닌의 경우가 우리에게 가르쳐주는 것은, 만약 사회변동 분석가가 그의 의사와 원칙에 반대되는 신의 섭리의 손길을 끌어들이기를 원하지 않는다면, 그는 쿠르노의 우연이론을 항상 머릿속에 간직하고 있어야 할 이유가 있다는 것이다.

1895년 레닌은 지식인계급의 역할이 "노동계급을 따라가고, 그들을 계몽시키며, 그들이 참여하고 있는 투쟁에서 그들을 돕는 일"[17]에 한정되어야 한다고 주장했다. 왜 그랬을까? 그 답을 생각해내기는 어렵지 않다. 그러기 위해서는 1895년 러시아의 정치·경제적 상황을 검토하는 것으로 충분하다. 1890년에 러시아의 산업발달은 아주 현저했다. 이것을 잘 보여준 것은 특히 거센크론(Gerschenkron)이었다.[18]

그 무렵 외국의 투자는 중요했고 실업률은 낮았다. 급격한 경제성장기에 흔히 일어나듯이 그때는 파업이 많이 일어났다. 파업은 처음에는 큰 도시나 모스크바의 소규모 수공업적 기업노동자들이 일으켰지만, 그다음에 곧 대규모산업 노동자들에게까지 확산되었다. 물론 노동자들은 기꺼이 지식인들의 도움을 요청하고, 조직과 선전에 관한 한 그들의 도움을 얻을 수 있었다. 그러나 동시에 그들은 몇 년 전의 인민봉기를 생각해내고, 그 당시 극단적인 지식인들이 정치 테러에 의해 역사의 흐름을 결정된 방향으로 끌고 나가려 했던 것을 회상했다. 그들은 이러한 이유 때문에 (그리고 또 다른 이유들 때문에) 지식인들에 대해 어느 정도 경계하는 태도를 보여주었다.

그 당시의 경제상황, 노동자들의 투쟁 강도, 지식인들에 대한 노동자들의 신중한 태도는 레닌과 같은 참여 지식인으로 하여금 노동자들에게 혁명주체 '이론'을 강요하는 데 각각 부분적으로 기여했다. 그 이론에 의하면, 노동자들은 사회변동의 주요 행위자들이다. 왜냐하면 노동자들의 투쟁은 노동자들의 일이기 때문이다. 지식인들은 보조적인 역할을 함으로써만 노동운동의 성공에 기여할 수 있다. 직업정치가이면서 동시에 지식인이었던 레닌은 당연히 지식인과 노동자 사이의 관계 문제에 의견을 표시하게 되었다. 그는 자신의 모든 영향력이 단절될 것을 두려워했

---

17) R. Brym, *Intellectuals and Politics*, London, George Allen and Unwin, 1980.
18) A. Gerschenkron, *Economic Backwardness in Historical Perspective*, Cambridge, Harvard University Press, 1962.

기 때문에 상황이 강요하는 '이론'에서 멀어질 수가 없었다.

그것이 기회주의였을까? 그러한 가설은 불필요할 정도로 지나치게 단순화된 것이다. 레닌은 그 무렵 일반적으로 받아들여지고 있거나 노동자들 사이에서 널리 퍼져 있던 노동운동 '이론'을 선택할 이유가 분명히 있었다. 몇 년 뒤 그가 반대 주장을 펼칠 때, 그는 노동자들에 대한 모든 영향력을 포기했다. 그러나 또 한편으로 그는 실제로 그것을 믿었을 가능성이 있다. 러시아의 급격한 산업발전과정에서 비롯된 사회변동은 즉각적으로 느낄 수 있는 것이었다. 파업의 대중적 성격도 마찬가지이다. 그러한 상황에서는 노예상태의 무관심한 대중을 계몽하고 지도하는 지식인에 관한 인민주의이론을 공개적으로 표현하는 것이 어려웠을 뿐만 아니라, 그것을 믿는 것조차도 어려웠을 것이다.

몇 년 뒤 중요한 경기침체가 나타났다. 그전 시기의 경제적 호황과 노동운동의 중요성에도 불구하고, 노동자들은 현저하게 집단적 또는 개인적 재화를 축적할 수 있는 조직의 수준에도, 충분한 임금수준에도 이르지 못하고 있었다. 결과적으로 노동자들의 봉기는 급격히 쇠퇴했고, 그다음에는 소멸했다. 전체로서의 노동자들은 정치적 행위보다는 그들의 일자리와 자원을 지키는 일에 더 관심을 집중했다. 새로운 상황적 위기는 노동자들로 하여금 항의와 집단행동보다는 개인적 이익을 옹호하는 행동을 취하게 만들었다. 역사는 더 이상 노동계급에 의해 움직이는 것처럼 보이지 않았다.

동시에—그리고 이 두 현상 사이에 밀접한 관계없이—계몽된 지식인들은 또 한편에서 '계급적' 행동을 보여주었다. 경제성장은 학생 수의 증가를 촉진시켰다. 차르 권력의 탄압의 대상이었던 상트페테르부르크의 학생들은 봉기하기 시작했으며, 여기에 또 다른 봉기들이 가세했다. 이때부터 폭력과 탄압의 주기가 시작되었다. 학생들은 점차 인기집단이 되었으며, 그들 주위에는 모든 종류의 불평분자뿐만 아니라 그 당시 정치체제와 의견을 달리하는 많은 사람들이 집결했다. 그럼으로써 1901년에는 역사가 노동계급에 의해서라기보다는 오히려 계몽된 지식인들에 의해 움직이는 것처럼 보였다. 권력에 대한 저항은 그들로부터 왔다. 게다가 19세기 내내 학생들은 정치적으로 중요한 역할을 해왔다. 그들은 심오한 정치·사회적 변동을 야기한 운동의 핵심을 형성했던 것이다.

레닌이 『무엇을 할 것인가?』라는 책을 쓴 것은 바로 이러한 특별한 상황에서였다. 거기에서 그는 의식화한 노동자와 그렇지 못한 노동자를 구분한다. 이제부터 그는 노동운동의 조직에서 지식인들에게 중요한 역할을 부여한다. 그리고 마지막으로 계몽된 엘리트와 무의식적 대중을 구분함으로써, 중앙집권적이고 권위주의적인 행동원칙을 끌어낸다. 이제부터 역사는 이러한 시각에서 이해되었다. 이 원칙은 강요되었고, 사실 속에 들어 있었다. 『무엇을 할 것인가?』는 실제로 러시아 사회민주주의 조직을 지배하는 원칙을 기술한 것이다.

그런데 제1차 세계대전이 일어나기 몇 년 전 상황은 다시 바뀌었으며, 파업이 다시 나타났다. 그 특별한 상황은 1901년이나 1902년과 같은 영향력을 행사하지는 못했다. 이제부터 사회민주주의는 레닌주의의 원칙에 의해 조직된 정당이지, 더 이상 이제 막 태어난 정치조직이 아니었다. 따라서 1912년에 레닌은 노동계급의 자발적인 혁명적 성격을 말로는 인정했으나, 실제로는 정당생활에서 특정한 형태의 민주주의를 유지하는 데 만족했다. 그러나 조직의 원리는 바뀌지 않았다. 전쟁은 노동자들을 무수히 죽이면서 볼셰비키 조직의 정착을 허용했는데, 그 조직은 그 후 오랜 기간 동안 엄격한 형태를 띠고 있었다.

만약 우리가 쿠르노 효과의 존재를 러시아 역사 전체에서 보지 못한다면, 나는 이 모든 역사를 이해하는 것은 불가능하다고 믿는다. 1895년대의 노동운동은 물론 설명할 수 없는 사건들이 아니다. 19세기 말의 경기침체 이후 이 운동이 약화되거나 20세기 초반에 학생운동이 소생한 것도 마찬가지이다. 그러나 우리가 비록 인과관계적 고리들을 쉽게 밝혀낼 수 있는 것은 사실이지만, 그 고리들 전체가 다 인과관계적으로 연결되어 있는 것은 아니다. 물론 산업화는 노동운동의 등장과 이 운동을 내세우는 정당의 출현을 설명해준다. 그러나 어떠한 필연성도, 이스크리스트(iskristes)*들로 하여금 노동운동이 가장 저조한 **상황**에서 그들의 조직기반을 마련하도록 강요하지는 않았다. 그들 사이의 부분적 연결은 이해할 수 있는 것이었다. 그들의 만남 역시 이해할 수 있는 것이었다.

그렇지만 이 사건들이 **동시적으로** 연결되었다는 사실이 엄격한 결정론의 산물은 아니다. 따라서 사건 발달의 다른 단계에서보다는 특정 단계에서 어떤 사건이 또 다른 사건과 만났다는 사실은 중요하고도 돌이킬 수 없는 결과를 불러온다. 어떠한 필연성도, 노동운동과 학생운동은 동시에 일어난다든지 특정한 운동의 발전은 다른 운동이 소멸했을 때 이루어진다는 사실을 함축하지 않는다. 이 두 현상은 각각 그 자체로 설명될 수 있는 것이다. 그러나 그것들의 연관관계에는 아무런 필연성도 없다. 그들 중 어느 하나도 다른 하나의 원인이 아니다. 그 현상들은 결정된 질서대로 연속적으로 발생하도록 미리 예정되지 않았다.

앞에서 소개한 역사는 전형적인 구조를 띠고 있는데, 우리는 그러한 유형을 사회 과정에 관한 분석에서 아주 흔하게 다시 찾아볼 수 있다. 인과관계 AcB(A는 B의 원인이다)는 전체 질서 AcBcCc……를 구성하지 않는다. 그러한 인과관계는 부분적 질서(AcBcC 그리고 BcD)

---

*1900~1905년 정당 월간지 『이스크라』의 제작에 참여한 러시아 사회민주주의 정당의 구성원을 가리킨다.

조차도 형성하지 못한다. 그것은 부분적인 인과관계의 집합 AcB, CcD 등을 구성할 뿐이다. 어느 순간 이러한 부분적 인과관계의 공존은 그 자체로 존재하는 효과를 낳는다. 그것의 성격은 사건들 사이의 동시성에 의존하는데, 그 동시성은 나중에 경험적으로 확인될 수는 있지만 일반적으로는 예측이 불가능하다.

그러므로, 우연이 **아무것도** 아닌 것은 아니다. 그것은 실제 관찰자에게 **나타나는**, 원인-결과라는 사슬관계의 전체가 취할 수 있는 하나의 특수한 **형태**이다. 이 사슬관계의 어떤 것은 전체 질서의 형태를 띠지만(성냥불이 화재를 불러일으키고, 그것이 소방수들을 오게 한다) 또 다른 것은 부분적 질서의 형태를 띤다(성냥불이 화재를 불러일으키고, 그것이 또한 그것을 쥐고 있는 사람에게 고통의 비명을 불러일으킨다). 또 다른 사슬관계는 우연적 관계들을 포함한다. 연속적 사건, "A는 B의 원인이고, B는 C의 원인이다"는 또 다른 연속적 사건 "P는 Q의 원인이고, Q는 R의 원인이다"와 동시에 일어난다. 그러나 B와 P 사이에, B와 Q 사이에 또는 C와 Q 사이에 동시화현상이 생길지는 아무도 예측할 수 없다. 따라서 우리는 이 세 가지 사건들 BP, BQ 또는 CQ 중 어느 것이 실현될지 예측할 수 없다. 즉 세 가지 사건은 아주 다른 결과를 가져올 수도 있는 것이다.

이렇게 보면 우연은 존재하는 것이며, 이 점에서 우리는 단순하면서도 심오한 쿠르노의 개념을 충실히 따를 수 있다. 그러기 위해서 우리는 우연을 하나의 실체나 변수 또는 변수들의 집합으로 간주할 것이 아니라, 그것들이 관찰자에게 나타나는 그대로의 인과적 사슬이 어떤 집합적 특징을 지니는 **구조**로 보아야 한다. 어쨌든 우리는 우연을 "완전히 부정적이고 공허하기 때문에 과학적 흥미를 지니지 못한 개념"과는 다른 식으로 해석할 수 있어야 한다(톰).[19]

레닌이 『무엇을 할 것인가?』에서 전개한 주장들은 아마도 그가 몇 년

전에 제기했던 주장들보다 그의 인간성에 더 잘 부합되는 것이었다. 어쩌면 레닌은 항상, 우선은 무의식적으로, 그다음에는 의식적으로, 사회질서에 관한 오케스트라적 질서관을 지니고 있었는지도 모른다. 그러나 그것은 분명히 일부분에 불과한, 그리고 아마도 극히 작은 일부의 역사에 불과한 것이다. 우리는 어째서 레닌주의가 권위주의적인 모습으로 강요되었는가를 이해하기 위해서, 그 교리가 형성되어왔던 특별한 (우발적) 상황을 고려할 필요가 있다.

　우연 때문에 생겨난 사건은 일반적으로 거의 학문적 흥미를 끌지 못한다. 그러나 특정 사건 또는 현상이나 과정을 이해하기 위해서 우연의 위치를 고려하는 것은 필수적이다. 나의 행위 가운데 어떤 것은 본질적으로 나의 인성구조에 의해 설명된다. 그러나 다른 행위는 사람들이 내가 특별한 상황 속에 있었다는 것을 파악해야만 이해될 수 있다. 그렇지만 내가 이 상황 속에 있기 위한 어떠한 필연성도 없었던 것이다. 그러나 그 내용을 모르는 외부 관찰자는 내가 왜 그런 식으로 행동했는가를 이해할 수 없는지도 모른다. 마찬가지로, 레닌이 처했던 특별한 상황을 파악하지 못하면 우리는 레닌의 행동과 입장을 이해할 수 없다.

---

19) 톰(R. Thom)은 패러다임을 확장함으로써 우발성이 때때로 제거될 수 있다는 사실을 주목하는데, 이것은 정당하다(톰과의 개인적인 대화). 따라서 심리학이 더 발달했다면 우리는 비슷한 상황에서의 다른 반응들을 더 잘 설명할 수 있었을 것이다. 그러나 다음의 사실이 또 남게 된다. 나는 이것이 쿠르노가 주장하려던 바라고 믿는다. 즉 어떤 사건들이 동시에 일어나는 이유를 설명하기 위해서는 무한정으로 이중적인 회귀작업을 해야 하는데, 이것은 영원히 불가능한 일이며, 과학이 아무리 발전한다 해도 마찬가지이다.

제7장 무질서의 사회학적 위치

　글을 매듭지어야 할 때가 온 것 같다. 사회변동이론 밑에 숨겨져 있는 프로그램은 대체로 니스벳의 분석대로 실패인 것으로 드러났다. 항상 다시 시작되어왔던 첫 번째 동인(動因)의 탐구는 아무 결과도 없이 끝났다. 그것이 절대적 법칙이건 조건적 법칙이건 간에 사회변동의 법칙은 거의 의미가 없는 것이다. 구조적 법칙은 수많은 예외 때문에 고통을 받고 있다. 그렇다고 니스벳처럼 대부분의 사회과학에 공통인 이 프로그램이 사형선고를 받은 것이라고까지 주장해야만 할까? 정치학이론이나 경제학이론은 사실에 따라 반박당할 운명에 있는 것일까? 아니면 역사학과 구분되지 않는 것일까?

　나는 이 결론이 지나치며, 문제는 오히려 그 프로그램의 논리적 지위를 명시하는 것이라고 믿는다. 니스벳의 입장과 관련해서는 비록 그것이 사회변동이론의 실패에서 영감을 얻은 것이라 해도, 그 입장 또한 사회현상에 관한 설명을 하는 데서 랑케(Ranke)가 그의 시대에 강요하려고 했던 사실주의적 개념에 니스벳이 집착했기 때문에 나왔다는 사실을 잘 알아야 한다. 게다가 사회사상사는 여기에서 아주 흥미로운 방황을 하고 있다. 왜냐하면 독일 고전사회학인 베버와 짐멜의 사회학이 정립된 것은 바로 랑케의 사실주의에 대항해서였기 때문이다.

가정과 확인된 사실

사회변동이론들은 흔히 논리적 일탈이라는 특징을 가장 먼저 보여준다. 그 이유는 그 이론들이 지엽적 **사실**의 확인으로써 간주되어야만 하는 명제를 일반적 적용 가능성을 지닌 **가설**로 다루기 때문이다.

이 경우 **결정된** 과정들—우리는 그 예들을 앞에서 보았다—이 존재하게 된다. 즉 $t+1$ 시점의 과정들의 상태는 t 시점에서 그들의 상태로부터 결정될 수 있다는 것이다. 그러나 이러한 특징은 일반적이지 않다. 오히려 이 특징은 그 과정의 구조에 의존한다. 이 특징이 나타나기 위해서는 행위자들이 닫힌 상황 속에 있다는 조건 전체가 존재하거나 지속되어야 한다.

물론 행위자들이 항상 닫힌 상황에만 있는 것은 아니다. 행위자가 일련의 대안에 직면해 있으면서도, 그것들 중 어느 하나를 선택해야 할 결정적인 이유를 갖지 못하는 **열린** 상황 역시 존재한다. 또한 특정 행위자로 하여금 그 안에서 혁신을 만들어내도록 격려하는 상황도 존재한다. 그러나 혁신이 특정한 수요에서 생겨서 그 내용이 대체로 결정되는 경우는 일반적이라기보다는 특수한 것이다. 어떤 경우, 혁신은 부분적으로만 체계의 요구에 의존한다. 또 다른 경우, 혁신은 체계의 요구로부터 완전히 독립적이다.

따라서 **구조적 요구**나 **기능적 요구**와 같은 개념들은 유용하지만 동시에 위험을 포함하고 있다. 그 위험이란, 일반적으로 특정한 구조적 요구에는 여러 가지 반응이 존재하며 어떤 혁신은 어떠한 요구에도 응답하지 못함을 보지 못하는 것이다. 결국 특정한 혁신은 대체로 쿠르노 효과의 등장에 의존한다. 여기에서 『무엇을 할 것인가?』의 사례를 다시한 번 생각해보자. 20세기의 중요한 사회혁신 중의 하나였던 레닌식 정당은, 만약 우리가 그것이 등장했던 정치사회적 특수 **환경**을 고려하지 않는다면 설명될 수 없다.

그러므로 사회변동의 경우 결정론은 필수적인 가정이 아니라, 경우에 따라 제기할 수도 있고 하지 않을 수도 있는 **사실** 확인에 불과하다. 그것은 지식의 조건이 아니라 어떤 과정에만 있는 특별한 속성이며, 그 속성의 존재 여부는 과정의 구조에 의존한다. 이러한 작업에서 필수적인 유일한 가정은——흔히 있어온 주장과는 반대로——결정론이 사실에 의해 확인될 수도 있지만 확인되지 않을 수도 있음을 인정하는 것이다.

이 두 번째 가능성을 인정하지 못할 때, 우리는 특정 사실을 이해하지 못하게 된다. 따라서 만약 일본 지주들이 A와 B의 두 대안 중 어느 하나를 선택할 수밖에 없었으며, A나 B를 선택할 충분한 이유가 있었던 상황이었다는 사실을 알지 못한다면, 우리는 그들의 행동에 미친 계몽철학의 영향력을 이해할 수 없을 것이다.[1) 또 중농주의자들의 교훈이 담긴 교육을 받았던 농민들이 그들의 교리를 따르지 않았던 충분한 이유를 모르면, 우리는 농민들이 받은 교육의 유형(전통적/근대적)과 그들의 행동(전통/혁신) 사이의 **빈약한** 상관관계를 이해하지 못하게 된다.

앞 장에서 내가 옹호하려 했던 인식론적 모델인, **적용사례가 분명히 명시된 결정론**이나 잘 절제된 결정론은 사회과학자들 사이에서 거의 의견일치를 얻지 못하고 있다. 우리는 이들 사이에서 더 빈번하게 두 가지 입장을 만나게 된다. 첫 번째 입장이 주장하는 것은, 불확정성이 본래 주관적 성격을 띠고 있다는 것이다. 즉 그것은 정보를 얻는 데 필요한 지나치게 비싼 비용과 어떤 현상에 책임이 있는 모든 변수를 관찰자가 확인하거나 관찰하는 것이 불가능하다는 사실에서 비롯된다. 두 번째 입장이 주장하는 것은, 오직 결정론적 성격을 띤 과정들만이

---

1) 제5장을 볼 것.

사회학자, 경제학자 또는 정치학자들에게 흥미를 준다는 것이다. 한 가지 점에서 니스벳은 분명히 옳다. 피아제의 용어를 빌리면, **법칙 추구적 소명**을 가진 사회학자들이나 다른 전공자들은 주로 내생적 사회 변동과정에만 관심을 쏟거나 아니면 모든 변동과정이 내생적이기를 바란다. 그 어느 경우이건, 그들은 내생적 과정은 본질상 t+1 시점에서의 상태가 t 시점에서의 상태에 따라 결정되는 과정이라는 사실을 인정한다.

내가 볼 때, 특정 변동과정의 불확정성은 항상 주관적이라는 첫 번째 입장은 지지하기 어렵다. 그 이유는 이 입장은 열려진 상황이 존재할 수 있다는 단순한 관찰된 사실과, 혁신이 항상 어떤 수요에 따라 엄격히 결정되는 것은 아니라는 사실을 부정하기 때문이다. 한편, 학문적 관심과 결정론을 연결시키는 두 번째 입장은, 비록 겉으로는 더 신중한 것 같지만 현실에 기반을 두고 있지 못하다. 나는 특정 상황이 닫혀 있음을 보여주는 것보다 열려 있음을 보여주는 것이 무슨 이유에서 학문적으로 덜 흥미로워야 하며, 어떤 혁신이 특별한 요구로부터 나왔다는 점을 보여주는 것보다 부분적으로 쿠르노 효과의 존재에 의해 설명될 수 있다는 점을 보여주는 것이 어째서 덜 흥미로운 것인지 이해할 수 없다.

사회변동이론이 일반적인 대답을 가져온다고 주장하는 모든 질문에 대해서도 똑같은 **발상의 전환**이 되는 질문이 제기되어야만 한다. 사회변동은 본질적으로 사회화 메커니즘의 산물이라고 주장하는 이론이 특정 가치에 우선권을 부여하는 것도 바람직하지 못한 가정이다. 사회적 가치의 중요성은 사람들이 그것에 관심을 가지는 과정에 의존한다. 결정론과 마찬가지로, 사회적 가치의 중요성은 우리가 관심을 기울이는 과정의 구조에 대한 함수이다. 사회적 가치는 경우에 따라 우리가 중요하게 고려해야 할 '변수'가 될 수도 있고 그렇지 않을 수도 있다. 사회적 가치는 경우에 따라 첫 번째 요인이 될 수도 있고 두 번째 요인이 될 수도 있다.

인도 남부 지방의 관개시설 효과에 관한 엡스타인의 연구에 따르면, 사회적 가치가 변동에 끼친 영향은 부차적이었다.[2] 마르크스의 용어를 사용한다면, 우리는 그 과정이 '유물론적' 해석영역에 속한다고 말할 수 있을 것이다. 여기에서 사회적 가치의 변동은 생산력과 생산관계에서 나온 변동의 산물이다. 관개시설이 달레나 농민들의 토지에까지는 도달하지 못했기 때문에, 이 농민들은 관개시설의 도움을 받아 토지의 수확량을 늘릴 수 없었다. 그러나 인접한 토지의 관개시설에 의해 만들어진 주민운동들은, 적어도 그들 중 가장 부유한 사람들에게 잉여자금을 건설사업·교통사업 또는 서비스 부문에 투자할 수 있는 기회를 주었다. 이 새로운 활동은 그들로 하여금 그 이후 도시 사람들과 영속적인 관계를 맺도록 만들었다. 그 결과 그들은 도시에서 통용되는 지위의 상징을 받아들이게 되었다.

한편, 달레나 지역에 사는 최하층민은 만성적 실업상태에 있었다. 그런데 관개시설의 설립과 더불어 그들에게도 도시에서 직장을 얻거나 서비스 부문에서 일할 수 있는 기회가 주어졌다. 반면 그들의 '공동체 의식'은 약해졌다. 이러한 상황은 그들이 출생신분에 따라 채용되는 것이 아니라 능력에 따라 채용되며, 모든 지역에서 온 개인들로 구성된 팀에서 일하게 됨에 따라 더 심해졌다. 관개시설에 의해 간접적으로 야기된 사회구조 붕괴의 결과, 달레나 마을 사람들은 범인도적인 신에게 더 큰 중요성을 부여하고 지역신을 무시하기 시작했다. 이 경우 모든 분석이 엄격히 '유물론적' 원칙에 따라 행해질 수 있다. 반대로 일본에 관한 도어의 연구는 오히려 '유심론적' 모델이 적합함을 보여준다. 즉

---

2) 제4장을 볼 것.

네덜란드 사람들이 중농주의 이데올로기를 도입하지 않았다면 일본의 발달사는 분명히 달라졌을 것이다.

한편, 또 다른 경우에는 사회변동과정에서 이념이나 가치의 일차적 또는 이차적 성격을 결정하는 것이 불가능하다. 베버—트레버-로퍼 이론에 따르면, 칼뱅주의적 세계관은 기업정신을 장려한다. 그러나 그것의 매력과 영향력은 동시에 가톨릭의 반종교개혁 정책이 현지 기업가들에게 강요한 어려움과 장애물의 결과이다. 이 경우 일차적이건 부수적이건 가치와 이념의 위치가 분명히 결정적인 것은 아니다. 오히려 마지막 경우처럼 그 위치가 결정되지 않은 경우가 있다. 반대로 사회적 가치의 위치는 우리가 연구하고 있는 과정의 구조의 함수이며, 흔히 비결정적인 것처럼 보인다.

사회변동과정에서 갈등의 중요성도 마찬가지이다. 그 중요성 역시 연구되고 있는 과정의 구조의 함수로 간주되어야 한다. 물론 전체 행위자들을 서로 대립시키는 상황도 존재한다. 따라서 당장의 이익만 고려할 때 이윤과 임금을 배분하는 것은 '제로섬 게임'이다. 왜냐하면 이윤이 높아질수록 임금은 낮아지고, 그 반대도 마찬가지이기 때문이다. 그러나 시간이 지나면 임금인상의 목표를 가진 노동조합의 압력은 생산성을 자극하고, 임금과 이윤의 증대에 동시에 기여할 수도 있다. 우리가 사회과정에 부여하는 잠정적 조건에 따라 임금과 이윤 사이의 갈등은 이해관계가 정면으로 대립된 '게임'처럼 나타날 수도 있고, 비록 이 협조가 비자발적인 것이라 할지라도 갈등요인이 불가피하게 협동요인과 혼합되어 서로 협력하게 만드는 '게임'처럼 나타날 수도 있다.

그렇지만 사회변동과정에서 갈등의 중요성에 관한 문제를 연구할 때, 우리는 무엇보다 다음의 두 가지 사실을 강조해야 한다. 첫째, 계급 개념은 계급 간의 갈등을 전제하지 않는다는 것이다. 이 명제는 마르크스에 의해 의도하지 않은 방식으로 증명되었다. 그는 부르주아계급이 봉건귀족계급을 대체하게 된 것은 부르주아계급이 투쟁에서 승리했기 때문이 아니라, 오히려 식물계에서 발견할 수 있는 사례들과 같은 과정의 결과임을 주목한다. 신세계에서 온 귀금속의 유입은 부르주아계급을 부유하게 하고 봉건귀족계급을 가난하게 만들었는데, 이것은 마치 기후변화가 특정 식물의 종의 발달을 촉진하고 또 다른 종의 성장을 저해하는 것과 마찬가지이다. 비록 그 과정의 끝에 가서는 어느 한 종이 다른 종을 '지배'하기는 하지만, 마르크스의 이야기를 믿는다면, 그 두 종 사이에 갈등은 없었다. 마찬가지로 봉건귀족계급과 부르주아계급 사이에 진정한 갈등은 없었다. 어쨌든 이 경우 갈등의 개념과, 19세기 중반 프롤레타리아계급과 부르주아계급 사이 갈등의 경우는 그 의미가 다르다. 이 생각은 다음과 같은 용어로 표현될 수 있다. 즉 우리가 갈등, 특히 계급갈등에 결정적 중요성을 부여할 수 있는 경우는 그것에 무한정으로 확장될 수 있는 의미를 부여하고, 이 개념의 은유적 사용과 비은유적 사용 사이의 구분을 거부할 때이다.

내가 강조하려는 두 번째 사실은—그러나 이것이 평범한 사실이기 때문에 논의하기가 조금은 부끄럽다—중요한 사회변동이 갈등을 수반하지 않고도 이루어질 수 있다는 점이다. 엡스타인의 연구는 다시 한 번 이 논평의 적실성을 예시해준다. 즉 관개시설이 각자의 상황을 바꾸어놓았으며, 그 상황에 대해 각자는 이해관계에 따라 최선을 다해 반응을 보였다. 이러한 개인적 전략들의 집합의 결과로 심오한 사회변동이 일어났다. 이 지역에서는 전통적 사회구조가 강화되고, 또 다른 지역에서는 그러한 사회구조가 파괴되었다. 한쪽에서는 사회구조가 재생산되었고, 또 다른 쪽에서는 사회변화가 일어났다. 그러나 이 경우 사회변화가 일어난 것이나 일어나지 않는 것도 결코 갈등의 결과는 아니다.

한편, 베버의 이론에 대한 통속적인 해석은 칼뱅주의가 자본주의의 발전에 끼친 영향력을 설명할 때 갈등의 중요성을 과소평가하고 있다. 마르크스 이론에 대한 통속적 해석(여기에 마르크스 자신이 크게 기여했다)은 봉건주의에서 자본주의로 향하는 '변화과정'에서 갈등의 중요성을 과대평가하고 있다. 파레토의 용어를 빌리면 이러한 해석들의 존재와 영향력은 사회변동이론이 흔히 잔기*(résidus)에 옷을 입힌 파생물(dérivations)이라는 것을 잘 보여준다. 즉 그것들은 현실을 설명하기보다는 현실이 인간의 감정과 열정에 봉사하도록 만든다.

이렇게 보면 사회과정은 사회학자들이 주장하는 것처럼 반드시 내생적인 것도 아니고, 니스벳이 주장하는 것처럼 반드시 외생적일 필요도 없다. 다시 말해서 이 두 특징들 중 어느 하나를 특정 과정의 속성 탓으로 돌리는 것은 **이론적 가정**에 해당하는 것이 아니라 사실 확인에 속한다. 특정 사회과정은 내생적인 것으로 다루어질 수 있다. 스멜서 (Smelser)가 18세기 영국 섬유산업의 발전과정을 분석하면서, 그것이 산업발전의 장애요인의 결과로 이루어졌다는 것을 보여준 것이 대표적인 사례이다.

마찬가지로, 방직기의 등장은 섬유배급을 가속화하는 것을 허용하는 혁신에 대한 요구를 낳았다. 그리고 이 기술혁신은 또 다른 결과를 가져왔다. 이때부터 점진적으로 섬유 생산은 농장에서보다는 작업장에서 이루어졌다. 직물짜기의 기계화, 제사작업의 기계화는 주민들의 이주운동을 불러일으켰다.

---

*잔기(résidus)는 파레토가 그의 저서 『일반사회학강요』(1917)에서 사용한 용어로, 인간 본능에 뿌리박고 있는 불변적인 인간행위의 기본동인을 말한다. 그리고 파생물(dérivations)은 이 행위를 합리화하는 가변적인 언설이나 주장을 가리킨다.

물론 이러한 예를 토대로 모든 진화적 과정이 장애물의 해소, '역기능' 또는 '모순'의 해소에서 생긴다는 결론을 끌어내서는 안 된다. 사실 어떤 진화과정은 외생적이다. 반면 또 다른 사회변동과정은 외생적이면서 내생적이라고 할 수 있다. 즉 특정 단계에서 그 과정의 발전이 그때까지 수동적으로 남아 있던 행위자들의 반응을 불러일으킬 수 있는 것이다. 이 두 가지 범주에 일치하는 사례들은 쉽게 상상해볼 수 있다. 북동부 지역의 문제를 해결하기 위한 브라질 행정부의 시도는 외생적 사회변동의 한 예이다.[3] 마찬가지로, 중세 유럽에서 금속쟁기가 등장한 것도 연쇄반응을 불러일으킨 외생적 사회변동의 한 사례이다. 망드라스가 그의 대표적 연구에서 보여주었듯이, 잡종 옥수수의 도입도 연쇄반응을 불러일으킨 외생적 사회변동의 또 다른 사례이다.[4]

마찬가지로 나는 내생적이면서 동시에 외생적인 사회변동과정의 여러 사례도 앞에서 언급했다. 양차 세계대전 사이 미국 노동조합에서 발전한 '고의적이 아닌' 인종차별주의는 여론과 정치단체의 반발을 불러일으켰다. 그 반발이 눈에 띌 정도가 되고 그것을 더 이상 무시하거나 노동조합 내부의 일로 다루는 것이 불가능해졌을 때, 미국 사회의 기본적 가치와 모순되는 차별적 관행에 대한 비난은 지식인들과 정치인들에게 이용할 가치가 있는 주제가 되었다. 전자는 가치를 수호하는 데 주의할 것을 주장했고, 후자는 거기에서 자기들을 돋보이게 하고 고객을 확보할 기회를 발견할 수 있었다.

이러한 과정은 정말로 내생적이면서 동시에 외생적이다. 첫 번째 단계에서, 노동조합의 관행은 네 가지 범주의 행위자로 구성된 체계 내부에 내생적인 소용돌이효과를 불러일으킨다. 이들 네 범주의 행위자란

---

3) 제5장을 볼 것.
4) 제2장과 제6장을 볼 것.

기업가, 백인노동자, 흑인노동자, 노동조합 관계자이다. 소용돌이효과가 이제까지 체계 밖에 있던 외부 행위자들의 개입을 불러일으키는 것은 그것이·어느 한계를 넘어섰을 때이다.[5]

마찬가지로 제2차 세계대전 직후 농·식료품 산업의 발전은 제품의 획일화를 가져왔고 식료품 생산의 질을 떨어뜨렸다. 이 상황에 직면해서 소비자는 행동할 수단이 없었다. 무엇보다 그는 대규모의 원자화한 집단에 속해 있었기 때문이다. 결과적으로 그가 항의를 위한 집합행동에 참여하는 데 드는 비용은 비싸고, 그 이익은 빈약한 것이었다. 큰 규모의 '잠재' 집단에 속한 한 개인의 항의가 어떤 비중을 차지할 수 있겠는가? 이러한 유형의 상황에서 항의는 추천할 만한 전략이 못 된다. 또 한편으로 소비자는 탈퇴 또는 배반(허시먼의 의미로는 탈출) 전략에 호소할 수가 없었다. 왜냐하면 그러한 품질저하는 어디에서나 한결같았기 때문이다. 그 이유는 각 생산자는 경쟁상태에 있는 다른 생산자들이 같은 생산품을 생산하기 시작한 순간부터 제품생산을 산업화할 수밖에 없었기 때문이다. 이 경우, 소비자는 공급자를 바꿀 수 없다. 그것은 아무 데도 도움이 안 된다.

지금까지 우리는 엄밀한 의미의 내생적 과정을 언급했다. 생산자들은 스스로 유지되는 메커니즘의 효과에 의해 생산물을 산업화하도록 자극을 받았다. 이 메커니즘은 부정적이면서도 내생적인 피드백을 낳을 가능성이 거의 없었다. 왜냐하면 소비자들은 그들이 처한 상황의 구조 때문에 항의를 한다든지 이탈하는 방법에 호소할 가능성이 실제로 없었기 때문이다. 앞의 사례와 마찬가지로, **역기능** 또는 **모순**은 한편으로는 소비자집단, 또 한편으로는 생산자집단에 의해 구성된 체계 밖에 있는 행위자들의 등장으로 해결될 수 있다.

---

5) 제5장을 볼 것.

물론 그러기 위해서 이 행위자들은 존재하고, 또 개입할 수 있는 능력과 동기를 가지고 있어야 한다. 이 세 가지 조건이 반드시 갖추어지지 않으면 부정적·외생적 피드백은 나타나지 않을 수도 있다. 앞의 경우와 마찬가지로 특정 '기업가들'이 잠재적 불만집단을 이용할 생각을 가질 수 있는 것이다. 물론 이 기업가들은 앞에서 언급한 범주와는 다른 범주의 행위자들 중에서 충원될 가능성이 크다. 왜냐하면 이들의 역할은 불만을 이용하는 것이지, 중요한 가치와 모순되는 관행을 부정하는 것은 아니기 때문이다.

요약하면, 우리가 특정 과정——(A_t, B_t, ……, P_t) → (A'_{t+k}, B'_{t+k}, ……, P'_{t+k})——을 분석할 때, 여러 가지 유형의 사례가 나타날 수 있다. 첫 번째 경우, 행위자들 또는 전체 행위자들 a_1, a_2, ……, a_n이 t 시점에서 A_t, B_t, ……, P_t라는 현상을 결과로서 낳는다. 이 현상은 또 다른 결과를 포함한다. 즉 이 현상은 상황을 바꾸는데——아니면 경우에 따라서 상황의 유지에 기여한다——, 그 상황 속에는 특정 범주의 행위자들이 존재한다. 따라서 이들은 그들의 행동을 수정하고, t+k 시점에서는 결과 A'_{t+k}, B'_{t+k}, ……, P'_{t+k}를 낳는다. 이 과정은 순전히 내생적이다. 기능주의 전통과 마찬가지로, 마르크스 전통이 가장 크게 주목하는 것은 이러한 유형의 과정이다.

(A_t, B_t, ……, P_t)→(A'_{t+k}, B'_{t+k}, ……, P'_{t+k})의 과정이 t 시점의 전체집합 a_1, a_2, ……, a_n에 포함되지 않은 행위자 또는 전체 행위자들의 개입에 따라 설명되어야만 할 때, 우리는 외생적 변동과정을 다루는 것이다. 더 상세히 말해서 이 과정은 외생적-내생적(exogène-endogène) 과정이거나 **외생적 기원**의 과정이다.

그 과정이 우선 내생적이고 행위자 집단들 a_1, a_2, ……, a_n이 t와 t+k의 어떤 순간에 상호작용체계에 관여되지 않은 행위자들(예를 들어 a_p)의 반응을 불러일으킬 때, t+k 시점에서 그 과정의 상태를 설명하기 위해서는 이 개입을 염두에 두는 것이 필수적이다. 이때 이 과정을 우리는 내생적-외생적(endogène-exogène)이라고 말할 수 있다.

물론 우리는 이러한 구분에 반대할 수 있다. 특정 체계의 경계는 자연적 사실이 아니다. 왜 처음부터 행위자들 a_1, a_2, ……, a_n뿐만 아니라 a_p까지 포함하는 어떤 체계를 정의하지 않는가? 이 경우, 그 과정은 완전히 내생적인 것으로 생각될 수 있다. 그러나 그렇게 함으로써 우리는 기본적 구분을 잃어버린다. 게다가 우리는 체계에 의해 생긴 역기능이나 모순을 사회변동의 유일한 원인으로 간주할 위험이 있다. 그런데 반응이 있기 위해서는 그 반응을 나타낼 기질이나 이해관계를 지닌 행위자가 있어야 한다. 그러나 이것이 분명히 항상 그런 것은 아니다.[6]

크로지에가 연구한 '모노폴' 기업은 역기능이 반작용을 일으키지 못한 봉쇄상황을 보기로 들어 보여준다. 그 체계 안이나 밖에 있는 어떠한 행위자도 그 역기능을 수정할 동기도 능력도 없었다. 그러나 이 상황 속에는 어떠한 필연성도 없다. 반대로, 우리는 그 상황이 우연적인 것으로 간주되어야만 되는 요인들의 만남의 산물인 것을 보았다. 따라서 내생적 과정과 내생적-외생적 과정 사이의 구분을 유지하는 것이 지니는 장점은, 원래의 체계 속에 연루되지 않은 행위자들의 있을 수 있는 반응을 역기능의 존재에서 비롯된다고 보는 것을 피하는 것이다. 역기능(또는 모순)은 상황을 수정하기 위한 반응을 낳을 수도 있고 그러지 않을 수도 있다. 이것은 대체로 우연적 요인들, 즉 쿠르노 효과에 의존한다.

마르크스와 같은 저자도 최소한 그의 난해한 저작들 속에서 이러한 구분의 적절성을 완벽히 의식하고 있었다는 점을 주목하는 것은 흥미로운 일이다. 『자본』 제3권이 미완성 저작으로 남아 있는 이유는, 어쩌

---

6) H. Jamous, *Sociologie de la décision*, Paris, CNRS, 1969 참조.

면 마르크스가 서로 조화되기 어려운 두 가지 원칙을 분명히 의식하고 있었기 때문인지도 모른다. 우선, 어떤 과정이 예측될 수 있고 결정될 수 있으려면 그것이 내생적이어야 한다는 것이다. 그러나 내생적 과정은 '모순'을 낳을 수 있는데, 그것의 '해결책'이 모순 자체에서 기계적으로 나오는 것으로 생각될 수는 없다는 것이다.

그의 저서에서 이윤율 하락의 법칙은 **경향적인 것으**로 제시되는데, 그 이유는 마르크스가 외생적 요인(기술진보에 기인한 생산의 집중)과 내생적 요인(자본가들은 협상을 통해 이윤율 하락에 제동을 걸도록 자극을 받는다)이 어떠한 필연성 없이 그 법칙을 실패하도록 만드는 데 기여할 수 있다는 사실을 잘 이해하고 있었기 때문이다. 결국 그 법칙은 가능성에 대한 단순한 진술이라는 의미에서 경향적이다. 그 법칙은 특정한 **이론적** 모델에서 나오는데, 마르크스는 우리가 그것에서 경험적 결론을 끌어내는 것은 신중하지 못한 행위라는 점을 잘 간파하고 있었다.

마찬가지로 우리는 t 시점과 t+k 시점 사이의 특정 과정의 **형태**를 이론적으로 가정할 수는 없고, 다만 그것을 확인하고 사후에 경험적으로 설명할 수 있을 뿐이다. 애덤 스미스를 따라 우리는 오랫동안 분업을 내생적 변동에 속하는 스스로 유지되는 하나의 과정으로 생각해왔다.[7] 거기에서 사람들은 하나의 결론을 끌어냈다. 즉 기업의 집중 경향은 필연적이고, 그들의 규모에 따라 기업의 분포는 일정하게 왜곡된다는 것이다. 그런데 우리는 프랑스의 경우 그 분포 자체가 상대적으로 안정된 것을 볼 수 있다.[8]

사회변동이론가들의 기대와는 반대로, 작은 기업들은 끊임없이 사라

---

7) J. Elster, *Explaining Technical Change. A Case Study in the Philosophy of Science*, Oslo, 1981, Ronéo.
8) M. Didier et E. Malinvaud, "La concentration de l'industrie s'est-elle

져간다. 그 예언이 틀린 이유는 우리가 부당하게 어떤 요인들에 특권을 부여했기 때문이다. 물론 분포의 일정함은 외생적·내생적 과정에서 비롯되는 복잡한 현상이다. 비록 그 분포가 실제로 관찰되었다 해도, 그 분포는 집중 경향보다 설명하기가 더 어렵다. 그러나 우리는 최근 집중 '경향'에 반대되는 현상이 나타나는 이유를 볼 수 있다. 이 이유들 가운데 하나는 노동조합 권력의 발전인데, 이 힘 때문에 프랑스와 이탈리아의 기업가들은 우발적 상황의 사건들에 적응할 능력을 다시 찾기 위해서 하청기업과 기업분산에 의지하고 있다.[9]

따라서 우리는 다음의 명백한 사실을 받아들여야 한다. 즉 사회변동에 관한 **일반** 이론은 존재하지 않고, 존재할 수도 없다는 것이다. 경우에 따라 특정 과정 (A_t, B_t, ……, P_t) → (A'_t, B'_t, ……, P'_t)는 엄격한 결정론에 종속된 것으로 드러날 수도 있고, 그렇지 않을 수도 있다. 그것은 그 과정의 구조에 의존한다. 어떤 변수나 어떤 범주의 변수들은 그 과정의 설명에서 중요성을 드러낼 수도 있고, 그렇지 못할 수도 있다. 어떤 과정들은 우리가 식물계에서 관찰할 수 있는 생태학적 과정과 같은 형태를 띤다. 이 경우 우리는 그 과정을 **갈등**이라는 범주를 사용해서 묘사하지 않아도 된다. 반대로 어떤 과정은 행위집단 사이의 전략적 상호작용을 전제로 한다. 어떤 과정은 외부의 폭력이 그 과정의 진행방향에 혼란을 가하거나 부분적으로는 항상 우연적인 조건들이 갖추어져서 반작용의 메커니즘이 시작될 때까지, 직선적이거나 순환적인 결과를 낳는다.

---

accentuée depuis le début du siècle?," *Economie et Statistique*, n° 2, Juin 1969, pp. 3~10.

9) M. Piore and S. Berger, *Dualism and Discotinuity in Industrial Societies*, Cambridge, Cambridge University Press, 1980.

앞에서와 반대되는 명제에 따르면, 어떠한 형태의 사회변동이론도 지지할 수 있는, 그 과정에 대한 무궁무진한 사례를 현실 속에서 찾아내는 것이 항상 가능하다는 것이다.

스타크(Stark)[10]가 지적했듯이, 바로 이러한 이유 때문에 모든 사회과학사에 걸쳐서 특정 논쟁——이 논쟁은 시대에 따라 다양한 **표현양식**을 취한다——이 지속되어온 것이다. 이 논쟁은 기계론적 사회변동관을 가진 사람들과 유기체론적 시각을 가진 사람들 사이에서, '유심론자'와 '유물론자' 사이에서, 그리고 갈등이론가와 불딩(Boulding)의 표현을 빌리면 '생태역학'적 시각을 지닌 사람들 사이에서 지속되어왔다. 물론 단어는 시간에 따라 변했다. 즉 '문화주의'라는 용어가 한창 인기를 누릴 때, '관념론'이라는 용어는 사용이 중지되었다. 그러나 이 두 용어는 대체로 시각이 부합되는 용어들이었다. 이러한 언어학적 변화에 관한 연구는 아주 흥미진진할 것이다.[11] 그러나 나는 여기에서 그것을 제안하는 것만으로 만족하려 한다.

어쨌든 한 가지 사실만은 분명하다. 비록 그들이 다른 단어를 사용한다 해도, 사회변동이론가들은 '역사사회학'이 이미 제기했던 것과 같은 질문들을 제기한다는 점이다. 그런데 슘페터가 이미 주장했듯이 '역사사회학'은 '역사철학'과 같은 질문들을 제기하고 있다.[12] 이 질문들이 영속되는 이유는 가능한 대답이 몇몇 이론에 의해 **똑같이** 정당화될 수 있기 때문이다. 그런데 이 이론들은, 파레토의 표현을 빌리면 "경험에

---

10) W. Stark, *The Fundamental Forms of Social Thought*, London, Routledge and Kegan Paul,1962.
11) 이 연구는 베네통의 연구를 모델로 행해질 수 있을 것이다. P. Bénéton, *Histoire de mots. Culture et civilisation*, Paris, Presses de la Fondation Nationale des Sciences Politiques, 1975.
12) J. Schumpeter, *History, op. cit.*

기반을 두면서도 동시에 경험을 넘어서는" 것들이다.

　바로 이러한 이유 때문에 우리는 사회변동에 관한 표상에서 변동의 주기와 변동의 교체를 관찰할 수 있다. 갈등이론과 유기체이론, 문화이론과 경제이론 사이의 교체가 바로 그러한 표현이다. 그러나 한 주기에서 다른 주기로 바뀔 때 어떤 단어를 선택하느냐에 따라 이 주기를 알아보는 것이 종종 어렵다. 유기체라는 용어는 다른 주기에서는 체계라는 용어로 대체되고, 관념주의자라는 용어는 문화주의자라는 용어로 대체되는 것 등이 그것이다.

구분

　흔히 알려진 생각과는 반대로, 과학적 활동은 현실─그것은 그 자체로서는 인식될 수 없거나 최소한 형이상학적 방식으로만 인식될 수 있다─을 설명하는 것이 그 궁극적 목적이 아니고, 현실에 관한 질문들에 대답을 하는 것이다. 포퍼가 지적했듯이─이 점에서 그는 칸트의 주장을 반복하고 있다─, 질문의 형태에 따라 우리는 그 타당성이 통제될 수 있는 대답을 얻을 수 있거나 불확실하지만 유용하고 그럴듯한 대답을 얻을 수 있다. 아니면 그것과 조화될 수 있는 대답을 얻지 못할 수도 있다. 첫 번째 질문은 과학적 질문인데, 그것에 대해서 우리는 과학적 대답을 가져올 수 있다. 두 번째 유형의 질문에 대한 답은 추측이다. 세 번째 유형은 우리가 포퍼와 함께 형이상학적이라고 명칭을 부여할 수 있는 질문들을 포함한다.

　이 여러 가지 범주의 질문들 사이에 위계질서를 세울 이유는 없다. 보기를 들어 첫 번째 질문이 세 번째 질문보다 더 '중요하다'든지 아니면 그 반대라고 가정할 어떠한 이유도 없다는 것을 우리는 분명히 강조할 필요가 있다. 그러나 이 세 가지 범주 사이의 구분에 주의를 기울일 필요가 있다. 사회변동이론들이 지니는 모든 모호함은 이러한 구분을 고려하지 않았거나, 그러한 구분을 예감하긴 했지만 그것들을 혼동했거나 아니면 어떤 특수한 **이론**을 그것이 속하지 않는 분야에 분류해놓았다는 사실에서 비롯된다.

나는 세 번째 유형, 즉 형이상학적 질문들의 경우는 여기에서 다루지 않으려 한다. 사회변동이론이 대답을 주려고 시도했던 많은 질문이 이러한 유형에 속한다는 사실을 나는 이미 앞에서 증명해 보여주었다고 생각한다.

다른 질문들은, 그 형식을 볼 때 **추측하는** 대답을 포함하고 있다. 사회변동이론가들이 표현한 대부분의 '법칙'은 내가 보기에 이러한 유형에 속한다. 사회 · 정치적 동원에 관한 이론가들이 이러한 동원은 성장기간 후 갑자기 경기침체가 이어질 때 특별히 나타난다고 주장할 때, 이것은 '엄밀한 의미'의 법칙을 진술한 것이 아니라 실현 가능성을 진술한 것이다. 이것을 이해하기 위해서 우리는 이와는 반대로 경기침체 후 갑작스러운 경제성장이 이어질 때 똑같은 동원현상이 나타난다고 다른 학자들이 주장하는 것을 주목하는 것만으로도 충분하다.

분명히 이 두 가지 '법칙'이 동시에 진실일 수는 없다. 이 말은 그 두 법칙이 어떠한 학문적 흥미도 지니지 못한다는 뜻은 아니다. 반대로 그 법칙은 사람들의 주의를 사물의 특정 상태의 **실현 가능성**에 환기시킨다. 사회적 강제가 느슨해지는 것이 '아노미'나 사회적 봉기의 원인이 될 수 있다는 토크빌과 뒤르케임의 법칙도 마찬가지이다. 그들의 역설적 성격 때문에 이 법칙은 큰 중요성을 지닌다. 즉 이들은 사회적 강제의 느슨함이, 일반적으로 기대했던 것과는 반대효과를 낼 수도 있다는 사실에 주의를 환기시킨다. 그러나 이 모든 명제는 **법칙**이라기보다는 가**능성을 지닌 진술**의 성격을 띠고 있다.

어떤 사물의 가능한 상태가 그 사물의 대립되는 상태보다 더 있음직하다는 인상이 이러한 유형의 진술과 결합되면, 우리는 그것을 기꺼이 **추측**이라고 부를 수 있다. 예를 들어 '인플레이션 기간 중 집세의 동결은 부동산시장을 훼손시킬 위험이 있다'는 명제는 근거가 있는 추측으로 간주될 수 있다. 집세 동결정책은 집주인들로 하여금 그들의 집을 깨끗이 돌보지 않게 할 가능성이 아주 크며, 집주인들은 이러한 결정을 내리는 데 자율성을 가지고 있는 것이 확실하다. 이 추측은 아주 그럴듯하기 때문에, 우리는 그것을 "A이면 B이다"라는 조건적 법칙으로 부를 수 있다. 이 경우 A정책이 행위자의 **동기**(그는 그의 집을 깨끗이 유지할 동기가 적다)에 미치는 효과를 우리는 쉽게 예측할 수 있으며, 행위자가 그의 동기에 따라 행동할 수 있는 **능력**이 있음을 알게 된다.

이렇게 보면, 가능성의 진술에서 추측—이것은 어느 정도 그럴듯하다—을 거쳐 조건적 법칙에 이르는 일종의 논리적 단계가 존재하게 된다.

앞 장에서 이루어진 논의들이 충분히 보여주었듯이, 사회과학분야의 학자들은 이 진술들에 **특별한 지위를 부여하려는** 경향이 있다. 가능성의 명제는 흔히 추측이나 법칙으로 제시되고, 추측은 법칙처럼 제시된다. 따라서 정치적 동원에 관한 모든 '법칙'은 사실 단순한 가능성의 진술일 뿐이다. 이윤율 하락 '경향'의 법칙도 마찬가지이다. 즉 다른 사정이 같고 모든 것이 같다면, 이윤율은 하락해야 한다. 그러나 이 경우 우리는 다른 곳에서도 모든 것이 다 같다고 주장할 수 없다. 오히려 우리는 법칙이 타당성을 잃는 조건들이 일정하지 않을 가능성이 크다는 사실을 믿을 충분한 이유가 있다.

핵가족화에 대한 파슨스의 법칙도 마찬가지이다. 만약 전통사회를 현대사회와 대비시킨다면 그 법칙은 타당하다. 가족관계는 현대사회보다는 전통사회에서 확실히 더 큰 사회적 중요성이 있다. 이 논평은 비판할 것이 별로 없는 기술적 명제를 표현한 것이다. 그러나 우리는 그것으로부터 가족구조의 진화에 관한 어떠한 법칙도, 비록 그것이 '경향적'이라 할지라도—부주의하지 않은 한—끌어낼 수 없다. 여기서 우리는 가족 유대가 20세기 초반의 미국보다는 1970년대의 미국에서 더 밀접해졌다는 캐플로의 주장을 상기해볼 필요가 있다.

사회변동이론가들의 야심 속에서 우리가 확인했던 믿음과는 반대로, **법칙**은 비록 조건적이라 할지라도 그 수는 아주 적다. 물론 법칙들은 존재한다. 그것들은 정부가 신중하게 고려해야만 하는 것들이다. 그러나 이 '법칙'이 나타나는 것은 두 가지 조건이 실현될 때이다. 즉 사물의 상태 A의 등장이 어떤 범주의 행위자들에게 동기변화를 일으켜야만 하며, 그 변화가 쉽게 예측될 수 있어야 한다. 그 밖에 동기의 변화가 실제로 행동의 변화를 가져올 것임을 확인할 수 있어야 한다. 그러한 법칙이 다른 학문분야보다도 경제학영역에서 정립될 수 있는 것은 우연이 아니다. 왜냐하면 이 분야에서는 적어도 어떤 경우에, 행위자들의 선호가 더 쉽게 정리되고 예측될 수 있기 때문이다.

그러나 사회변동이론가들이 제안한 '법칙'의 지위를 격하시키고 그것이 대부분의 경우 단순한 **가능성의 진술**이라고 생각할 일반적 근거가 있다. 반면에 우리는 사회변동이론가들이 다루는 또 다른 **질문들**은 엄격하게 과학적인 취급을 받아야 한다는 사실을 알아야 한다. 바꾸어 말해서, 사회변동이론에 관한 문헌들 중 일부는 내가 보기에 과학성의 정도가 자연과학이론가들이 정상적으로 바라는 것보다 뒤떨어지지 않는 이론을 포함하고 있다. 특정 사회변동이론의 약점을 정확히 이해하는 것이 필요한 만큼, 또 다른 이론은 자연과학이론과 엄격히 구분되지 않는 접근방법을 따른다는 사실이 강조되어야 한다. 이 구분은 나에게는 본질적인 것처럼 보인다. 나는 이 구분이 적어도 딜타이(Dilthey)와 리케르트(Rickert) 시대까지 거슬러 올라가는 어려운 논쟁, 즉 자연과학과

사회과학의 구분 또는 통일성에 관한 논쟁을 종식시키는 것을 도울 수 있다고 믿는다.[13]

이 점을 설명하기 위해 위에서 언급한 몇 가지 사례를 다시 한 번 생각해보자.

내가 앞 장에서 주장한 것처럼, 칼뱅주의와 자본주의의 발전관계에 대한 베버—트레버-로퍼 이론은 논리적 관점에서, 더 정확하게는 인식론적 관점에서 자연과학이론과 구분되지 않는다. 베버는 그를 놀라게 했던 몇 가지 **사실**들에서 큰 인상을 받았다. 16세기의 기업가들은 대부분 칼뱅주의자였고, 그 관계는 우연 때문인 것으로 해석될 수 있었다. 루터주의 국가들에서도 은행가들은 칼뱅주의자였다. 이러한 관찰을 바탕으로 베버는 자연스럽게 칼뱅주의와 루터주의를 구분하게 되었으며, 그 구분 중 가장 눈에 띄는 구분인 예정설의 의미를 결정적인 요인이라고 생각하게 되었다. 이제까지 학자들은 스튜어트 밀(Stuart Mill)이 고안한 비교방법론의 고전적 원칙에 속하는 방법을 사용해왔다.

막스 베버는 여기서 멈추지 않았다. 그에 의하면 특정 관계가 의미를 갖는 것은, 거기에서 이해할 수 있는 행동의 결과를 볼 수 있을 때에만 가능하다. 사실 베버 자신도 그가 정의했던 **이해의 법칙**이 가정하는 요구조건을 완벽하게 충족시키는 데는 성공하지 못했다. 즉 칼뱅주의자의 사업 성공이 저세상에서 그를 구원하는 표시라는 생각은 임기응변식으로 만들어진 명제인 것처럼 보인다. 베버는 그 행동이 믿음으로 설명될 수 있다는 것을 설득해내지 못했다. 또 한편, 비록 베버의 이론—내가 이미 소개한 통속적 해석으로 축소된 그의 이론—이 특정 **사실**들을 '설명'하기는 하지만, 그것이 설명하지 못하는 다른 많은 사실들이 있다. 예들 들어 제네바의 은행가들은 비록 칼뱅주의자이긴 하지만 결

---

13) R. Aron, *La philosophie critique de l'histoire*, *op. cit.* 참조.

코 제네바 출신은 아니었다. 그리고 쾰른의 은행가들은 가톨릭교도였으며, 좀바르트[14]가 지적했듯이, 많은 기업가들은 유대인이었다.

트레버-로퍼의 작업을 통해 베버의 '직관'은 타당성을 지닌 채로 보존된다. 청교도 윤리가 상업활동과 산업활동에 대해 가톨릭 윤리보다 훨씬 더 관용적이었던 것은 정확한 사실이다. 개신교도는 사업세계에 뛰어들 가능성이 더 컸다. 특히 사업가들은 에라스무스 사상과 칼뱅주의적 개신교에 이끌릴 가능성이 더 컸다. 이러한 형식에서 개신교 윤리와 사업가의 관계는 '이해할 수 있는' 것이었다.

그러나 만약 우리가 반종교개혁이 엘리트 사업가에게 끼친 영향력을 연구한다면, 우리는 베버가 지적한 사실뿐만 아니라 다른 많은 사실도 설명할 수 있다는 점을 트레버-로퍼는 또 다른 곳에서 보여주고 있다. 그중에는 베버의 이론이 설명하지 못하든가 아니면 베버의 이론과 양립하지 못하는 것으로 드러난 사실들도 있다. 그래서 루터교 국가의 은행가들이 칼뱅주의자라는 사실은 이민의 결과로 설명되고, 아주 간접적으로만 예정설의 교리와 관련된다. 마찬가지로 가톨릭 기업가들이 쾰른에 집중된 것이나 유대인 기업가들이 암스테르담에 집중된 것은 트레버-로퍼의 이론틀 내에서 쉽게 설명된다.

베버의 이론은 어떤 집합적 사실의 총체 (M)을 설명한다. 여기서 그는 이론의 여지가 없는 미시사회학 이론 m(S)를 사용하는데, 그 이유는 그 이론이 임기응변식이거나 사후[15] 이론적 성격을 띠기 때문이다. 즉

---

14) W. Sombart, *Der moderne Kapitalismus*, Leipzig, Duncker and Humblot, 1902~1927, 3 volumes; *Die Juden und das Wirtschaftleben*, Leipzig, 1911.

15) 이 개념에 대해서는 다음 글을 볼 것. R. Boudon, "Théories, théorie et Théorie," in *La crise de la sociologie, op. cit.*, pp.159~204(R. Boudon, "Theories, theorie and Theory," in *The Crisis in Sociology*, London, Macmillan, 1980, pp.149~194)를 볼 것.

자기가 옹호하는 것에 유리하도록 만들어진 이론의 성격을 띠는 한편, 이해의 기준을 아주 불완전하게 충족시키기 때문이다. 제2장에서 우리는 집합적 결과를 설명하는 미시이론을 임기응변식으로 모방하는 이론을 가리켜 **치환**이라고 했다. 트레버-로퍼에게 미시사회학적 진술들은 그것들이 이해의 기준을 만족시킬 때에만 완벽히 만족스러운 것이다.

또 한편으로 이 진술들은 관찰된 행동을 특정 상황에 대한 반응으로 본다. 즉 사업가들은 에라스무스 교리와 칼뱅 윤리에 의해 유혹될 가능성이 큰데, 이 두 교리는 다른 곳에서는 기본적인 점에서 서로 적대적이다. 그러나 그는 반종교개혁이 그의 활동을 무력하게 만드는 순간부터 다시 개종을 하지 않는 한, 더 좋은 곳으로 이민을 가고 국제적 칼뱅주의에 가입하도록 자극을 받는다. 결국 트레버-로퍼 이론이 설명하는 사실 전체 (N)은 베버가 설명하는 사실 전체 (M)보다 훨씬 더 중요하다. 그리고 (M)은 (N) 속에 완전히 포함된다. 또 그들 사이의 관계 $m(S)$는 이해될 수 있다. 이렇게 해서 행위자들이 처한 상황의 특징 (M')는 연구조사에 따라 밝혀진 거시적 자료 $S(M')$ 속에 편입된다.

베버—트레버-로퍼 이론의 역사는 현대 과학사가들이 포퍼에서 라카토스(Lakatos)에 이르기까지 묘사해놓은 대로, 과학적 발견과정 또는 '지식 성장'과정의 완벽한 사례를 제공한다. 그 이론은 트레버-로퍼가 제시한 형식 속에서 더 높은 **신뢰성**을 갖게 된다.[16] 누구나 다 받아들일 수 있는 작은 수의 명제들을 결합함으로써 그의 이론은 상당수의 관찰자료들을 설명한다. 따라서 동시에 같은 자료들 또는 더 중요한 자료들 전체를 설명하면서도 서로 다른 특정 이론을 생각해내기는 어렵다.

이러한 사례들을 수없이 열거할 필요는 없다. 그러나 앞의 장들에서 논의된 여러 가지 연구에 관해서도 우리는 비슷한 논평을 할 수 있다.

---

16) 이 개념의 형식적 정의를 위해서는 R. Boudon, *ibid.*, pp.179~192를 볼 것.

예를 들어 인도 남쪽 관개시설의 효과에 대한 엡스타인의 연구는 하위 집단 사이와 성별 사이의 관계 변화, 상징적 관행의 변화와 경제활동의 변화에 관한 아주 많은 자료를 설명한다. 그의 연구는 이 복잡한 진화현상을, 이해의 기준을 완벽하게 충족시키는 소수의 명제로써 해석하는데, 거기에서 우리는 관개사업이 행위자들의 상황에 미친 변동들 때문에 생긴 집합적 결과를 본다. 여기에서 설명되는 자료 전체는 양이 상당하기 때문에 그것과 아주 다른 이론이 그 자료들을 설명할 수 있을 것이라고 상상하기는 어려우며, 이것이 그 이론에 높은 신뢰성을 보장해준다.

이 정도의 신뢰성은 구조주의자들이나 문화주의자들의 이론이 가지고 있는 타당성의 정도보다 대체로 우위에 있음이 분명하다. 이들은 일반적 원칙에 대한 믿음을 토대로, 특정 전통사회에서 갑자기 생겨난 외생적 변동이 늘 거부의 메커니즘(A_t, B_t, ……, $P_t \rightarrow A_{t+k}$, B_{t+k}, ……, P_{t+k})을 낳거나 연쇄반응(A_t, B_t, ……, $P_t \rightarrow A'_{t+k}$, B'_{t+k}, ……, P'_{t+k})의 메커니즘을 낳기를 원한다. 이와 반대로 엡스타인은 비일관적 성격을 띤 사회변동을 관찰할 수 있음을 보여주면서, 어째서 이러한 변동들이 비일관적인가를 동시에 설명해준다.

문화주의 이론부터 엡스타인과 같은 이론에 이르기까지, 이들이 이루어놓은 진보는 앞의 경우의 진보와 유사한 성격이다. 어떤 복잡한 자료의 집합 {M}은 하나의 이론 {M} =Mm{[S(M)]}에 의해 설명되는데, 이 이론의 모든 명제들은 쉽게 받아들일 만한 것이다. 여기서 미시사회학 이론 m( )은 새로운 행동들의 적응기능을 잘 보여주고, 전체 자료들 {M}은 구성효과 또는 집합효과로 해석된다.

만약 헤이건의 이론을 내가 제3장에서 소개한 대로 받아들인다면, 우리는 그의 이론에 대해서도 똑같은 분석을 할 수 있을 것이다. 그리고 그 이론은 그보다 더 야심에 차 있지만, 더 불확실한 발전이론들과 비교해볼 때, 포퍼적 의미에서 일종의 **진보**를 보여준다.

따라서 우리는 사회변동이론에서 특정한 집합의 이론들—그 이론들의 한계를 긋는 것은 당연히 어렵다—을 분리시킬 수 있는데, 이 이론들은 현대 인식론자들에 따르면 과학적 이론을 정의하는 기준을 엄격히 준수하고 있다. 어떤 경우에는 논란의 여지가 없는 누적적 과정들도 관찰될 수 있다. 이 경우 특정 이론 T′는 그 이전의 어떤 한 이론이 설명했던 모든 자료를 설명하면서 동시에 또 다른 자료들도 설명한다.

물론 자연과학에는 이해(compréhension)의 개념과 동의어가 없다. "X가 이렇게 행동한 이유는 그것이 그의 이해관계와 맞아떨어지기 때문이다"라든가, "X가 이러한 대상을 가치 있게 생각하는 것은 그 대상이 근대성의 상징이기 때문이다"라는 판단은 X가 인간일 경우에만 의미가 있다. 그러나 비주관적인 사물들의 상태에 대한 판단과 마찬가지로, 그러한 판단도 비판적 평가의 대상이 될 수 있다는 사실을 알아야 한다. 따라서 우리는 처음에는 다른 사람의 행동이 '비합리적'이라고 느낄 수 있다. 그러고 나서 더 많은 정보를 얻어 처음에 내가 놓쳤던 어떤 자료들을 고려한다면 나는 그의 행동을 이해할 수 있다는 사실을 알게 된다.

여기에서 우리가 특히 주목할 것은, 설명의 **형식**은 X의 성격에 의해 영향을 받지 않는다는 사실이다. 하나의 이론이란 항상 **받아들일 수 있**는 명제들의 한 집합인데, 그 명제들의 결합은 어느 정도 복잡한 자료들의 집합을 설명하는 것을 가능하게 한다. 만약 이론 T′가 이론 T에 포함된 의심스러운 명제들을 가지고 있지 않거나 더 완벽한 자료들의 집합을 설명하도록 허용한다면, 모든 경우에 이론 T′는 다른 이론 T보다 선호될 것이다.[17]

따라서 사회변동이론은 어떤 경우에 '과학적 발견의 논리'라는 관점에서 엄밀한 의미의 자연과학이론들과 비슷한 과정을 준수할 수 있고,

또 실제로 준수하고 있다. 자연과학이론처럼 이 이론도 다양한 정도의 신뢰성을 얻을 수 있다. 어떤 경우 우리는 특정 이론이 다른 이론보다 선호할 가치가 있다는 것을 분명하게 결정할 수 있다. 부정할 수 없는 진보의 예를 우리는 여러 가지 이론의 사례를 따라 언급할 수 있다. 따라서 사회변동의 분석은 결코 필연적으로 부정확한 것이 아니며, 그 연구대상의 성격 때문에 해석이라는 의사소통을 할 수 없는 과정에 의존해야만 하는 과학이 아니다.

물론 우리는 특정 개인의 행동은 '이해'할 수 있지만, 원자의 행동을 이해할 수는 없다. 그러나 우리는 특정 사회체계를 물리체계와 다르게 설명하지는 않는다. 베버가 적절하게 강조했던 이해의 관계는 관찰자와 행동주체라는 한 쌍의 특징이다. 그러나 베버의 사상에 대해 때때로 빚어지는 오해와는 반대로 그 이해의 관계가 관찰자와 사회체계의 관계이거나 관찰자와 사회과정의 관계일 때, 그 관계는 완전히 의미를 잃어버린다.

사회변동이론은 포퍼적 의미에서 한 가지 조건 아래에서만 과학영역에 속할 수 있다. 이 경우 우리가 설명하려는 자료는 분명히 정의된 자료의 집합이어야 한다. 이것이 뜻하는 바는, 그러한 이론은 **지엽적**이고 **부분적인** 설명에 만족할 수밖에 없다는 것이다. 우리는 그 사례를 트레버-로퍼가 다시 검토한 베버의 이론에서 본다. 트레버-로퍼의 이론은 분명히 정의된 자료의 더 완벽한 전체 자료를 설명한다. 그러나 동시에 그는 더 제한된 야심을 품은 이론을 제안한다. 즉 이론의 목적은 더 이상 자본주의의 기원을 설명하는 것이 아니라—이 질문은 아마도 의미 없는 질문인지도 모른다[18]—16세기와 17세기의 자본가들에 관한 자

---

17) 물론 두 이론이 '서로 평가하기 어려울 수 있다'(파이어아벤트). 즉 한 이론에 따라 설명된 자료의 집합이 다른 이론에 따라 설명된 자료의 집합에 포함되어 있지 않을 때가 그런 경우이다.

료들의 특정한 집합을 설명하는 것이다.

헤이건의 이론도 마찬가지이다. 저자의 야심과는 반대로 이 이론은 발전에 관한 일반 이론도, 20세기 콜롬비아의 발전이론도 제시하지 못한다. 그러나 이 이론은 완벽하게 설득력 있는 방식으로 이 시기의 자본가계급의 등장과 이들의 특징에 관한 수많은 자료들을 설명한다. 게다가 다음 사실을 주목하는 것은 흥미롭다. 이 이론이 상대적으로 잊혀지게 된 이유는, 그것에 일반적 적용 가능성을 부여하기 위해 헤이건은 그의 자료들을 몇 가지 명제로써 해석할 수밖에 없었는데, 그것들의 허약함이 아주 일찍 드러났기 때문이었다. 이때 그의 이론의 허약함이란 설득력이 거의 없는 **일반** 이론이라는 이름 아래, 높은 수준의 신뢰성을 지닌 **부분적**이고 독창적인 이론을 억압한 것이었다.

확실히 '근대화' '정치발전' '경제발전' '빈곤' '자본주의의 발전' 등과 같은 개념은 정의된 자료의 전체를 지칭하지는 않는다. 결과적으로 빈곤의 재생산이론이나 근대화이론 등은 앞의 이론들과 같은 영역에 속할 수 없다. 니스벳이 주장하듯이, 이 의미는 이 이론들이 학문적 관심의 대상이 되지 못한다는 것인가? 나는 이러한 결론이 필수적이라고 믿지 않는다. 이 점에 관한 나의 입장은 **비판적**이고 **상대주의적인** 반면 니스벳의 입장은 **회의적**이다. 보기를 들어 헤이건의 이론과 빈곤의 악순환 이론 사이의 논리적 성격의 차이를 의식하는 것이 필요한 만큼이나, 첫 번째 것은 의미가 있고 두 번째 것은 의미가 없다는 주장도 독선적이다. 두 번째 이론이 아닌 첫 번째 이론이 포퍼적 방식에 속한다는 것은 사실이다. 그렇지만 두 번째 이론이 근거나 의미를 지니지 못한다

---

18) 파레토는 그의 책 *Traité de sociologie générale*에서 특정 제도의 '기원'에 관한 연구들이 지속적으로 재등장하고 있지만, 학문적 적실성을 잃고 있다는 사실에 주목한다. 그런데도 사람들은 오늘날 적극적으로 국가의 '기원'을 찾는다.

는 것은, 위의 사실에서 연역될 수 없는 주장인 것이다.

지금부터 우리가 검토해야 할 것은 바로 이 구분이다.

짐멜의 한 주제에 대한 변주곡

짐멜에 따르면 사회과학들이 역사학과 구분되는 것은 **규범적** 명제를 정립하려는 소명의식——사회과학들은 그러한 소명을 가질 수 없다——때문이 아니라 그것들의 형식적 성격 때문이다. 그 구분은 매우 중요한데, 사람들은 이것을 일반적으로 잘못 이해하고 있다. 오해를 푸는 가장 단순한 방법은 한 가지 사례를 들어 그것을 설명하는 것이다.

그러나 그보다 먼저 이 주제를 소개하기 위해, 이러한 구분에 대해 뒤르케임과 짐멜 사이에 이루어졌던 오래된 대화를 언급해볼 필요가 있다. 1894년 『국제사회학』(Revue Internationale de Sociologie)에 '사회분화'에 관한 짐멜의 논문이 실렸는데, 이 논문은 뒤르케임의 법칙 추구적 주장을 공격하고 있었다. 그의 이야기를 들어보자.

사회생활에 관한 절대적인 '법칙'을 발견하려는 편집광적인 노력은 단순히 옛 형이상학자들의 철학적 신조로 되돌아가는 것인데, 이 신조에 따르면 모든 지식은 절대적으로 보편적이어야만 하고 또 필연적이어야 한다.

6년 후인 1900년, 뒤르케임은 짐멜에게 『이탈리아 사회학』(Rivista italiana di Sociologia)에 실린 「사회학과 그 과학적 영역」이라는 주제의 논문에서 짐멜의 논문에 응수하는 답을 보냈다. 그에 따르면 짐멜이 장려하려는 형식사회학은 다음과 같다.

(형식사회학은) 사회학을 형이상학적 이데올로기 속에 가두어두는 역할만 하는데, 사회학은 오히려 그것으로부터 해방되고 싶은 억제할 수 없는 욕구를 경험하고 있다.

뒤르케임이 말한 그 '형이상학자'가 바로 짐멜이다. 그러나 동시에 이 논문은 커다란 학문적 관심을 끌 만한 이유를 가지고 있다. 그 이유는 비록 짐멜의 야심과 계획을 '추상화'라는 이름으로 배척하고 매도하기는 하지만, 짐멜의 야심과 '형식사회학'이라는 표현으로 요약되는 그의 계획을 뒤르케임이 잘 이해했다는 것을 증명해 보여주기 때문이다. 뒤르케임이 짐멜을 비난한 이유는 그가 사실상 애덤 스미스와 리카도의 예를 따르기를 원했기 때문이다. 즉 오늘날의 표현을 쓰면 모델이라는 방법론에 호소했기 때문인데, 뒤르케임에게는 이 활동이 정말로 효력이 끝난, 과거에 속한 것처럼 보였다. "낡은 정치경제학 역시 추상화의 권리를 주장했다[……]."

그에게 낡은 것처럼 보이고, 그로 하여금 낡은 정치경제학을 연상하게 하는 방법론에 대항해서 뒤르케임은 사회학의 법칙 추구적 입장을 옹호했다. 그에 따르면 물리학—그가 생각했던 물리학이며 아마도 그의 시대의 물리학이지만, 그것이 오늘날의 물리학이 아닌 것은 확실하다—과 마찬가지로 사회학은 그 외부에서 연구되고 '개인적 사실들'로 환원될 수 없는 특수성을 지닌, 사회적 사실을 지배하는 경험적 법칙을 정립하려고 노력해야만 한다.

『돈의 철학』과 같은 책은 결국 모델을 집대성한 책이며, 거기에 표현된 짐멜의 사고방식은 실제로 옛 경제학자들의 사고방식과 비교될 수 있는 것이다. 그리고 이 사고방식이 현대 경제학자들과 많은 현대 사회학자들이 사용하는 것이라는 사실을 보여주기는 쉽다. 그러나 이러한 식의 문제제기는 이 책의 범위를 벗어나는 것이 된다. 그 대신 짐멜이 소개한 구분을 설명하기 위해, 나는 모델과 법칙의 개념을 구분하는 인식론적 심연을 잘 드러내주는 가장 최근의 사례를 사용하려 한다.

1929년 호텔링(Hotelling)[19]은 향후 아주 오랫동안 읽혀질 논문 한 편을 발표했다. 1970년, 허시먼은 크게 주목받은 조그마한 책자에서 호텔링의 논지를 다시 한 번 활용하고 있다. 이 논문은 얼핏 보면 아주 인위적인 것 같은 문제를 제기하는데, 그 문제는 어떤 신문이 독자에게 소개하는 논리적 수수께끼를 연상시킨다.

직선적 길가에 일렬로 배치된 집들로 구성된 어떤 마을이 있다고 가정하자. 이 마을에는 식료잡화점이 없기 때문에 두 잡화상이 동시에 그 마을에서 개업하기를 희망했다. 그들은 장소를 자유롭게 선택할 수 있으며, 독립적으로 결정을 내릴 수 있다고 가정하자. 만약 이 마을을 두 극단지역 A, B에 따라 나누어지는 곧은 선분으로 표현한다면, 선분 AB의 어느 점에 두 식료잡화상이 정착해야 하는지가 문제가 될 것이다. 이 두 잡화상은 거의 같은 자질을 지니고 있으며, 마을 사람들은 그들의 주거지에서 가장 가까운 잡화점의 고객이 될 것이라고 가정하자. 잡화상 편에서는 되도록 많은 수의 고객을 갖기를 원한다.

물론, 만약 개업 장소의 선택이 잡화상들에 의해서가 아니라 마을 사람들에 의해 결정된 것이라면, 마을 사람들은 각각의 잡화점을 선분 AB의 3분의 1 되는 지점인 C와 3분의 2 되는 지점인 D지역에 설치하기로 결정했을 것이다. 게다가 이 선택은 식료잡화상들에게도 만족스러운 것이 될 것이다. 왜냐하면 이들은 그렇게 함으로써 고객을 동등하게 나누어 가질 수 있기 때문이다.

그러나 이 잡화상들이 실제로 이러한 해결책을 선택할 가능성은 거

---

19) H. Hotelling "Stability in Competition," *The Economic Journal*, XXXIX, 1929, pp.41~57.

의 없다. 첫 번째 상인은 다른 상인이 D지점(AB의 3분의 2 지역)에 개업한다는 조건에서만 C지점(AB의 3분의 1 지역)에 정착하기로 선택할 것이다. 그러나 예컨대 그러한 보장이 없다고 생각해보자. 첫 번째 상인은 두 번째 상인과 마찬가지로, 한 사람의 경쟁자가 그 마을에 개업할 계획이라는 사실만 알고 있다. 마찬가지로, 두 번째 상인이 D지점에 개업할 결정을 내릴 수 있는 것은 첫 번째 상인이 C지점에 개업한다는 것이 보장될 때에만 가능하다.

독자들이 증명해볼 수 있듯이 C·D지점이 각각 A·B선분의 4분의 1과 4분의 3, 5분의 1과 5분의 4 등을 나타낸다고 가정해도 똑같은 결론에 도달하게 된다. 모든 위치의 결정은 두 잡화상이 고객을 똑같이 나누는 결과에 도달하게 된다. 그러나 이 상인들은 그 장소를 선택하는 데 아무 관심도 없다. 이 두 사람 각자에게 유일하고 확실한 위치는 그 선분의 **중간**이다. 왜냐하면 그 위치는 각각의 상인들에게, 그의 경쟁자가 그로 하여금 잠정적 고객의 일부를 잃게 할 위치 결정을 할 수 없도록 보장하기 때문이다.

비록 이 상인들로 하여금 그들의 개업 장소를 교대로 선택하게 한다 해도 여전히 똑같은 결과에 도달할 것이다. 첫 번째 상인은 AB의 중간지점에 개업을 해야 할 것이다. 왜냐하면 다른 모든 해결책은 두 번째 상인으로 하여금 고객의 반 이상을 끌어가게 할 것이기 때문이다. 그러나 첫 번째 상인이 그 선분의 중심에 정착하는 순간부터, 두 번째 상인 역시 손해를 보지 않으려면 그곳에 개업해야 한다. 이 해결책은 '3분의 1—3분의 2' 해결책과 비교해볼 때 잡화상들에게 아무런 이점도 제공하지 않는다. 그리고 이 해결책은 마을 사람들에게 불리하다는 불편한 점이 있다. 결국 마을 끝에 사는 사람들은 '최적의' 해결책인 '4분의 1—4분의 3'이 선택되었을 때보다 두 배나 더 먼 거리를 가야 할 것이다.

이제 AB선분이 어떤 마을이 아니라, 극좌(A)에서 극우(B)까지 이르는 이데올로기적 입장의 집합을 나타낸다고 가정하자. 그리고 선거인 단의 구성원들이 이론적으로 이 연속적 공간 위에 배치될 수 있다고 가정해보자. 어떤 사람은 A의 태도를, 또 다른 사람은 B의 태도를 그리고 또 다른 사람은 중간적인 태도를 취할 것이다. 온건한 사람들은 선분의 중간에서 가까운 곳에 위치할 것이다. 예를 들어 사람들의 이데올로기적 태도를 그들의 키를 재는 것만큼이나 쉽게 관찰할 수 있다면, 우리는 다양한 태도 사이의 불균등한 빈도를 가시화한 분포곡선을 만들 수 있을 것이다. 이것을 실천하기가 불가능하기 때문에, 이 경우 우리는 온건한 태도를 취한 사람이 가장 많고, 태도가 극단적으로 가면 갈수록 그 빈도는 낮다는 가정으로 만족하기로 하자.

이 경우 고객을 나누어 가지려는 것, 더 자세히 말해서 다수를 확보하려는 것은, 가정상 두 잡화상이 아니라 두 개의 정당이다. 그러기 위해서 가정상 두 정당은 AB선분의 어느 한 점과 일치하는 선거 프로그램을 만들어야 한다. 극좌의 프로그램은 A점으로 표기될 것이다. 정확히 그 선분의 중간에 위치하는 프로그램은 가정상 이 점에 위치한 선거인들을 완전히 만족시키는 프로그램이다. 문제는 앞의 경우와 같이 귀착된다. 선거인들이 자신들의 위치에서 가장 가까이 있는 프로그램에 투표할 것이라는 사실을 전제할 때, 프로그램을 어디에 제시하는 것이 그들 두 정당에 유리한 것일까? 앞의 경우와 마찬가지로 그리고 똑같은 이유들 때문에 그 대답은 중간일 것이다.

이러한 시도는 어떠한 **경험적** 결론도 가지고 있지 못하며, 그 자체로서 어떠한 예측도 허용하지 않는다. 그것은 직접적으로 현실과 연결되지도 않는다. 그것은 기껏해야 미국과 같은 양대정당체계에서, 왜 선거 결과가 때때로 아주 백중세이며 그 두 정당의 프로그램들이 간혹 너무 근접해서 서로 구분될 수 없게 되는지를 더 잘 이해하게끔 도와줄 뿐이다. 그러나 이런 체계에서 어떤 때에는 프로그램이 서로 아주 달랐으며

1972년 맥거번(McGovern)에 대한 닉슨(Nixon)의 승리가 보여주듯이 어떤 승리는 명백한 것이었다는 사실을 우리는 잘 알고 있다. 따라서 호텔링의 모델에서 다음과 같은 유형의 **경험적** 명제를 끌어내는 것은 정당하지 못하다.

양대정당체계에서 ① 두 정당은 비슷한 프로그램을 제시하는 경향이 있다. ② 선거결과는 50 대 50의 비율에서 조금만 벗어나는 경향이 있다.[20]

선거결과는 **때때로** 백중세이다. 그러나 그것이 그래야만 한다는 것뿐만 아니라, 그것이 그런 경향을 띤다는 점을 인정하는 것도 지나친 것이다. 간단히 말해서, 우리는 호텔링의 모델에서 어떠한 **경험적** 명제도 끌어낼 수 없다. 그 설명도식은 순전히 형식적인 것이다. 그 모델은 기껏해야 성격이 아주 특별한 어떤 실제적 선거에 관한 있음 직한 하나의 해석으로 간주될 수 있는 것이다.

그러나 허시먼이 보여주었듯이, 그 '이론'에 옷을 입혀서 그것으로 하여금 다양한 추측을 고려하게 할 수는 있다. 물론 그 의복은 각각의 특별한 상황적 자료를 고려해야만 하고, 그 상황과 함께 바뀌어야 한다. 예를 들어 1972년 선거에서 닉슨이 승리한 것을 생각해보자. 우리가 호텔링의 이론에 경험적 타당성을 부여할 것을 주장한다면, 닉슨의 승리는 분명히 호텔링의 이론을 부정한다.[21] 그러나 만약 우리가 그의

---

20) 그러나 랑슬로의 논문에서 언급하듯이 이 결론은 그의 논문에서 내려진 것이다. A. Lancelot, "Partis politiques," in *Encyclopaedia Universalis*, XII, pp.578~583.

21) A.O. Hirschman, *Face au déclin(Exit, Voice and Loyalty)*, *op. cit.* 허시먼은 호텔링의 모델을 닉슨의 경우에 적용한 자신의 분석이 호텔링의 모델을 반박하는 것이라고 주장하는데, 이것은 사실이 아니다.

이론을 있는 그대로, 즉 우리가 그것을 현실세계에 적용하고 싶을 때 정확히 기술되어야 하는 하나의 이상적 또는 형식적 모델로 받아들일 때, 위의 선거는 그의 이론을 반박하지 않는다.

우리가 위에서 제시한 단순화된 형태의 호텔링 이론은 어떠한 유권자도 기권하지 않는다는 것을 가정하고 있다. 즉 각자는 그의 선호에 가장 가까운 프로그램을 제시하는 정당을 위해 투표한다는 것이다. 물론 이 두 프로그램이 중심 근처에 위치하면, 극단주의자들은 만족하지 못할 것이다. 그들은 어쨌든 중도적 입장의 유권자들보다 덜 만족할 것이다. 그들은 어떻게 할 것인가? 이 질문에 일반적 해답을 주는 것은 불가능하다.

그러나 1972년에 실제로 그러했듯이, 이데올로기적인 상황이 좌익으로 생각된 주제에 유리했고 우익처럼 생각된 주제에 덜 우호적이었다고 가정하자. 이 경우 극좌파는 극우파보다 그들의 입장에서 가장 적게 떨어져 있다고 느끼는 정당의 '중도주의'에 대항하여 더 적극적으로 항의하게 될 것이다. 이러한 이데올로기적 상황에서 극좌파는 극우파보다 그들의 불만을 더 잘 나타내도록 자극을 받을 것이다. 이것이 바로 1972년에 일어난 상황이다. 민주당의 극좌 경향을 띤 사람들은 좌익 쪽 후보자를 선택하기 위하여 동원되었다. 그러나 호텔링의 설명대로 이것은 공화당 후보자에게 더 많은 표를 안겨주는 결과를 가져왔으며, 결국 닉슨에게 선거의 승리를 보장해주었다.[22]

마찬가지로 이와 대칭적 유형의 분석이 공화당 후보인 상원위원 골

---

22) 게다가 우리는 다음 사실을 분명히 적시할 필요가 있다. 즉 당시의 이데올로기적 분위기는 예비선거와 대표자회의를 지배하는 법률을 바꾸는 것을 쉽게 만들었고, 그것은 특히 민주당 사람들 사이에서 급진적인 영향력을 행사했다. 여기서 특히 우리는 베트남과 벌인 협상에서 키신저(Kissinger)의 성공이 끼친 영향력 또한 언급할 필요가 있다.

드워터(Goldwater)가 1964년 — 이때는 공화주의자들 주변의 모든 곳에서 질서라는 주제가 나올 때였다 — 의 선거에서 패배한 이유를 설명해준다. 즉 우익 유권자들의 항의는 지나치게 우익 쪽에 위치한 후보자를 선택하는 데 기여했고, 이것은 민주당 후보자의 완벽한 승리를 가져왔다. 마찬가지로 호텔링의 설명 도식은 레이건(Reagan)의 승리에 대한 하나의 해석을 제공한다. 즉 많은 사회조사들이 예측했듯이, 민주당은 이데올로기적 입장의 분포가 우익 쪽으로 옮겨가는 데 대응하지 못했거나 대응할 수 없었다. 따라서 이러한 이데올로기적 지형의 이동 때문에 민주당의 프로그램은 너무 좌익 쪽에 치우치게 되었던 것이다.

물론 이러한 분석들이 위의 주제를 빠짐없이 다루지는 못한다. 그러나 내가 여기에서 호텔링의 이론을 사례로 든 이유는, 그것이 특별하게 분명한 방식으로 내가 **형식적 이론**이라고 일컬었던 것의 논리적 성격을 보여주기 때문이다. 한 번 더 강조해두지만, 이러한 유형의 이론은 그 자체로는 어떠한 현실적 상황에도 적용되지 않는다. 그것에서 우리는 어떠한 예측도, 어떠한 경험적 결론도 끌어낼 수 없다. 그 이론은 포퍼적 의미로 **반박될**(réfutable) 수 없다. 왜냐하면 그 이론은 현실에 관한 어떠한 주장도 포함하지 않기 때문이다. 또 포퍼적 의미에서 그 이론은 과학적 이론이 아니다. 그러나 그렇다고 해서 그 이론이 **형이상학적 이론**인 것도 아니다. 따라서 우리는 포퍼의 범주로 이 이론을 분류하지 못한다.

비록 간단하긴 하지만 일단 적절하게 옷을 입기만 하면, 이론은 모든 일련의 사건에 관한 암시적 해석을 제공해준다. 예를 들어 닉슨이나 레이건의 성공처럼 적절히 조율만 되면, 같은 모델이 골드워터의 패배도 설명해준다. 나는 짐멜을 따라서 이것을 **형식이론**이라고 부를 것을 제안하는데, 이것은 사회과학분야에서 이러한 범주의 기본적 이론을 가리키는 용어이다. 호텔링의 이론은 두 가지 의미에서 **형식적**이다. 첫째,

어떠한 실제상황에도 적용되지 않는 이론이라는 뜻이다. 둘째, 실질적 관찰물을 설명하기 위해 그것을 사용하기로 제안하는 순간부터 그 내용이 채워져야 하는 일종의 분석틀이라는 점에서 형식적이다. 그 이론은 일반적인데, 그것은 관찰할 수 있는 모든 상황을 설명한다는 의미에서가 아니라, 각 경우에 적합하고 상세한 내용이 그 이론에 주어진다는 조건 아래, 다양한 상황을 설명하는 데에 그 이론을 사용할 수 있다는 의미이다.

마찬가지로, y = ax + b라는 관계는 그 자체로서 어떤 특별한 실체에도 적용되지 않을 뿐 아니라 너무나 **비현실적**이기 때문에 그 자체로서는 표현될 수 없다. 그럼에도 a와 b의 가치들이 명시되는 순간부터 이관계는 다양한 현상에 관한 적합한 이미지를 제공할 수 있다. 버트런드 러셀(Bertrand Russel)의 표현을 빌리면, 내가 여기서 말하는 형식적 이론의 의미는 '명제적 함수들'로 조직된 집합이다. 즉 그 명제들이 포함하는 변수들이 일정한 상수로 변하는 순간부터 그 명제들은 경험적 의미를 지니게 된다는 뜻이다.

수많은 사회변동이론이 이러한 유형에 속한다. 사람들은 때때로 올슨의 『집합행동의 논리』를 사실적 이론으로 해석한다. 즉 그 이론은 1960년대의 미국과 산업사회 전체에서 집합행동의 소멸을 예측하는 내용을 담고 있다는 것이다.[23] 우리는 올슨의 주된 논지를 알고 있다. 비록 어떤 잠재집단의 구성원들이 특정한 집단적 이익, 즉 그것이 생산되

---

23) M. Olson, *Logique de l'action collective(The Logic of Collective Action)*, Paris, PUF, 1978; A.O. Hirschuman, *Shifting Involvements, Private Interest and Public Action*, Princeton, Princeton University Press, 1982. 허시먼은 올슨의 이론을 경험적인 것으로 해석하고, 거기에서 실제로 다음과 같은 결론을 끌어낸다. 사회운동의 등장을 설명하기 위해서 그는 논란의 여지가 많은 한 이론을 발전시키는데, 이 이론에 따르면 사회운동들은 부분적으로 개인적 소비에서 빚어진 불만족에 의해 내재적으로 결정된다.

기만 하면 모두에게 도움이 될 이익을 얻기 위해 행동할 충분한 이해관계가 있다 하더라도, 이들은 아무것도 하지 않도록 자극을 받을 것이다. 그 이유는 두 가지이다. 한편으로 각자가 기여할 수 있는 바가 지극히 작기 때문이다. 또 한편으로 각자는 결국 집단이익의 혜택을 볼 것이므로, 각각의 개인은 자기 대신 다른 사람들이 그 일을 하도록 내버려두도록 유혹받게 될 것이기 때문이다.

그러나 이 이론은 그 자체로서는 어떠한 경험적 결론이나 '경향적' 의미를 띠는 결론도 포함하지 않는다. 이 이론은 의도적으로 이상화된 상황을 다루는 것이며, 그것은 분명히 순수한 상태로는 현실 속에서 만나보기 어려운 것이다. 따라서 이 이론은 사실이라고도 또는 거짓이라고도 말할 수 없다. 그것은 과학의 타당성에 관한 포퍼의 기준에 맞지 않는다. 이 이론은 단지 형식적인 틀만 제공하는데, 만약 현실적 상황을 해석하기 위해서 우리가 그것을 사용하고 싶다면 그 내용이 명시되어야 한다.

이러한 맥락에서 올슨은 일정 기간의 경기침체 후, 미국 의사협회 회원이 갑작스럽게 크게 증가한 사실을 주목했다. 회원의 급격한 증가는 특정 시기와 일치했는데, 이때는 의료사업의 기계화와 의학연구의 상당한 발달 덕분에 의사협회가 그 회원들이 새로운 의약품들을 접할 수 있도록 정기간행물을 제공하려는 생각을 하고 있을 때였다. 동시에 의사들에 대한 시민들의 일반 소송이 늘어났으며, 이것은 의사협회로 하여금 그 가입자들에게, 그들이 기여하지 않았더라도 얻을 수 있는 집단적 이익(의약품 판매 촉진, 의학연구를 위한 기금의 동결 해제 등)뿐 아니라 가입자들에게만 주어지는 개인적 이익을 제공하게끔 했다. 결과적으로 가입자는 쇄도하기 시작했고, 의사들은 자신들의 이익을 옹호해줄 강력한 조직을 갖게 되었다.

위에서 보여주었듯이 일단 그 내용이 명시되기만 하면, **똑같은** 이론이 사회운동에서 지식인의 역할에 관한 사례에 대해 흥미로운 해석을 제공할 수 있다. 특히 그 집단의 수가 많고 분열되어 있을 때 특정 잠재집단의 구성원들은 쉽게 자극을 받아 행동하지 않기 때문에, 집합행동을 일으키는 시도나 여론을 의식화시키는 시도는 특정 집단의 사람들에게서만 나타날 수 있다. 그들은 의사소통수단에 쉽게 접근할 수 있고 그 잠재집단의 '명분'을 가질 뿐만 아니라 집단을 옹호할 이해관계를 지닐 수 있는 사람들이다.

이 두 가지와 함께 다른 많은 응용 사례들이 분명히 보여주는 것은 그 이론이, 집합적으로 조직된 사회운동이 향후 없으리라는 결론을 내리는 것이 아니라 오히려 사회운동이 나타나는 양태를 설명하는 데 기여할 수 있다는 것이다. 이 이론은 자체로서는 어떠한 경험적 명제에도 이르지 못한다. 그러나 이 이론은 집합행동의 동원과 조직의 특수한 사례들을 설명해줄 수 있는 어떤 틀을 제공해준다. 또한 그 이론을 구성하는 명제적 함수 속에 포함되어 있는 변수들이 적절한 상수들에 의해 대체되자마자, 즉 각각의 경우에 고려되고 있는 상황의 특징들에 맞추어졌을 때 집합행동이 일어나지 않는 것을 설명할 수도 있다.

요약하면, 방금 위에서 언급한 두 이론은 현실 자체에 대한 것이 아니라, 만약 분석가가 특정 범주의 현상을 설명하고 싶을 때 관찰하도록, 이론이 제시하는 원칙에 관한 진술의 체계로 구성되어 있다. 이 현상은 양대정당을 둔 정치체계에서의 선거결과일 수도 있고(호텔링), 집합행동의 동원이나 조직현상일 수도 있다(올슨). 따라서 올슨은 분석가에게 특정 개인이 집합행동에 참여하는 데 드는 비용과 이익을 연구해보라고 제안한다. 이 생각을 좀 더 분명히 한다면, 그의 '집합행동의 논리'는 형식적인 동시에 메타이론적(métathéorique)인 것이라고 말할 수 있다. 연구대상이 될 현상의 특징이 무엇이든, 그의 이론은 집합행동의 동원과 조직이라는 현상의 설명을 목표로 하는 이론이 유의해야 할 몇 가지를 제시해준다.

내가 보기에 수많은 사회변동의 **이론들**이 이와 같은 인식론적 범주에 속한다. 바꾸어 말해서 그 이론들은 **경험적**이라기보다는 **형식적**이고 **메타이론적**인 것으로 간주되어야 한다. 만약 우리가 이러한 구분을 항상 이해하고 염두에 둔다면, 수많은 혼동을 피해갈 수 있을 것이라고 나는 믿는다.

파슨스와 스멜서가 강조했던 사회분화의 모델들은 이러한 유형에 속한다. 즉 어떤 역기능이 특정 기업 그리고 더 일반적으로 특정 조직이나 특정 체계 속에 나타날 때, 이것은 새로운 역할의 창조, 즉 역할분화에 의해 해결될 수 있는 것이다. 올슨의 이론과 마찬가지로 이 이론은 그것에서 어떠한 경험적 명제도 직접적으로 끌어낼 수 없는 텅 빈 개념적 틀만 보여줄 뿐이다. 그러나 우리는 그것이 특정한 사회과정을 분석하는 데는 유용할 수 있다고 생각한다.

이 분화 모델은 파슨스에 의해 기업에서 권위 기능의 분화에 관한 유명한 분석에 실제로 사용되었다.[24] 그리고 스멜서에 의해서는 영국 섬유산업의 발전에 관한 분석에 사용되었으며,[25] 그 외 다른 많은 경우에도 사용되었다. 이 모델은 다양한 과정을 설명하는 것을 가능하게 하는데, 그것은 마치 올슨의 이론이 미국 의사협회의 갑작스러운 성장과 '클로즈드숍' 제도, 또 특정한 동원과정에서 지식인의 역할을 설명해주는 것과 같은 논리이다. 그러나 설명은, 형식이론이 제시하는 빈 틀이 고유한 명제와 날짜와 상황이 명시된 자료로 채워질 때만 나타난다.

따라서 '분화이론'은 우리가 그것을 다양한 과정에 적용할 수 있다는 의미에서 일반적이라고 불릴 수 있는 하나의 틀을 제공하는데, 이 틀은

---

24) T. Parsons and N. Smelser, "A Model of Institutional Change," in *Economy and Society*, Glencoe, The Free Press, 1956, pp. 255~273.
25) 제6장을 볼 것.

순수하게 형식적이다. 우리는 파슨스처럼 사회분화의 과정이 대표적인 것[26]이라고 말할 수 있다. 그러나 하나의 전제조건은, 이 형용사가 특정 빈도에 관한 지표가 되지 못한다는 사실을 알아야 한다는 것이다. 파슨스는 사회변동과정이 일반적으로, 아주 빈번하거나 또는 빈번한 경우 사회분화의 과정이라는 점을 주장하고 싶지 않았다. 그러한 명제는 거의 의미가 없다. 왜냐하면 비록 이상적이라 할지라도 문제시되는 빈도는 결정될 수 없기 때문이다. 그가 주장하려 했던 것은 오히려 분화라는 개념으로 표현되는 모델이 다양한 사회과정의 분석에 사용될 수 있다는 것이었다. 항상 피할 수도 없고 종종 저질러지는 오해는 파슨스의 분화이론에서, 그의 뜻과는 반대로 그 이론이 지니고 있지 않은 경험적 '결론'을 끌어내는 것이다. 그 결론에 의하면 사회변동과정은 일반적으로 사회분화과정이라는 것이다.

우리는 머튼[27]의 '기능적 분석 패러다임'에 관해서도 똑같은 분석을 할 수 있다. 머튼이 여기에서 '이론'이라는 단어보다는 '패러다임'이라는 단어를 선호한다는 단순한 사실이, 그가 기능적 분석을 엄밀한 의미의 이론으로 보는 것이 아니라 다양한 과정에 활용될 수 있는 개념틀로 보고 있다는 사실을 충분히 지적해준다. 이 패러다임은, 특정 제도를 설명하기 위해서는 그것이 수행하는 기능을 알아보는 것이 유용하다고 진술한다. 보기를 들어 1950년대 미국의 민주당은 사회보장제도가 수행할 수 없었던 기능들을 대신 수행했는데, 그때는 미국에서 막 사회복지제도가 탄생 중이었다는 단순한 이유 때문이다. 민주당은 자신들의

---

26) T. Parsons and N. Smelser, *op. cit.*, p.255. 게다가 파슨스에게서 분화는 사회변동의 '전형적' 과정 중 하나에 불과하다. '역분화'는 또 다른 과정이다.
27) R.K. Merton, *Eléments de théorie et de méthode sociologique*, Paris, Plon, 1965, première partie, chapitre 3(R.K. Merton, *Social Theory and Social Structure*, part I, chap. 3).

정당을 지지해준 대가로 실업자나 병 때문에 직장을 잃은 사람에게 도움을 주었다. 또 민주당은 너무나 궁핍해서 제대로 주거지에 정착할 수 없는 사람들에게 보조금을 나누어주었다.

앞의 경우와 마찬가지로, 기능주의이론에 대한 끈질긴 편견이 있는 사람들은 다음과 같이 주장한다. '기능적 분석 패러다임' 또는 사람들이 선호하는 용어에 따르면 '기능주의이론'은 사람들이 그것을 가지고 사회를 하나의 유기체로 표현할 수 있는 이론이다. 즉 그 요소들이 전체의 항상성적 균형을 이루는 데 협조하는 특정한 체계이다. 내가 방금 급히 언급한 응용 사례가 보여주듯이, 문제의 '이론'은 이러한 종류의 결론을 지니고 있지 않다. 이 이론이 주장하는 것은 단지 특정 모델을 각 경우의 특별한 자료에 적응시킨다는 전제 아래, 다양한 사례에 적용될 수 있는 이해의 모델이 제공된다는 것이다.

사회변동이론가들은 내가 여기에서 '형식적 이론'과 엄밀한 의미의 이론의 대립이라고 표현한 구분을 항상 의식하지 못할 뿐만 아니라, 때때로 이러한 혼동을 유지시키는 데 적극적으로 기여한다는 사실을 우리는 인정해야 한다.

내가 앞에서 여러 번 언급했던 발전'이론'으로 다시 돌아가보면, '빈곤의 악순환 이론'은 그 주창자들에 의해 마치 엄밀한 의미의 이론인 것처럼 제시되었다. 즉 가난의 재생산 뒤에 숨어 있는 메커니즘을 실제적으로 해석하는 것과 같은 방식으로 묘사하는 이론으로 간주되었던 것이다. 이런 방식으로 해석된다면, 우리는 문제의 이론을 받아들일 수 없게 된다. 왜냐하면 그 이론은 아주 많은 관찰자료와 모순되기 때문이다. 그 이론은 사회발전이 내생적일 수 없다는 것을 가정하기 때문에, 보기를 들어 19세기 일본의 발전과정을 설명할 수 없다. 그 이론은 아주 가난한 사회에서조차 항상 잉여가치와 저축이 존재한다는 사실과 모순된다.

이 유명한 이론과 관찰 사이의 명백한 모순은 충분히 강조되어왔기 때문에 나는 그것을 더 주장하지 않겠다. 만약 우리가 그 이론을 사실적 방식으로 해석하면, 그 이론은 단지 틀린 것일 뿐이다. 그러나 우리는 이 이론을, 현실 속에서는 순수한 상태로 관찰할 기회가 없는 이상적 메커니즘을 분리시킬 수 있는 장점을 지닌 '형식적 이론'으로 해석할 수 있다. 이 경우, 이 이론은 과학적 관심의 대상이 된다. 첫 번째의 경우, 이 이론은 거짓일 뿐만 아니라 위험한 구성물처럼 보인다. 왜냐하면 그것에서 무서운 결과를 가져올 수 있는——사람들은 이 이론에서 실질적으로 그러한 결론을 끌어내왔다——실천적 결론을 끌어낼 수 있기 때문이다.

이 점에 대한 결론으로 '형식적'이론과 엄밀한 의미의 이론 사이의 구분이 중요하며, 동시에 이 구분은 사회과학에만 적용되는 것이 아니라 자연과학의 어떤 측면에도 적용된다는 사실을 주목해야 한다.

우리가 이미 알고 있듯이, 포퍼는 다윈의 진화론을 과학적인 것으로 간주해야 할지 그러지 말아야 할지에 대해 여러 번 반복해서 질문했다.[28] 만약 특정 과학적 이론이 정말 반박할 수 있는 이론이어야 한다면——형이상학 이론과 과학적 이론의 구분에 대한 포퍼의 그 유명한 생각에 따르면——진화론은 반박할 수 없기 때문에 비과학적인 것으로 간주되어야 한다.

진화론은 사실 그 자체로는 어떠한 경험적 결론을 끌어내는 것도 허용하지 않는다. 예를 들어 이 이론은, t 시점에서 어떤 종(espèce)이 특정한 특징들을 보여주고 있으므로, t+k 시점에서는 이러이러한 다른

---

28) 특히 K. Popper, *Misère de l'historicisme(The Poverty of Historicism)*, *op. cit.*, §27을 볼 것.

특징들을 띠어야 한다는 것을 입증하도록 허용하지 않는다. 이 명제는 t와 t+k가 과거 또는 미래를 지칭한다는 점에서는 사실이다. 비록 t와 t+k가 과거의 시간을 가리키고 있다 할지라도, 결과적으로 진화이론의 관점에서 보았을 때 특정한 t 시점의 특정한 종의 상태로부터 t+k 시점의 상태를 추론할 수는 없다. 이 이론은 단지 이해를 돕기 위한 모델을 제공할 뿐이다. 예를 들어 t와 t+k 시점 사이에 갑자기 사회변동이 생겨났다. 그런데 어떤 변동은 더 유리한 적응능력을 보여주기 때문에, 자연도태에 따라 '특별한 대접'을 받거나 '선택되었다.'

그러나 t와 t+k 시점 사이에서 실제로 관찰된 진화과정을 설명하려면 진화론적 모델에 따라 제공된 틀을 **역사적** 성격을 지닌 자료로 채울 수 있어야 하는데, 종의 진화의 경우에는 그 자료들이 흔히 결여되어 있다. 어떤 변화가 가장 훌륭한 적응을 보여주는가를 확증하기 위해서는, 예를 들어 t 시점에서 그 종이 처해 있던 환경의 특징을 상세히 알아야 하고, 잘 정의된 기준들에 의해 그 변화가 가장 우수한 적응을 가능하게 했다는 것을 보여주어야만 한다. 그러나 가장 빈번히, 그러한 증거를 확립하는 데 필요한 자료들이 부족하다. 바로 이러한 이유에서 다윈주의 이론은 진화에 관한 신다윈주의 이론처럼, 어떤 사람들에게는 동어반복으로 여겨지는 것이다.[29] 적합한 자료가 없으면 우리는 악순환에 빠질 수밖에 없다. 왜냐하면 어떤 특징의 확산은 그 종의 적응적 능력의 산물로 해석되어야 하는데, 그것의 유일한 증거는 그 특징의 확산 속에 존재하기 때문이다.

사회변동이론의 사례처럼 '형식적' 이론과 '엄밀한 의미의 이론' 사이의 기본적 구분을 고려한다면, 진화이론에 의해 제기된 인식론적 논

---

29) R. Chauvin, "Sur le néo-darwinisme dans les sciences du comportement," *Année Biologique*, XIX, 2, 1980, pp.203~216.

쟁은 더 명료하게 정리될 수도 있다. 형식적 이론으로서의 진화이론은 어떠한 경험적 결론도 내포하고 있지 않다. 그러나 적절한 자료를 자유롭게 사용할 수 있는 경우 그 이론은 엄밀한 의미의 이론을 구성할 수 있는 효과적인 틀을 제공하는데, 이 이론은 실제로 관찰된 특정한 진화 과정을 **설명하는** 것을 가능하게 한다.

수많은 사회변동 '이론'의 경우도 마찬가지이다. 이 이론들은 보완적 명제와 적절한 자료로 채워진다는 조건 아래에서만 '엄밀한 의미의 이론', 즉 실제로 관찰한 현상들을 설명할 수 있는 단순한 형식적 틀이 될 수 있다.

무질서의 거부

이제 우리는 여행의 종착지에 도착했다. 다양한 사회변동이론에 따라 제기된 수많은 토론과 논쟁은, 우리가 몇 가지 구분을 파악하지 못하거나 그것을 파악했다고 할지라도 잘못된 방식으로 적용하고 있기 때문에 생긴 것이다. 수많은 가능성의 진술이 '법칙'처럼 제시되거나 이해되고 있다. 수많은 '형식적 이론'이 '엄밀한 의미의 이론'처럼 해석되고 있다. 엄격히 특정화한 조건의 집합 아래에서만 타당한 수많은 '엄밀한 의미의 이론'이, 일반적으로 타당한 것처럼 생각되고 있다. 즉 그 조건들과 관계없이 타당한 것처럼 생각되고 있다

우리는 부분적이고 지엽적이며 날짜와 상황이 명시된 사회과정에 관해서만 '엄밀한 의미의 사회변동이론', 즉 과학성에 관한 포퍼적 기준을 만족시키는 이론들을 구성할 수 있다. 일반적 타당성을 주장하는 사회변동이론들은, 가장 우수한 경우라도 그 자체로는 현실에 직접적으로 적용될 수 없는 형식적 이론으로 간주되어야만 한다. 즉 이 이론들은 하나의 언어를 제안하거나 특정 과정을 분석하는 데 유용할 수 있는

이상화된 사례들을 기술하는 것이다. 최악의 경우, 이 이론들이 경험적이며 동시에 일반적인 명제들을 생산한다는 주장을 할 경우, 그 이론들은 현실에 의해 부정된다.

위의 논의에 비추어보면, 빈곤의 악순환이 저개발을 설명한다든지, 분업은 냉혹하게 증가할 수밖에 없다든지, 관념은 항상 '구조'에 종속되어 있다든지, 모든 제도는 하나의 기능을 가지고 있다든지, 계급투쟁이 변동의 원천이라든지, 산업화는 필연적으로 핵가족화를 가져온다든지, 사회발전은 외적인 요인들에 의존한다든지, 갑작스러운 경제성장이나 경기침체는 일반적으로 동원효과를 낳는다든지, 사회구조들은 일관성을 띠는 경향이 있다는 주장은 사실이 아니다.

과학과 기술의 발전이 종교적 가치의 쇠퇴를 가져왔다든지 또는 가져올 수밖에 없다든지, 정치적 권리의 확대는 일반적으로 사회적 권리의 확장을 수반한다든지, 뒤늦은 경제발전은 중앙집권화한 국가의 등장을 낳는 경향이 있다든지, 반대로 중앙집권화한 국가만이 경제발전의 낙후를 극복할 수 있다는 주장은 사실이 아니다.

선진국에 대한 개발도상국의 종속상태가 이 후진국들의 이익에 도움이 되는 결과보다는 해로운 결과를 더 자주 가져온다는 주장도 사실이 아니다.

사회에서 소외된 지식인들은 항상 사회혁신을 일으키는 경향이 있다든지, 반봉건적 구조는 항상 자기재생산을 가져온다든지, 아니면 더 일반적으로 이러이러한 구조가 이러이러한 진화법칙을 함축한다는 주장도 사실이 아니다.

사회제도는 일관성 있는 체계를 형성한다든지, 제도들 간의 '모순'이 사회변동의 일반적 원인이라는 주장도 사실이 아니다. 모든 사회과정이 결정되어 있다든지, 아니면 반대로 모든 사회과정이 결정되어 있지 않고 예측 불가능하다는 주장도 사실이 아니다. 사회변동과정을 설명하는 데 신화가 첫째 요인이라든지, 아니면 생산관계가 첫째 요인이라는 주장도 사실이 아니다.

내가 다시 강조하려는 사실은, **부분적이고 지엽적인** 사회변동에 대한 **과학적 이론만** 존재한다는 것이다. 이 이론들 중 어떤 것은 생산관계가 가장 중요한 것으로 여겨져야만 하는 사례들을 다룬다. 그러나 다른 경우에는 이것이 아무런 구실도 하지 못한다. 이 이론들 중 어떤 것은 사회적 가치를 적절하게 외생적인 것으로 다루고, 또 다른 이론은 그것을 내생적인 것으로 다룬다. 그렇지 않은 경우 어떤 때는 혁신을 내생적인 것으로, 또 어떤 때는 외생적인 것으로 간주하는데, 그것은 정당하다. 이 이론들 중 어떤 것은 충분한 근거를 가지고 공리주의적 공리를 사용하는데, 또 어떤 것은 이러한 공리를 사용하지 않는다. 이 각각의 이론들은 서로 다른 방식으로 그들이 연구하는 과정에 관한 설득력 있는 설명에 도달할 수 있다. 왜냐하면 특정 공리의 적절성은 선험적으로 미리 결정될 수는 없고, 그것이 설명하려 하는 과정이 무엇인가에 따라 결정되어야 한다.

실증주의와 마르크스주의, 문화주의와 구조주의, 기능주의 또는 발전론에 영감을 주었던 위대한 사회변동이론이 일종의 죽음의 도시에 살게 된 이유는, 이들 이론이 위의 몇 가지 명제와 단순한 인식론적인 구분을 깨닫지 못했기 때문이다.

내가 이 책에서 해결할 것을 제안했던 문제—왜 사회변동이론은 현실에 의해 그렇게 끈질기게 부정되는 것일까?—는 몇 가지 단순한 명제로 구성된 한 가지 해결책을 포함하고 있다.

특정한 사회변동이론이 과학적일 수 있는 것은, 포퍼의 뒤를 이어 사람들이 이 형용사에 일반적으로 부여하는 의미에서, t 시점에서 어떤 체계의 특징을 구성하는 특징들 A_t, B_t, ……, P_t의 한정된 집합이 $t+k$의 시점에서 왜 다른 성격들 A'_{t+k}, B'_{t+k}, ……, P'_{t+k}의 집합으로 바뀌는지 검토하는 것을 그 이론이 목표로 했을 때에만 가능하다. 이 질문이 분명해지기 위해서는 특징들 A, B, ……, P가 그 자체로 분명히 정의되어 있어야 한다. 또한 준거기간인 t, t+1, ……, t+k도 모호함 없이 확인되어야만 한다. 이 문제에 대한 대답은, t에서 t+k의 기간 동안 왜 그리고 어떻게 행위자들의 상황이 바뀌어 그들로 하여금 특정 행동을 하게 하고, 그것들의 집합이 어떻게 A'_{t+k}, B'_{t+k}, ……, P'_{t+k}라는 결과를 설명해주는가를 이해하게 하는 데 있다. 나는 엄밀한 의미의 모든 사회변동이론은 이러한 형태로 귀결될 수 있다고 믿는다.

그러나 '사회변동이론' 전체는 이러한 틀로 분류되지 않는 또 다른 범주의 이론도 포함하고 있다. 어떤 이론은 추측이고, 또 다른 이론은 가능성의 진술이며, 또 다른 이론은 직접 경험적으로 적용할 수는 없는 '형식적 이론'이다. 이 이론은 결정적이고도 효율적으로 '엄밀한 의미의 이론'을 구성하는 데 방향을 제시해준다는 점에서 중요한 유용성을 지닌다. '기능주의적 분석의 패러다임' 없이는 1950년대 민주당 조직의 중요성과 같은, 날짜와 상황이 명시된 현상을 설명하기가 어렵다. 집합행동에 관한 올슨의 패러다임이 없었다면 영·미의 노동조합 역사에서 '클로즈드숍'이라는 관행의 확산을 설명하기 어렵다. 분화라는 패러다임 없이는 현대의 기업에 확립된 재산의 기능과, 권위와 결정의 기능적 구분을 설명하기가 어렵다.

이렇게 보면 '사회변동이론들'이 처한 어려움과 그것들이 현실에 의해 부정되는 이유는 주로 이론의 종류에 대한 혼동에서 비롯된다. 사회변동에 관한 과학적 이론이 존재하는 반면 추측적인 이론도 존재한다. 형식적 이론과 엄밀한 의미의 이론은 서로 논리적으로 분명히 구분된다. 그러나 일종의 상승작용에 따라 이 구분은 무시되는 경향이 있다. 우리는 특히 현상을 이해시켜주는 형식적 모델을 목표로 하는 이론에 경험적 예측능력을 부여하거나, 경험적 규칙성을 존중하는 가능성의 진술에 '법칙'의 지위를 부여하는 경향이 있다.

따라서 사회변동이론은 사람들이 때때로 부여하는 지나친 존경을 받을 자격도 없지만, 그렇다고 니스벳이 비판하는 지나친 모욕을 받을 필요도 없다. 문제는 그들 이론이 흰색이냐 검은색이냐를 아는 것이 아니라, 논리적 관점에서 그것들을 정당한 자리에 가져다놓는 것이다. 사람들은 이 비판적이고도 상대주의적인 태도가 아주 초라한 결과를 가져올지도 모른다는 이유로 반대한다. 아마 그럴지도 모른다. 그러나 그것은 또한 어떤 논리적 파생명제를 가져다줄 수도 있는데, 그것들이 저항 없이 받아들여질 수 있을 것이라고 믿기는 어렵다. 왜냐하면 그것들은 사회변동에 관한 마르크스주의적, 기능주의적 또는 구조주의적 개념은 의미가 없으며, 어떤 사회변동이론은 물리학이론이 그럴 수 있는 것만큼이나 과학적으로 엄격할 수 있다는 사실을 증명해주기 때문이다.

이 책에서 나는 포퍼가 『역사주의의 빈곤』에서 새롭게 활기를 불어넣어주고, 니스벳이 『사회변동과 역사』에서 지속한 논의를 다시 시작해보려고 노력했다(위의 두 저자 외에 다른 저자들, 특히 레이몽 아롱은 『역사철학 서설』〔*Introduction à la philosophie de l'histoire*〕에서 이 주제를 이미 다루었다). 이제부터 나는 나 자신과 앞의 두 저자들의 진단 사이의 차이점을 평가해보려 한다.

포퍼의 상대주의적 태도는 절대적 법칙과 조건적 법칙 사이의 구분에 기반을 두고 있다. 즉 조건적 법칙의 정립은 자연과학에서와 마찬가지로 사회과학에서도 정당한 목표가 되는 반면, 절대적 법칙의 탐구는 '형이상학적' 활동이라는 것이다. 이 입장의 문제점은 우선, 사회과학이 제시하는 많은 수의 '절대적 법칙'이 조건적 법칙들에서 연역된 것이라는 사실에서 생긴다. 그리고 두 번째 문제점은 사회과학이 제시하는 대부분의 조건적 법칙은 의심스러운 것으로 드러났다는 점이다. 그리고 마지막 문제점은 많은 사회변동이론이 절대적 법칙에도, 조건적 법칙에도 도달하지 못한다는 점이다. 또 한편으로는, 그것이 파슨스의 분화이론이건 집합행동이론이건 간에, 수많은 사회변동이론이 '형이상학' 이론과 '과학적' 이론을 대립시키는 포퍼의 그 유명한 이분법으로는 분류하기 힘든 것으로 드러났다는 점이다.

니스벳의 입장은 상대주의적이라기보다는 오히려 회의적이다. 랑케가 표현한 고전적 이상——실제 일어난 대로 사회변동을 기술하라(Wie es eigentlich geschehen ist)——에 충실한 니스벳은 사회변동에 관한 분석이 어떠한 법칙 추구적이고도 일반적인 진술을 낳을 수 있다는 사실을 거부하고 있다. 랑케 또는 몸젠(Mommsen)이 정의한 이상에 따르면, 역사학자와 마찬가지로 사회학자, 정치학자 또는 경제학자는 일회적 과정을 그 독특함을 강조하면서 분석하는 것 이외의 다른 목적을 가질 수 없다. 그리고 거기에서 규범적 법칙들에 관한 설명을 찾거나 이념형적 모델을 적용하려 해서는 안 된다.

니스벳의 입장은 우리를 받아들이기 어려운 사실주의로 이끌기 때문에, 나는 앞에서 그 입장 역시 지지하기 어려운 것이라는 점을 보여주려고 시도했다. 비록 규범적 진술이나 확실한 규범적 명제가 존재하지 않는다 해도, 사회변동의 분석에 쓸모없다고 주장하기는 어려운 범주의 체계와 이념형적 모델의 체계가 존재한다. 오히려 이 체계는 엄밀한 의미의 이론이 구성되는 틀을 제공해줌으로써 사회변동과정의 이해에 필수적이다. 비록 이 범주체계와 이념형적 모델은 포퍼적 의미에서 '형이상학적'이지도 않고 '과학적'이지도 않지만, 포퍼의 검증기준에 적합한 이론을 구성하기 위해서는 필수적이다. 바꾸어 말하면, 그는 짐멜과 베버가 당대에 랑케의 사실주의에 대해 적절히 제기했던 반대 주장들을 알지 못한다. 그를 변호하기 위해 다음의 사실을 언급할 필요가 있다. 즉 사회변동이론가들은 형식적인 것과 경험적인 것을 구분할 필요성을 거의 의식하지 못했으며, 그들은 대부분의 경우 이념형적 모델로 간주되어야 할 이론적인 구성물을 일반적인 경험적 이론으로 종종 표현했던 것이다.

타당성의 개념에 대한 하나의 짧은 논평

이제 이 맥락에서 상세히 다룰 수 없는, 중요하고 상대적으로 기술적인 문제를 제기하는 일이 남아 있다. 경우에 따라 어떤 과정의 설명이 미시적 수준(예를 들어 인지적 유형의 심리학 또는 공리주의적 유형의 심리학)에서 이러이러한 공리를 사용할 수 있었고, 사용되는 변수들의 성격은 고려하고 있는 사례에 의존하며, 이 점에 관해서는 어떠한 일반적 규칙도 세워질 수 없다는 것을 우리는 앞에서 살펴보았다.

또 한편, 짐멜과 베버의 예를 따라 위험한 논리적 궁지에 빠지고 싶지 않은 한, 우리는 다음과 같은 사실을 인정해야만 한다. 즉 사회학자, 경제학자 또는 정치학자가 주어진 현상을 설명할 때 비록 이 설명을 그가 분석하려 하는 현실에 적응시키려고 노력한다 할지라도, 그는 항상 **이념형적** 설명틀을 사용하고 있다는 사실이다. 따라서 중요한 인식론적인 질문은 어떻게 자의성을 피할 수 있는가를 아는 것이다. 똑같은 질문을 다른 형태로 제기한다면, 특정 이론의 타당성이 어떻게 정립될 수 있는가를 아는 것이다.

나는 이 질문을 이미 다른 곳에서 자세히 다루었기 때문에, 여기서는 단순히 그것을 상기시키는 것으로 만족하고자 한다.[30]

특정한 과학이론의 출발점은 항상 어떤 자료들의 제한된 전체 속에

---

30) R. Boudon, "Theories, theorie et Theories," *op. cit.*

있다{D}. 사회변동을 다루는 이론에서 이 자료들은 시간과 관련하여 분류된다는 특수성을 띤다. 그다음 단계는 이념형적 모델 또는 모델들 {S}를 '선택'하는 것이다. 이 모델들이 보충적으로 검토만 된다면, 우리는 그것이 {D}를 설명하는 이론을 구성하는 데 적절한 요소들을 제공한다고 평가한다. 즉 {S}에서 출발해 우리는 하나의 이론 T를 구성하는 것이다. 이해에 관한 베버적 기준에서 볼 때, 이 이론 T는 받아들일 수 없는 명제들을 포함해서는 안 된다. 게다가 T는 실제로 {D}와 양립할 수 있어야 한다.

따라서 T의 타당성이라는 질문은 다음과 같은 형태로 다시 표현될 수 있다. 즉 이해에 관한 베버적 기준뿐만 아니라 '거짓임을 검증하기 위한' 포퍼적 기준들도 만족시키는, T와 구분되는 하나의 이론 T′를 생각해보는 것이 가능한가이다. 만약 그렇다면, 우리는 자료들의 전체 {D}에 관한 '헤아릴 수 없는'—파이어아벤트의 의미로—이론들을 구성할 수 있다. 이 경우 우리는 T와 T′의 상대적 타당성을 결정할 수 없다. 바꾸어 말하면, 우리는 T의 타당성 정도를 평가할 수 없다. 만약 {D}가 수없이 많은 요소를 포함하고 있는 수많은 이론 T, T′, T″…… 전체에 의해 설명될 수 있다면, T는 주관적 타당성밖에는 가질 수 없다.

{D}뿐만 아니라 T까지 설명할 수 있는 하나의 이론 T′를 상상하는 것이 어렵다고 가정해보자. 나는 이것이 엡스타인의 이론이나 베버—트레버-로퍼 이론의 경우처럼, 앞에서 언급된 어떤 이론의 경우라고 믿는다. 이때 T는 진실된 이론—진실의 개념은 제한된 개념일 수밖에 없다—으로 간주될 수 없다. 그러나 그 이론은 **타당성**이 높다. 만약 T와 비교해서 평가하기 어려운 하나의 이론 T′가 만들어지면 이 타당성은 약화될 것이다. 만약 T와 비교해서 평가될 수 있고 {D}를 포함하는 자료들의 전체 {D″}를 설명할 수 있는 이론 T″가 있다면 T이론의 타당성은 또한 약화될 것이고, 이 경우 T′를 T″로 대체할 수 있다. 트레버-

로퍼가 베버의 이론을 수정한 것은 이러한 유형의 사례에 속한다.

따라서 이론들의 **타당성**에 관한 질문은 답이 없는 질문이 아니다. 우리는 반대로 이 질문에 분석적이고도 상세한 답을 줄 수 있다. **타당성**, **신빙성** 또는 한 이론의 **진실성**과 같은 개념에는 엄격한 정의를 내릴 수 있다. 그러나 어떤 이론의 타당성이 결정된 순간부터(평가하기 어려운 여러 이론이 똑같이 특정 집합의 자료를 설명하는 것을 가능하게 하는 아주 귀한 경우는 제외하기로 하자) 그 이론에 따라 사용되는 이념형적 설명들의 타당성을 평가할 수 있다. 이 이념형적 설명틀은 **보편성**을 주장할 수는 없지만 **일반성**은 주장할 수 있다(우리는 앞에서 이 구분의 중요성을 보았다).

위 논의의 결과는, 우리가 엄밀한 의미의 **이론**을 질서 있게 분류하듯이 그러한 이념형적 설명틀을 분류할 수는 없다는 것이다. 따라서 '유물론적' 설명틀은 '관념론적' 설명들에 견주어 어떠한 우위성이나 열등성도 갖지 않으며, 이 두 설명틀 중 그 어느 것에도 적용되지 않는 사례들이 존재한다. 그러나 이 설명틀에 타당성을 부여하는 것이 불가능하다는 사실이 우리를 자의성에 이르게 하지는 않는다. 왜냐하면 여기서 유일하게 중요한 질문은 S로부터 구성된 특정 이론 T가 {D}에 관한 설명을 포함하는지를 아는 것이기 때문이다. 그런데 이 질문은, 평가할 수 없는 이론들의 경우를 제외하고는 분명히 정의될 수 있을 뿐만 아니라 분명한 대답을 가지고 있다.

다른 곳과 마찬가지로 여기에서도 지식에 관한 회의적인 생각과 지식에 관한 상대주의적이면서 비판적인 생각을 분명히 구분해야 한다. 다양한 형태를 지닐 수 있는 지식에 관한 회의적인 생각——어느 것도 확실한 것은 없다. "따라서 어느 것이나 통할 수 있다"(파이어아벤트), "세상은 너무나 **복잡하기** 때문에 우리가 그에 대해 말할 수 있는 모든 것은 결국 같은 값어치를 지닌다", "그것은 사실이다. 왜냐하면 내가 그것을 믿기 때문이다", 감정의 순수성과 강도가 진리의 기준이다——은 사실 모든 독선을 포함하고 있다. 왜냐하면 이 생각은 권위에 의한 주장과 진리의 기준을 구분할 수 없게 하고, 모든 종류의 혼란을 가능하게 하기 때문이다.

그러나 헤겔이 지적하듯이, 모든 암소들이 검은 것은 오직 밤에만 가능하다는 말을 일반 민중의 지혜도 인정하고 있다.

지식, 이해관계 그리고 사회변동에 대한 해석

나의 임무를 수행하기 위해서 아직 한 가지 요점을 더 다룰 필요가 있다. 그러나 여기에서 나는 그것을 언급하는 것만으로 만족할 것이다. 왜냐하면 그것은 그 자체로 또 하나의 연구를 필요로 하기 때문이다. 그 문제란 우리가 모호한 용어로 '사회결정론'이라고 부를 수 있는 것이 사회변동이론에 끼친 영향이다. 어떤 점에서, 최근 몇십 년 동안 사회변동이론이 취한 양상이 특정한 사회적 요인의 결과로 나타난 것일까?

오래된 주제 하나를 예로 들어보자. 독일의 사회학자 하버마스 (Habermas)는 지식, 특히 사회적 영역의 지식은 이해관계에 의해 긴밀하게 지배를 받는다고 주장한다.[31] 이 지식사회이론은 어렵지 않게 독자들을 발견했다. 그 이론은 호의적인 지적 상황을 만났다. 역사적 인식론, 특히 쿤, 라카토스 그리고 파이어아벤트의 논문들은 자연과학 분야에서조차, 과학발전이 사회적 요인에 따라 영향을 받는다는 사실을 보여주었다. 잘 작성된 과학적 발견의 규칙들을 적용함으로써 진리

---

31) J. Habermas, *Connaissance et intérêt*, Paris, Gallimard, 1976(J. Habermas, *Knowledge and Human Interests*, London, Heinemann, 1972).

에 접근하는 이상적 연구자의 이미지가 과학공동체 내에서의 생존을 위한 투쟁의 이미지로 바뀌었다.[32]

포퍼는 이미 진리의 개념에 거짓임을 검증하는(falsification) 개념을 대체시켰다. 라카토스는 사실과 양립하기 어려운 특정 이론이 오랫동안 살아남을 수 있고, 연구자들의 이해관계가 이러한 집행유예에 관계가 없지 않다는 점을 주목한다.[33] 파이어아벤트[34]는 과학이론들이 '평가하기 어려운' 것일 수 있다는 사실을 강조한다. 즉 어느 이론이 더 선호되어야 하는가를 경험으로부터 결정하는 것은 잠정적으로 어려울 수 있다는 것이다. 이 경우 **이해관계**는——다른 분야에서 과학 외적인 **신념**이 중요한 역할을 하는 것과 마찬가지로——결정적인 역할을 할 수 있고, 연구자가 특정 이론을 지지하는 것을 설명하는 데 기여할 수 있다.

만약 개인적이거나 집단적인 이해관계가 자연과학사에서 지워질 수 없는 것이라면, 사회과학분야에서도 그것들은 여전히 더 큰 역할을 하고 있다고 생각해야만 하지 않을까? 그 이유는, 한편으로는 그들의 규칙이 덜 체계화되고 만장일치적 인정을 덜 받고 있기 때문이며, 또 한편으로는 사회과학이 제기하는 질문이 실존적 가치를 지니고 있기 때문은 아닐까?

사실을 말하자면, 나는 이 주제에 대해 너무 분명히 해결된 입장은 경계해야 한다고 믿는다. 이해관계의 역할은 비록 이론의 여지는 없지만, 사회과학분야뿐만 아니라 자연과학분야에서도 **객관성**의 개념을 실격시키는 데에는 충분하지 않다. 열정과 이해관계는 연구자가 다루는

---

32) G. Lemaine et B. Matalon, "La lutte pour la vie dans la cité scientifique," *Revue française de sociologie*, X, 2, 1969, pp.139~165.

33) I. Lakatos, *op. cit.*

34) P. Feyerabend, *Contre la méthode. Esquisse d'une théorie anarchiste de la connaissance*, Paris, Le Seuil, 1979(P. Feyerabend, *Against Method, op. cit.*).

문제들의 선택에 분명히 결정적인 영향을 끼친다. 이데올로기는 그것으로부터 연구자가 그들의 이론을 구성하는 준거기준의 선택과정에 개입한다. 열정과 이데올로기는 특정 이론에 그것이 실제로는 가질 가치가 없는 더 많은 독자들을 확보해주는 데 기여할 수 있다. 아니면 그 이론이 가질 권리가 없는 일반성을 부여하는 데 기여할 수도 있고, 그 이론이 과대평가된 논리적 지위를 얻는 데 기여할 수도 있다. 그러나 합리적 비판의 권리와 가능성이 보호되는 한 논쟁에 이기는 것은 항상 현실이다.

이 점을 설명하기 위해서 나는 한 가지 사례를 드는 것으로 만족하려 한다. 1950년대와 1960년대에 번창했던 경제발전이론은 분명히 제2차 세계대전 후 '세계질서'의 조건과 연관되어 있었다. '서구' 국가들의 가속화한 경제성장은 규칙적인 잉여가치를 끌어내는 것을 가능하게 했다. 국가 간의 상호 의존성 증대는 필연적 요인처럼 보였다. 국가들 간의 분명한 부조화와 민족독립운동의 발전은 제3세계, 발전과 저발전 등과 같은 개념들의 성공에 기여했다. 따라서 경제학자들과 사회학자들은 일반적으로 널리 확산되어 있고 때때로 특수한 수요에 따라 저발전의 원인과 그것을 해결할 수 있는 수단을 찾는 책임을 맡게 되었다. 이 질문이 제기된 조건과 방식은 연구자들로 하여금 발전과 저발전에 관한 일반 이론을 구성하도록 부추겼다. 또한 똑같은 요인들이 그 연구자들을 부추겨서 특정한 방식으로 외생적 사회변동이론을 제작하게 만들었는데, 이 이론들은 사회발전에서 외부 도움의 역할을 강조함으로써 외부의 도움을 정당화하였다.

이 맥락을 모르면, 빈곤의 악순환 이론이나 로스토의 성장단계이론과 같은 이론을 이해할 수 없다고 나는 믿는다. 한 걸음 더 나아가, 이 당시 경제학자들에 의해서 생산된 이론들은 대체로 경제학자들에게 맡겨졌던 **역할**과 그들에게 제기되었던 문제들의 형식에 따라 조건 지어졌던 것이라고 주장할 수 있다.

그러나 합리적 비판은 그 권리를 보유하고 있었다. 어느 정도 시간이 지난 후 사람들은 사회발전이론이 부인할 수 없는 일정한 수의 자료와 상반된다는 사실에 주목했다. 이렇게 해서 그들의 신빙성은 점차 침식되었다.

일반적으로, 사회과학이 발견했다고 주장했던 수많은 조건적 법칙이나 경향은 사실 사회중심적인(sociocentrique) 편견에 기반을 두고 있다는 사실을 인정해야 한다. 콩트와 그의 뒤를 이은 뒤르케임에게, 인류사회가 위대한 종교들의 몰락을 향해 가고 있다는 암시를 준 것은 프랑스혁명 당시의 여러 사건이었다. 이들보다 더 선견지명이 있었던 베버는 산업사회 중 가장 발달하고 가장 '유물론적인' 미국 사회에서 여러 요인의 집합이 오히려 개신교가 다시 활력을 찾는 데 기여한 것을 주목했다. 마셜은 영국의 경험에 입각해, 법적 권리의 확장은 정치적 권리의 확장을 불러오고 그다음으로 사회적 권리의 확장을 불러올 것이라고 믿었다. 반면 토크빌은 사회적 권리의 확장은 '유순하고 보호적인' 전체주의, 즉 정치적 권리의 제한을 가져올 수도 있다는 것을 분명히 예측했다. 그리고 파슨스로 하여금 확대가족의 몰락이라는 가설을 세우도록 암시한 것은 확실히 미국에서의 그의 경험이었다. 더 정확히 말하면 이 '법칙'은 1950년대에 미국에서 가족구조의 진화에 대해 사람들이 가질 수 있었던 인상을 반영한 것이었다.

따라서 사회변동이론은 사실상 아주 흔히 파레토적 의미에서 **파생물**(dérivations)의 지위를 차지하고 있다. 즉 그 이론들은 의사과학적(pseudo-scientifique) 형태로 **감정**을 표현하고 있다. 더 엄밀히 말해 그 이론들은 경험에 기본을 두고 있는 것은 사실이지만, 경험에서 지나친 결론을 끌어낸다는 것이다. 그리고 그들에게 주어진 신빙성은 그들의 논증이 지닌 내적 가치에서 생기는 것일 뿐만 아니라, 그 이론들이 표현하고 있는 감정의 확산 정도에서 생기는 것이다. 바로 이러한 이유로 이 파생물들은 현실과 불안정한 관계를 맺으면서 흔히, 비록 그 형태는 아니지만 최소한 그 기능에서, 수사학적 논증의 형태를 취하는 것이다. 바로 이러한 이유에서 똑같은 파생물이 서로 반대되는 결론을 유도할 수 있는 것이다.

우리는 이것을 빈곤의 악순환 이론의 사례에서 본다. 넉시에게 이 이론은 선진국이 외부 도움의 형태로 제3세계의 발전에 기여해야 할 의무를 보여주는 것으로 여겨졌다. 반면 갤브레이스(Galbraith)에게는 똑같은 법칙이 특정 형태(모든 수입의 증가는 그것을 상쇄시키는 힘을 일으키고, 그 힘은 이전 수준의 빈곤을 다시 가져온다)로 제시되는데, 이 법칙은 외부의 도움이 필요 없다는 결론을 내린다. 그사이에 일어난 일은, 지배적인 감정이 약해지고 외생적 발전의 교리를 내생적 발전의 교리가 대체했다는 사실이다.

따라서 사회변동이론에 관한 특정한 **역사**를 쓰기 위해서는, 그 이론이 대답을 주려 했던 특수하면서도 널리 퍼져 있던 요구의 내용이 명시되어야 하고, 이 요구가 이 이론의 내용에 미친 효과가 측정되어야만 할 것이다.

또한 자연과학, 아니면 최소한 사회과학이 자연과학에 대해 가지고 있는 이미지와 표상에 대한 영향력을 연구해야만 한다. 사회과학자들이 일반적으로 결정론적 관점에 중요성을 부여하는 것은 적어도 부분적으로는 이러한 이미지의 산물이다. 사회현상을 개인행위의 집합의 결과로 다루기를 거부하는 것 —이것은 나타나고 또다시 끊임없이 나타난다— 역시 아마도 **과학(Science)**에 대한 특정 이미지에서 비롯되는 것인데, 이 관점에 의하면 과학은 주관적 현상에 위치를 부여할 수 없다.

그러나 이러한 역사적 문제들 —비록 모두 다 중요하기는 하지만—

은 우리가 여기에서 대답을 찾아보려는 비판적 문제들에 보완적인 것이
될 수밖에 없다. 우연과 주관성은 역사가 설명해줄 수 있다는 이유 때문
에 흔히 사회과학에 의해 배척된다. 그러나 사회변동이론이 객관성을
주장할 수 있으려면 우연과 주관성에 정당한 위치를 부여해야 하며, ──
항상 살아 있는 칸트의 교훈에 따르면──객관성은 대답이 없는 질문을
확인하고 포기한다는 사실을 보여주는 것 또한 중요하다.

　　우리는 사회발전에 관한 부분적이고도 지엽적인 과정을 분석할 수
있고, 일반적인 설명을 만들어낼 수도 있다. 그러나 이 설명들은 사회
변동, 근대화 또는 사회발전의 실질적 과정 분석에만 사용될 수 있는 형
식적인 것이다. 반면에 사회진화이론, 사회발전이론 또는 사회변동이론
과 같은 개념은 이 범주들 중 어느 하나에 속하는 요소들을 포함하는
혼합적 전체로서, 그것들에 통일성을 부여하는 것은 불가능하다.

　　이때 통일성은 그 본질상 증명될 수 없고 또 비록 그것들이 집단적 믿
음의 대상일지라도, 가치판단들이 부가──이것은 흔히 암묵적이다──
되어야만 얻어질 수 있는 것이다.

맺음말: 사실주의의 함정

　내가 보기에, 짐멜은 아마도 베버와 함께 가장 세속적 —여기에서 내가 말하려는 바는 가장 덜 이데올로기적이라는 뜻이다—시각을 지녔던 사회과학의 선구자 가운데 한 사람일 것이다.

　그는 어떤 연속적 사건 AB 또는 두 사건의 결합 AB의 등장은 개인행동의 결합의 결과로만 설명될 수 있다는 것을 잘 보았다. 그러나 이 개인행동이 동시에 A와 B를 낳거나 아니면 그것이 어떤 연속적 사건일 경우, A 다음에 B를 낳기 위해서는 특정 상황의 집합 K가 실현되어야만 한다. 만약 그렇지 못하거나 그것이 부분적으로만 실현된다면, A는 B가 나타나지 않고도 나타날 수 있다. 거시적 수준에서 A는 B와 연결될 수도 있고 아니면 그것의 반대되는 요소와 연결될 수도 있다. 아주 흔히는, AB의 결합이 AB̄의 결합보다 더 자주 있어야만 한다고 주장하는 것조차 가능하지 않다.

　거시적 결합은 자연법칙의 존재를 표현하기는커녕 개인행동의 산물일 수밖에 없다는 사실을 우리가 의식하는 순간부터 거시적 결합의 불확실성은 자명한 것으로 드러난다. 실업과 인플레이션은 정비례관계로 변할 수도 있으며, 반비례관계로도 변할 수 있다. 그리고 이 두 경우 중 어느 것이 가장 빈도가 높은가를 묻는 것이 거의 의미가 없다는 것을 알게 된다 할지라도 짐멜은 놀라지 않았을 것이다.

행위의 사회학자들(sociologues de l'action)과는 대조적으로, 많은 이론가들이 사회변동에 관한 암묵적인 자연주의적 시각을 가지고 있다. 그들은 사회변동 속에서 법칙을 찾는데, 그 이유는 그들이 사회변동을 **자연적인** 것으로 생각하기 때문이다. 사실을 말하자면, 이 경우 우리는 사회변동이론이 옛 역사철학에서 나온 교리만큼이나 중요한 일종의 형이상학을 내포하는 것은 아닌지 의문을 던져볼 수 있다.

첫 번째 문제와 연결되어 있는 또 다른 중요한 문제에 대해서도 짐멜과 베버는 다른 학자들과 대조적 입장을 보여주는데, 이 입장은 그들이 칸트의 사상과 친숙해짐으로써 얻을 수 있었던 것이다. 그 덕분에 그들은 어느 학자보다 **사실주의**의 함정을 간파했으며, 관찰자가 구성한 이해를 위한 설명틀과 현실 그 자체를 엄격히 구분하는 것이 반드시 필요하다는 사실을 인식했다. 이것이 짐멜의 형식사회학이나 베버의 **이념형** 개념이 갖는 전체적 의미이다. $y = ax + b$라는 등식은 a와 b의 값이 명시되지 않는 한 하나의 **형식**이며, 어떠한 현실에도 적용될 수 없다. 반면 일단 이 값들이 정해지기만 하면 그 등식은 어떤 실제적 관계를 적절하게 표현할 수 있다.

호텔링의 '모델'의 경우도 마찬가지이다(제7장 참조). 그 자체로서 모델은 어떠한 특수한 실체에도 적용되지 않으며, 그렇기 때문에 이런 의미에서 **형식적**이다. 동시에 모델은 **일반적**이다. 왜냐하면 일단 경험적 자료를 보급받기만 하면—바꾸어 말해 일단 그 매개변수들이 적절하게 명시되기만 하면—모델은 아주 다양한 상황을 설명할 수 있기 때문이다. 또한 다른 유형의 이해를 위한 설명틀, 특히 사회과학이 사용하는 고전적 개념체계도 마찬가지이다.

따라서 퇴니스가 도입한 공동사회와 이익사회의 구분은, 비록 그것이 호텔링의 모델과는 다른 유형이기는 하지만, 이해를 위한 형식적 설명틀이다.[1] 퇴니스의 구분은 어떠한 특별한 사회 실체에도 그 자체로 적용되지 않는다. 그 구분은 특정한 연구자가 제한된 집단이나 사회를 비교할 때, 관찰할 수 있는 차이점에 연구자의 주의를 환기시키는 것을 가능하게 하는 중심사상이다. 이런 의미에서 그 구분은 커다란 일반성을 지닌다. 그런 구분은 실질적 집단이나 실제 사회들을 비교할 때에만 진정한 의미가 있고 적절히 사용될 수 있다. 호텔링 모델의 경우와 마찬가지로, 그 구분이 적합성을 갖기 위해서는 그것의 '매개변수들'이 고려 중인 대상들에 새로 적용되어야 한다. 그렇지 않고 만약 그 구분이 자연 그대로의 상태에 적용된다면 그것은 이데올로기와 유토피아의 전달수단이 된다.

'이윤율 하락 경향의 법칙'도 마찬가지이다. 이 법칙은 엄격하게 말하면 하나의 경험적 법칙이 아니라, 그것의 매개변수들이 설명하고자 하는 상황에 맞추어 바뀌어야만 하는 이해를 위한 설명틀이다. 따라서 그 법칙은 경우에 따라 이윤율이 하락할 수도 있고 증가할 수도 있으며, 안정된 상태로 있을 수도 있다는 것을 보여준다. 바꾸어 말하면 그 이론은 어떠한 경험적 결론과 예측도 허용하지 않는다.

짐멜이 그 주제로 한 권의 책[2]을 쓴 '사실주의의 함정'은 이해를 위한 설명틀에 불과한 것을 사물의 속성으로 해석하고 형식과 실체를 혼동하며, 그렇지 않은 경우—헤겔의 유명한 표현을 다시 쓰면—'합리적인 것'과 '현실적인 것'을 동화시키는 것이다. 이러한 변화를 설명하는 것은 어렵지 않다. 현실적인 방식으로 해석된다면, 호텔링의 모델은

---

1) 각기 다른 유형의 이해를 위한 설명 모델 사이의 구분에 대해서는 다음 논문을 볼 것. R. Boudon, "Théories, théorie et Théorie," *op. cit.*

2) W.S.F. Hegel, *Die Probleme der Geschichtsphilosophie*(*The Problems of the Philosophy of History*), 독일어 제3판(1907), *op. cit.*, 서문 첫 줄에서 헤겔은 '역사에서 사실주의를 비판하는' 주장을 펴고 있다.

양당체계에서 두 정당의 프로그램은 항상 실제적인 차이가 없어야만 하고, 선거결과는 항상 백중세여야 한다는 (잘못된) '예측'을 가져온다. 사실적인 방식으로 해석된다면, 퇴니스의 구분은 공동사회와 이익사회의 구분을 사물화하고, 전통사회와 근대사회를 공상적인 방식으로 대립시키며, 근대사회의 모순과 전통사회의 조화를 과장하는 결과를 가져온다. 공동사회의 개념은 예를 들어 호셀리츠[3]에게 다음과 같은 생각을 심어주었다. 즉 전통사회는 잘 통합된 단위를 형성하기 때문에 사회변동은 배척될 수밖에 없거나('침체된' 공동체), 그들 사회의 정체성을 빼앗아가는 혼란을 불러온다는 것이다. 사실적인 방식으로 해석된다면, '이윤율 하락 경향의 법칙'은 자본주의체제의 내부폭발이라는 예언에 도달하게 된다.

따라서 이러한 모든 해석들은 사실에 따라 부정되는 예언을 가져오든지, 사회변동에 관한 유토피아적 표상들을 가져오게 만든다. 일반적으로, 사회과학에 의해 만들어진 종합적인 이데올로기—마르크스주의, 구조주의 또는 기능주의처럼—는 사실주의적 환상의 산물이다. 그리하여 구조주의는 구조적인 것과 비구조적인 것 사이의 대립을 사실적인 방식으로 해석한다. 그리고 기능주의는 유추(사회/체계, 사회/조직 등)를 실체로 생각하는 경향이 있다.

그러나 짐멜이 형식적인 것과 실제적인 것 사이를 구분하면서 분명히 주장했듯이, 우리가 앞에서 언급한 것처럼 이해를 위한 설명틀은 그 자체가 틀린 것은 아니라는 사실을 주목하는 것도 중요하다. 오히려 이 설명틀은 사회변동을 설명하는 데 필수적이다. 이 설명틀은 그 내용이 명

---

3) B. Hoselitz, "Les principaux concepts de l'analyse des répercussions sociales de l'evolution technique" ("Main Concepts in the Analysis of the Social Implications of Technical Change") in B. Hoselitz and W. Moore (red.), *Industrialisation et société*, op. cit., pp.9~28.

시되고 변수들이 각색되지 않고서는 어떤 **특정한** 대상에 적용될 수 없다는 사실을 이해하지 못하고, 이것들을 마치 실제적 메커니즘이나 실제적 구분을 묘사하는 것처럼 사실적인 방식으로 해석할 때 비로소 문제점이 드러나게 된다.

사실주의의 함정은 사람들이 말하는 것처럼 사회과학에만 고유한 것은 아니다. 예를 들어 다윈주의에 관한 수많은 논쟁은, 사실 이해를 위한 모델의 지위에 있는 특정 이론을 우리가 사실적인 방식으로 해석하는 데서 비롯된 것이다. 다윈 이론의 지위 ― '형이상학적' 이론인가 '과학적' 이론인가? ― 에 관해 포퍼 자신이 망설였으며 이 질문에 대답할 수 없었다는 사실을 다시 상기해보자. 그 이유는 포퍼가 이론과 이해를 위한 모델을 구분하는 데 신경을 쓰지 않았기 때문이다.

사실 다윈의 이론이 우리에게 말해주는 것은 종의 진화에서 어떠한 유형의 메커니즘만이 작동하는 것으로 생각될 수 있는가 하는 것이다. 그러나 만약 주어진 기간에 나타난 종의 진화를 설명하기를 원한다면, 이 모델에 **경험적** 자료나 **역사적** 자료를 제공해야만 한다. 바꾸어 말해서 우리는 우연과 우발적 사건을 고려해야 하는 것이다. 예를 들어 어떤 종이 잘 보호된 생태학적 환경 속에서 경쟁 없이 살았다는 사실은 특별한 진화과정을 설명해줄 수 있다. 그러나 그 자체로서 이론은 어떠한 경험적 결론도 허용하지 않는다. 동어반복이라는 비난이 보여주는 것처럼, 그 이론이 사실적인 방식으로 해석되었을 때 그 이론은 예언(예를 들어 사회적 다윈주의)이나 가장 논란의 여지가 많은 추론을 가져올 수 있다.

사실주의적 환상이 ― 사회과학과 다른 분야에서 ― 끈질기게 나타나는 이유는 그것이 이데올로기의 형성에 기본적 메커니즘이라는 사실 때문이다.

사회과학이 만든 '이해를 위한 설명틀'을 사실적으로 해석하는 것이 아니라 형식적인 방식으로 해석한다면, 그것은 현실을 이해하기 위한 필수적 도구가 될 것이다. 그러나 그것의 효율성은 그것이 무질서 등을 거부한다는 사실에서 나오는 것이 아니라 오히려 다양성, 우발성 그리고 무질서의 권리를 보존하고 있다는 사실에서 나온다. 이러한 권리를 배제하는 것은 이데올로기적 사고의 기본적 특징이다.

세 번째 문제점에 대해서, 행위에 관한 고전적 사회학자들은 결국 찬성한다. 즉 과학적으로 설명하는 것이 가능하기 위해서 그 과정은 한정되어 있고, 따라서 부분적이어야 한다는 것이다. 여기에서도 또한 칸트의 영향력이 분명하게 드러난다. 즉 그의 서론(Prolégomènes)에 따르면, 비록 경계선(Grenzen)을 가지고 있지는 않지만 과학은 그 한계(Schranken)를 인정한다는 전제 아래에서만 가능하다.

행위의 사회학 패러다임이 영속적으로 다른 패러다임에 반대해온 이유는, 비록 그 패러다임이 유용하다 해도 그것이 사회영역에서 일반 이론을 만들고 일반적 적용 가능성을 지닌 경험적 규칙을 발견하려는 야심에 아주 엄밀한 한계를 부여하기 때문임이 분명하다.

내가 이 책에서 시도했던 방법론적 연구의 중요한 원칙이 여기에서 마지막으로 나타난다. 즉 사회변동과정에 관한 분석이 포퍼와 그전에 다른 사람들이 정의했던 과학적 기준을 만족시킬 수 있는 것은, 내가 베버의 이름을 연결시켰던 '지식에 관한 이상적 모델'이 적용될 수 있을 때이다. 과학적 지식과 다른 형태의 지식에 대한 모든 구분을 거부하지 않는 한, 어떻게 이 기준들이 대체로 받아들여지지 않을 수 있는지 우리는 이해할 수 없다.

그런데 베버의 모델은 내가 이 개념에 부여하는 기술적 의미에서 부분적이고 한정된 과정에만 적용된다. 이 틀을 벗어나자마자 확실성의 영역을 떠나서 추측과 가능성의 영역으로 들어서는 것이다. 추측을 하거나 가능성을 탐구하는 이론이 반드시 실천적 관심이나 과학적 관심을 가지고 있지 못한 것은 아니다. 그러나 우리가 그들의 **논리적 지위**를 의식하는 것은 중요하다. 마찬가지로 엄밀한 의미의 이론 구성에 기초로 사용될 수 있는 이념형적 틀을 제공하는 **형식적 이론**을 엄밀한 의미의 이론 자체와 구분하는 것이 중요하다.

지식철학과 '사회과학 방법론'의 기본적인 목적 가운데 하나는 인식 과정에서 인식 주체에 속한 것과 인식 대상에 속한 것을 결정하는 일이다. 이 두 용어가 만든 연속체의 어느 한 극단에서 우리는 분명하게 현실에 의해 확인될 수 있거나 최소한 반박될 수 있도록 구성된 이론을 발견한다. 또 다른 극단은 파이어아벤트처럼 '동화'(童話)라고 분류할 수 있는 이론에 의해 점유되고 있다.

이 두 극단적인 이론 사이에, 모든 종류의 중간적 사례가 가능하다. 지식철학과 방법론의 기본목적은 이 이론들의 정당한 위치를 결정하는 것이다. 이것은 아마도 다른 분야보다는 사회변동의 분석에 대한 분야에서 더 결정적인 중요성을 갖는다. 그것은 사회변동이론의 실천적 영향력 때문이거나, 아니면 파레토식으로 말해서 그것들의 '사회적 유용성' 때문이다. 이러한 영향력 때문에 사회변동이론은 실제로 풍토병처럼 사실주의의 함정으로부터 위협을 받는다.

이 함정이 다시 닫히는 순간부터 구조는 본질과 혼동되고, 이념형은 '경향적' 법칙과 혼동된다. 사람들은 '구조'가 상황적 요인이 있는 맥락에서만 나타난다는 사실을 잊고 있다. 사람들은 지엽적이고 우발적인 규칙성에 보편성과 필연성을 부여한다. 사람들은 이상적 범주와 실질적 구분을 동일시하고, **일반적 모델**과 **보편적 법칙**을 구분하지 않으며, 경험적 결론과 형식적 결론을 구분하지 못한다. 사람들은 사회과학의 예측능력을 과대평가한다. 사람들은 설명과 예측을 혼동하는데, 이 개념들은 설명을 보편적 법칙 아래 개별적 사실들을 포섭하는 것으로 정의할 때에만 서로 관련을 맺는다. 비록 사회변동이론이 역사의 장래를 아는 데 크게 기여하긴 했지만, 최근 몇십 년 동안에 만들어진 사회변동이론들은——위에서 언급한 구분을 항상 고려하지는 못했기 때문에——19세기의 역사 철학자들과 마찬가지로 대체로 사실주의의 함정에 빠졌다.

사회변동이론이 오늘날 불러일으킨 의심은, 사회에 영향을 끼치는 거시적 사회변동의 분석영역에서 지식의 한계에 대한 비판적 성찰을 다시 하는 데에 좋은 기회를 마련해주었는지 모른다.

이와 함께 다음 사실을 강조할 필요가 있다. 그것은 이 책의 **주제** 가운데 하나인 방법론적 개인주의——이것은 행위의 사회학을 정의하는 원칙이다——가 사회변동에 관한 과학적 분석이 근거할 수 있는 유일한 기반이라는 사실이다. 그리고 축소된 수준의 사회변동(예를 들면 사회 조직 내의 변동)을 분석하거나 전체로서의 사회에 경향적으로 영향을 끼치는 거시적 변동을 분석하는 경우, 이 명제는 사실이다. 마찬가지로 우리가 다루는 사회의 유형이 어떠하건 이 명제는 사실이다.

위의 예들이 보여주듯이, 그리고 우리가 발전시킬 수 있는 다른 수많은 예들이 보여주겠지만, 방법론적 개인주의의 원칙은 산업사회에 관한 분석뿐만 아니라 현대 인도 사회, 일본의 전통사회 또는 혁명 이전의 프랑스 사회에 관한 사회변동의 분석에도 역시 효과적으로 적용된다. 그리고 예를 들어서 그것은 정치현상이나 경제현상의 분석에만 적용되는 것이 아니라 이데올로기 현상이나 종교현상의 분석에도 잘 적용될 수 있는 것이다.

마지막으로, 사회변동이론은 흔히 **모델**이나 **형식적 이론**의 지위를 갖는다는 것을 강조할 필요가 있다. 이 형식이론과 모델은 역사의 변화를 이해하는 데 아주 중요하며 그것의 인식론적 특수성은 부인될 수 없는 하나의 전체이다. 따라서 그들 이론과 모델은 어째서 **역사**와 마찬가지로 **사회변동**의 개념이 필수적인가를 설명해준다. 이 형식이론들이 증명해 보여주는 것은, 사회과학은 개별 사건만 분석해야 하는 것도 아니고, 법칙 추구적 관점을 가져야만 하는 것도 아니라는 점이다.

사실 **사회변동**이라는 개념은 익숙하면서도 동시에 불가사의하다. 어째서 그리고 어떻게 이 개념이 지금과 같이 인정받는 '과학적' 연구분야가 되었을까? 반면 현실에서는 '사회변동'이 직접 또는 간접적으로 사회과학의 모든 영역에서 연구되고 있지 않은가? 어째서 오늘날 일반적으로 받아들여지고 인정된 제도적 실체에, 쉽게 포착할 수 있는 어떠한 **개념적** 실체가 일치하지 않는 것처럼 보일까? 이 책의 첫머리에서 했던 질문으로 다시 돌아간다면, 어떤 점에서 '사회변동'은 '역사'와 구분이 되는 것일까?

결국 사회의 영역에 대한 '과학'적 지식에는 세 가지 가능한 개념이 존재한다. 첫째는 **경험주의적** 개념이다. 사회변동의 분석에 적용했을 때, 이 개념은 19세기 말 독일에서 사람들이 **역사주의**(historisme)라고 불렀던 개념과 일치한다. 역사학자에게 역사적 지식의 이상은 과거의 진화적 변동이나 사회변동을 실제로 일어난 대로—즉 레오폴트 폰 랑케(Leopold von Ranke)의 유명한 공식을 다시 빌리면, Wie es eigentlich geschehen sind—기술하는 것이다. 역사학자는 법칙이 없는 곳에서 법칙을 찾지 않을 것이다. 그는 역사적 추세, 역사적 리듬 또는 역사적 주기가 존재하는가의 문제를 해결할 수 없다. 그는 커다란 사회변동이, 마르크스가 주장했던 대로 예컨대 생산관계의 변화의 결과인지 아니면 오히려 막스 베버가 주장했듯이 가치의 변동인지 알려고 하는 데에 관심이 없을 것이다.

특정한 역사적 변동과정을 연구하는 사람이 취할 수 있는 두 번째 중요한 개념은 **법칙 추구적**이라고 할 수 있다. 이들에 의하면, 역사학자는 실체를 그 구체적인 복잡성에 이르기까지 기술하는 것을 이상으로 삼는다. 그리고 역사학자들은 기껏해야 연구와 발표를 위해서 관찰된 자료를 단순화하고 조직하는 것이 필요하다는 사실을 인정할 뿐이다. 즉 그 자료들이 반드시 하나의 단조로운 이야기 속에 들어갈 수 있도록 필요한 절차를 밟아야 한다. 반면 법칙 추구적 개념을 가지고 있는 역사학자는 역사적 실체 속에서 추세, 규칙, 주기, 연속적 법칙, 사건 사이의 공변이, 요인 사이의 인과관계적 연결을 찾으려고 시도한다. 즉 일반적으로 거시적 법칙 또는 구조적 법칙이라고 부를 수 있는 것을 찾는 것이다.

그러나 우리는 마지막으로 세 번째 유형의 중요한 개념, 연구기획 또는 프로그램을 구분할 수 있다. 현학적인 용어를 사용한다면, 우리는 그것을 형식적 개념 또는 가설-연역적(hypothético-déductive) 개념이라고 부를 수 있다. 이 개념이 뜻하는 바는, 지식의 생산양식은 가설들로부터 출발해서 결론을 연역해내고, 그렇게 해서 만들어진 모델을 사용함으로써 실체를 설명하고 해명하거나 이해시키는 것이다. 이 가설 연역적 개념은 수학적 형식을 취할 수 있다. 그러나 이 개념이 반드시 이러한 형식을 취하는 것은 아니다. 특정한 가설체계에서 결론을 끌어내기 위해, 수학적 언어는 어떤 경우에는 분명히 필수적이다. 그러나 항상 그러한 것은 아니다. 수학적 형식의 연역은 가능한 경우 중 하나에 불과하다.

따라서 사회과학이라고 불리는 영역을 빠른 속도로 조감해보면 다음과 같은 사실이 관찰된다. 즉 비록 현실 속에서 사회과학을 역사학과 구분하는 것이 항상 쉬운 일은 아니겠지만, 이론적 또는 개념적 수준에서 사회과학은 일반적으로 사람들이 거기에 부여하는 자율성을 누릴 자격이 있다. 이 자율성이 정당화될 수 있는 이유는, 사회과학은 관점과 프로그램—라카토스의 과학철학 용어를 사용한다면—이라는 동질성을 가지고 있고 또 그것을 체계적으로 사용하기 때문이다. 역사학자들은 경우에 따라 그것들을 사용할 뿐이고, 그것을 사용할 때는 사회과학자들에게서 빌려온 것이라는 점을 인정하기 때문이다.

따라서 내가 보기에 사회변동이라는 개념의 존재 자체와 이제는 관습적인 성격을 표현하는 언어학적 성격이 존재하게 된 가장 본질적인 이유는 바로 이러한 구분 속에 존재한다. 아주 오래전부터 사회과학은 전통적인 역사학에서 평소에 쓰지 않는 개념과 설명 양식을 일상적으로 사용해왔다. 역사라는 표현보다 사회변동이라는 표현을 쓸 때 우리가 뜻하는 바는, 역사적 변화의 이러이러한 측면을 사회과학에 고유한 특정한 관점이나 프로그램에 입각해서 분석하기를 원한다는 뜻이다. 여기에서 관점이란 물론 법칙 추구적 관점이거나 형식적 관점이다.

토크빌이 『앙시앵레짐과 프랑스혁명』의 첫 번째 구절에서 자신이 역사책을 쓴 것이 아니라고 말했을 때, 이 구절에서 우리는 뛰어난 통찰력을 지닌 표현을 보는 것이 중요하다. 토크빌은 여기에서 베버와 짐멜이 나중에 더 상세히 설명해줄 내용을 제시하고 있다. 그 내용이란, 역사의 연구대상은 전통적 역사학의 시각과는 아주 다른 프로그램이나 관점에 따라 이해될 수 있으며, 특히 가설-연역적인 방법이 제자리를 찾는 것은 바로 이러한 관점을 통한 연구활동 속에서라는 것이다.

물론 사회과학분야의 가장 특징적인 두 개의 프로그램──법칙 추구적 프로그램과 형식적 프로그램──은 각각 아주 분명히 구분된다. 예를 들면, 이 두 프로그램에서 '법칙'이라는 단어는 서로 다른 의미를 지니고 있다는 것을 우리는 알 수 있다. 법칙 추구적인 프로그램의 틀 속에서 법칙이라는 단어는 하나의 규칙을 진술한 것을 가리킨다. 이 경우 법칙이 갖는 의미는 예를 들어 '케플러의 법칙들'을 말할 때의 의미와 같다. 반대로 리카도의 '비교우위의 법칙'이라는 유명한 법칙은 더 분명하게는 공리(théorème)라는 개념으로 표현될 수 있다. 왜냐하면 그 이론은 특정한 가설-연역체계에서 연역된 결론을 기술한 것이기 때문이다.

이렇게 보면, 사회변동은 존재한다. 왜냐하면 내가 위에서 묘사한 프로그램 중 어느 하나를 따르는 아주 많은 연구의 집합이 존재하기 때문이다.

그러나 우리는 다음과 같은 사실 또한 주목해야 한다. 즉 역사주의라는 용어가 가리키듯이, 위에서 언급된 프로그램들이 독점적 지위를 원하는 순간부터, 방금 구분된 세 개의 **프로그램**에는 세 개의 **교리**가 일치한다는 사실이다. '형식적' 프로그램과 '실험적' 프로그램이 학문적 흥미를 지니지 못하고 정당하지 못한 것으로 여겨질 때, 사람들은 고전적 태도인 역사주의적 입장을 취하게 된다. 이 태도는 독일의 고전적 역사학자들 사이에서 나타나는데, 이들은 이 개념을 매우 강조한 맨 처음 학자들이다. 그런데 이 태도는 많은 현대 학자들 사이에서도 나타난다. 니스벳의 『사회변동과 역사』는 내용에서나 논지에서 결국 아주 전통적인 역사주의적 태도를 보여준 것과 다를 바 없다.

'실험적' 프로그램이 '형식적' 프로그램을 배제할 것을 주장할 때 우리는 또 다른 교리에 도달하는데, 이것을 자연주의라고 부를 수 있다. 예를 들어 이 태도는 고전적으로 뒤르케임에 의해 대표되는데, 그는 전통적으로 경제학과 정치철학 분야에서 사용되어온 모델을 추상과 명상 또는 형이상학 영역에 속하는 것으로 간주했다. 그 이론의 다양성에도 불구하고, 마르크스와 리카도와 오스트리아의 한계효용학파 경제학자들은 경제적 현실을 분석하기 위해 가설-연역적 모델을 사용했다. 그렇게 함으로써 그들은 루소와 홉스에 의해 단순히 정치철학영역에서만 사용되어왔던 방법을 경제학에 적용한 것이다.

한편 뒤르케임은 사회학이 위대한 장래가 약속된 학문이라고 생각했다. 그 정확한 이유는——뒤르케임 자신이 사회학에 부여한 프로그램에 따르면——사회학은 경제학의 '사변적인' 방법과 **결별하기를** 원했기 때문이다. 뒤르케임이 볼 때 결국 사회학의 발전은 **형이상학적** 단계의 사회과학에서 실증적 단계의 사회학으로 이전해가는 것이다. 그리고 그는 사회학은 '낡은 경제학'을 박물관으로 추방해야 한다고——콩트의 진화론적 태도가 그에게는 자연스럽게 보였다——진지하게 주장했다.

이러한 형식의 시각에 어떤 필연성은 없다. 이와는 반대로, 막스 베버, 짐멜, 좀바르트 등 고전적 독일 사회학자들은 모델의 방법론이 경제학뿐만 아니라 사회학영역에서도 적절한 것이라고 생각했다. '형식사회학'을 말하면서 짐멜은 사회학영역에서도 경제학에서 크게 성공했던 것을 시도해보려는 야심을 보여주었던 것이다. 사실 뒤르케임의 사회학에 관한 생각이 다른 학문과의 결별(rupture)로 나타나는 것은 아주 특별한 과학관이다.

물론 '형식적' 프로그램이 수반하는 독선주의 또한 존재한다. 예컨대 우리는 마르크스에게서 그것을 볼 수 있다. 그는 자신의 모델에서 끌어낸 결론들이 현실 속에서 발전해야만 한다고 생각했다. 뒤르케임이 콩트에게서 특정한 과학의 개념을 물려받은 것과 마찬가지로, 마르크스도 현실적인 것은 합리적이라는 헤겔적 원칙을 결코 청산하지 못했다.

만약 우리가 '사회변동'과 관련된 현대적 연구들의 학문적 관심과 모호함을 동시에 이해하기를 원한다면, 이 고전적 문헌들에 대한 참조는 필수적이다.

아주 흔히, 사회과학들은 그들이 가질 필요가 없는 정당성을 부여받기 위해서 자신들이 예측능력을 지녔다는 것을 선언할 필요가 있다고 믿었다. 이 명제는 특히 제2차 세계대전 이후 20~30년 동안은 아주 옳았다. 이 행복했던 기간에 많은 사람들은 '사회변동'을 통제하는 것이 기술자가 특정 물리체계의 진화를 통제하는 것처럼 가능하다고 믿었다. 따라서 이 당시에는 사회변동의 예측 가능성과 통제 가능성에 대한 환상이 크게 확산되었다. 그 모델들의 '기술적'(technique) 성격은 그들에게 위세와 신빙성을 동시에 부여했다. 또한 그 이론들은 그들이 지니지 않은 예측능력을 가진 모델로 변형시키기 위해서, 그 모델들을 사실적인 방식으로 해석하는 것만으로도 충분했다.

규칙적 성장의 기간 후에 세계가 다시 혼란의 감정을 불러일으켰을 때, 그리고 '사회변동'이 더 이상 규칙적인 흐름을 쫓아가지 않는 것처럼 보였을 때, 이 감정의 변화는 사회과학이 인지했던 변화를 불러일으켰다. 즉 사회과학이론은 현실적인 것이 합리적이기를 원했다. 그런데 현실은 더 이상 합리적인 것처럼 보이지를 않았다. 오히려 이제부터는 현실이 이성을 벗어난 것으로 인식되었다. 따라서 현실을 기술할 수 있는 유일한 과학은 이제부터 역사학이었다. 시미앙(Simiand)의 표현을 빌리면 '역사학의 독자성을 주장하는 역사학'이 그것이다. 간단히 말해서 새로운 지적 상황은 사람들을 옛 **역사주의**(historisme)로 이끌었다. 이제 사람들은 모든 사회변동이론을 경멸하게 된 것이다. 유일하게 존재하는 것은 복잡한 역사적 변화 그것뿐이라는 것이다.

첫 번째 역사주의인 랑케의 역사주의는 독일에서 주목할 만한 인식론적 성찰 노력을 불러일으켰다. 이 노력은 베버와 짐멜의 신칸트주의적 관점에 도달했는데, 이 관점에 따르면 '역사학자'와 '헤겔주의자'의 주장은 둘 다 잘못되었다. 왜냐하면 우리가 사회현상, 특히 사회변동을 이해하기 위해서는 어쨌든 **모델**을 구성할 필요가 있고, 또 그래야만 하기 때문이다.

그러나 이와 함께 이 모델들을 사실주의적인 방식으로 해석하지 않으며, 거기에 그들이 가지고 있지 않은 예측능력을 부여하지 않는 것이 중요하다. 왜냐하면 현실적인 것은 항상 합리적인 것을 넘어서고, 특히 그것이 사회현상처럼 특별히 복잡한 현상을 다루는 경우에는 더욱더 그러하기 때문이다. 그리고 우리가 그 자체로서의 현실의 복잡성에 도달할 수 있다고 믿는 것은 환상이기 때문이다. 바로 위의 이유들 때문에 **모델**이라는 추상적 구성물이 지식을 얻는 데 필수적인 도구가 되는 것이다. 그러나 바로 위의 이유들 때문에 모델은 항상 현실에 의해 그 한계가 드러나는 것이다.

참고문헌

1. 부동의 저서

Boudon R.(1968), *L'analyse mathématique des faits sociaux*, Paris: Plon.

_____(1968), *À quoi sert la notion de structure*, Paris: Gallimard.

_____(1973), *L'Inégalité des chances*, Paris: Hachette, 《Pluriel》, 2009.

_____(1977), *Effets pervers et ordre social*, Paris: PUF, 《Quadrige》, 2009.

_____(1979), *La Logique du social*, Paris: Hachette, 《Pluriel》, 2009.

_____(1984), *La Place du désordre. Critique des théories du changement social*, Paris: PUF, 《Quadrige》, 2004.

_____(1986), *L'Idéologie ou l'origine des idées reçues*, Paris: Fayard/Le Seuil, 《Points》.

_____(1990), *L'Art de se persuader des idées fragiles, douteuses ou fausses*, Paris: Fayard/Le Seuil, 《Points》.

_____(1995), *Le Juste et le Vrai. Essais sur l'objectivité des valeurs et de la connaissance*, Paris: Fayard/Hachettet, 《Pluriel》, 2009.

_____(1996), "Pourquoi devenir sociologue? Réflexions et évocations," *Revue française de science politique*, vol.46, n° 1, pp.52~79.

_____(1999), *Le Sens des valeurs*, Paris: PUF, 《Quadrige》, 2007.

_____(2002a), *Déclin de la morale? Déclin des valeurs?*, Paris: PUF.

_____(2002b), "Les croyances collectives," *in* MICHAUD Y.(dir.), *Qu'est-ce que la vie psychique?*, Paris: O. Jacob, pp.187~217.

_____(2003), "Beyond rational choice theory," *Annual Review of Sociology*, vol.29, pp.1~21.

_____(2004), *Pourquoi les intellectuels français n'aiment pas le libéralisme?*, Paris: O. Jacob.

_____(2005), *Tocqueville aujourd'hui*, Paris: O. Jacob.

_____(2006), *Renouveler la démocratie: éloge du sens commun*, Paris: O. Jacob.

_____(2007), *Essais sur la théorie générale de la rationalité*, Paris: PUF, 《Quadrige》.

_____(2008), *Le Relativisme*, Paris: PUF, 《Que sais-je?》.

_____(2009), *La Rationalité*, Paris: PUF, 《Que sais-je?》.

BOUDON R. et BOURRICAUD F.(1982), *Dictionnaire critique de la sociologie*, Paris: PUF, 《Quadrige》, 2008.

BOUDON R. et CHERKAOUI M. (dir.)(2000), *Central Currents in Sociological Theory*, 8 volumes, Londres: Sage.

BOUDON R. et CLAVELIN M. (dir.)(1994), *Le relativisme est-il résistible?* Paris: PUF.

BOUDON R., CUIN C.-H. et MASSOT A.(2000), *L'Axiomatique de L'Inégalité des chances*, Paris: L'Harmattan.

BOUDON R. et HAUSER R.(1976), "Comment on Hauser's review of *Education, Opportunity, and Social Inequality*," *The American Journal of Sociology*, vol.81, n°5, pp.1175~87.

BOUDON R. et LEROUX R.(2003), *Y-a-t-il encore une sociologie?*, Paris: O. Jacob.

2. 부동에 관한 저서와 논문

ASSOGBA Y.(1999), *La Sociologie de Raymond Boudon*, Paris/Québec: PUL/L'Harmattan.

BAECHLER J., CHAZEL F. et KAMRANE R.(dir.)(2000), *L'Acteur et ses raisons. Mélanges en l'honneur de Raymond Boudon*, Paris: PUF.

BORLANDI M.(1995), "Should one still read Durkheim's *Rules* after one

hundred years? Raymond Boudon interviewed by Massimo Borlandi,"
Revue suisse de sociologie, vol.21, n°3, pp.559~573.

_____(2000), "La querrelle des histioriens et des présentistes," *in*
BAECHLER J., CHAZEL F. et KAMRANE R.(dir.), *L'Acteur et ses raisons.*
Mélanges en l'honneur de Raymond Boudon, Paris: PUF, pp.88~109.

BUSINO G.(1998), "L'antisociologisme de Raymond Boudon," *in* BUSINO et
VALADE (dir.)(1998), pp.263~272.

BUSINO G. et VALADE B.(dir.)(1998), *La Valeur de la sociologie: les*
travaux de Raymond Boudon, Revue européenne des sciences sociales,
vol.36, n°112.

CAZENEUVE J.(1991), "Allocution," *in Remis à Raymond Boudon de son*
épée d'académecien, plaquette HC, Paris: Fayard, pp.13~19.

CHERKAOUI M. et HAMILTON P.(dir.)(2009), *Raymond Boudon: A life in*
Sociology. Essays in Honour of Raymond Boudon, 4 volumes, Oxford,
Bardwell.

DUBOIS M.(2000), *Premières Leçons sur la sociologie de Raymond Boudon*,
Paris: PUF, 《Major》.

DUMEZ H.(2009), "On Raymond Boudon's style of thought," *in*
CHERKAOUI M. et HAMILTON P.(dir.), *Raymond Boudon: A Life in*
Sociology. Essays in Honour of Raymond Boudon, Oxford, Bardwell,
vol.IV, pp.209~214.

FARARO T. et KOSAKA K.(1976), "A mathematical analysis of Boudon's IEO
model," *Informations dans les sciences sociales*, symposium sur
《*L'inégalité des chances*》, vol.15, n°2~3, pp.431~475.

HAMLIN C.(2002), *Beyond Relativism, Raymond Boudon Cognitive*
Sociology, Londres/New York: Routledge.

HAUSER R.(1976), "Review essay. On Boudon's model of social mobility,"
The American Journal of Sociology, vol.81, n°4, pp.911~928.

LANGLOIS S.(2008), "Trente ans de sociologie en France," *Commentaire*,
vol.31, n°121, pp.349~359, repris en anglais sous le titre 《The PUF
Sociologies series. A major source of scientific knowledge in

contemporary sociology》, *in* CHERKAOUI M. et HAMILTON P.(dir.), *Raymond Boudon : A life in Sociology. Essays in Honour of Raymond Boudon*, Oxford, Bardwell, vol.IV, pp.261~282.

LINDENBERG S.(2000), "The extension of rationality: framing *versus* cognitive rationality," *in* BAECHLER J., CHAZEL F. et KAMRANE R. (dir.), *L'Acteur et ses raisons. Mélanges en l'honneur de Raymond Boudon*, Paris: PUF, pp.168~204.

MORIN J.-M.(2006), *Boudon. Un sociologue classique*, Paris: L'Harmattan.

NUOSCIO E. DI(1996), *Le ragioni degli individui. L'individualismo metodologico di Raymond Boudon*, Messine, Rubbettino.

PAWSON R.(2009), "On the shoulders of Merton. Boudon as the modern guardien of middle-range theory," *in* CHERKAOUI M. et HAMILTON P. (dir.), *Raymond Boudon : A Life in Sociology. Essays in Honour of Raymond Boudon*, Oxford, Bardwell, vol.IV, pp.317~334.

PIANA D.(2009), "Glimpsing something new in public policy analysis: the contribution of Raymond Boudon to the cognitivist turn," *in* CHERKAOUI M. et HAMILTON P.(dir.), *Raymond Boudon: A Life in Sociology. Essays in Honour of Raymond Boudon*, Oxford, Bardwell, vol.IV, pp.335~347.

SCIARRA E.(1999), *Raymond Boudon e l'epistemologia dell'azione sociale*, Pescara, Euro Editrice.

SCOPPETTUOLO A.(2010), *Etica economica e teoria dell'azione. Ragione, individuo e società in R. Boudon*, Messine, Rubbettino.

TURNER B.(2009), "Raymond Boudon, Alexis de Tocqueville and American exceptionalism," *in* CHERKAOUI M., et HAMILTON P.(dir.), *Raymond Boudon: A Life in Sociology. Essays in Honour of Raymond Boudon*, Oxford, Bardwell, vol.IV, pp.349~360.

VAUTIER C.(2002), *Raymond Boudon, Vie, Œuvres, Concepts*, Paris: Ellipses.

옮긴이의 말

이 책이 처음 번역 출간된 지 벌써 20여 년의 세월이 흘렀다.[1] 당시 한국 사회 지식인들의 문제의식과 시민의식을 고려할 때 이 책의 초판 출간은 시대를 20~30년 정도 앞서가는 것이었다. 이제 20여 년의 세월이 흐르는 동안 한국 지식인 공동체의 문제의식과 시민사회의 가치관도 크게 변화했다. 그러나 격렬한 이념 논쟁과 경직된 담론으로 특징지어지는 한국 사회의 지적·문화적 환경을 차분히 성찰해볼 때, 한국 사회가 경제적으로는 선진국 수준으로 발전했을지 모르지만 사회·문화적으로는 아직 미성숙한 단계에 있다는 점을 인정할 수밖에 없다.

우리가 이처럼 어려운 상황에 처하게 된 가장 큰 이유는, 서구가 100년이 넘는 기간에 걸쳐 달성한 근대화를 한국 사회는 세계사에서 유래를 찾아보기 힘들 만큼 빠른 30년이라는 기간에 압축성장의 형식으로 이루어냈기 때문이다. 그러나 이러한 압축적 경제성장과 근대화는 그

---

1) 이 책의 초판은 20여 년 전 『무질서의 사회학적 위치』(민문홍 옮김, 교보문고, 1990)라는 제목으로 출간되었는데, 1984년 프랑스 대학 출판사(PUF)의 원본을 번역한 것이다. 이번에 옮긴이가 새로 번역한 개정판은 2004년 같은 출판사에서 펴낸 문고판(Quadridge)을 저자의 새 서문과 함께 다시 번역해 출간하는 것이다.

과정에서 부패와 기회의 불평등 그리고 사회적 양극화의 문제를 가져왔다. 여기에 덧붙여 사회지도층의 노블레스 오블리주 정신의 결여는 한국 사회를 큰 혼란의 와중으로 몰아넣었다.

한국 사회에서 최근 20년 동안 빠른 속도로 확산되어온 네오마르크스주의적 발상의 변혁이론들—피에르 부르디외, 미셸 푸코, 위르겐 하버마스 등과 그들의 해설서들—이 한국 지식인 사회의 헤게모니를 장악할 수 있었던 것은, 일반 시민들 사이에서 한국 사회의 부패하고 불공정한 사회구조를 바로잡아야 한다는 개혁적 문제의식이 지속적으로 공유되고 있었기 때문이다. 그러나 이제 21세기를 벌써 10년이나 넘긴 지금, 1968년 5월혁명의 본산지인 프랑스에서는 물론 한국 사회에서도 서구의 네오마르크스주의 이론으로써 우리 사회의 문제를 진단하고 처방하는 것은 시대에 뒤떨어진 생각이라는 각성이 지식인들을 중심으로 일어나고 있다. 또한 개인의 자율성과 인간의 존엄성을 중심축으로 기존의 구조주의적 변혁이론들에 대한 이론적·사상적 대안을 찾아야 한다는 여론이 조성되고 있다. 내가 부동의 사회학과 사회변동론이 우리 사회의 혼란에 대한 사회학적 성찰에 반드시 필요한 학문적 문제의식이라고 생각한 이유는 바로 이러한 맥락에서이다.[2]

부동 교수는 1968년 박사학위를 받을 때부터 지금까지 평생 동안 구조주의적 사고의 문제점을 폭로하고, 개인의 자율성과 존엄성을 기반으로 새로운 대안적 사고를 찾는 데 전념해왔다. 그리고 이러한 문제의식의 연장선상에서 1968년 5월혁명부터 지금까지 유럽을 혼란에 빠뜨렸던 구조주의적 마르크스주의에 대한 아카데믹한 사회학적 대안을 찾

---

2) 나는 이러한 생각에서 부동의 사회사상을 체계적으로 소개하고, 그 틀에 입각해 한국 사회의 문제를 분석하는 책을 출간한 바 있다. 민문홍, 『현대사회학과 한국사회학의 위기』, 도서출판 길, 2008.

는 것을 자신의 학자적 소명으로 삼아왔다. 토크빌과 레이몽 아롱의 사상사적 전통을 종합·계승한 부동 교수는 현재 생존하는 이론적 사상가들 중 최고봉에 속하며, 유럽에서 가장 존경받는 정통 자유주의 사회학자이다.[3]

이미 70대 중반을 넘어선 노장 사회학자가 2년에 한 권꼴로 저서를 출간하고 수많은 강연을 소화해내는 것은 스스로 자유주의 사회학의 전도사로 나선 소명의식 때문이다. 이제 그의 향후 저작에 아카데미 사회학의 장래가 걸려 있다 해도 과언이 아닐 정도로 그의 사회학 저서들은 프랑스를 넘어 세계 사회학 공동체에 커다란 영향력을 행사하고 있다. 그는 21세기에 지배적인 영향력을 행사해온 두 명의 유럽 석학—니클라스 루만(독일), 앤서니 기든스(영국)—과 함께 현대사회학 이론과 사회사상을 대표하는 학자이기도 하다.

여기 소개하는 부동의 『사회변동과 사회학』은 프랑스에서는 1984년에 출간되었지만, 사반세기가 지난 지금까지도 이 분야의 사회학 고전으로 읽히고 있는 귀한 책이다. 나는 프랑스 유학 중 이 책의 초고인 『사회변동론』 강의를 들으면서 운동권적 문제의식을 포기하고, 아카데믹한 사회학자로 개종하는 소중한 체험을 했다. 부동 교수의 귀한 저서는 여러 권 있지만, 바로 위의 이유 때문에 나는 한국의 젊은 지성인들을 위해 이 책을 한국 사회학 공동체에 가장 먼저 소개하려는 것이다.

이 책이 한국 사회학 공동체에 소중한 또 다른 이유는, 이 저서가 1960년대 이후 90년대까지 거의 30여 년간 쏟아져 나온 수많은 사회변동이론들에 대한 방법론적·지식사회학적 성찰을 제공하기 때문이다.

---

3) 그는 2009년 1월 유럽 사회학의 노벨상에 준하는 토크빌상을 받았다. 이전의 대표적 수상자들로는 레이몽 아롱과 칼 포퍼가 있다.

부동은 30년 전 자유주의 사회철학자 칼 포퍼가 제기한 문제의식[4]을 후기 현대사회의 다양한 사회변동론들에까지 확장 적용함으로써, 칼 포퍼를 뛰어넘는 사회철학과 방법론적 문제제기를 하고 있다. 즉 그는 포퍼의 문제의식을 연장하여, 1950년대에서 70년대까지 수없이 쏟아져 나온 다양한 사회변동이론들이 어째서 그 저자들의 의도와는 상관없이 일반 시민들과 독자들에게 전체주의 사회에 대한 환상을 심어주는가에 대해, 사회학과 철학을 함께 전공한 학자만이 할 수 있는 그만의 통찰력 있는 연구결과를 내놓고 있다.

부동의 이 저서가 21세기를 넘긴 한국의 사회학자들에게 커다란 호소력을 지니는 이유는, 그가 다양한 사회변동이론들의 방법론적 · 사회철학적 오류를 검토하는 작업을 넘어서, 이러한 작업을 토대로 후기 현대사회의 새로운 가치관 정립 문제를 해결할 수 있는 두 가지 관점을 종합한 자신의 견해를 제시하고 있기 때문이다. 하나는 포퍼의 시각[5]을 원용하여 지난 30년간 쏟아져 나온 사회변동이론들의 사회학적 의미를 탐색하고 대안적 사회변동이론을 제시하는 것이다. 또 하나는 토크빌과 짐멜의 '자유주의적 아카데미 사회학' 전통을 되살려 후기 현대사회의 사회적 혼란(사회질서관과 가치관의 혼란) 문제를 극복할 수 있는 시민사회적 대안을 찾는 것이다.

나는 지난 20여 년에 걸쳐 한국 사회에서 벌어진 주요 '이념논쟁'과 좌우 이데올로기 논쟁이 어떤 점에서는 현대사회와 후기 현대사회의

---

4) 사회주의적 · 전체주의적 함의를 갖는 역사철학과 사회철학 이론에 대한 비판적 문제의식과 통찰력을 가리킨다.
5) 부동은 이 책에서 포퍼(Karl Popper)가 『역사주의의 빈곤』(*The Poverty of Historicism*, London, Routledge and Kegan Paul, 1957)에서 제기한 문제들을 사회과학 방법론이라는 이름으로 다시 논의하고 있다.

변화의 흐름을 읽는 다양한 사회변동관의 대립에서 비롯되었다고 생각한다. 한국 사회가 일제의 식민지가 되고 독립을 이루는 과정, 해방 이후 공화주의적 민주주의 체제의 정착과 근대화 과정, 그리고 최근 선진국 진입의 문턱에 서서 심한 갈등을 겪으며 새로운 발전 모델을 찾는 과정은 선행적으로 현대 사회과학의 축적된 학문적 업적에 입각한 균형 잡힌 사회변동관을 요구한다.

그동안의 압축적 경제성장은 한국을 중진국의 선두 주자로 만들었지만, 그 반대급부로 심각한 수준의 사회적 부패와 양극화 그리고 그와 연관된 수많은 갈등을 낳았다. 이 과정에서 한국은 갈등이론의 수용이라는 명분 아래, 지적 무방비 상태에서 세속적 마르크스주의의 영향을 너무 크게 받았다. 이러한 지적 · 사회적 상황을 극복하고 한국 사회를 선진사회 대열로 끌어올리기 위해서는 한국 사회의 발전 모델에 관한 뼈를 깎는 성찰이 필요하다.

나는 이 과정에서 반드시 거쳐야 할 필수적 작업이 21세기 세계사회학 공동체의 이론적 변화 흐름을 읽어내면서, 한국 사회학 공동체에 새로운 균형 잡힌 사회변동관을 제시하는 것이라고 생각한다. 이 점에서 부동의 사회변동론은 한국 사회에 가장 적실성 있는 교훈을 제공하는 귀한 고전이 될 것이다.

끝으로, 이 책의 제작과정에 귀한 도움을 주신 여러분에게 감사의 말을 전하고자 한다. 먼저, 오래전부터 부동 교수의 학문적 업적을 크게 평가하시고 인문사회학 출판이 어려운 상황에서도 이 책의 출간을 허락해주신 한길사 김언호 사장님께 감사를 드린다. 또한 역자의 건강이 안 좋아져 출간이 6개월 이상 지연되었음에도 인내심 있게 기다려주고, 완성도 높은 책을 출간하기 위해 최선을 다해주신 한길사의 여러분께 감사의 뜻을 전한다.

그리고 한국 독자들을 위한 저자 서문에는 언급되지 않았지만, 부동 교수는 또 다른 서신을 통해 1990년 당신을 한국에 초청한 한국 정보통신학회와 글방모임(당시 좌장은 연세대 명예교수인 박영신 교수님과 이화여대 석좌교수인 진덕규 교수님)의 여러 교수님께 깊은 감사의 뜻을 꼭 전해달라고 부탁했다. 특히 글방모임 교수님과의 소중한 만남과 수준 높은 학문적 토론은 평생을 간직할 영예로운 소중한 추억이었다고 전한다.

이러한 소중한 인연 덕분에, 부동 교수는 한국 독자들에게 큰 애정을 가지고, 건강이 안 좋으셔서 안정이 필요한데도 A4 용지 여섯 장 분량의 원고를 새로 써주셨다. 이 점 한국 독자들과 한길사를 대신해 부동 교수께 깊은 감사의 뜻을 전한다.

2011년 2월
과천연구실에서 민문홍

찾아보기

지은이 레이몽 부동

부동은 파리 고등사범학교 출신의 사회학자로, 미국의 경험적 사회학과 유럽의 철학 및 사회사상사적 전통을 가장 독창적으로 종합한 세계적 석학이다. 프랑스 학계보다 세계 사회학 공동체에 더 잘 알려져 있는 부동은 미국의 명문대학(하버드 · 시카고 · 컬럼비아 대학 등) 및 유럽의 여러 대학(제네바 · 옥스퍼드 대학 등)에서 가르쳤다. 그는 1967년부터 2002년까지 프랑스 파리 소르본 대학 교수를 지냈으며, 지금은 소르본 대학(Paris IV대학) 명예교수이며, 프랑스 학술원 및 유럽과 미국의 여러 학술원 회원이다. 그의 사회학의 특징은 칼 포퍼(K. Popper)와 레이몽 아롱(R. Aron)으로 대표되는 유럽의 자유주의 정치철학의 유산과 고전사회학(토크빌, 뒤르케임, 베버, 짐멜, 애덤 스미스) 전통을 가장 성공적으로 결합해 현대 사회학과 사회사상 분야에 독창적이면서도 설득력 있는 인문사회학 재건의 방향과 프로그램을 제시했다는 데 있다. 그의 학문적 여정 중 우리가 가장 주목할 점은, 1968년 5월혁명 이후 거의 30년 동안 프랑스 사회의 지적 헤게모니를 장악했던 네오마르크시즘(대표적인 학자는 피에르 부르디외와 미셸 푸코이다)에 대항해, 소르본 대학 임용 이후 꾸준히 토크빌에서 레이몽 아롱에 이르는 유럽의 자유주의 철학정신을 계승하고 확장시켜 자신만의 독창적인 인문사회학 이론체계를 구축했다는 데 있다. 그 과정에서 자연스럽게 등장한 그의 핵심적 사회학 인식론이 구조주의를 비판하는 방법론적 개인주의적 시각의 행위 사회학이다. 이러한 학문적 노력과 인문사회학 분야에 기여한 점이 인정되어 부동은 2008년 유럽의 지식인들에게는 노벨상에 준하는 토크빌상을 받았다 (기존 수상자는 칼 포퍼, 레이몽 아롱, 대니얼 벨 등). 20권이 넘는 저서 중 한국 사회학계가 주목할 만한 것만 인용하면 『기회의 불평등』(*L' Inégalité des Chances*, Hachette, Pluriel, 1973, 2002), 『오늘날 다시 읽는 토크빌』(*Tocqueville aujourd'hui*, Odile Jacob, 2005), 『민주주의에 대한 새로운 성찰』(*Renouveler la démocratie*. Éloge du sens commun, Odile Jacob, 2006), 『과학으로서의 사회학』(*La Sociologie Comme Science*, Découverte, collection Repéres, Paris, 2010) 등이 있다.

옮긴이 민문홍

민문홍(閔文泓)은 연세대학교 사회학과와 같은 대학교 대학원을 졸업하였다. 프랑스 파리 소르본 대학교(Paris IV대학)에서 사회학 박사학위를 받았다. 서울대 · 연대 · 고려대 등에서 강사를 지냈고, 서울신학대학교 교수 및 서울대 국제대학원 책임연구원을 지냈다. 지금은 국제비교사회문화정책연구소 소장, 서강대 대우교수로 있다. 주요 저서로 『유럽연합의 평생학습정책연구-지식기반 경제시대 경쟁력 제고와 사회통합 정책을 중심으로』(2009), 『현대사회학과 한국사회학의 위기』(2008), 『에밀 뒤르케임의 사회학』(2002) 등이 있다. 역서로 『유럽연합의 공무원 연금제도』(*Marie-Laure Onnée-Abbruciati*, 편저, 2005)가 있다. 주요 논문으로 「한국사회의 자살급증 문제에 관한 사회문화적 진단」(2009), 「뒤르케임 탄생 150주년에 다시 읽는 에밀 뒤르케임의 사회학: 21세기 한국사회에서 여전히 뒤르케임 독해가 필요한 10가지 이유」(2008), 「동아시아 통합과정에 나타날 노동 · 교육 · 복지 · 문화정책의 변화와 대응-90년대 이후의 노동정책과 사회복지정책을 중심으로」(민문홍 · 박세일 공저, 2007) 등이 있다.

사회변동과 사회학

지은이 • 레이몽 부동
옮긴이 • 민문홍
펴낸이 • 김언호
펴낸곳 • (주)도서출판 한길사

등록 • 1976년 12월 24일 제74호
주소 • (413-756) 경기도 파주시 교하읍 문발리 520-11
www.hangilsa.co.kr
E-mail: hangilsa@hangilsa.co.kr
전화 • 031-955-2000~3
팩스 • 031-955-2005

상무이사 · 박관순 | 영업이사 · 곽명호
편집 · 배경진 서상미 신민희 정미선 김미경 | 전산 · 한향림 김현정
경영기획 · 김관영 | 마케팅 및 제작 · 이경호 박유진
관리 · 이중환 문주상 장비연 김선희

CTP 출력 및 인쇄 · 현문인쇄 | 제본 · 광성제책

제1판 제1쇄 2011년 3월 5일

값 25,000원

ISBN 978-89-356-6410-8 94160

• 이 도서의 국립중앙도서관 출판시도서목록(CIP)은
e-CIP 홈페이지(http://www.nl.go.kr/cip.php)에서 이용하실 수 있습니다.
(CIP제어번호: CIP2011000650)

한길그레이트북스 인류의 위대한 지적 유산을 집대성한다

● 한길그레이트북스는 계속 간행됩니다.